·西部经济论丛·

旅游经济与旅游管理

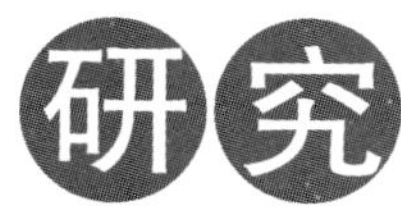

Lüyou Jingji Yu
Lüyou Guanli Yanjiu

主编 / 卓武扬　张　华　姚寿福

图书在版编目(CIP)数据

旅游经济与旅游管理研究/卓武扬,张华,姚寿福主编.—成都:西南财经大学出版社,2012.12

ISBN 978-7-5504-0882-1

Ⅰ.①旅… Ⅱ.①卓…②张…③姚… Ⅲ.①旅游经济—经济管理—文集 Ⅳ.①F590-53

中国版本图书馆 CIP 数据核字(2012)第 258553 号

旅游经济与旅游管理研究

主　编:卓武扬　张　华　姚寿福

责任编辑:李特军

助理编辑:李　才

封面设计:墨创文化

责任印制:封俊川

出版发行	西南财经大学出版社(四川省成都市光华村街 55 号)
网　　址	http://www.bookcj.com
电子邮件	bookcj@foxmail.com
邮政编码	610074
电　　话	028-87353785　87352368
照　　排	四川胜翔数码印务设计有限公司
印　　刷	四川森林印务有限责任公司
成品尺寸	185mm×260mm
印　　张	18.5
字　　数	394 千字
版　　次	2012 年 12 月第 1 版
印　　次	2012 年 12 月第 1 次印刷
印　　数	1—1000 册
书　　号	ISBN 978-7-5504-0882-1
定　　价	42.00 元

前 言

旅游业是第三产业的重要组成部分，是世界上发展最快的新兴产业之一，被誉为“朝阳产业”。旅游业的发展以整个国民经济发展水平为基础并受其制约，同时又直接、间接地促进国民经济有关部门的发展，如推动商业、饮食服务业、旅馆业、民航、铁路、公路、邮电、日用轻工业、工艺美术业、园林业等的发展，并促使这些部门不断改进和完善各种设施、增加服务项目、提高服务质量。随着社会的发展，旅游业日益显现出它在国民经济中的重要地位。随着我国全面建设小康社会不断推进，中国旅游业面临重大发展机遇：中国经济持续快速增长，必将对旅游需求增长发挥基础性的支撑作用；城乡居民收入稳定增长，将进入世界旅游界公认的旅游业爆发性增长阶段；国家扩大内需的经济发展方略和加快推动服务业的发展，将为旅游业进一步发展创造新的机遇；中国对外开放的进一步扩大，将为我国旅游业在国际市场和世界舞台上更好地发挥作用创造更为有利的条件；中国政通人和，社会安定，将成为世界上最安全的国际旅游目的地之一；随着对现行休假制度的完善和带薪制度的落实，将形成巨大的国内旅游消费市场。

进入21世纪的中国旅游业，在全球经济一体化和世界多元化形成以及中国经济持续增长等时代特征的推动下，正发生一系列新的变化，如工业旅游、农业旅游蓬勃发展，休闲旅游日益兴起，西部旅游业成为中国旅游业发展的新亮点，中国现代旅游业正显现人性化的趋势等。中国旅游业将进入一个新的发展阶段，并显现出一系列新的鲜明特征。在这些特征和趋势中，加快升级、提升品质至关重要。在新的发展阶段，我国旅游业处于转型发展的关键期，既有重要的发展机遇，又有严峻的挑战。我国旅游业已处在“市场转型期、矛盾凸显期、管理提升期”，面临着优化产业结构、转变增长方式、提升发展质量和水平的艰巨任务，迫切需要由粗放型经营向集约化经营转变，由数量扩张向素质提升转变，由满足人们旅游的基本需求向提供高质量的旅游服务转变。在这样的时代背景下，我们需要关注当今旅游发展的新趋势、新特征，钻研旅游发展的理论热点和学术前沿，研究现实旅游业发展中的问题。为进一步加强旅游经济与旅游管理的研究，为地方经济社会发展提供智力支持，也对旅游理论的深化与发展进行一定的探索，我们专门撰写并编辑出版了《旅游经济与旅游管理研究》一书。

本书涉及旅游理论、旅游产业、特色旅游和旅游管理等方面的内容，由西华大学卓武扬教授、张华副教授、姚寿福副教授主编。西华大学经济与贸易学院的教授、博士和其他教师，以及2012级旅游管理专业硕士研究生参与了该书的撰写。当然，由于水平有限，在我们研究中可能存在浅显、疏漏甚至错误之处，欢迎批评指正。

本书由西华大学校级重点学科建设项目“区域经济学”（XZD0901－09－1）资助出版。

编者

2012年10月

目录 MULU

◇ 第一篇 旅游理论

◇ 第二篇 旅游产业

◇ 第三篇 特色旅游

◇ 第四篇　旅游管理

【第一篇】

旅游理论

LÜYOU LILUN

景区用地内涵辨析①

何秋洁，李志勇②

【何秋洁　西华大学经济与贸易学院　四川成都　610039
李志勇　四川大学旅游学院　四川成都　610065】

摘　要： 本文首先综述了国内外专家对景区的界定，分析了旅游景区的基本条件，接着从功能角度和地理角度深入分析旅游景区用地的主要内涵，并对我国景区用地的相关规定进行了归纳，最后指出了景区用地具有旅游业生存和发展的物质基础，对实现土地资源的资本化和土地利用方式的快捷变更具有重要作用。

关键词： 旅游景区；景区用地；土地资源属性；旅游资源类别

旅游产业的发展改变了土地利用的方式和结构：一方面旅游产业的发展需要占用现有的农用地和建设用地；另一方面也使一些未使用地（按《全国土地分类（试行）》标准土地分为农用地、建设用地和未使用地三类）"上岗"，使一些不毛之地得以利用，能让有限的国土资源发挥多种功能，让被人忽视的多种资源发挥效能。无论是自然景观还是人文景观，归根结底都是一种经过保护、改造开发并升华了的土地资源。[1] 自然景观的本质就是土地资源，如桂林山水、昆明石林等，它们是土地资源中最适宜于旅游的精华；人文景观，如长城、故宫、西安兵马俑、博物馆、民俗村等，则是人类通过对土地资源的开发改造，使其注入文化和艺术的内涵与价值，以迎合旅游者的审美情趣和价值取向。这些都与景区用地密切相关。

一、关于景区的相关论述

景区是旅游业中一个重要而复杂的组成部分，人们对景区概念的认识还很不全面，有关的论述不多，还没有一个被普遍接受的、界定范围包含各类景区的定义。在国外，即使对景区名称的界定也存在争议，是选用"Tourism Attraction"还是选用"Visitor Attraction"是人们争议的重点。考虑到"Attraction"不仅仅是给旅游者使用，当地公众也可使用，较多学者倾向于使用"Visitor Attraction"的名称。对"景区"概念的理解与解释也很不全面，John Swarbrooke（2002）认为，"景区（Visitor

① 资助项目：西华大学校级重点学科建设项目"区域经济学"（XZD0901－09－1）。

② 作者简介：何秋洁（1978－），女，副教授，博士，研究方向为旅游管理、公司金融；李志勇（1970－），男，副教授，博士，研究方向为旅游管理。

Attraction）应该是一个独立的单位，一个专门的场所，或者是一个有明确界线的、范围不可太大的区域，交通便利，可以吸引大批的游人闲暇时来到这里，作短时访问。”其中含有“景区”是“可界定、可经营的实体”的意思。苏格兰旅游委员会认为景区是“一个长久性的游览目的地，其主要目的是使公众得到消遣的机会，做感兴趣的事情，或受到教育，而不应该仅是一个零售点、体育竞赛场地或电影场地。游览地点在其开放期间，应不需要预订，公众可随时进入。游览地点不仅应该能够吸引旅游者，而且要对当地居民具有吸引力”。[2] 梅得尔敦（Middleton，1988）对景区的定义是“一个指定的、长久性的、由专人管理经营的，为出游者提供享受、消遣、娱乐、受教育机会的地方”。史蒂文斯（Stevens，1990）认为：“景区应该是有特色活动的地点、场所或集中地，应该具备以下特点：吸引旅游者和当地居民来访，并为此而经营；为顾客提供获得轻松愉快经历的机会和消遣的方式，使他们度过闲暇时间；尽量发挥其潜在能力；按旅游需求进行管理，使顾客得以满足；按游客的要求、需要和兴趣，提供相应水准的设施和服务。”

本文所研究的景区，与中华人民共和国国家标准《旅游区（点）质量等级的划分与评定》中旅游区（点）的含义等同，即指“经县以上（含县级）行政管理部门批准设立，有统一管理机构，范围明确，具有参观、游览、度假、康乐、求知等功能，并提供相应旅游服务设施的独立单位”。

依照上述定义，旅游景区应当具备以下条件：

（1）具有统一的管理机构。这是指每个旅游景区，有且仅有一个管理主体，对景区进行资源开发、经营服务、统一管理。它是景区经营的主体，是服务提供方。它可能是政府机构，或是具有部分政府职能的事业单位，也可能是独立的法人企业。空间或地域范围确定，即有固定的经营服务场所。旅游景区空间范围表现为它的门票范围。

（2）旅游景区具有多种旅游功能——可以是观光性的参观、游览，也可以是度假性的休闲、康乐，还可以是专项性的教育、求知等。旅游功能是旅游景区吸引力的主要体现，是旅游景区作为一种旅游产品的价值基础，不同的景区类型具有差异性的旅游功能，多样化的旅游功能使得景区活动丰富多彩。旅游景区的主体功能取决于景区的旅游资源类别。

（3）旅游景区必须具有必要的旅游设施，提供相应的旅游服务。资源、设施与服务构成旅游景区产品，也是景区旅游功能的载体。没有设施与服务，再好的旅游资源也只是旅游资源，不会成为可供旅游者消费的景区产品。但是，其设施并不一定在景区内，可以在景区以外或者在靠近的城镇。

（4）旅游景区是一个独立的单位。所谓独立，既包括空间场所的独立，也包括职能的独立。也就是说，旅游景区要有专门的人、财、物、场所为景区经营服务。

本文所研究的景区，即包括以自然景观和文物景观等公共资源为依托的自然景观类旅游景区和文物景观类旅游景区，也包括主题公园、人造景点等主题景区。这些旅游景区是我国旅游产业的主体，是旅游发展的重点。

二、我国景区用地的相关规定及争议

土地是旅游资源的载体，景区用地是国土资源的重要组成部分。景区用地可以把有形的、无形的旅游资源表达出来。对于景区用地的概念并不明确，在国土资源部2001年颁布的《全国土地分类（试行）》中也没有对景区用地作具体归类，只是将名胜古迹、革命遗址、景点、公园、广场、公用绿地等归入公用设施用地；饭店、餐厅、酒吧、宾馆、旅馆、招待所、度假村等及其相应附属设施用地归入商业服务用地，将宗教活动的庙宇、寺院、道观、教堂等宗教自用地归入特殊用地（见表1）。

表1　　旅游吸引物和配套设施用地归属表

一级类	二级类	旅游吸引物要素
建设用地	公用设施用地	名胜古迹、革命遗址、景点、公园、广场、公用绿地等
建设用地	商服用地	饭店、餐厅、酒吧、宾馆、旅馆、招待所、度假村等及其相应附属设施用地
建设用地	特殊用地	专门用于宗教活动的庙宇、寺院、道观、教堂等宗教自用地

资料来源：根据2001年《全国土地分类（试行）》整理。

在《全国土地分类（试行）》中并没有对旅游用地或景区用地给出明确的界定，因此，无论在理论界还是实践中都存在较大的分歧。

赵宇宁认为旅游用地应是指那些在旅游风景区内为景区实现其旅游功能而配套的建设项目用地，如旅游设施、服务设施等开发项目用地。[3]旅游用地是指以招徕游客为目的而开发的度假区、休闲区等项目用地，不同于一般宾馆酒店服务过往旅客的功能，其中的餐饮住宿设施主要以来景区内休闲旅游的游客为接待对象。在进行用地类型划分时，应将“以景区景点为依托、以旅游服务为盈利手段而建立的度假、休闲、观光、娱乐区”定义为旅游用地。

杨荣金等认为旅游用地就是旅游业用地，即在旅游地内凡能为旅游者提供游览、观赏、知识、乐趣、度假、疗养、娱乐、休息、探险、猎奇、考察研究等活动的土地。景区用地实质上是吸引能力和接待能力的统一。[4]

梁栋栋等认为景区用地的概念随人们对于旅游认识的不断深入而不断发展变化。现阶段可以认为，景区用地是一个由旅游地各项与旅游相关的自然因素并综合了相应人类劳动成果的自然—经济地域综合体，是自然作用与人类活动相互作用的动态系统。[5]

以赵宇宁为代表的第一种看法主要是指旅游配套服务项目用地，和国家现行政策相契合。2007年11月1日起施行的《招标拍卖挂牌出让国有建设用地使用权规定》中第四条第一款中规定“工业、商业、旅游、娱乐和商品住宅等经营性用地以及同一宗地有两个以上意向用地者的，应当以招标、拍卖或者挂牌方式出让”，明确将景区用地纳入“招拍挂”范围，很明显这里的景区用地是指具有经营性质的旅游配套设施用地。以杨荣金为代表的第二种看法将景区用地概念扩大到整个旅游产业，容易陷入混乱当中，这样景区用地将没有边际。如开发探险旅游，很难将探险地都列入景区用地范围。以梁栋栋为代表的第三种看法很接近旅游土地的概念，但是又和旅游资源相混淆，并且范围不明确。

上述的看法，都从一个侧面指出了景区用地的某些特质，但并没有揭示出景区用地的内涵，没有从景区用地的特殊性找出其实质。笔者认为，理解景区用地必须厘清景区的概念。

三、相对广义的景区用地内涵

由于旅游产业是一个集合产业，从广义上讲，构成旅游产业景区建设管理行业、旅行社业、交通运输业、酒店业、餐饮业、休闲娱乐业等行业用地都可归结为景区用地。在旅游产业“链条”形成和发展过程中，所反映出的实际问题和理论分歧，在于对景区建设管理行业中旅游土地资源及所形成的旅游产品的认识。

对于景区用地的分歧从根本上讲是对土地资源属性的误解。[6] 按照《全国土地分类（试行）》的分法，一般将土地分为农用地、建设用地、未使用地。其中建设用地又可分为商服用地、工矿仓储用地、公用设施用地、公共建设用地、住宅用地、交通运输用地、水利设施用地、特殊用地等；农用地分为耕地、园地等；未使用地分为荒草地、盐碱地、河流湖泊、沙地、冰川等。这种分类方法存在两个标准：一是按其功能划分，如农业用地、工业用地等；二是按照其土地自然属性划分，如沙地、冰川等。这就给理解景区用地造成了困难。所谓土地自然属性，是指土地具有某种物质特征，其名称往往体现资源本身的物质特征。而土地功能属性，是指土地具有某种使用功能的资源，其资源名称往往反映该土地的使用功能。例如，水面湖泊是本体资源，它的物质特征是“水”，当用于养殖时，水就属于农业用地；用于泛舟时，就变成景区用地范畴。草原如果只用来放牧就属于农业用地，如果开发为旅游产品，就属于景区用地。在一定的条件下，以上各种土地资源，无论是农用地还是建设用地、无论是平原还是山川、无论是河流湖泊还是陆地，都可转化为景区用地，都可成为发展旅游产业的物质载体。矿产、森林、草地、海洋等本体资源相联系，是物质载体的功能附着概念。事实上大部分的产业规划、产业调整都涉及土地利用，一般来讲，无非是根据不同产业的市场需求、土地资源利用、社会经济效益等宏观经济因素的变化，将各种不同的土地资源运用于不同的产业，成为新的功能资源，实现土地资源的最优化利用。

因此，对于景区用地的概念既不能局限于旅游服务业用地，也不能扩展到整个旅游产业用地。对此，我们可以从以下两个方面来理解：

（一）功能的角度

景区用地的范围和深度随着人们的认识水平和生产力发展水平的提高而不断扩大。旅游土地属于功能性土地资源，其土地资源的内涵和经济价值不是自身的物质形态决定的，而是由对旅游产业发展的认识和需要决定的。旅游资源总是附着在某种土地本体之上的，在旅游业作为朝阳产业蒸蒸日上时，人们（特别是各级政府）

对不同产业的机会成本进行比较，不断将各种土地资源（如耕地、林地、山川、河流等）转化为具有更高经济效益（包含社会效益、环境效益）的旅游资源进行开发。在这个过程中，已被充分利用的旅游土地资源会在利用方式上发生变化，开发深度不断加大；未被充分利用或未经开发的旅游土地资源会得到进一步的利用和开发，从而加入到旅游活动中来。旅游土地资源的开发利用不是一次到位，其潜能的挖掘是一个动态的过程。

（二）地理的角度

旅游产业的发展不是单个偶然的现象，它是经济发展到一定阶段尤其景区出现以后的产物。景区是一个具有地域空间范围，并具有完备旅游服务体系，可供人们游览欣赏、休憩娱乐或进行科学文化活动的地域。[7] 这里的景区用地既是指现有景区用地，也指准备开发的自然的或人工的景区所用土地。同时，景区用地要和旅游用地区分开。旅游地是由若干个景区或景点组成，是一个更大的有机空间地域系统。旅游地是具有统一的和整体形象的旅游吸引物体系的开放系统。就其管理来讲，旅游目的地应有一定的行政依托；就其空间范围来讲，旅游地具有层次性，旅游目的地的行政依托成为决定其层次（范围）的尺度。其形成的基本要素包括：旅游吸引力要素、旅游服务要素、旅游交通体系和旅游群体。[8] 其实旅游地也就是旅游目的地的简称，旅游目的地的土地并不都是景区用地。

根据以上分析以及研究的方便，我们把景区用地界定为具有审批权限的行政机构（在中国为县级以上人民政府）批准确定的各级风景名胜区内的全部土地，这些土地供人们进行旅游活动，是具有一定经济结构和形态的旅游对象的地域组合。

四、景区用地的重要作用

（一）景区用地是旅游业生存和发展的物质基础

景区用地是旅游业生存和发展的客观物质基础，旅游者对于旅游地的景区用地的质量和结构有相应的要求，景区用地能否激发旅游者的购买欲望是旅游地发展的重要条件。[9] 旅游土地要具备一定旅游功能价值的自然和人文资源，包括自然景观中的山、水、气候及人文景观中的城垣、宫殿、寺庙、园林、陵寝、石塔等具有一定地域分布的风景实体，是旅游要素中的重要部分，是旅游业的最主要的物质基础，是用以吸引游客的重要吸引物。构成旅游土地资源类型的因素如水域、地貌、地质等，都可能对旅游者产生求知、审美、抒情、求乐、赏景、养身、狩猎、探险及休闲的种种需求。景区用地即土地资源是旅游业发展、规模和前景的影响和控制条件。

（二）景区用地实现了土地资源的资本化[10]

旅游业能有效延伸土地资源功能，延伸过程中土地资源综合利用与旅游业发展相互作用、相互促进。一方面，现实中旅游业用地不局限于建设用地，它可能有农业用地、林地、水域、岩石，而且从利用现状来说往往也没有改变土地原有的表象用途，但它实质是被用于旅游业。因此，土地资源利用是可以从第一、二产业延伸至第三产业的，这种延伸的实质是发现土地新的利用价值所在，将土地资源转化为资本也就成为开发转化的一种主要手段。另一方面，旅游业在对土地资源的利用中，充分挖掘旅游资源的潜力，使得不同的旅游景点各具特色，从而获得更多的发展空间，提升了旅游的内涵。

这具体体现在：一是对现有自然资源的利用。一般情况下无法在其他领域中利用的溪流、溶洞、岩石、沙漠等等，均可在旅游业中发挥长处。旅游开发对这些天然事物进行研究，发现它的旅游价值，作出新的诠释，可谓物尽其用。二是对土地资源的多重利用。最常见的是观光农业、林业，甚至观光工业。乡村旅游景区在不改变土地用途的情况下，实现了旅游功能。如成都三圣花乡就是把农业与旅游业结合在一起，利用农业景观和农村自然环境、经营活动、文化生活，吸引游客观光的一种新型农业生产经营形态。而这一建立在农事活动对土地资源利用的基础上的旅游项目，是农业由第一产业向第三产业的渗透，观光林业、观光工业等亦同理，它们都同时具备了两个产业的双重特性。旅游开发在其中起到了对土地生产力立体综合开发与利用的作用，体现了土地生产和旅游的双重价值。

（三）景区土地利用方式变更的快捷性

一宗土地往往有多种用途，当土地一经投入某项用途之后，欲改变其利用方向，一般说是比较困难的。[11] 这里主要指三种情况：一是受土地自然条件的限制，没有办法改变自然环境；二是由于在工农业生产上轻易变更土地利用方向往往会造成巨大经济损失，尤其是投入了大量的固定成本的情况下；三是在建筑业和其他非农产业中，建筑物和其他设施使用周期很长，如果在建成后随意改变土地利用方向，其经济损失将更为巨大。但是，旅游产业尤其是基于自然旅游资源而开发出的旅游产品，如风景名胜区、自然保护区、森林公园、世界遗产、国家地质公园、河湖水泊、乡村旅游景区，由于基本不改变原貌，旅游吸引物依然保持原来的功能，所以恢复或改变利用方向就相对变得容易。

参考文献：

［1］陈树．桂林的旅游与土地［J］．中国土地，2000（7）：35－36．

［2］John Swarbrooke. Development & Management of Visitor Attractions［J］. Butterworth－Heinemann，2002.

［3］赵宇宁．景区用地基准地价评估研究［D］．北京：中国地质大学，2006．

［4］杨荣金，周申力，唐道甫．景区用地现状特点及发展变化研究［J］．生态环境与旅游开发，2007（3）：23－26．

［5］梁栋栋，等．景区用地的初步研究［J］．资源开发与市场，2005（5）：76－79．

［6］叶浪，杨继瑞．现代旅游资源观的思考［J］．资源与人居环境，2004（1）：6－9．

［7］冯淑华．景区运营管理［M］．广州：华南理工大学出版社，2004．

［8］崔凤军．中国传统旅游目的地创新与发展［M］．北京：中国旅游出版社，2002．

［9］梁栋栋，陆林．景区用地的初步研究［J］．资源开发与市场，2005（5）：

76－79.

[10] 席娅．旅游开发中土地资源的综合利用［J］．国土资源，2004（6）：32－33.

[11] 毕宝德．土地经济学［M］．北京：中国人民大学出版社，2001.

从旅游本质看旅游主体行为的异化[①]

袁春梅[②]

【西华大学经济与贸易学院　四川成都　610039】

摘　要：本文从旅游主体的角度，探讨旅游的本质、内在价值和功能，对旅游主体行为中的道德弱化、挥霍消费、物质摄取等异化现象进行剖析，提出旅游应向审美、求知等精神愉悦体验的本真意义回归。

关键词：旅游本质；旅游文化；旅游异化

一、旅游的本质

（一）旅游的概念

从哲学上讲，概念是思维的基本形式之一，反映事物的一般本质特征，是把感觉到的事物的共同特点抽出来，加以概括。关于旅游的概念，据统计，学术上有上百种说法，可谓众说纷纭，莫衷一是。旅游概念的泛滥导致了旅游学术研究和旅游教育观点上的重大分歧，也导致旅游价值观的差异。旅游的概念不仅对于旅游学科和旅游研究很重要，而且对于旅游者也很重要，试想，连“旅游”、“旅游者”的概念都搞不清楚，连自己旅游活动的性质和目的都搞不清楚，旅游还有什么意义呢？

《辞源》讲：“旅者，客处也。”《吕氏春秋》称：“游，乐也。”《庄子》说：“游，不系也。”从词汇角度分析“旅游”的“旅”和“游”之间的关系，是偏正结构，其意义表达重心应是“游”，旅是游的前提，游是旅的目的，“旅游”一词的本质或中心是“游”而非“旅”。沈祖祥先生在《旅游与中国文化》中指出“中国古代的‘游’就是指由旅游审美而达到的那种自由自在、逍遥无为的精神境界和由此而来的对待世界的审美态度”。

在众多关于旅游的概念说法中，笔者同意曹诗图关于旅游的概念：旅游是人们以消遣、审美、求知等为主要目的，到日常生活环境之外的地方旅行和逗留的各种愉悦体验。这个概念还原了旅游的本来面目，突显了旅游的本质和内涵。

---

① 资助项目：西华大学校级重点学科建设项目“区域经济学”（XZD0901－09－1）。

② 作者简介：袁春梅（1973－），女，硕士，副教授，研究方向为国际经济与贸易。

（二）旅游的本质

关于旅游本质的争论，主要有经济本质论和文化本质论两类观点。经济本质论是一种从经济学角度来寻找旅游本质的理论，多持经济说、消费说，主要将旅游活动定性为经济活动或消费活动；文化本质论强调旅游是满足人的精神需求的一种文化活动，多持文化说、审美说、娱乐说、休闲说等。显然，经济本质论和文化本质论是针锋相对的，近些年来，文化本质论者逐渐占了上风。谢彦君在《论旅游的本质与特征》中曾深刻论述道："判断一种现象所具有的性质，必先认识现象本质的规定。旅游本质是不是经济的东西，对此我们是持否定意见的。我们认为，经济对于旅游这种本质上属于审美和愉悦的范畴的现象只是一种外部支持，即不是内在本质构成。也就是说，没有经济的外部支持仍可以有旅游。如果认为旅游本质上具有经济的属性，那么它就必须是旅游须臾不可缺的东西。"事实上，"旅游的本质是一种文化活动"的提出，是更注重旅游活动中的精神需求的结果，而文化在复杂的旅游行为表现中的确占有重要位置，如观光旅游、民俗旅游、宗教旅游、文化旅游等，但是人的旅游不仅仅是精神需求，也有以生理需求为主的，如康休旅游、健身旅游等。恐怕难以用文化本质论一言蔽之。

从辩证唯物主义的矛盾论观点看，事物或现象的主要矛盾决定了事物或现象的本质，旅游的主要矛盾是"身心补偿"，本质理应是"愉悦体验"。具体来说，人们是为了寻求身心补偿，以消遣、审美、求知等精神愉悦为主要目的，到他们日常生活环境之外的地方旅行和逗留的各种身心体验。简明地说，就是"异地愉悦体验"。[1]

二、旅游的内在价值和功能

（一）旅游的内在价值

在整个旅游体验过程中，旅游者通过各种体验方式，实现了在情感世界和精神世界中徜徉和回归的过程，因此，旅游的内在价值是人对精神世界的追求，旅游是一个通过情感的无拘无束的体验，来获得精神的满足和自我价值的实现过程。现代生活节奏的不断加快、工作强度的不断提高，使得不少人深深感到身心的双重疲惫，即使是那些普通市民，看惯了人来人往的拥挤，听惯了车水马龙的喧嚣，也不免会感到日常生活的单调和沉闷。于是，在人们内心深处常常会产生一股冲动，渴望远离那令人疲惫和沉闷的日常生活与工作的地方，到外面的世界去暂时觅得一分轻松与宁静。旅游能解除许多人为的束缚，在精神上、情感上向着真、善、美的境界升华。旅游者暂时离开日常生活与工作的地方，可以暂时摆脱原有的社会关系，重新体验生活，重新观察世界，获得新的生命感受和新的体悟。

（二）旅游的功能

旅游的功能，是指旅游所发挥的作用和效能，是相对于旅游的内在价值而表现出的外在价值。对于旅游主体（旅游者）来说，旅游具有以下功能：

1. 旅游的文化功能

旅游的重要目的之一是出于"乐生"和人发展的需要。旅游可以增长知识和见识，了解异地的文化，是一种跨文化交流活动，是不同地域文化的际遇与融合，在提高人的文化素质、促进人的全面发展方面具有重要作用。

2. 旅游的美育功能

无论哪种旅游，都是在旅游活动中寻求美的享受，愉悦身心、陶冶性情、增添生活的乐趣。旅游是一项综合性的审美实践活动，它集自然美、社会美、艺术美与生活美之大成，融文物、古迹、建筑、园林、绘画、书法、雕塑、音乐、歌舞、服饰、烹饪、风俗等于一体。通过旅游活动可以提高旅游者的综合审美能力。与其他的审美活动相比，旅游是最自由、最生动、最直接的综合审美活动，具有明显的美育功能。

3. 旅游的认知功能

旅游是一个求知的过程，也是一个接受教育的过程。一切自然景观、文化古迹、风土人情及地域文化，都是人们旅游观赏和考察研究的对象。有人说过，世界像一部百科全书，如果你没外出旅游，你只读了书中的一页。旅游是开阔眼界最好的途径，是开启知识宝库的一把钥匙。

4. 旅游的德育功能

游览山水等自然风光，可以净化人的心灵，开阔人的胸襟，磨炼人的意志，并激发旅游者热爱大自然、保护大自然的热情，增强人的环境伦理意识，提升人的道德水平。

5. 旅游的康体功能

旅游者的许多体验动机来自对自身心理和生理状态的匮乏的补偿需要。一些旅游地的空气清新、水体洁净、环境秀美，特别是森林、海滩等旅游地更是天然“氧吧”，很有利于人体健康。通过旅游可以促进旅游者的身体、心理方面的健康。

三、旅游主体行为的异化

“异化”一词源于德国古典哲学，指在一定的历史条件下，事物在发展过程中产生变异，把自己的素质或力量转化为跟自己对立、支配自己的素质或力量，它既表示这种转化的过程又表示转化的结果。

旅游本应是为身心补偿而外出的愉悦体验活动，是审美、增知、怡情的高雅事情。但由于旅游具有暂时性和异地性等特点，往往诱发旅游者人性中潜在的恶的东西在旅游行为中自觉和不自觉地流露，其行为往往表现出明显的异乎寻常的倾向。正如 Malcolm Crick 在其著名的综述文章中所描述的那样：“旅游世界是由许多倒逆现象构成的，从工作到玩耍，从常规道德准则到道德失常，从节俭到挥霍，从约束到自由，以及从有责任感到自我放纵。对某些人而言，旅游是从现实生活枷锁中的一种挣脱，它可以不承担义务，可以随心所欲，可以不受限制。”在旅游活动中，旅游者的行为在很大程度上是受情感支配而不是受理性支配。在这种情况下，旅游者的行为表现为约束松弛和占有意识外显。具体表现在：

（一）旅游目的不明，求知意识、审美意识缺乏

由于缺乏对旅游本质和功能的必要了解和全面认识，有些旅游者的旅游是盲目

的、从众的，往往随着社会的时尚和潮流，看着人家风风光光出门旅游了，自己也想出去“风光”一下。在这种动机下，旅游已不是对外部世界的探索、对异域文化的感受与鉴赏，而仅仅是一种休闲享受和满足好奇心的消费活动。在旅游中常常可以看到：在风景区的游船和旅游车上，一些游客放着美丽的风景名胜不去欣赏而扎堆在一起打牌；在风景名山旅游时，如果有索道、电梯可乘坐，绝对不会步行登山，他们认为，气不喘、汗不出就欣赏到最美的风景是最理想的，每到一个旅游地以“到此一游”和拍几张照片为满足，对名胜古迹、民俗风情、宗教文化、异域文化都不感兴趣，常常抱怨说没啥看头。

（二）奢侈性、炫耀性旅游消费盛行

旅游的内在价值本应是人对精神生活的追求，让人远离现实生活的羁绊和挣脱人生枷锁，实现精神的超越和自我价值的升华。庄子的“雀跃而游”、“不知所求”、“无功无名”，是旅游的最高境界，也是对旅游行为的一种要求与规范。旅游者应抛弃庸俗的虚荣心和实利观，才能在旅游中获得精神享受。然而，在现代社会，物欲主义、消费主义甚嚣尘上，人类愈来愈以膨胀的功利之心来享受现实的物质生活，即使是在旅游中，旅游者也不忘功名利禄，偏重于追求物质的享受，旅游对他们来说是异乡消费的盛宴，一路上盯着可以购买或可供消费的物品，奇美的风景、异域的文化只是他们旅途中的一个点缀。或者疯狂购物，或者寻求强刺激，如赛车、桑拿、酒吧、吸毒、黄色消费等，这种个人主义和享受主义的消费方式，既不健康也不合理，忽视甚至泯灭了人的精神品味，完全失去了对自身需求的真切关注，失去了对自身的终极关怀，也造成资源的过度占用或使用，给旅游地区和其他旅游者造成较恶劣的示范效应。

（三）旅游中的不文明行为比较普遍

中国古人将山水之教作为一条修身养性的重要途径。儒家的“仁者乐山，智者乐水，智者动，仁者静”，道家的“与天同道”、“天人合一”，既表明了古人对大自然抱欣赏的态度，从大自然身上欣赏和我们人类同形同构的地方，又表现了古人与大自然高度和谐、与自然融为一体的情景。在高度工业化和现代化的今天，旅游是拉近人与自然的距离的有效途径，但是由于人们长期与自然处在隔膜状态之中，对大自然缺乏认知和感悟，加之受“人类中心主义”和“人定胜天”观点的影响，对大自然缺乏敬畏之情，因而在旅游中人们身体虽然融进了自然，心灵却没有与自然沟通，甚至对大自然怀有强烈的占有欲望。诸如随意践踏景区植被，在古树名木上乱刻乱画，攀折盗窃花卉树木，偷猎，随地吐痰和乱抛废弃物的现象屡见不鲜。这些旅游中的不文明行为，与旅游本质中的审美、愉悦体验是完全相悖的。

四、向旅游本真意义回归

旅游是一种异地的休闲活动，本质是消遣和审美等愉悦体验。在经济繁荣、交通发达的今天，旅游已经成为人类最主要的休闲生活方式，它使人从繁重的、无奈的、功利的劳作中解放出来，实现精神的放飞和灵魂的洗礼。旅游的本真意义，应该与人的功利目的无关，它是肉体陪伴灵魂的异地休闲活动。而事实上，现今的旅游已经被人们弄得充斥着俗气和铜臭味，产生了严重的异化。这种异化不仅使旅游失去它的价值和生命力，而且也影响了社会的和谐发展，造成了生态环境的严重破坏。我们倡导健康的、文明的旅游消费，让旅游真正成为现代人一种愉悦的、高雅的休闲体验。

（一）完善旅游学科建设，提高旅游理论研究水平

我国开设旅游专业只有二十多年时间，学科建设很不完善，旅游专业以旅游经济和旅游管理的身份出现，分别归属于经济学和管理学学科门类下的二级学科，课程设置重经济学和管理学的理论与实践，而忽略旅游的人文特性，在对学生进行人文素质的培养上有失偏颇，培养出来的学生缺乏足够的人文修养。旅游学界对旅游的研究多停留在一般经济意义和管理层次上，关注旅游业对经济的拉动作用，未能很好涉及旅游本质等理论与实践问题，对于旅游的主体——旅游者视而不见，对于旅游在人生命中的意义和旅游的精神价值很少有人关注，只看到旅游的经济价值。针对目前的旅游消费行为异化严重的问题，旅游学科建设和旅游理论研究导向应该深刻反思并有所转变。旅游学科应改革人才培养目标，在教学中要注重人文课程的设置，如本科、专科生开设旅游文化学、旅游美学、中国历史文化、人文地理等，研究生开设旅游哲学、旅游人类学、旅游社会学、旅游伦理学等，注重学生人文精神和可持续发展意识的培养。旅游理论研究方面，应多关注旅游的价值、意义和人的发展，而不仅仅是服务于产值的增长和利润的增加，多注意从哲学的层次和人类学、社会学、文化学、美学的角度思考和研究旅游的“真谛”问题，从本质上和源头上解决旅游主体行为的功利主义倾向。

（二）推进旅游消费伦理建设，加强旅游消费者的伦理道德教育

旅游消费伦理是指人们在旅游消费活动中形成的用于调节这一领域中各种道德关系的道德观念、道德原则和道德规范的总和。它要求人们合理消费，这样的消费方式才能真正提高人的生活质量。确实是从人的需要出发，才能保护生态环境，节约资源，维护社会公平，实现可持续发展。[2]积极倡导建立一种健康和可持续旅游消费文化，以修学旅游、乡村旅游、生态旅游、文化旅游等形式来践行这种文化，把人们的旅游消费引向对教育和学习的热爱、对自然的欣赏和对自我素质的提升，使他们不再注重用物的形式来衡量旅游价值，让越来越多的人意识到过度消费对于环境、对于幸福的无益，从而使旅游消费不再是一种高档次的消费，而成为一种高尚的消费。[3]在旅游过程中，应对旅游者从思想意识到行为活动都加以引导和约束，而这些规范是他们必须遵守的，如《旅游者行为规范》、《旅游者行为手册》等，以期在短期内通过对旅游者的伦理教育，把对旅游目的地自然和社会可能造成不良影响和破坏降到最低程度；从长期来看，通过反复多次强烈的旅游伦理意识教育，最后实现旅游者个体和群体的旅游伦理自觉，同时配合以当地或者国家相关的法律法规，最终有效约束和规范旅游者行为，使旅游活动符合可持续发展的要求。

（三）强化旅游行业管理，优化旅游发展的大环境

虽然旅游的本质在于具有文化内涵的各种娱乐、审美、求知的愉悦体验，但很多人把旅游的内涵和本质忽略或曲解了。由于旅游业在当今国民经济中具有非常重

要的作用，是当前国民经济的新的增长点，人们误认为旅游仅是一种经济活动，把更多的注意力都集中在经济增长、经济贡献、经济效益等与经济有关的功能上。旅游开发者、管理者以经济利益为重，不顾社会利益和环境效益，盲目地进行旅游开发，加剧了环境压力；开发的旅游产品粗制滥造、内容粗俗、浅薄、缺乏文化内涵和审美价值；旅游企业恶性竞争，缺乏诚信，欺骗游客；导游职业素养不高甚至缺乏职业道德，讲解缺乏文化内涵，诱导甚至强制游客消费。所有这些大环境都对旅游消费造成了非常不利的影响。要净化旅游行业这个大环境，政府应发挥重要的作用：首先，提供公共性服务，包括旅游市场的宣传与促销、旅游资源的规划与开发、旅游服务的评定与检查、旅游人才的培训与考核等；其次，健全旅游法律法规制度建设，根据实际研究制定切合自身实际的地方性法规，完善各项管理制度，把旅游管理纳入规范化、法制化的轨道，更好地维持旅游市场的秩序，保证旅游企业竞争的公平性和旅游消费者的合法权益；最后，正确刺激和引导旅游消费需求。

参考文献：

[1] 曹诗图．旅游哲学引论［M］．天津：南开大学出版社，2008：45.

[2] 李红霞．建立新型消费伦理的政策措施［J］．集团经济研究，2007（4）.

[3] 赵书虹，尹松波．旅游伦理学概论［M］．天津：南开大学出版社，2008：52－53.

旅游格式合同的价值二重性及其规制[①]

彭景[②]

【西华大学经济与贸易学院　四川成都　610039】

摘　要：我国旅游格式合同的广泛应用与我国旅游经济的蓬勃发展紧密相连，是旅游经济发展的必然要求。旅游格式合同的价值具有二重性，既有符合我国现代旅游业健康发展需要的优益性，又有“霸王条款”侵害旅游者权益的流弊。在对旅游格式合同的规制中，立法规制成为其最直接、最有效的途径。

关键词：旅游；格式合同；优益性；流弊

一、旅游格式合同是旅游经济蓬勃发展的必然要求

格式条款是指当事人为了重复使用而预先拟订，并在订立时未与对方协商的条款。采用格式条款订立的合同就是格式合同。格式合同的最本质特点在于相对方在订立合同时处于附从地位，即旅游消费者不能参与协商，对旅行经营者预先拟订的格式合同只能“要么接受，要么走开”，因此又称为附和合同。[1]

格式合同是现代合同法的一个重要发展趋势，它是与经济的迅速发展分不开的。格式合同最早诞生于19世纪初期西方各国，进入20世纪后，格式合同开始广泛应用于市场经济各行各业，从20世纪90年代初开始，旅游格式合同应运而生。旅游格式合同自产生便迅速发展，很快成为我国旅游业发展的普遍现象，并极大地促进了旅游业的蓬勃发展。

二、旅游格式合同的价值二重性

（一）旅游格式合同的价值优益性

与传统的个别协商的缔约方式相比，采用格式条款订立旅游合同具有明显的价值优益性。具体而言，其价值优益性主要体现在以下三个方面：

1. 效率价值

随着经济的迅速发展，社会交易数量急剧上升，传统“一对一”的缔约方式的

---

① 资助项目：西华大学校级重点学科建设项目“区域经济学”（XZD0901－09－1）。

② 作者简介：彭景（1977－），女，讲师，经济学学士、法学学士，法律硕士研究生。

弊端已充分显现：效率低下，难以适应大规模的经济交易。而采用格式条款订立旅游格式合同因其内容固定、形式定型，在缔约时只需旅游消费者接受即可完成交易，大大简化了交易程序，因此降低了旅游经营者的交易成本，同时也加速了交易的进行。正如德国学者康拉德·茨威格特和海因·克茨所说，格式条款“简化了关于每个合同内容的谈判过程，清除了交易的范围不确定、交付有疑问的问题，以及因此而产生的适用有缺陷的、不准确的、不合适的法律规则的可能性，而且最终大大减轻了企业家们计算和交易清理事务的负担”。[2]另外采用格式条款订立旅游合同非常重要的一点是适应了科技的发展，为计算机在商业上的使用提供了条件，使大规模交易成为可能。

2. 效益价值

市场中任何交易均有成本，一般来说交易过程持续越久，缔约成本越高。[3]旅游格式合同采用“要么接受，要么走开”的缔约方式，使得缔约过程中反反复复的讨价还价过程得以简化，减少了单笔交易投入的人力、物力和时间消耗。同时，在单笔交易投入定量的情况下，格式条款带来的交易数量的增长进一步降低了整体交易成本，使交易效益更加突出。

3. 安全价值

一方面，有助于旅游经营者预防、转移风险，增进交易安全。采用格式条款订立旅游格式合同可以使合同双方当事人，尤其是提供格式条款的旅游经营者一方“预先在合同中确定风险，并以合同条款预防风险的发生，限制风险的范围，在当事人之间分配风险或者将风险转移给他方当事人”[4]。例如，旅行社可以通过格式条款与旅游者约定，由于可归责于旅游承办人的原因致使旅游者人身权、财产权遭受侵害时旅游承办人的最高赔偿限额。另一方面，有助于在旅游消费者内部实现相对的公平。旅游格式合同对所有相对人实行无差别待遇，因此相对人知识技能和缔约能力的差异对合同内容并无影响，即使是那些缺乏专业知识、缔约能力软弱的相对人，其权利义务也不会受到影响，这将有助于实现旅游者内部的相对公平。同时，统一的格式条款也有利于政府机关的管理、司法部门的控制，以促使旅游经营者改进条款，从而增进交易安全，减少纷争。

（二）旅游格式合同的价值流弊

对利益的最大追求是市场经济不断发展的原动力，当旅游经营者的强势地位与这种原动力相结合时，便会产生“霸王条款”，即不平等的格式条款。在理论上和实践中，“霸王条款”都给旅游格式合同带来了很大的价值流弊。

1. 与意思自治原则相抵触

随着现代民法的发展，意思自治原则逐渐成为民法的三大基本原则之一。其在合同法领域的表述一般为合同自由[5]，内容主要包括缔约自由、相对人自由、内容自由和方式自由。旅游格式合同对意思自治原则的抵触主要体现在两方面：第一，对旅游消费者选择合同相对人自由的限制。由于垄断的存在及不同的旅游经营者可能会采用相同的旅游格式合同，因此这实质上限制了旅游消费者选择合同相对人的自由。第二，对旅游消费者内容自由的限制。虽然在订立该类合同时，旅游消费者有是否订约的自由，但却无确定合同内容的自由，因为旅游格式合同是由旅游经营者单方预先提供的，旅游消费者无法参与制定过程，也就无法与之协商合同的内容。

2. 与公平交易原则相抵触

旅游合同中公平交易主要强调给付应具有等值性，但是“由于旅游格式合同由旅游经营者单方面提出，因此他不可避免地会争取自身利益最大化，故而制定出权利义务不对等的旅游格式条款”[6]。此种条款的具体表现形式有：第一，无限扩大旅游承办人的权利。例如，规定旅游承办人有权在旅游开始前将旅游者“转团”；规定旅游承办人在保证不减少旅游景点的前提下有权根据需要调整行程。第二，不合理地减免自身的合同风险、加重旅游者的合同风险。例如，规定在旅行期间，对于第三人造成的伤害，旅行社概不负责；规定在旅游目的地任何旅客必须自费参加当地接待统一安排的活动项目。第三，玩文字游戏，制定模糊条款。例如，规定旅游期间，旅客所住宿的是三星级标准；使旅客误认为入住的是“三星级酒店”，其实只是等同于“三星级标准的酒店”。

三、对旅游格式合同的规制

旅游格式合同的规制包括立法规制、行政规制、司法规制和社会规制四个方面，其中立法规制因其直接性、见效快等优点而成为格式条款规制的重要手段。

（一）我国旅游格式合同的立法现状

目前，我国旅游格式合同的立法现状可以概括为立法体系散乱、内容相对空泛、可操作性不强。我国对旅游合同中的格式条款没有进行系统和专门的立法，是适用格式条款的一般规定。而对格式条款的一般规定也是散见在各部法律和规章制度中的，如《中华人民共和国消费者权益保护法》（以下简称《消法》）第二十四条，《中华人民共和国合同法》（以下简称《合同法》）第三十九条、第四十条、第四十一条等。从内容上来看，这些法条的规定多为原则性的规定，还存在诸多缺陷，具体分析如下：

1.《消法》

《消法》第二十四条规定：“经营者不得以格式合同……方式作出对消费者不公平、不合理的规定，或者减轻、免除其损害消费者合法权益应当承担的民事责任。格式合同……含有前款所列内容的，其内容无效。”《消法》首次提出了格式合同的法律概念，并首次明确了其无效的法律效力。但遗憾的是，何谓“不公平、不合理的规定”并没有对其进行解释或者罗列其内容，这给司法机关的具体操作增加了难度。

2.《合同法》

《合同法》从第三十九条到第四十一条分别规定了格式条款订入合同的要件、格式条款的内容控制及格式条款解释的规则。但第三十九条却未规定相应的法律后果；第四十条对格式免责条款的效力进行了规定，但却未具体列举其种类，这就造成了在司法时难以对不平等格式条款进行认定。但令人欣慰的是在 2010 年 11 月 1 日施行的《最高人民法院关于审理旅游纠纷案件适用法律若干问题的规定》中进一步重申了"霸王条款"的效力问题，有助于司法的操作性。

总的来看，分散立法的弊端主要是立法质量不高，法律漏洞较多，容易存在法条冲突或法规冲突的现象。

（二）完善相关立法规制

完善相关立法是规制旅游格式合同最直接、最有效的途径。结合其他国家对格式条款的立法来看，对其立法大致可以分为专门立法与分散立法两种类型。其中，专门立法又分为制定单行法和纳入其他法两种方式。前种方式如英国、欧盟、瑞典等；后种方式是指将格式条款相关立法纳入到诸如民法典、商法典、合同法或者是消费者权益保护法等法律中，如美国、法国、德国等。

这两种立法中，比较有效的是专门立法，如果能够制定《旅游合同法》这是最佳的选择，但周期长、难度大；如果要在短期内尽快完善立法可以先在合同法分则部分专列一章。具体分析如下：

（1）尽快将旅游合同纳入到有名合同中，在合同法分则部分专列一章规制旅游合同。在旅游过程中存在诸多不可预见因素，很多旅游服务中的现实问题具有特殊性，在现行法律制度中缺乏明确的规范。根据我国现行合同法，无名合同只需遵循合同法总则的规定，而 15 类有名合同不仅要遵循总则的规定，还要遵循合同法分则的规定，因此将旅游合同纳入到有名合同中，有利于对其特殊问题进行有针对性的规定，这将大大提高司法的可操作性。另外，在制定具体法规时，可以借鉴国外立法经验。如《德国民法典》专列了旅游合同一章，对旅游消费者的权利作了明确的规定。比如第 65lc 条规定，旅游举办人有义务按保证的品质提供旅游；第 651i 条第 1 款规定，旅游开始前游客可以随时解除合同。这些规定都加大了对游客权利保护的力度，在实践中收到了良好的效果，值得我们在立法中加以借鉴。

（2）立法时应当注意切实保障旅游消费者的合法权益。相对于旅游经营者而言，旅游消费者总是处于弱势地位，因此法律上在严格限制旅游经营者义务的同时应该明确消费者具体的权利。无论是签订合同时、在履行合同的过程中，还是合同履行完毕之后，都应该有相应规定，同时对法律法规的制定应该严密，尽可能消除模棱两可和会引起歧义的条款。

（3）明确旅游第三人的法律责任。所谓旅游第三人是指与旅游承办人（通常是旅行社）签订协议为旅游消费者提供如交通、餐饮、住宿等服务的人。[7] 在实践中，其实很多纠纷是发生在旅游第三人与旅游者之间的，因此很有必要明确旅游第三人的法律责任。要明确其法律责任，首先应明确其法律性质。通常有两种各有利弊的观点：一种认为旅游第三人是履行辅助人的法律性质，如台湾大学王泽鉴教授。根据这种观点，旅行消费者可直接对旅游承办人行使损害赔偿请求权，但缺点是不能对第三人行使直接的请求给付权。另一种观点认为旅游第三人是利他合同中的债务人性质。[8] 在这种观点下，旅游消费者拥有的权利正好与第一种观点相反，旅游消费者可直接请求第三人按照旅游合同中的约定进行给付，在第三人违反合同约定时，旅游消费者还可直接要求其承担违约责任，缺点是旅游消费者丧失请求旅游承办人就第三人违约行为承担违约责任的权利。

其实，从根本上看，这两种不同的观点并不矛盾，之所以得出不同的结论，是因为所站的角度不同。在旅游合同中，第三人无疑是处于旅游承办人的履行辅助人地位，并不是合同的当事人；而在旅游承办人与第三人签订的利他合同中，第三人就成了利他合同中的债务人。因此，在立法时，可以明确第三人的双重法律性质，赋予旅游消费者直接请求旅游合同中的第三人按约定进行给付的权利，当对方违约时，可要求其承担违约责任或者损害赔偿责任，同时也赋予其向旅游承办人要求承担违约责任或损害赔偿责任的权利，这样从实际来看将更有利于充分保障旅游消费者的合法权益。

参考文献：

[1] 王利明．中国民法案例与学理研究（债权篇）［M］．北京：法律出版社，2003.

[2] 孙宪忠．合同法中的自由与强制［M］．北京：法律出版社，1998.

[3] 余玮，方苏琴．格式条款的价值分析及司法规制［J］．合肥师范学院学报，2008（5）.

[4] 苏号朋．格式合同条款研究［M］．北京：中国人民大学出版社，2004.

[5] 陈小君．合同法学［M］．北京：高等教育出版社，2003.

[6] 周炜，哈斯巴根．论我国旅游合同格式化的原因、弊端及立法规制［J］．法制与经济，2009（2）.

[7] 周炜，哈斯巴根．浅议对我国旅游合同法律制度的构建［J］．法制与社会，2009（2）.

[8] 易军，宁红丽．合同法分则研究制度［M］．北京：人民法院出版社，2003.

【第二篇】

旅游产业

LÜYOU CHANYE

旅游项目融资机制论析[①]

卓武扬[②]

【西华大学经济与贸易学院　四川成都　610039】

摘　要： 旅游业的发展必须有资金支持，旅游项目融资则是旅游融资的主要途径之一。旅游项目融资主要有 BOT、ABS、PPP 等模式。旅游基础设施建设的市场性较强，适用市场化的项目融资方式。对于文化景区、人造景区、自然景点等不同类型的旅游景区建设，应根据其各自性质和特点选用不同的项目融资方式。

关键词： 旅游业；旅游景区；旅游基础设施；项目融资

一、引言

我国旅游业“十二五”规划纲要中提出，力争 2020 年我国旅游产业规模、质量、效益基本达到世界旅游强国水平。我国旅游资源相当丰富且独具特色，但是旅游资源开发中的融资存在严重问题，内源资金有限，融资渠道单一，资金问题制约着旅游资源开发和旅游产业发展。市场经济条件下，旅游项目一般通过内源融资和外源融资两种方式获取资金。内源融资是旅游项目不断将自己内部融通的资金转化为投资的过程。它对旅游项目的资本形成具有原始性、自主性、低成本性和抗风险性的特点，是旅游项目生存和发展不可或缺的重要组成部分。外源融资是旅游项目吸引其他经济主体的资金，使之转化为对企业的投资过程。它对旅游项目的资本形成具有高效性、灵活性、大量性和集中性的特点，令其成为旅游项目获取资金的主要方式。外源融资通常是通过金融媒介机制的作用实现的。旅游项目既可以在金融市场出售直接证券融资，也可以向金融中介机构出售直接证券融资，从而相应形成了旅游项目的两种基本融资方式——直接融资和间接融资。

20 世纪 90 年代以前，我国旅游业与资本市场的结合较为松散，国内筹资渠道主要集中在银行等资金渠道，即传统体制下单一的财政主导型融资和转轨体制下集中的银行主导型融资。20 世纪 90 年代以后，旅游项目在利用资本市场进行直接融资方面，采取了多种形式，如股票上市、发行债券、项目融资等，即依靠资本市场

---

① 资助项目：西华大学校级重点学科建设项目“区域经济学”（XZD0901 -09 -1）。

② 作者简介：卓武扬（1975 -），男，四川泸州人，经济学博士（后），法学博士后，教授，硕士生导师，研究方向为投融资机制。

的证券融资方式。我国旅游业在不断拓宽融资渠道、不断完善融资体制的同时，依然存在以下问题：缺乏旅游专业融资机构；不能有效利用政府间和国际金融机构的资金援助；没有建立旅游产业投资基金；地方政府为招商引资倚重优惠政策，忽略投资环境的综合改善；产权不清，管理混乱，不能有效调动各方的积极性；在融资渠道上过度倚重财政性资金和信贷资金市场。

旅游业是高投入、高产出、就业容量大，对区域经济拉动较大的产业。旅游景区和旅游设施的建设的代价十分昂贵，开发的关键是资金，从这个意义上来说，有效进行融资就成为开发旅游的先决条件，而旅游项目融资则应是旅游融资的主要途径之一。所谓项目融资即"实施工程项目的企业（或称投资者）通过各种途径和相应的手段取得这些资金的过程"。其内涵和特征为：第一，以项目为主体安排的融资，项目的导向决定了项目融资的最基本方法；第二，项目融资中的贷款偿还来源于融资项目本身。旅游项目融资，简言之即是以旅游项目为主体安排的融资途径、方式及其过程。

二、旅游项目融资的基本模式

项目融资是根据融资项目自身的特点形成不同的融资方式。每一个项目的结构不尽相同，在参与方要求、追索内容、融资范围、项目自身条件等各方面也有着不同的限制，所以项目融资拥有灵活多变的融资结构。每一个具体的项目融资案例都有最适合自己的融资结构。项目融资可以分为许多具体的类型，这些具体的类型也随着时间的推移、项目融资方式的广泛应用而演化出越来越多的形式。其中提及最多的就是 BOT（Build - Operate - Transfer）和 ABS（Asset - Backed - Securitization）模式，张效梅（2009）对这两种方式进行了介绍和特点分析。[1] BOT 代表着一个完整的项目融资的概念。其基本思路是：由一国财团或投资人作为项目的发起人从一个国家的政府或所属机构获得某些基础设施的建设特许权，然后由其独立或联合其他方组建项目公司，负责项目的融资、设计、建造和运营，在特许期内项目公司通过项目的运营来获得利润，并用此利润来偿还债务。特许期满，整个项目由项目公司无偿或以极少的名义价格交给东道国政府。在这个基础上还演变出了 BOOT（Build - Own - Operate - Transfer），BOO（Build - Own - Operate），BLT（Build - Lease - Operate），BT（Build - Transfer）和 TOT（Transfer - Operate - Transfer）等多种形式。而 ABS 是指以目标项目所拥有的资产为基础，以该项目资产的未来收益为保证，通过在国际资本市场发行高档债券等金融产品来筹集资金的一种项目债券融资方式。此外还有一种值得注意的项目融资模式——PPP（Public - Private - Partnership）模式。PPP 模式，即公共部门与私人企业合作模式，是指政府、盈利性企业和非盈利性企业基于某个项目而形成的相互合作关系的形式。[2] 刘佳友（2010）建议将 BOT 模式向 PPP 模式转换[3]，PPP 模式是政府、营利性企业、非营利性企业基于某个项目而形成的以"双赢"或"多赢"为理念的相互合作方式。PPP 模式的运作广泛采用项目特许经营权的方式进行结构融资，强调项目的选择、政府角色的转换、设计合理的风险分担结构、建立健全相关法律法规、形成有效的监管架构，有着更大的优越性。[4]

三、旅游基础设施建设融资方式

旅游基础设施主要指景区旅游公路、步游道、旅游景区停车场、环保环卫、供水供电、安全消防等设施。旅游基础设施属于市场性的基础设施，这类基础设施从产品的经济属性上看，具有较强的私益性、可收费性和可竞争性。这些经济属性决定了这类基础设施在供给上的“市场性”特征，即它的供给活动可以置于市场活动的领域，按市场赢利目的，采取市场手段来进行。因此，旅游基础设施与市场具有天然亲和力，非公有资本应当成为这类基础设施供给的主要方式。旅游基础设施建设可通过 BOT、BTO（Build－Transfer－Own）、TOT、ABS、PPP 以及发行旅游国债等方式进行融资。这些融资方式各有特点、各有利益。各旅游项目应根据自身特点和当地财政的具体情况选择适合自己的融资方式，最大限度地发挥社会资本在旅游基础设施建设中的积极作用。旅游基础设施建设融资中应注意以下几方面问题：制定相应政策，鼓励各种资本参与旅游基础设施建设，拓展融资渠道；加快创造适应投融资环境建设的步伐，切实保障债权人的合法权益；对民营资本所投资建设的旅游基础性项目进行全过程、全方位的项目管理。

四、不同类型景区建设的融资方式

（一）文化景区融资方式

以人类活动为基础的文化景区，如各种历史文物、古建筑等，这类景区大都为国家或政府所拥有，通常由国家发挥主导作用，较少利用私有资源。

1. 依靠政府财力，直接投资于旅游开发

借鉴国外经验，不少国家的旅游基础设施、城市改造、景区开发等投资大、周期长、收益少的一些公共工程，其资金大多来源于政府或国际金融组织，目的在于为旅游产业的发展提供良好的基础条件。[5]国家应在公路、铁路、民航等交通基础设施以及通信、能源、大景区建设和人文旅游资源的保护性开发方面加大投资力度。

2. 利用税收形式为旅游开发广辟资金来源

为了保证稳定的资金来源渠道，可争取开征旅游资源税或旅游税，这也是地方政府投资旅游业的一项资金来源。开征旅游税早就有先例。如新加坡、泰国、菲律宾等国早已开征旅游税，由旅游项目，主要是饭店和餐馆代向旅游消费者征收称之为“政府税”的旅游税，税率通常为营业收入额的10%。在美国洛杉矶，市政府规定游客住饭店需交房价的11%作为旅游税，这笔税收收入的91%上缴市财政，作为政府投资的资金来源；9%返还旅游局，作为旅游局经费。而我国香港特别行政区政府则征收房价的3%作为酒店税，主要用于旅游业的发展。靠专项税收来筹集旅游开发资金，可以说是许多国家和地区政府筹集旅游开发的重要方式。[6]当然对贫困地区的旅游项目可免征旅游资源税，或征收之后再按一定比例向企业退还。以旅游资源税而获得的政府收入可用于旅游开发和宣传促销，这样可为政府投资旅游业提供稳定的资金渠道。

3. 通过地方政府的旅游管理部门掌握一部分旅游项目的股权（或所有权），以"旅游养旅游"，为旅游开发筹集资金

新加坡、泰国、菲律宾等国家旅游局都有一些拥有所有权的企业。如新加坡旅游局对圣淘沙岛拥有一定的股权，菲律宾旅游局有直属的马尼拉公园和高尔夫球场等，而泰国旅游局则管理着城市免税店。旅游管理部门从这些企业获得的收入全部用于旅游开发。我们可以借鉴新、泰、菲等国的经验，由各地方政府的旅游局投资创办一部分旅游项目，或是掌握一些旅游项目的股份，通过这种方式把股权收入集中用于政府的旅游开发，做到用旅游养旅游。当然采取这种形式筹集开发资金一定要慎重，要充分利用我国目前国有企业股份制改造的有利时机，使政府旅游管理部门适当掌握一部分企业股权，同时又要避免管理部门对企业插手过多，造成新的政企不分，影响企业活力。

4. 政府应强化旅游营销宣传，争取外界的各种投资

由政府统一出面，集中资金面向国内国际两大市场，采取一系列强大攻势，加大宣传力度，吸引国际组织和国内外客商投资。这种政府的统一运作是分散的企业促销活动所不能比的。旅游业发展较好的发展中国家，不少旅游项目的开发都得到了国际组织尤其是国际金融组织的资助。如印度尼西亚巴厘岛、墨西哥坎昆旅游度假区的开发都得到了国际金融组织的资助，前者部分开发资金由世界银行提供，后者部分资金来源于国际美洲开发银行；而多米尼加的斯拉塔港度假区则由联合国开发计划署资助了一些旅游研究项目，并得到世界银行的贷款。

（二）人造景区融资方式

人造景区是专门为吸引旅游者而建造的景区，如主题公园等。其融资目的与前两类景区大为不同，它更注重投资带来的效益，以盈利为首要目的。

1. 充分利用资本市场，为旅游资源开发进行直接融资

（1）发行股票。这是一种效率高、额度大、稳定性强的融资途径，可使旅游开发企业在短期内筹集到大量资金，股票筹资没有固定的利息负担和固定的到期日，股本是企业的永久性资本，利用股票筹资财务风险相对较小（不存在还本付息的风险），而且利用股票筹资，可以改变西部旅游项目缺乏规模效益、经营过于分散、狭小的弱点。一方面国家应看到旅游开发的经济增长点和社会消费的拉动作用，优先鼓励有条件的旅游项目上市发行股票，在核定股票发行计划中，优先考虑旅游业的发展，尤其是中西部旅游业开发的需要；另一方面从旅游项目的角度，应把旅游项目改制上市同旅游业集团化、网络化、集约化发展结合起来，依托旅游业自身的经营优势和不可替代的资源优势，在旅游开发中，有效发挥上市公司的作用。

（2）发行债券。目前，在发行旅游项目债券方面，国家已做出尝试，1999 年国家发行 5 亿元人民币的旅游项目债券额度，但主要集中于国家级旅游度假区，随着旅游业对国民经济增长的贡献增加以及西部旅游开发力度加大，国家将会增加旅游项目债券额度。

（3）股权置换。这主要在上市公司和非上市公司之间进行。由于旅游业具有良好发展前景，一些传统产业上市公司有可能调整经营方向和投资方向，寻找在旅游

业发展的机会，而拥有优质旅游项目的旅游公司可能又不具有上市权，这时可与上市公司进行股权或资产置换。这方面国内已有成功案例，如沈阳银基集团以优质旅游资产同“ST辽物资”进行了成功的资产置换。

2. 采用BOT模式融资

BOT模式作为公共基础设施建设与私人资本的特殊结合方式，是近几年来在项目融资过程中悄然兴起的一种模式，也是政府职能与私人机构功能互补的历史产物，已适应了现代社会工业化和城市化进程中对基础设施规模化、系统化发展的需要并引起世界各国的广泛关注。BOT模式是对一个项目投融资建设、经营、无偿转让的经济活动全过程典型特性的简要概括。具体而言，BOT，即建设—运营—转让，是基础设施建设融资的一类方式，通常指承建者或发起人（非国有部门，可以是本国的、外国的或联合的企业财团），通过契约从委托人（通常是政府）手中获得某些基础设施的建设特许权，成为项目特许专营者，由私人专营者或某国际财团自己融资、建设某项基础设施，并在一段时期内经营该设施，在特许期满时，将该设施无偿转让给政府部门或其他公共机构。在BOT投融资模式的实际运用中，由于基础设施种类、投融资回报方式、项目财产权利形态的不同等因素，已经出现了以下三类主要的变异模式：

（1）BOOT形式：这一模式在内容和形式上与BOT没有不同，仅在项目财产权属关系上强调旅游项目设施建成后归旅游项目公司所有。

（2）BTO形式：这一模式与一般BOT模式的不同在于“经营”（Operate）和“转让”（Transfer）发生了次序上的变化，即在旅游项目设施建成后由政府先行偿还所投入的全部建设费用、取得项目设施所有权，然后按照事先约定由旅游项目公司租赁经营一定年限。

（3）BOO形式：其意思为某一基础设施项目的建设、拥有（所有）、经营。在这一模式中项目公司实际上成为建设、经营某个特定基础设施而不转让项目设施财产权的纯粹的私人公司。其在项目财产所有权上与一般私人公司相同，但在经营权取得、经营方式上与BOT模式有相似之处，即项目主办人是在获得政府特许授权、在事先约定经营方式的基础上，从事基础设施项目投资建设和经营的。我国在景区开发实施项目融资过程中可有效利用这几种模式，既调动各方的积极性，又能有效实现优势互补。

3. 充分利用股份合作制等形式广泛筹资

通过股份合作制形式筹资，实际上是把资本联合与劳动联合结合起来。如城乡股份合作制的形式，把旅游资源丰富的地区和国内大中城市、大中型国有企业以及其他有实力的企业或个人挂钩，在这种形式中，贫困农民可以用劳动入股代替资本入股，通过劳动积累转化为资本积累，收益后按股分红，既调动了农民的积极性，又减缓了资金短缺压力。

（三）自然景点融资方式

对于以自然环境特色为基础的自然景点，如森林、海滨等，其筹资主要用于对环境方面的改善，并使游客对景点产生的负面影响最小化。由于这类景点具有不可再生的特点，一旦遭到破坏，就无法复原，从而造成旅游资源的损毁。

对于此类景点的融资，可融合上述两种景点的融资方式。一方面依赖国家、政府直接拨款或银行贷款，政府管理机构对这类景点可以采取以环境保护措施为主、兼顾投资经营效益目标的管理政策。另一方面，在环保的前提下，应充分利用资本市场进行直接融资，如通过上市公司发行股票。此外，还可吸引国外资金来投资。

五、旅游企业项目融资行为的规范与保障

旅游企业的融资活动与周围的环境息息相关，因而旅游企业项目融资行为的顺利实施离不开相关规范保障体系的建设。

（一）优化资本结构

在所有的环境因素中，对融资活动影响最大的便是资本市场。企业融资方式的选择、融资机制的健全、融资结构的合理在很大程度上取决于资本市场的健全与否。资本结构又称融资结构，主要指企业资本总额中各种资金来源的构成比例，特别是负债资金和股权资金的比例关系。我国旅游企业特别是上市公司普遍偏好股权融资，而债券市场一直没有得到充分发展，出现了与发达国家资本结构相反的情况，即股权融资方式相对债券融资方式而言对企业更为有利。这主要是由于我国资本市场发展落后和其他一些现实原因。我们可以采取相应措施鼓励和引导旅游企业发行股票和债券，开拓直接融资渠道，赋予大型旅游企业集团与其资本和收益比例相适应的海外直接融资权。[7]通过企业上市、项目融资、资产重组、联合投资、信托投资、发行债券等多种形式增加旅游投资。

（二）开设旅游产业投资基金

随着旅游项目大型化和区域化，旅游业的单体投资规模相应增大。单一的投资商往往难以完成投资活动，通过资本市场设立产业投资基金，可以将分散资金集中起来，并提高规模投资能力和投资效益。当前，城乡居民存款与日俱增，而存款利率的偏低，刺激了居民的金融投资意识，如果经国家许可，向社会发行基金受益凭证，设立旅游产业投资基金，将是利用资本市场扩大旅游产业融资渠道的有效途径。通过旅游投资基金管理公司的专业化、规范性运作，投资于旅游企业和项目，不仅为居民个人开辟了新的投资渠道，降低投资风险，而且有利于提高国民旅游意识和旅游消费水平，又可有效解决旅游开发项目的资金来源。

（三）完善和发展资本市场

由于资本市场的不完善，阻碍了旅游企业融资功能的健康发展，因此要优化旅游企业的融资结构，必须首先完善资本市场，并通过资本市场的发展促进旅游企业融资行为的规范化，改善其资本结构。

（四）逐步建立健全相应的法律法规体系

在整个融资体系中，我国目前尚缺乏相应的法律法规体系保障，个别环节特别是产权、股权、各利益团体关系不明、责任不清，无法可依，个别企业为眼前利益盲目开发，给国家造成不可估量的损失，因而建立健全相应的法律法规体系也是急需解决的问题。相关部门应加快相应法律法规的出台，有效规范景区开发行为。

（五）培育旅游专业投融资机构

旅游企业投融资过程中，“多头管理”现象严重，管理体系较为混乱，不能有效合理地协调多方利益团体的矛盾，也无法有效调动各方的积极性。可以通过开设旅游开发银行或旅游信托投资机构，解决这方面现存的问题并提供优质、专业的服务。

参考文献：

[1] 张效梅. 利用多种融资方式 促进我国旅游产业发展 [J]. 中国经贸导刊，2009（16）.

[2] 陈菲菲. 我国旅游项目融资研究综述 [J]. 商业文化，2011（9）.

[3] 刘佳友. 泰山景区旅游开发项目投融资研究 [D]. 青岛：中国海洋大学，2009：22-26.

[4] 邓学芬，迟宁. 论 PPP 模式在旅游项目开发中的应用 [J]. 四川经济管理学院学报，2010（1）.

[5] 钱益春. 旅游基础设施融资模式初探 [J]. 特区经济，2006（9）.

[6] 彭绪娟. 旅游景点建设项目融资模式初探 [J]. 职业圈，2007（20）.

[7] 李庆雷，牛乐德，暴向平. 旅游项目无限化理论探析 [J]. 西部经济管理论坛，2011（4）.

川西古镇开发和经营的战略选择[①]

曾建民[②]

【西华大学经济与贸易学院　四川成都　610039】

摘　要：川西古镇面临川外著名古镇与川内名胜古迹的竞争，其可持续发展的战略选择是：精心规划，打造川西古镇的核心竞争力；精心策划，塑造川西古镇的核心价值理念，进行品牌包装和市场推广；精心设计，开辟各具特色的旅游专线；精心管理，完善相关的配套服务。

关键词：竞争态势；川西古镇；开发和经营；战略选择

一、目前川西古镇面临的竞争态势

川西古镇是指坐落于成都平原上，以19个行政区（县）为界，主要建于明清和民国时期的镇。目前经过保护、开发并有一定影响的川西古镇主要有黄龙溪、平乐、洛带、西来、街子、安仁、孝泉、柳江、怀远、悦来和三道堰等。川西古镇具有自身的特色，通常是临河傍溪、石板小路、民风质朴、特色小吃和民俗活动。近年来，经过地方政府的保护、修复、打造和宣传，川西古镇已有了相当的影响力。然而不可否认，旅游市场上的竞争日益激烈，川西古镇也面临着强有力的竞争对手。

首先是川外著名古镇的竞争。以江苏周庄为代表的古镇，体现了江南古镇典型的水乡特色；以云南丽江为代表的我国少数民族地区的古镇，表现出浓郁的民俗文化；以山西平遥为代表的古镇，则以建筑文化为载体表现出我国北方古镇的大气和历史沉淀。这几类古镇都以其难以复制的特色和品牌优势，在学界受到高度关注，在旅游市场上具有巨大的影响力和号召力，是潜在顾客游古镇的首选。[1]

其次是川内名胜古迹的竞争。四川峨眉山—乐山大佛是世界文化与自然遗产，九寨沟风景名胜区和黄龙风景名胜区均为世界自然遗产，青城山—都江堰是世界文化遗产。这些旅游产品对川内外游客具有极强的吸引力。此外，四川是一个旅游资源极其丰富的省份，不断有更多的旅游产品被开发出来，诸如亚丁香格里拉、贡嘎山生态旅游、四姑娘山生态旅游、红色旅游以及川西平原的传统优势旅游产品“农

---

① 资助项目：西华大学校级重点学科建设项目“区域经济学”（XZD0901－09－1）。

② 作者简介：曾建民（1957－）男，四川成都人，教授，硕士生导师，研究方向为宏观经济、旅游经济。

家乐”的升级等等，都会对川西古镇的旅游客源形成强有力的竞争。因此，关于川西古镇下一步发展的战略选择也就至关重要。

二、川西古镇开发和经营的战略选择

古镇开发和经营的观念十分重要。对川西古镇完好的建筑和街区应原样保留；对部分破坏或残缺的建筑应局部改造加固，恢复原样；对完全毁损、破坏的建筑和街区应重建，恢复古镇原来的布局；对那些与古镇风格不协调的“新”建筑应完全拆除；对那些由于历史、经济与技术等原因，原来未能充分利用的元素应尽可能利用；完善古镇的交通、基础设施和配套服务设施。本着精心规划、精心策划、精心设计、精心管理的原则，在保护的基础上，促进川西古镇的振兴。[2]

（一）精心规划，打造核心竞争力

1. 针对许多川西古镇临水的特点，注重对“水景”的规划和开发

（1）对临水建筑的规划和开发。在黄龙溪、平乐、西来、柳江、三道堰等古镇，像吊脚楼、临水茶楼、酒肆的观景、美人靠、水车等最能体现南方水乡特点的建筑还有广阔的规划空间，应尽可能地加以开发利用。

（2）水面景观的规划和开发。只有水而没有船的水面缺乏生机，而上述古镇的宽阔水面要么没有船，要么就是过于商业化的交通船。应规划开发出帆船和小渔船，即便是交通船，也应是帆船等能体现川西特色的船只。

（3）古镇内溪流的规划和开发。对已有溪流的古镇，应疏浚整治河道，将溪边的建筑和树木按古镇的风格来布局；对于缺少自然溪流而又靠近水源，有条件引入河水的古镇，应规划开发出人工溪流。川西平原上有很多古镇的建筑很美，可惜缺少水景，因而显得“干枯”、缺少灵气。[3]

2. 对古镇文化的挖掘与开发

对特色鲜明而又有深厚历史文化底蕴的古镇，应进一步加大开发的力度，包括：对古建筑的保护、修复或重建；对特色器具的收集和保护；对历史文化典籍的收藏、解读和宣传；对相关历史文化和民俗活动的恢复和振兴；对传统特色小吃的保护和开发；等等。如安仁古镇的庄园和公馆文化、博物馆文化，孝泉古镇的德孝文化，洛带古镇的客家文化等等，都还有深入挖掘和广泛利用的空间。

（二）精心策划，塑造核心价值理念

如果说打造川西古镇的核心竞争力是一种基础工作的话，那么还必须塑造川西古镇的核心价值理念，并进行品牌包装和市场推广。

1. 塑造川西古镇的核心价值理念

与周庄、丽江和平遥等著名品牌相比，川西平原任何单独的古镇都很难与之竞争。因此，应在整体上将“川西古镇—川西平原的一串明珠”作为核心价值理念来塑造。在此基础上，再塑造各个川西古镇自身的价值理念作为二级理念。例如，安仁镇—公馆与博物馆聚落；三道堰—西蜀水乡；等。

2. 品牌包装和市场推广

进行品牌包装和市场推广包括：①邀请国内一线影视明星作品牌代言人，通过

名人效应来提高川西古镇的影响力；②设计制作图案简洁而又寓意深刻的“川西古镇”品牌标志，并在全国性的电视、网络和平面媒体上持续性地宣传；③邀请国内著名导演拍摄以“川西古镇”为主题的系列专题片，并邀请国内著名主持人解说，以进一步扩大川西古镇的影响力；④定期举办以“川西古镇系列游”为主题的旅游节，继续开展“特色古镇”的评选；精心组织各个古镇独具特色的民俗活动；对各古镇的特色小吃、食品和旅游纪念品还应做精做细，对包装也应精心设计；⑤在旅游节期间举办川内外专家参加的专题研讨会，为“川西古镇”的运营和可持续发展寻求理论上的支撑；同时也可获得业界专业人士的支持；⑥与国内著名的古镇建立多种形式的联系，定期交流，求得共同发展，最终把“川西古镇”做成国内著名、国际知名的品牌。[4]

（三）精心设计，开辟旅游专线

1. 按价值理念设计旅游专线

可开辟“川西古镇”历史文化游，以较高文化层次的游客为主，注重旅游的文化品位。这类古镇以安仁镇、孝泉镇、洛带镇等为主。还可开辟“川西古镇”水乡游，以休闲观光游客和青年游客为主，注重旅游的娱乐性。这类古镇以黄龙溪、平乐、西来、三道堰等为主。

2. 将价值理念与地理位置相结合来设计旅游路线

这是指就近将历史文化类古镇和水乡类古镇设计为同一旅游专线，使游客品味不同风格的川西古镇。如洛带古镇和三道堰旅游专线等。

（四）精心管理，完善相关的配套服务

1. 政府统一规划和实施

对“川西古镇”的战略选择与实施是一项创品牌、整合古镇资源、发展乡村经济、避免无序竞争、实现共赢的系统工程，应在成都市政府有关部门的统一规划、管理和协调下，19个区市（县级市）县相互配合进行。

2. 对相关管理人员和居民的培训

这包括对各区市县镇相关职能部门管理人员的培训、对交通旅游餐饮等服务企业管理和服务人员的培训、对各镇居民的培训。培训内容包括相关古镇的历史文化知识、文明礼仪、国家关于古城（镇）保护的相关法规等。

3. 加强管理、检查和监督

加强对卫生、质量、计量、价格、社会治安等方面的管理、检查和监督，为游客提供相关的咨询和服务，使游客在轻松愉快、文明和谐、安全的环境中领略川西古镇的风貌。

4. 提供相关的信息服务

提供包括食、住、行、游、购、娱、气象等方面的最新信息，以利于经营者根据行业状况、市场的变化、交通状况、气候季节等因素适时调整营销策略，也有利于旅游者合理安排自己的出行计划。

参考文献：

[1] 陈敏．古镇旅游开发须未雨绸缪［J］．新重庆，2007（3）．

［2］鞠廷荧，饶世权．川西古镇以特质文化打造品牌的研究［J］．天府新论，2011（1）．

［3］谭宏．松溉古镇的保护与开发［J］．重庆文理学院学报（社会科学版），2011（1）．

［4］李建，向月波．成都古镇旅游营销研究［J］．中国商贸，2011（2）．

大力推动我国南海旅游业的发展[①]

吴总建，巫丛平[②]

【吴总建　西华大学经济与贸易学院　四川成都　610039
巫丛平　成都工业学院　四川成都　610031】

摘　要：我国是一个旅游大国，但旅游者多以陆地旅游为主，无论在人次数还是旅游收入，海洋旅游所占的比重都很小。三沙市的成立为具体落实《国务院关于推进海南国际旅游岛建设发展的若干意见》，积极稳妥推进开放开发西沙旅游，有序发展无居民岛屿旅游，推动我国西沙群岛乃至南海旅游业的发展迈出了关键性的一步。本文在分析我国旅游业发展现状的基础上，提出了推动南海旅游业发展的措施：利用现有南海旅游资源和扩大南海旅游资源发展旅游业；适时提高三沙市的行政级别；认真贯彻落实《国务院关于推进海南国际旅游岛建设发展的若干意见》；制定并完善旅游法律法规。

关键词：南海；海洋旅游；旅游资源；旅游开发

一、我国旅游业发展现状

1. 我国第三产业及服务行业发展情况

一个国家第三产业的发展状况直接关系到经济发展水平和经济结构的合理程度。服务行业属第三产业的主要内容，虽然在理论划分上隶属于第三产业，但近年来有很多学者更愿意将服务行业用来替代第三产业，原因是服务业不含教育、文化、卫生、体育、社会福利等部分，便于统计和反映有关经营性行业的收入情况，2001 年我国第三产业收入为 33 153 亿元，占国内生产总值的 30. 23%，2011 年第三产业收入为 203 260 亿元，增长了 5. 13 倍，占国内生产总值的 43. 1%，这一数字虽反映出近几年来我国第三产业有了较快的发展，但与发达国家相比还存在较大差距。从国际比较来看，高收入国家服务业占国内生产总值的平均比重已经达到 70. 7%，世界平均值也达到 67. 7%。据有关资料显示，2001 年，美国服务业占国内生产总值的比重为 73%，法国紧随其后，比重为 72%，巴西为 57%，俄罗斯为 56%，韩国为 54%，印度为 48%。从这些数据来看，我国即使用 2011 年的比重与之比较，也存

---

① 资助项目：西华大学校级重点学科建设项目“区域经济学”（XZD0901－09－1）。

② 作者简介：吴总建（1954－），男，教授，研究方向为对外贸易；巫丛平（1978－），女，硕士，讲师，研究方向为电路与系统。

在较大差距，这就说明我国在加强发展制造业和新兴产业的同时，应大力发展服务行业，缩小与发达国家和其他新兴国家之间的差距。

2. 我国旅游业发展状况

旅游业是一个关联性很强的综合性产业，直接涉及吃、住、行、游、娱乐、购物六项基本消费要素，与服务部门的许多行业有关，主要由旅馆业、餐饮业、交通运输业、旅行社与旅游景区管理组成，旅游业的发展可直接或间接推动第三产业、第二产业和第一产业的发展。我国是一个旅游大国，从商务部统计的2010年我国服务贸易情况来看，在整个服务贸易分项目中，旅游出口在2003年之前占比均在50%以上，2003—2010年占比为28%~41%，居首位，2009年在世界排名中居第五位；旅游进口在2003年之前占比为31%~36%，居首位，2003—2010年占比为23%~28%，让位于国际运输业屈居第二，2009年在世界排名中居第四位。但从服务贸易与货物贸易的占比情况来看，2009年世界平均为20.4%，许多发达国家服务贸易的比重高于均值，美国为23.1%，英国为32.5%，西班牙为29.1%，欧盟为23.4%，金砖国家印度为28.7%，我国仅为11.5%，这一数字反映出我国服务贸易与发达国家之间的差距。

从我国国内旅游人次数来看（具体数字详见表1），2001年为7.84亿人次，2011年为26.4亿人次，11年中增长了2.37倍，除2003年同期下降9.1%外，其余年份皆为增长，但起伏较大，与政策及假期气候有关。从国内旅游收入情况来看，2001年为3 522.36亿元，2011年为19 300亿元，增长了4.48倍，其中以2006—2011年增幅较为明显。国际旅游收入从2001年的177.92亿美元增加到2011年的470亿美元，增长了1.64倍，增幅较小。从我国旅游总收入与第三产业和国内生产总值的比重来看，2001年分别为15.07%和4.56%，2011年分别为10.99%和4.74%，反映出我国旅游收入增长与国内生产总值增长幅度趋同，却严重滞后于第三产业的发展。从对其他国家所占比重的情况来看，我国旅游发展应有一个较大的上升空间，关键的问题是要对我国现有的旅游资源进行挖掘、开发和利用。

表1　我国旅游收入情况统计表

年份	国内旅游人次（亿）	同期增长（%）	国内旅游收入（亿元）	同期增长（%）	国际旅游收入（亿元）	同期增长（%）	第三产业收入（亿元）	同期增长（%）	占比1（%）	国内生产总值（亿元）	同期增长（%）	占比2（%）
2001	7.84		3 522.36		1 473.18		33 153		15.07	109 655		4.56
2002	8.78	11.99	3 878.36	10.11	1 687.88	11.42	36 075	8.81	15.43	120 332	9.74	4.62
2003	8.70	-9.10	3 442.27	-11.24	1 441.22	-12.27	38 886	7.79	12.56	135 822	12.87	3.60
2004	11.02	26.66	4 710.71	36.85	2 131.19	40.10	65 018	67.2	10.52	159 878	17.71	4.28
2005	12.12	9.98	5 285.86	12.21	2 399.34	12.33	72 968	12.23	10.53	184 937	15.67	4.16
2006	13.94	15.02	6 229.74	17.86	2 705.74	16.27	88 555	21.36	10.09	216 314	16.97	4.13
2007	16.10	15.49	7 770.62	24.73	3 190.04	22.66	111 352	25.74	9.84	265 810	22.88	4.12
2008	17.12	6.34	8 749.30	12.59	2 838.59	5.72	131 340	17.95	8.82	314 045	18.15	3.69
2009	19.02	11.10	10 183.69	16.39	2 710.00	11.27	148 038	12.71	8.71	340 903	8.55	3.78

表1(续)

年份	国内旅游人次（亿）	同期增长（%）	国内旅游收入（亿元）	同期增长（%）	国际旅游收入（亿元）	同期增长（%）	第三产业收入（亿元）	同期增长（%）	占比1（%）	国内生产总值（亿元）	同期增长（%）	占比2（%）
2010	21.03	10.57	12 579.77	23.53	3 101.61	21.62	173 596	17.26	9.03	401 513	17.78	3.91
2011	26.40	25.53	19 300.00	53.42	3 036.20	42.44	203 260	17.09	10.99	471 564	17.45	4.74

注：(1) 占比1为我国旅游总收入占第三产业收入的比重；(2) 占比2为我国旅游总收入占国内生产总值的比重；(3) 2001—2010年数来源于中国统计年鉴；(4) 2011年数据于来源于旅游网2012年1月18日《国家旅游局局长邵琪伟在2012年全国旅游工作会议上讲话》。

3. 海南省旅游业发展状况

据中国统计年鉴数据，虽然近年到海南省旅游的人次数逐年递增（2005年为43.19万人次，其中外国人为26.94万人次；2009年为55.15万人次，其中外国人为37.21万人次；2010年为66.33万人次，其中外国人为47.4万人次），但到海南旅游人次数比重偏小，旅游收入少，而且几乎没有海洋旅游，这与我国的旅游大国身份极不相符。一方面南海诸岛旅游资源非常丰富，景区多，但没有被开发利用；另一方面，想到南海诸岛的旅游者众多，却难以如愿。因此，大力开拓海洋旅游尤其是开拓南海旅游业的发展迫在眉睫，当前的局势恰巧给这种发展带来了千载难逢的历史机遇。2012年6月21日国务院批准成立三沙市，撤销海南省西沙群岛、南沙群岛、中沙群岛办事处，设在西沙永兴岛的三沙市成为我国领土最南端的地级市，也是我国陆地面积最少，海洋面积最大，海洋资源最为丰富的地级市。三沙市的设立有利于进一步加强我国对西沙群岛、中沙群岛、南沙群岛的岛礁及其海域的行政管理和对南海资源的开发建设，这就为南海旅游业的快速发展提供了有效的保障。近期海南海峡航运股份有限公司和海航旅业先后宣布参与西沙旅游，前者组织了"椰香公主"号到西沙群岛有关航线的试航，后者已花费了数亿人民币专门订购了两艘豪华邮轮，其中名为"太平洋太阳"号的邮轮排水量2.5万吨，该邮轮犹如五星级酒店，有740个房间。集旅游、运输、食宿、购物、娱乐、观景于一身的邮轮游船拟运营近期开通的西沙旅游，必将为南海旅游业的发展作出极大的贡献。

二、推动南海旅游业发展的措施

1. 利用现有南海旅游资源和扩大南海旅游资源发展旅游业

(1) 巩固我国有效控制岛礁及其周边海域是发展南海旅游业的必要条件

东沙古有"月牙岛"之称，东沙群岛是我国南海诸岛中位于东北的一组群岛，主要由东沙岛、东沙礁（环礁）、南卫滩（暗礁）和北卫滩（暗礁）所组成，附近海区还有不少暗沙和暗礁，属热带地区，终年高温，是南海诸岛中离大陆最近、岛礁最少的一组群岛。东沙群岛处于国际航海重要的交通枢纽，属中国领土。

西沙群岛主要由永乐群岛和宣德群岛组成，大大小小的珊瑚岛屿群分布在50多万平方公里的海域上，非常美丽。群岛的第一大岛永兴岛，如一座热带植物园；东岛素称"鸟的乐园"，岛上约有6万多只海鸟，由于远离大陆，人迹罕至，沙滩绵延，海水洁净，最高能见度达到40米，七连屿是最优良的潜水、垂钓场所。

中沙群岛位于西沙群岛东南约 100 公里，除黄岩岛外，中沙群岛绝大部分是一群没有露出水面的珊瑚礁石，是由一群暗沙、海山和暗滩组成的群岛。控制了最东边的黄岩岛，就控制了整个中沙群岛，中沙群岛处于我国南海诸岛的中心位置，可辐射四周，区位优势无可比拟。该群岛最浅的为漫步暗沙礁，顶长 3 公里宽 2.5 公里，水深仅几米，附近暗沙、暗滩的类似情况较多，完全可考虑建立数个长宽几百米的人工岛，建设集群规模人工岛礁，打造马尔代夫式的旅游项目。该群岛盛产金带梅鲷、旗鱼、箭鱼、金枪鱼等多种水产，珊瑚礁的生物量也较高，形成五光十色的“海底花园”，是理想的浮潜、深潜、垂钓场所。

目前，我国实际控制南沙群岛中的永暑礁、赤瓜礁、东门礁、南薰礁、渚碧礁、华阳礁、美济礁等岛礁，相距我国海南省1 000多公里，虽然旅游资源丰富，但由于局势的原因，尚不具备旅游开发、运营的条件。

（2）适时收复外国控制的南沙诸岛，维护国家主权和海洋权益

由于历史原因，截至目前，越南非法占领我国南沙群岛的鸿庥岛、南威岛等 29 个岛屿和珊瑚礁，菲律宾非法占领马欢岛、南钥岛、中业岛等 8 个岛屿，马来西亚非法占领 3 个岛屿，文莱非法占领 1 个岛屿。这些被占岛礁的归还和回归，要依靠我国的政治智慧，通过外交、经济手段为主，以准军事力量和军事实力为后盾，分离区外拉帮结伙势力，分化瓦解占领国试图将南海问题国际化、绑架东盟联合对我的险恶用心，把握国际形势的发展变化，善于抓住瞬时机会，逐步地、坚定不移地收复这些岛礁。为扩大南海优良旅游资源、进一步发展海洋旅游业奠定基础。

2. 适时提高三沙市的行政级别，使其纳入到国家直接管辖范围

近些年来，菲越两国不断对我南海疆域进行袭扰和蚕食，为适应国际复杂形势的发展需要，进一步维护国家主权，设立了三沙地级行政市。三沙市属海南省管辖，其实，南海疆域面积达200 多万平方公里，且渔业、油气、矿产、旅游等资源丰富，仅凭地级行政对其所辖广袤海域进行统一管理会出现很多难以解决的问题，如财力和开发资金不足，各种人力资源缺乏，物资匮乏，区域安全、主权和海洋权益的维护等都不是三沙市和海南省能解决的。因此，在时机成熟时应提高三沙市的行政级别或实行特别行政，由国家统一对其进行管理，集一国之力进行扶持，使其实力在短期内有实质性的提高，加派国家准军事力量和海军进行常态巡航，打击入侵之敌和海盗袭扰，在确保安全的基础上有效推动南海旅游业的发展。

3. 认真贯彻落实《国务院关于推进海南国际旅游岛建设发展的若干意见》

2009 年年底，国务院下发《国务院关于推进海南国际旅游岛建设发展的若干意见》（下称《意见》）给各省、自治区、直辖市及国务院各部委、各直属机构。该《意见》是国务院关于发展海南国际旅游岛的纲领性指导文件，开宗明义地提出海南是我国最大的经济特区和唯一的热带岛屿省份。需要指出的是，这里的热带岛屿应包括西沙群岛、中沙群岛和南沙群岛在内的三沙岛屿和岛礁。要“充分发挥海南的区位和资源优势，建设海南国际旅游岛，打造有国际竞争力的旅游胜地”。《意见》对海南的战略定位高：海南——我国旅游业改革创新的试验区；海南——世界一流的海岛休闲度假旅游目的地；海南——南海资源开发和服务基地。加大南海油

气、旅游、渔业等资源的开发力度，发展目标分为两个，且明确具体：到2015年，旅游管理、营销、服务和产品开发的市场化、国际化水平显著提升。旅游业增加值占地区生产总值比重达到8%以上；到2020年，旅游服务设施、经营管理和服务水平与国际通行的旅游服务标准全面接轨，初步建成世界一流的海岛休闲度假旅游胜地。旅游业增加值占地区生产总值的比重达到12%以上。在发挥海南特色优势全面提升旅游业管理服务水平方面，明确提出："依托优势资源，发展特色旅游产品，进一步优化旅游产品结构，大力发展热带海岛冬季阳光旅游、海上运动、潜水等旅游项目，丰富热带滨海海洋旅游产品。积极稳妥推进开放开发西沙旅游，有序发展无居民岛屿旅游。积极发展邮轮产业，建设邮轮母港，允许境外邮轮公司在海南注册设立经营性机构，开展经批准的国际航线邮轮服务业务。"在投融资方面，"支持符合条件的旅游企业发行企业债券，设立旅游产业投资基金"。在财税政策优惠方面，"中央财政在一定时期内对海南国际旅游岛的建设发展给予专项补助"。为了增加外国人的旅游，《意见》还对部分国家的公民组团旅游实行免签证政策。2010年海南省根据《意见》编制了《海南国际旅游岛建设发展规划纲要》（下称《纲要》），该《纲要》按照《意见》的指导思想、战略定位、发展目标和重点任务，在全面分析海南国际旅游岛建设发展的内外部条件的基础上，从空间布局、基础建设、产业发展、保障措施、近期行动计划等方面提出了具体工作安排。但遗憾的是，《纲要》重点突出的是海南本岛的发展规划，涉及的产业和行业很多，超过了《意见》的界定范围，如第九章的房地产业、第十三章的新型工业和高新技术产业中关于发展油气化工、林纸一体化、汽车制造、制药、重化工业、新能源、新材料等。在2012年的旅游发展目标上，要求国内外游客达到3 160万人次，与2010年实际相比，规划数字太大，浮夸风严重。在第三章空间布局的功能组团上，把本岛旅游中的东南西北中部作为重点规划，对于南海旅游，只是在海洋组团中一带而过，没有实质内容。在第十四章海洋经济的规划中只写进了"重点发展滨海度假旅游、海洋观光旅游、海岛旅游、邮轮旅游、游艇旅游、海上运动旅游等。积极稳妥开放、开发西沙旅游"区区一句话。不难看出，海南省编制的这份《纲要》主要是出于本土发展考虑而勾勒出的蓝图。

国务院批准成立的三沙市，主要从当前国际形势发展变化的复杂性和收复南沙被菲律宾、越南等国侵占的岛屿、岛礁的坚定决心，发展西沙群岛、中沙群岛、南沙群岛经济等因素考虑，在客观上也为三沙市经济和旅游的迅猛发展创造了机会。因此，按照《意见》有关精神制定符合三沙市自身发展的经济规划纲要及旅游经济发展规划就显得非常重要，具有紧迫性，而且，还要制定科学的符合客观实际的实施细则加以落实，尤其对西沙群岛的旅游开发和利用应具有操作性，在短期内开通西沙旅游，形成运营体系，扩大经营，逐步完善，条件成熟时开发中沙群岛的旅游，推动我国南海岛屿旅游业的迅速发展。

4. 制定并完善旅游法律法规

由全国人大财经委起草的《中华人民共和国旅游法（草案）》已于2011年11月10日向社会征求意见，估计完善后于近期公布实施，这就为保障旅游者和旅游经营者的合法权益，规范旅游市场秩序，促进旅游业健康发展提供了法律依据。

由于要大力发展我国的海洋旅游，因此在旅游法中应增加相关内容，如在第一章总则第七条区域发展政策中除了有革命老区、民族地区、边疆地区和贫困地区外，还应加列有丰富旅游资源的相关海域，突出和强化我国海洋权益，并与第三章旅游规划的第十九条规划编制“国务院、省级人民政府和旅游资源丰富的市级人民政府应当编制旅游发展规划”配套，为国务院专门为海南制定的《意见》、和海南省编制的《规划》提供了法律依据，也为三沙市将要编制的发展西沙、中沙、南沙旅游发展规划提供了法律依据。同时在第四章旅游经营、第六章旅游安全、第七章旅游监管等章节体现海洋旅游的相关内容。在此基础上，国家旅游局、海南省、三沙市也应制定和完善具体的南海旅游业发展的旅游行政法规，以促进南海旅游业的发展。

参考文献：

[1] 国家旅游局．中华人民共和国旅游法（草案）[Z]．中国旅游报，2011-11-10.

[2] 海南省人民政府．海南国际旅游岛建设发展规划纲要（2010—2020）[Z]．海南日报，2010-06-21.

[3] 李庆雷，冯莹，明庆忠．综合型旅游区循环经济实践模式初探——以西双版纳傣族园为例 [J]．西华大学学报（哲社版），2010（3）.

[4] 李庆雷，唐跃军，杨春和．旅游区位创新论 [J]．西华大学学报（哲学社会科学版），2011（4）.

基于理性适度发展策略的海南旅游地产业研究[①]

义旭东，高巍，王晓曼[②]

【西华大学经济与贸易学院　四川成都　610039】

摘　要：2010年“国际旅游岛”概念的实施对海南省来说是机遇也是挑战。旅游地产作为一个新兴概念，在国际旅游岛的实施过程中有着不可或缺的重要地位。要顺利将海南省打造成“国际旅游岛”，必须将旅游地产作为支柱产业，在系统、全面分析旅游地产发展环境与基础之上，实施科学规划和理性适度发展策略。当前海南省软硬件设施仍不完善，在各方面离“国际旅游岛”都还有差距，政府应该从宏观政策和产业规划等方面，支持海南旅游地产走向全面理性适度的发展道路。

关键词：国际旅游岛；旅游地产；SWOT分析；产品结构

一、海南房地产业发展历程

1988年海南独立建省，至1992年邓小平南方谈话，这四年是海南房地产的成长期，地产商潮水般涌入海南，地产业面临机遇和挑战的双重局面。

1993年海南房地产出现泡沫危机，房地产价格飙升6 000元/平方米左右。2006年为控制房价出台的“国6条”严格控制信贷总规模、提高存贷款利率和国债利率、限期收回违章拆借资金、削减基建投资、清理所有在建项目等一系列紧缩性的宏观调控措施，严重打击了海南房地产业。此后，海南房地产业一蹶不振，海口被戏称为中国的“泡沫经济博物馆”。

经济泡沫过后，海南房地产业中滞留的“烂尾楼”、坏账过多。整整用了7年的时间，海南才基本结束了处置积压房的工作。在低迷的市场环境下，置地公司果断地提出了开发定位大型花园式纯居住住宅小区的新项目——置地花园。这种全新的住宅概念，带动原本萎缩的房地产市场起死回生。置地花园以2 000多元/平方米的价格，被人们一抢而空，海南房地产开始了新的调整期。

---

① 资助项目：西华大学校级重点学科建设项目“区域经济学”（XZD0901－09－1）。

② 作者简介：义旭东（1971－），男，副教授，经济学博士，硕士生导师，研究方向为区域经济发展、旅游规划；高巍（1988－），女，四川达州人，2012级旅游管理专业硕士研究生；王晓曼（1989－），女，2008级国际经济与贸易专业本科生。

2006 年后海南房地产处在逐渐恢复的阶段。置地花园给海南房地产带来了新的希望，使得海南房地产逐步走向新的发展轨道。数据显示，2010 年海南房地产开发投资总额达到了487.87 亿元，比上年同期增长了62.5%，增加了180 亿元，并且增幅同比上升了 18.2 个百分点。

“国际旅游岛”项目的提出使海南旅游房地产迎来了历史性的发展机遇，政府在积极引导和发展与国际旅游岛发展目标相适应的房地产业，科学规划、合理引导房地产业发展的类型、规模和速度，保持房地产业平稳健康发展。无疑，这又一次将海南推向了风口浪尖，海南的房地产是又一次迅速崛起，还是再一次形成泡沫？[1]

二、旅游地产业发展环境分析

（一）优势（S）

从 1999 年海南“南海传说”、三亚“博鳌国家旅游休闲度假区”的成功开发后，旅游房地产便成了海南发展房地产的核心任务。作为国际旅游岛的海南来说，旅游房地产确实是其在房地产业中的一个可塑造的强项。

1. 旅游地产资源优越

随着生活品质的提高，旅游成为人们度假的首选。旅游业依托天气和地理环境的浑然天成，一直都是海南省主导产业之一。海口、三亚等 5 个城市，都曾经先后获得全国优秀旅游城市的称号。作为边缘产业的旅游地产，是以旅游度假为目的的房地产开发、建设、营销模式。海南岛拥有得天独厚的温暖气候、优质空气和热带环境，适合候鸟式的新概念居住，也是发展旅游度假休闲居住最合适的地方。一直以来，三亚温暖而休闲舒适的气候吸引了一大批“置业候鸟群”，而当“国务院关于推进海南国际旅游岛建设发展的若干意见”批复后，三亚市的地产价格更是直线上涨。同时，中央财政在一定时期内还对国际旅游岛的建设发展给予了专项补助，财政部也推出了在海南试行境外旅客购物离境退税的具体办法和离岛旅客免税购物政策，在一定程度上也增加了来海南岛旅游的人数，推动了海南经济发展。

2. 增值空间广阔

2011 年 9 月正式投入运营的海南东环快速铁路，不仅利于岛内人出行，同时提升了整个海南岛的经济价值，也为催生出中国最大区域的度假地产提供了良好条件。目前，海南的地价与其他城市相比，总体上相对较低，而东环铁路的运营为东线的地价带来巨大的增值空间。目前海南的地价中数三亚最高。三亚是最热的房地产开发密集地，主要的开发区域有三亚湾、亚龙湾、海棠湾。为了吸引更多游客来三亚休闲度假，三亚市更是进行了一系列的房产促销活动，组织与会者旅游、看房。海南还适时推出国际旅游岛形象大使，宣传海南良好形象，吸引更多人到海南岛旅游度假。这些相对超前的城市营销手段，促成了更多人来三亚置业，而不是一味哄抬房价。这种良性发展为海南旅游地产提供了更广阔的发展空间。

（二）劣势（W）

2010 年海南省四届人大常委会第十六次会议指出，海南房地产发展存在四大问题，包括特色不够鲜明、配套设备功能不完善、产品结构不合理和空置率较高。海南省在发展过程中，要顺利完成旅游地产的建设，还需一个过渡和成长过程。

1. 旅游淡季“瓶颈”

“旅游地产”概念缺乏实践经验，能够支持该概念理论的实践仍较为薄弱。虽然旅游地产向着休闲度假旅游的方向发展，但是由于中国国情的缘故，节假日特别是“五一”、“十一”黄金周、小长假是各大旅游景点的旺季，节假日旅游的人们过于集中，可能对城市的交通造成压力，超过景点容量，容易在人们休闲度假的过程中形成“瓶颈”。淡季中，景点、酒店等很多资源处于闲置中，造成资源浪费。如果人们都只能在假日出行旅游，那么该概念就局限在“假日”，会使得原本休闲度假的效果大打折扣。面对淡旺季的差距，如何调整折中？旅游地产这种特殊的房地产模式，一旦宏观经济形势发生不利变化，旅游业将迅速萧条，依附其发展的旅游地产也会出现惨淡景象，如何不影响旅游地产的开发和经营是人们目前应该着重考虑的重点。

2. 高质量规划缺乏

国际旅游岛规划的提出，对海南岛来说是一次千载难逢的历史机遇。然而面对这样的机遇，海南省自身的水平还是比较薄弱的，无论是旅游房地产的开发商还是消费者，都缺乏经验。许多旅游房地产的项目都是低水平开发，缺乏科学的设计和规划，不仅破坏了景观环境，还使得旅游区形象受损。同时以海南岛现在的人力资源和经济能力来看，还不足以撑起国际旅游岛的建设，可以说海南建设国际旅游岛的规划将是一个长期发展的过程。旅游地产在这个长期发展中占据的位置是十分重要的，合理的规划能够让海南更好更快地发展起来。

（三）机遇（O）

国民经济的飞速发展和稳定的政治环境，为我国国内旅游业带来了机遇，给海南建设国际旅游岛创造了前所未有的发展空间。2010 年建设国际旅游岛正式进入轨道，对于海南旅游房地产而言是很大的机遇。

1. 休闲旅游成为时尚

传统以景点观赏为目的的“观光旅游”已经逐步向着以休闲消费、时间消费与度假居住为目的的“休闲旅游”、度假旅游模式转变。人们在旅游观光的同时，也希望能够享受像家一样舒适的环境，而旅游地产正迎合了现代人们的追求。在这种新兴的旅游模式下，人们不仅仅是需要对旅游景点的观赏，更强调了旅游全过程的质量与舒适程度。电影《非诚勿扰 2》中，男女主角居住的完美舒适而充满了原野林间的“自然生态”住房，就是三亚石梅湾休闲度假地。随着电影的火热上映，石梅湾度假休闲地也成为人们旅游追捧的对象，带动了海南国际旅游岛的旅游经济同步发展。[2]

2. 文化产业发展机遇

发展旅游业，不仅能带动中国经济的快速发展，同时还能更好地宣传中国本土文化，让中国走向世界，让世界了解中国、感受中国的文化底蕴，作为代表性产物的海南国际旅游岛就由此诞生。而能够带动旅游业的产物——旅游地产，其影响力更是不容小觑。在国家提出大力发展文化产业的机遇下，旅游文化作为文化产业的重要部分，其发展是符合国家产业政策与产业结构调整思路的。

（四）挑战（T）

1. 再次出现泡沫的可能性

2009 年建设海南国际旅游岛的消息一传开，顿时海南的房地产投资又掀起了一阵热潮。仅仅在海南国际旅游岛获得批准后的 5 天内，整个海南岛的商品房销售量就迅速达到了 2008 年全年的销售总和。2010 年春节期间三亚的房价甚至炒到了上万元，这不禁让人联系到了 1993 年那场泡沫风波，海南国际旅游岛的房地产过热，会不会再次出现房地产泡沫？

2. “两个暂停”或导致供求失衡

为了控制局面，抑制房价过快增长，海南省委省政府出台了“两个暂停”的决定，希望能通过政策的调整，保障房地产市场的健康运行。此后，房价立刻收缩。2011 年 4 月 1 日，“两个暂停”被解禁，但是对供地的权限偏向了保障性住房和基础设施建设项目上。目前看来，这个政策的出台确实对抑制房价的增长有一定作用，但海南地产土地财政依赖程度强、房屋空置率过高、居住地产占绝对主导等问题也制约着调控效果持续放大。海南应抓住房地产调控机遇进一步调整房地产结构，促进海南房地产市场可持续发展。

三、海南旅游地产理性发展策略

（一）调整结构

紧密结合国际旅游岛建设，以常住型居住地产为基本、经营性旅游地产为主导、度假旅居型地产为特色、商业及其他地产为补充，建立多元化、多层次的房地产产品供应体系与住房保障体系。改变以居住地产为绝对主导的单一房地产产品结构，构筑以专业化旅游地产为主导，居住地产、商业地产和办公地产协调发展的多元化产品体系。提升房地产产品品质，提高开发的后续利润，从以一次性开发为特征的粗放型开发逐步过渡到以产业经营为主的可持续开发。[3]

（二）合理定位

大多数岛外的投资者，他们的购买动机多为度假养老。从这一特殊性看，海南旅游地产的未来发展空间很大。资源的多样化、丰富性也让海南成为全球的旅游度假之岛。我国近年来推行的黄金周旅游长假，刺激了人们外出旅游消费，海南旅游地产要抓住这一发展空间，开发旅游房地产项目。但是我们要定位在哪个方面？这就需要专业研究和投资了。无论是富人还是小资，无论是“70 后”还是“80 后”、“90 后”们都有着对休闲时尚生活的敏锐直觉。人们在极大的工作压力下，都会想要回归自然，与生态环境达到身心合一的境界。海南岛最突出的优势便是其四季如夏的气候、阳光、海浪和沙滩。因此，休闲度假旅游地产的产生，正圆了人们现阶段所向往的梦想。

（三）科学规划

欧洲地中海北岸一线的建筑都有一些共同的特点——红瓦白墙、简单浑圆、返璞归真。这些简洁休闲的风格，给游客们带来的是一种协调的归属感和回归自然的舒适感。因此，要成功将国际旅游岛的旅游地产推向世界必须规划合理。在土地征用和格局安排上，政府应该严格把关，对于房地产项目要慎重选择和开发。而房地产开发商在制定项目的时候，要进行必要的可行性报告分析，进行相关市场的调研，将旅游房地产产品与自然景观、人文景观、民俗、文化、历史等因素相融合，运用到旅游地产开发项目中来，达到效益最大化、经济最大化。[4]

（四）改善硬件

海南省的软硬件设施能否跟上，对于能否成功建设国际旅游岛至关重要。海南省，一个岛屿省，具有的资源和潜力都是不可估量的。目前，海南经济发展不足、基础设施不完善、服务意识薄弱等成为建设国际旅游岛的障碍。要成功建设国际旅游岛，要发展海南经济，必须在今后的发展政策引导下，提高软硬件设施，从意识和行动上与国际旅游岛相匹配。

（五）保护环境

自然生态的原始面貌是发展旅游地产的资本，旅游地产在开发过程中，合理利用土地、保护耕地和维持生态环境的平衡，才能使得海南旅游地产可持续发展。“国际旅游岛”的策略，不仅是中央政府对发展海南经济的一种支持，更是对发展海南生态环境，创造国际养老度假环境的一种支持，是一种文化的传承与宣传。建设国际旅游岛，政府应该抓住重点，注重景点开发和环境保护之间的协调点，处理好旅游开发和经济利益、生态利益、社会利益之间的和谐关系。[5]

参考文献：

[1] 崔晓. 短短几年，海南旅游房地产“火了”［N］. 海南特区报，2010-02-07.

[2] 单憬岗. 海南旅游地产发展要坚持低碳模式［N］. 海南日报，2010-03-20.

[3] 赵国权. 海南房地产业发展探索［M］. 海口：海南出版社，1993.

[4] 义旭东. 新时期中心城市郊县产业结构调整研究［J］. 四川经济管理学院学报，2010（3）：8-9.

[5] 王赵洵. 调控下海南旅游地产机遇依存要紧贴度假和养生［N］. 中国地产报，2011-03-20.

重庆市旅游产业发展战略研究[①]

义旭东，高巍，李伦[②]

【西华大学经济与贸易学院 四川成都 610039】

摘 要：重庆市作为我国中西部地区唯一的直辖市，具有显赫的国家战略发展地位。重庆市旅游资源非常丰富，但并没有形成其应有的旅游品牌及效应。经过科学合理的旅游产业战略性规划，重庆市的旅游业发展仍有很大的上升空间。SWOT分析法与德尔菲法是分析旅游产业发展的两种重要方法，配合运用两种方法，对重庆市的旅游产业进行战略分析，并提出相应的发展思路与对策。

关键词：重庆市；旅游业；SWOT 分析；德尔菲法

重庆市是我国中西部地区唯一的直辖市，全国五大中心城市之一，经济基础稳健，发展潜力巨大，其显赫的国家战略地位不言而喻。重庆市传统上是一个重工业城市，但近年来，已朝着三大产业均衡发展的道路行进。旅游业作为彻头彻尾的无烟工业，其带动就业的能力强，增长经济的效果显著，又能增进城市在更大范围内的美誉度，实在是不可忽视的绿色产业。纵观重庆市现在在全国旅游界的声望，实在与其本身所拥有的丰富的旅游资源不相称。分析重庆市旅游业所面临的机遇与挑战、所具有的优势与劣势对于其发展规划而言至关重要。

一、重庆市旅游产业发展的 SWOT 分析

（一）优势（S）

1. 丰富的旅游资源

重庆市的地形属于四川盆地东部的川东山地地形，从低矮的盆地到重重高山的种种地理相貌孕育了丰富的旅游资源。自然风光奇特丰富，有享誉中外的长江三峡、国内唯一的巫溪夏冰洞、大宁河峡谷及吴江峡谷群，更有世界上最大的“天坑”（奉节县小寨天坑）及最大的“地缝”（盲谷），集山、洞、峡、泉、林、草于一

① 资助项目：西华大学校级重点学科建设项目“区域经济学”（XZD0901－09－1）。

② 作者简介：义旭东（1971－），男，副教授，经济学博士，硕士生导师，研究方向为区域经济发展、旅游规划；高巍（1988－），女，四川达州人，2012 级旅游管理专业硕士研究生；李伦（1990－），男，2008 级经济学专业本科生。

身，具有观光、避暑、消夏、疗养保健、探险科考等功能。还有悠久灿烂的渝派川菜、川江号子、川剧、蜀绣等巴蜀文化，白帝城、张飞庙等历史遗迹，歌乐山烈士墓、白公馆、渣滓洞、红岩魂广场、红岩村、洪崖洞等红色革命遗迹。重庆的火锅、美食更是全国驰名。

2. 重要的战略位置

重庆市处于四川盆地东部的地理位置，占据承东启西的优越地理区位和功能区位。重庆市东面是我国经济最为发达的地区，旅游需求旺盛，且与重庆市的自然和人文风格都相差较远，容易形成强大的旅游吸引力。重庆市西面则是在经济上欠发达、在旅游资源上却异常丰富的川滇黔藏等地区。重庆市凭借其东西要道的交通位置，是长江上游和西南地区最大的水陆空交通枢纽。四通八达的内外交通网络已经形成，公路、铁路、内河航运不仅承担外部交通任务，也承担着市内客源进入乡村旅游目的地的任务。凭借长江水运肩负起西南最大经济中心长江经济开发带和西部开发桥头堡的历史重任，对重庆经济的发展有着极大的推动作用，也为重庆旅游业的发展提供了保障。

3. 目标客户及潜在客户众多

重庆市全市辖区面积8.24万平方公里，为北京、天津、上海3市总面积的2.39倍，是我国面积最大的直辖市，占全国总面积的0.86%。然而，重庆人口却占全国总人口数的2.44%。高度聚集的人口密度使重庆丰富的旅游资源拥有充足的潜在消费群体。不过，这一切应该有一个基本的假设条件：本地的人口群体是当地旅游的最主要目标客户。即使上述假设不存在或者有偏差，但由于重庆特殊的地理位置——位于全国的中心地带，而且该地区的旅游确实有着其独特的吸引力，全国各地旅客向中心地带集中应该不是问题。[1]

（二）劣势（W）

1. 收入偏低

从国内旅游的消费水平看，2010年国内旅游人均花费598.2元，城乡居民的旅游花费均在其年收入的5%左右，其中城镇居民883元，农村居民仅306元。无论从人均旅游花费水平还是从旅游消费在居民收入中的比例看，国内旅游都还处在大众化旅游时代发展初期。虽然重庆市拥有3 000多万的总人口，但其中有一半都是农业人口。城镇居民人均收入水平也远不如东部发达地区，在全国花费的平均线上，旅游花费也较低。

2. 交通不便

自古有云："蜀道难，难于上青天。"重庆市的旅行客户来自全国，交通的便利与否直接影响旅游业的发展。在有限的时间和精力下，旅行者很少翻山越岭地自驾出游，因此多数游客青睐高速公路。近几年，重庆市的市内交通有了很大发展，往涪陵、黔江及万州方向的高速公路都已竣工，向西连入四川省境内的几条重点干道也已完工。然而，高速公路以外的低档次公路也应加快修建，以提高城乡间旅行效率和品质。重庆拥有巨大的城市和广大的农村，且城乡落差显著，畅通的城乡公路必定促进重庆市内旅游的发展。对外领域，除了畅通的高速公路之外，更应重视航空港的修建及水上旅客运输业的经营。因为绝大多数的外省游客都是通过航空港进入旅游目的地的。此外，坐拥两江及川江三峡的重庆，水上旅客运输业并没有发展到与之地位相应的程度。

3. 人才缺失

任何行业的发展都需要人才。人才可以解决资金、技术、信息等许多问题。而我国人才的“孔雀东南飞”现象异常严重，人才向东部、南部等发达地区的持续流动现象无法在短时间内改变，这成为制约重庆发展旅游业的一大障碍。旅游业作为服务产业的特殊行业，对从业者的服务水平要求特别明显。不论旅游景点多么具有吸引力，倘若不能提供给游客优质可信的服务，恐怕也难以吸引游客。目前，重庆与东部沿海发达地区甚至是与同为盆地近邻的成都市相比，其服务业水平是有待提升的。服务品质的缺失，归根结底还是服务业人才的缺失。

（三）机会（O）

1. 政策扶持

中央文件已经多次传达了中部崛起的战略思想。随着东部地区发展的深化，中部崛起战略正在一步步执行。重庆作为中西部地区唯一的直辖市，其战略中心地位是毋庸置疑的。我们应该利用这个契机，将重庆市的旅游业推出去。最新出台的《中共重庆市委关于进一步扩大开放的决定》中也提到，加快建设旅游码头、机场和通往重要旅游景区景点的高速公路，为旅游业大发展打好基础。这些新政策的实施将对重庆市旅游产业的发展起着良好的促进作用。

2. 消费升级

随着当今信息交流范围的扩大和交流方式的便捷化，人们的思想观念包括消费观念正逐步与发达国家接轨。人们的旅游消费观念正在从花钱买罪受向花钱买休闲、买健康转变。越来越多的人已经意识到人不仅要追求物质生活的富裕，更应追求精神生活的丰富多彩。因此，旅游的频率及旅游消费所占的比例便成为当代人生活质量高低的指示灯。这种观念上的转变带来的直接影响就是扩大旅游客源。

（四）威胁（T）

1. 同类城市竞争

重庆市发展旅游业的外部威胁主要来自于其他旅游城市的竞争。我国有着苏州、杭州、北京、上海等老牌旅游城市，这些城市不仅得到多数国人的追捧和向往，在国际上也有相当的知名度。在改革开放后青岛、大连、厦门等海滨旅游城市正挟凌厉的气势滚滚而来，有着强劲的爆发力。而重庆的近邻，如成都、昆明、西安等城市，更是早已成功地塑造了自己在国内独一无二的品牌。如成都的休闲、昆明的恒春、西安的古老，都对东部地区乃至全世界的观光客产生了不小的吸引力。如何在这些强劲的对手中脱颖而出，是重庆面临的最大威胁。

2. 旅行者对旅游品质的高要求

我国的旅行业正处在一个向上发展的阶段，旅行者对旅游品质的要求越来越高。许多旧的做法已经越来越失效甚至引人反感，如附带消费配额、粗糙观光甚至串通宰客等，早已无法留住客户。同时，旅客也越来越重视其观光产品的精致程度和服务业者的贴心程度。这些，不仅是给重庆，就是对全国的旅行业者而言，也是一个不小的挑战。之所以对重庆而言特别如此，是因为重庆的商业及服务业文化远不如东部甚至是近邻成都发达，在服务业的水准、品质上，将面临消费者更加严峻的挑战。[2]

三、重庆市旅游产业竞争力的德尔菲法分析

在对重庆市特色旅游所具有的优势、劣势、机遇和威胁进行了分析后，我们将相关的结论用德尔菲法进行验证。

确定专家权重集 $\lambda m=\{\lambda m \mid m=1, 2, 3, 4\}$（即一共有四位专家参与评估工作），收集专家评估表，进行统计并计算出各优势与劣势的力度（如表1所示）、各机会与威胁的力度（如表2所示）。

表1　　　　优势、劣势因素专家评估表

专家		STR_1		STR_2		STR_3		WEA_1		WEA_2		WEA_3	
代码	权重	强度	重要性	强度	重要性	强度	重要性	强度	重要性	强度	重要性	强度	重要性
1	1	3	0.8	1	0.9	1	0.9	−3	0.6	−1	0.8	−1	0.9
2	1	2	0.8	2	0.7	2	0.8	−2	0.7	−2	0.8	−2	0.8
3	2	3	0.8	2	0.6	3	0.9	−2	0.7	−1	0.8	−1	0.8
4	1	2	0.7	1	0.7	3	0.8	−2	0.8	−2	0.9	−2	0.9
力度		2.04		1.08		2.06		−1.52		−1.16		−1.18	

注：强度一共有四档，绝对值越大则强度越强。正数表示优势，负数表示劣势，允许0的存在。重要性指标范围为［0，1］。

表2　　　　机会、威胁因素专家评估表

专家		OPP_1		OPP_2		OPP_3		THR_1		THR_2	
代码	权重	强度	重要性	强度	重要性	强度	重要性	强度	重要性	强度	重要性
1	1	4	0.7	1	0.9	4	0.9	4	−0.9	2	−0.8
2	1	4	0.7	0	0.8	3	0.9	4	−0.7	4	−0.8
3	2	4	0.7	1	0.8	3	0.8	4	−0.8	3	−0.8
4	1	3	0.8	1	0.7	3	0.7	3	−0.8	2	−0.9
力度		2.27		0.64		2.64		−3.04		−2.28	

注：强度一共有四档，绝对值越大则强度越强。正数表示机会，负数表示威胁，允许0的存在。重要性指标范围为［−1，1］。

在此基础上计算出总优势、总劣势、总机会及总威胁力度。即：

$S=(2.04+1.08+2.06)/3=1.73$

$W=(-1.52-1.16-1.18)/3=-1.29$

$O=(2.27+0.64+2.64)/3=1.85$

$T=(-3.04-2.28)/2=-2.66$

在坐标系的相应半轴上描点 S、W、O、T，依次连接 4 点得到战略四边形 STWO，P 点为重心（图 1）。P 点坐标以及 θ、U、V、ρ 计算如下：

$P(X,Y)=(\sum X_i/4,\sum Y_i/4)=(-0.20,0.11)$

$\theta=\arctan Y/X=\arctan 0.11/-0.20=-0.55$

$U=O\times S=1.85\times 1.73=3.20$

$V=T\times W=-2.66\times(-1.29)=3.43$

$\rho=U/(U+V)=3.20/(3.20+3.43)=0.48$

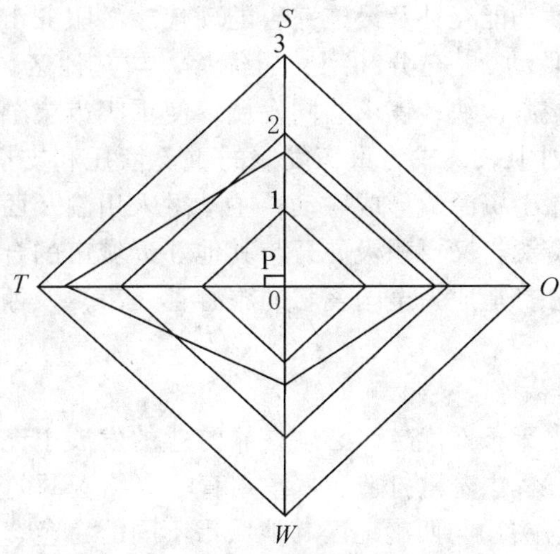

图 1　战略四边形

由上述分析结果可知，重庆市旅游业在发展的过程中受邻近城市和旅游产业升级的威胁较为显著，同时机会也相当明显；重庆本身的旅游业产品仍然具有较强的竞争力；不过，自身存在的某些不足也妨碍着重庆市旅游业的发展。由 θ 值与表 1 相对照可知，重庆市旅游产业的规划方面，应首先定位于抗争型的发展策略之上，然后再采取一些有益的调整，并在调整的稍后阶段实施主动跟进的进取型发展战略，争取实现抗争性的发展目标，赢得有利的发展成果。不过，由于战略强度系数 ρ 的值处于中等稍偏下的 0.48，故而在与周边城市的抗争中应注意把持抗争力度，做到先调整、再抗争，但不一定要全面调整完善之后才加入抗争，否则恐怕就有些晚了。[3]

四、总体发展战略

（一）政府积极帮扶

旅游业发展的首要问题是解放思想、更新观念。要赋予“旅游”新的内涵，在定位、旅游宣传促销、旅游产品等方面与时俱进，不断创新。政府应对旅游建设项目实行倾斜政策，为旅游业的发展创造宽松的政策环境，构建旅游业支持系统和发展平台。规划帮扶，加强对市域内旅游经济发展的统一规划和监督管理，逐步改变旅游景点部门林立、各自为政的现状，确保旅游资源的统一开发、合理布局。旅游业要遵照法律法规，加强旅游市场监管，提高执法水平，为旅游业营造健康有序的发展环境。同时，政府应拓宽旅游业融资平台和渠道，加大对旅游业的投入规模，用于旅游基础设施建设和旅游资源开发。

（二）整体联动战略

充分发挥旅游业的产业联动作用。围绕食、住、行、游、购、娱六要素，构筑特色突出、层次分明、功能互补及设施完善的现代旅游服务市场体系。与周边景区共谋发展，实现区域联动。[4] 充分利用交通优势，与其他区域联合开发旅游资源，打破区域壁垒，构筑旅游板块，谋求共同发展，使重庆市旅游产业融入重庆建设全国五个中心城市的规划中来，成为重庆发展的重要依托和支撑；积极连接渝东北、渝东南和渝西等地的旅游资源，形成联动；主动融入川渝及西南大旅游区，既要积极活用市内各县区的资源，又要积极展开与其他邻近城市的合作，充分利用资源的互补作用，将重庆充分打造成为全国著名的旅游省（市）及西部首屈一指的黄金旅游目的地。

（三）差异化竞争战略

重庆的旅游资源先天条件优越，必须在旅游业的发展中充分利用，并应在有意识地开发旅游景点的过程中着重打造、着重培育。自然资源的景观以“大山大河大峡谷大城市”为主旨，突出与西南地区其他城市不同的特色。人文旅游资源方面以“巴蜀文化、渝派风情”为主旨，不论对文化区内还是文化区外都能产生吸引力。着重开发少数民族风情游，将少数民族风情与当地绝佳的自然景观融为一体，整体包装营销，产生高附加值。在城乡互动游方面，以大城市带动大农村，搞好基建，交付市场，甚至连景点都可以交给市民自己去开发，充分发掘城乡互动旅游的魅力与经济价值。将整个城市精心包装，着力提升城市的旅游服务业品质，使得游客旅游享受不打折扣，形成重庆旅游的独特竞争力和核心竞争力。[5]

结语

站在广阔的时空背景下看，重庆正经历着重要的发展机遇。不论是“十二五”这样的全国性、纲领性的规划中的涉及，还是国家“五大中心城市”的规划；不论是电子组装产业的西移，还是成渝经济区的建立，都给予了重庆历史罕见的发展机遇。作为有着重工业城市传统的重庆，在新型产业上也不能忽视，特别是像旅游业这样的既能吸收大量就业人口，又能增进城市经济活力与整体美誉度，而且环保无污染的产业尤其如此。

参考文献：

[1] 吴永刚，邓蓓. 基于SWOT分析的重庆市特色产业发展战略分析 [J]. 科技情报开发与经济，2010 (20)：24 - 26.

[2] 秦志英. 重庆市发展乡村旅游的SWOT分析 [J]. 重庆教育学院学报，2008 (6)：81 - 85.

[3] 刘名俭. 中部地区旅游大开发战略构想 [J]. 经济地理，2004 (5)：692 - 695.

[4] 张华. 我国区域旅游经济联盟存在的问题及对策探讨 [J]. 四川经济管理学院学报，2010 (1)：50 - 52.

[5] 义旭东. 新时期中心城市郊县产业结构调整研究 [J]. 四川经济管理学院学报，2010 (3)：8 - 9.

四川入境旅游的经济效应分析[①]

陈涛，姚寿福[②]

【西华大学经济与贸易学院　四川成都　610039】

摘　要：入境旅游是旅游业的三大市场之一。发展入境旅游对区域经济增长和扩大就业具有重要的积极影响。对四川入境旅游和经济增长、服务业发展关系的实证研究表明，入境旅游人数和旅游外汇收入对四川经济增长、服务业增加值和就业具有显著的影响，它们之间存在长期均衡关系，但短期影响不显著；格兰杰因果关系检验进一步表明，四川的经济增长和服务业发展对入境旅游具有先导作用，因此目前应通过创新能力建设，加快工业发展的集聚化和专业化，促进经济持续增长，为旅游业发展奠定基础，加快旅游配套设施建设与完善，加强国际促销，提升国际知名度和入境旅游整体竞争力。

关键词：入境旅游；旅游资源；客源集中度；经济增长；服务业

四川山水秀丽、人杰地灵，自然与人文旅游资源都极为丰富，历来有“天下山水在于蜀”之说，有“峨眉天下秀，九寨天下奇，剑门天下险，青城天下幽”之誉，是我国拥有世界自然文化遗产和国家重点风景名胜区最多的省区。从古代水利工程、古镇民居到名人故居，从寺庙道观、石刻壁画到现代艺术博物馆，从史前遗址到现代建筑风貌，应有尽有。到2011年，四川拥有5处世界遗产，数量居全国第一，拥有A级景区221处，其中4A级以上景区多达88处，全国重点文物保护单位40处，省级历史文化名城（镇）24座。此外，四川还是多民族居住地，民族风情多样，拥有“中国第二大藏区”、“唯一的羌族聚集区”和“最大的彝族聚集地”之称。得益于得天独厚的旅游资源，四川的旅游景区、景点在长时间内扮演着海内外游客的“目的地”角色，吸引了成千上万的海内外游客，促进了旅游业的跨越式发展。1978年以来，到四川旅游的海外旅游者由0.3万人次增加到2011年的164万人次，年均增长21.05%；旅游外汇收入由1980年的854万美元增加到2011年的

---

①　资助项目：四川省教育厅项目“产业集聚与四川区域经济协调发展研究”（项目编号07SA064）；西华大学校级重点学科“区域经济学”建设项目（项目编号XZD0901－09－1）。

②　作者简介：陈涛（1988－），女，2012级旅游管理专业硕士研究生；姚寿福（1965－），男，安徽歙县人，经济学博士，副教授，硕士生导师，研究方向为产业经济、区域经济。

5.94 亿美元。旅游业是一种综合性强、关联度高、联动性大的行业。旅游业的发展对各类经济要素具有强大的吸附力和牵引力，从而加速各种生产要素的流动，并在一个更高的层面上产生集聚产业效应，促进经济的快速发展。旅游业的发展不仅可以促进公共基础设施的建设，带动商业、餐饮业、交通业等相关产业的发展，还能有效地开辟就业渠道，促进区域经济的发展。国际经验证明，旅游业吸纳新增就业人员具有“乘数效应”。[1] 据世界旅游组织统计，旅游行业每增加直接收入 1 元，相关行业的收入就能增加 4.3 元，旅游行业每增加 1 个直接就业机会，社会就能增加 5 ~7 个就业机会。本文通过四川省的入境旅游和经济增长、服务业发展关系的分析，检验入境旅游对四川经济和服务业的综合和联动影响效应，为加快四川入境旅游发展提供借鉴。

一、四川入境旅游发展概述

在改革开放之前及初期，四川入境旅游的发展速度虽然快，但规模很小。1979—1985 年，入境旅游外汇收入由 0.06 亿美元增加到 0.34 亿美元，年均增长速度高达 33.52%；入境旅游人数由 1.7 万人增加到 11.18 万人，年均增长 36.88%。此后的发展受到 2003 年的“非典”和 2008 年的“金融危机”及“汶川大地震”事件的影响，而出现较大幅度的下滑。但在各级政府和旅游界的努力下，四川入境旅游得到了迅速恢复，到 2011 年，四川入境旅游在外汇收入方面已超过历史最高的 2007 年（见图 1），入境旅游者人数接近 2007 年的水平（见图 2）。

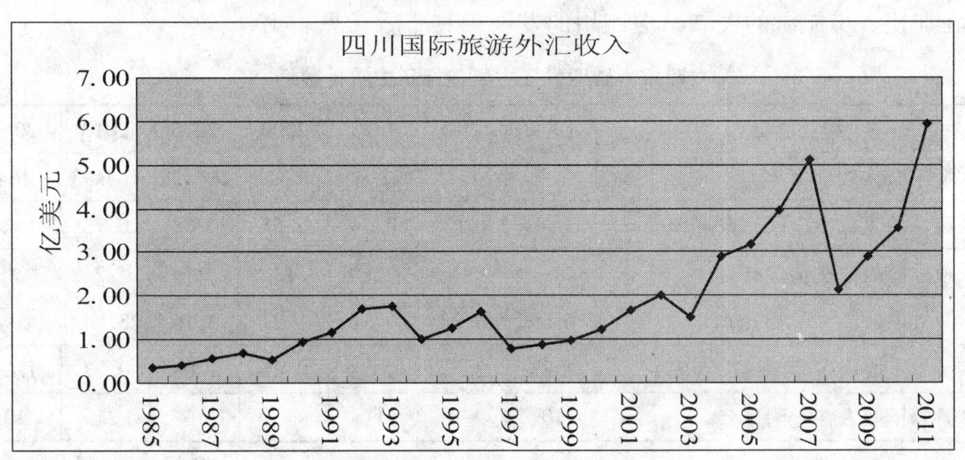

图 1　1985—2011 年四川国际旅游外汇收入增长趋势

资料来源：中国旅游统计年鉴和四川统计年鉴（历年）。

四川入境旅游虽然得到了快速发展，但四川地处内陆，对外开放时间较晚，丰富的旅游资源又大多集中在山区且开发较晚；受经济能力的限制，在旅游交通、饭店和旅游设施等方面接待能力比较弱，而且不像云南那样可以开发边境旅游，因此四川的入境旅游发展在全国中的地位并不高。从入境旅游人数占全国的比重看，四川 1979 年为 0.4%，此后虽有上升，但在 2000 年之前大体保持在 0.5%，到 2000

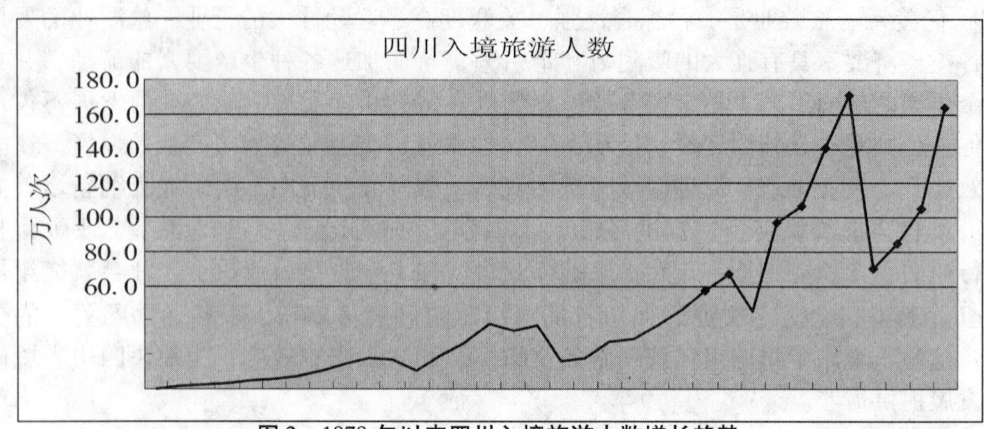

图2　1978 年以来四川入境旅游人数增长趋势

资料来源：中国旅游统计年鉴和四川统计年鉴（历年）。

年仅为 0.55%，在全国的排名在第 10 位左右徘徊；从旅游外汇收入占全国的比重看，1979 年为 1.33%，在 2000 年之前呈下降态势，到 2000 年下降到 0.75%，在全国的排名也由第 10 位下降到第 19 位；加入世界贸易组织后，四川的入境旅游业得到了快速发展，入境旅游人数和外汇收入占全国的比重都获得了较大提高，由 2001 年的 0.65% 和 0.93%，提高到 2011 年的 1.21% 和 1.23%，入境旅游人数在全国的排名由 2001 年的第 14 位下降到 2011 年的第 20 位，旅游外汇收入的排名由第 16 位下降到第 19 位，2008 年曾下降到第 25 位。这说明，在加入世界贸易组织后，各地都在加快入境旅游的发展，但四川的发展相对滞后（见表 1）。

表 1　四川旅游业发展主要指标历史统计数据

统计指标	1979	1985	1995	2000	2005	2010	2011
入境旅游人数（万人）	1.7	11.18	15.95	46.21	106.28	104.93	164
入境旅游人数占全国比重（%）	0.4	0.63	0.34	0.55	0.88	0.78	1.21
入境旅游人数在全国排名	—	—	11	13	11	22	20
旅游外汇收入（亿美元）	0.06	0.34	0.51	1.22	3.16	3.54	5.94
旅游外汇收入占全国比重（%）	1.33	2.72	0.61	0.75	1.08	0.77	1.23
旅游外汇收入在全国排名	10	—	11	19	16	21	19

资料来源：四川统计年鉴和中国旅游统计年鉴（历年）。

二、变量、方法与实证分析

（一）变量数据与计量方法

1. 变量与数据

在入境旅游指标的选择上用入境旅游收入（SLVM，亿美元）和入境旅游人数（SLVR，万人次）来衡量，而在经济增长指标的选择上，鉴于数据的来源和可获取性，本文选取人均 GDP（RGDP，元/人）来度量经济增长水平。由于旅游业是服务业的重要组成部分，并对其他服务业有重要影响，因此还分析入境旅游对四川服务业的影响，并以服务业增加值（SFW，亿元）和服务业就业人数（SFL，万人）衡量服务业的发展水平。为了剔除物价水平变动的影响，选择1978年的价格水平对四川人均GDP、服务业增加值进行调整。所用数据来自四川省历年统计年鉴和中国历年旅游统计年鉴。各变量时间序列之间存在比较高的相关性（见表2），因此它们之间应具有明显的关系。

表2 四川人均GDP、服务业产值与就业、入境旅游人数和外汇收入序列的相关性

	人均GDP	服务业增加值	旅游外汇收入	入境旅游人数	服务业就业
人均GDP	1				
服务业增加值	0.9862	1			
旅游外汇收入	0.8713	0.8670	1		
入境旅游人数	0.8876	0.8521	0.9495	1	
服务业就业	0.9356	0.9789	0.83665	0.7762	1

2. 计量方法

采用计量经济学的时间序列分析方法对四川入境旅游与经济增长之间的关系进行检验。首先，利用ADF方法对研究数据进行单位根检验；在此基础上，运用Engle和Granger的两步法，对其进行长期因果关系检验；在存在长期因果关系的条件下，建立误差修正模型进行短期因果关系的检验。

（二）实证分析

1. 序列平稳性检验

为了避免时间序列数据在回归分析中出现伪回归问题，首先采用EVIEWS5.0软件，应用ADF方法对各变量的时间序列数据进行平稳性检验。[2]经过检验，可知，人均GDP、服务业就业人数和服务业增加值序列的对数序列、旅游外汇收入和入境旅游人数序列的一阶差分序列在5%的显著性水平下均为平稳序列（见表3）。根据协整分析理论，旅游外汇收入与人均GDP和服务业增加值序列、入境旅游人数与人均GDP和服务业增加值序列之间均存在协整关系。

表3 四川人均GDP、服务业、入境旅游人数和外汇收入序列的单位根检验

检验序列	检验类型（CTP）	ADF	5%临界值	判断
ΔLRGDP	C T 0	−4.763060	−3.557759	平稳，I（1）
ΔLSFW	C T 1	−4.321282	−3.562882	平稳，I（1）
ΔSLVM	0 0 1	−3.208001	−19655681	平稳，I（1）
ΔSLVR	0 0 2	−4.178927	−1.952473	平稳，I（1）

表3（续）

检验序列	检验类型（CTP）	ADF	5%临界值	判断
ΔLSFL	C T 8	-6.248491	-3.557759	平稳，I（1）

注：检验类型（C T P）中C为常数项，T为趋势项，P为滞后阶数，其大小由AIC最小确定；Δ为一阶差分；LRGDP和LSFW分别为人均GDP和服务业的对数。

2. 协整检验

为了验证协整关系的存在性，可用Engle和Granger的两步法进行判断。首先对入境旅游外汇收入与人均GDP序列之间进行回归分析，得到模型的残差，然后对残差序列进行平稳性检验，结果表明，各模型的残差序列均为平稳序列（见表4）。因此旅游外汇收入、入境旅游人数与人均GDP、服务业增加值和服务业就业序列之间均确实存在协整关系，这也表明它们之间存在长期稳定的均衡关系。

表4　　各模型的残差序列平稳性检验

模型		残差序列平稳性		
被解释变量	解释变量	ADF	5%临界值	判断
LRGDP	SLVM	-3.461047	-1.955681	平稳
	SLVR	-3.169672	-1.951687	平稳
LSFL	SLVM	-3.478637	-1.952066	平稳
	SLVR	-3.761996	-1.952006	平稳
LSFW	SLVM	-2.708363	-1.955681	平稳
	SLVR	-2.640332	-1.951687	平稳

3. 长期与短期影响分析

为了确定入境旅游外汇收入和入境旅游人数对四川经济增长、服务业发展是否存在影响及其影响大小，以及它们之间的长期和短期影响关系，需要建立长期关系模型和误差修正模型。通过反复计算，得到的各模型的回归结果见表5和表6。表5中所估计的模型为长期均衡模型，经过检验，在5%显著性水平下，表2中所估计模型、各变量均显著，且不存在序列相关。表6为误差修正模型。

表5　　各模型的回归分析结果

模型	被解释变量	常数项	解释变量		序列相关性检验
			SLVM	SLVM（-1）	
1	LRGDP	5.9998（54.98）	0.2368（3.50）	0.2385（2.98）	LM（1）=0.365
2	LSFW	4.688（28.18）	0.2826（2.74）	0.3264（2.67）	LM（1）=0.001
3	LSFL	6.117（82.76）	0.1508（3.16）	0.1405（2.78）	LM（1）=2.29
4	LRGDP	6.01（81.32）	0.008（3.65）	0.007（2.90）	LM（1）=1.92

表5（续）

模型	被解释变量	常数项	解释变量		序列相关性检验
			SLVM	SLVM（-1）	
5	LSFW	4.37（36.82）	0.010（2.97）	0.01095（2.51）	LM（1）=1.78
6	LSFL	6.214（73.13）	0.005（2.12）	0.005（1.83）	LM（1）=9.59

注：括号内的数字为t统计量，LM为拉格朗日乘数。

由表5中可知，从长期看，入境旅游外汇收入每增加1亿美元，四川省的人均GDP将平均增长0.24%，服务业增加值将平均增长0.28%，服务业就业人数将平均增加0.15%，而且存在着滞后效应；前一年的入境旅游外汇收入每增加1亿美元，对当期的人均GDP、服务业增加值和服务业就业人数的影响是平均将增加0.24%、0.33%和0.14%。入境旅游人数每增加1万人次，四川省的人均GDP将平均增长0.008%，服务业增加值将平均增长0.01%，服务业就业人数将平均增加0.005%，而且也存在着滞后效应，前一年的入境旅游人数每增加1万人次，对当期的人均GDP、服务业增加值和服务业就业人数的影响是平均将增加0.007%、0.011%和0.005%。

表6　　误差修正模型的回归分析结果

模型1		模型2		模型3		模型4	
ΔLRGDP				ΔLSFL			
常数项	0.131（2.33*）	常数项	0.217（2.50*）	常数项	0.043（2.47*）	常数项	0.049（2.82*）
ΔLRGDP（-1）	0.353（1.80*）	ΔLRGDP（-1）	0.302（1.52）	ΔLSFL（-1）	-0.125（-0.61）	ΔLSFL（-1）	-0.18（-0.92）
ΔLRGDP（-2）	0.175（0.85）	ΔLRGDP（-2）	0.122（0.59）	ΔLSFL（-2）	0.266（1.34）	ΔLSFL（-2）	0.199（1.00）
ΔSLVM（-1）	-0.013（-0.93）	ΔSLVR（-1）	-0.0004（-0.69）	ΔSLVM（-1）	0.006（0.54）	ΔSLVR（-1）	0.00009（0.22）
ΔSLVM（-2）	-0.011（-0.97）	ΔSLVR（-2）	-0.0005（-0.94）	ΔSLVM（-2）	0.003（0.35）	ΔSLVR（-2）	0.0003（0.81）
误差修正项	-0.015（-0.449）	误差修正项	-0.029（-1.04）	误差修正项	0.039（1.48）	误差修正项	0.022（1.88*）
AIC=-2.98 LR=17.12		AIC=-2.98 LR=-83.27		AIC=-3.34 LR=17.99		AIC=-341 LR=-81.79	

模型5		模型6	
ΔLSFW			
常数项	0.079(4.11＊)	常数项	0.049(2.82＊)
ΔLSFW(-1)	0.501(2.76＊)	ΔLSFW(-1)	-0.18(-0.92)
ΔLSFW(-2)	-0.268(-1.46)	ΔLSFW(-2)	0.199(1.00)
ΔSLVM(-1)	-0.005(-0.61)	ΔSLVR(-1)	0.000009(0.22)

表6(续)

ΔSLVM(−2)	0.006(0.995)	ΔSLVR(−2)	0.0003(0.805)
误差修正项	0.006(0.43)	误差修正项	0.022(1.88*)
AIC = −4.22 LR = 33.88		AIC = −341 LR = −81.79	

注：括号内的数字为t统计量。*表示在在5%显著性水平下显著。

由表6可知，在短期内，入境旅游人数和入境旅游外汇收入对四川的人均GDP、服务业就业人数和服务业增加值均没有显著影响。在误差修正项方面，模型4和模型6为显著，这说明，四川服务业就业人数、增加值对长期均衡的偏离会对短期的入境旅游人数产生正向的影响。

4. 格兰杰因果关系检验

为了分析四川人均GDP、服务业增加值和就业人数与入境旅游外汇收入和人数在时间上的先导关系，需要对其之间进行格兰杰因果关系检验。根据检验结果，入境旅游外汇收入和入境旅游人数都是四川人均GDP、服务业发展的格兰杰原因。相反，四川的经济增长和服务业发展对入境旅游的发展具有时间上的先导关系。从检验情况看（见表7），在5%的显著性水平下，在滞后4阶及之前，四川人均GDP都是入境旅游外汇收入的格兰杰原因，在滞后3阶及之前，四川人均GDP都是入境旅游人数的格兰杰原因；在滞后4阶及之前，服务业增加值是入境旅游收入的格兰杰原因，在滞后2阶及之前，服务业增加值是入境旅游人数的格兰杰原因；在滞后3阶及之前，服务业就业人数是入境旅游收入的格兰杰原因；滞后1阶时，服务业就业人数是入境旅游人数的格兰杰原因。

表7 四川经济增长、服务业与入境旅游的格兰杰因果关系检验结果

原假设	滞后期	F检验的P值	结论
人均GDP不是入境旅游收入的格兰杰原因	4	0.0099	拒绝
	5	0.171	不拒绝
人均GDP不是入境旅游人数的格兰杰原因	3	0.021	拒绝
	4	0.189	不拒绝
服务业增加值不是入境旅游收入的格兰杰原因	4	0.049	拒绝
	5	0.073	不拒绝
服务业增加值不是入境旅游人数的格兰杰原因	2	0.034	拒绝
	3	0.108	不拒绝
服务业就业人数不是入境旅游收入的格兰杰原因	3	0.035	拒绝
	4	0.135	不拒绝
服务业就业人数不是入境旅游人数的格兰杰原因	1	0.003	拒绝
	2	0.126	不拒绝

三、结论与政策建议

从实证分析的结果中，可以得到如下结论：一是四川经济增长、服务业发展与入境旅游存在高度相关关系；二是它们之间存在长期稳定的均衡关系，从较长时期看，入境旅游的发展对四川经济增长和服务业发展具有显著的积极影响；但在短期内，它们之间没有显著的关系；三是在一定时期内，四川经济增长、服务业发展对促进入境旅游发展具有先导作用。研究表明，加快经济发展是加快四川入境旅游发展的重要前提，也是若干年后使入境旅游成为四川经济增长主要力量的必经之路。为此，提出以下建议：

（一）加强创新能力建设，促进经济增长

四川省的整体科技实力不强和自主创新水平较低，是制约经济又好又快增长的关键。如体现创新能力的发明专利比重不断下降，由 2005 年的 21.3% 下降到 2009 年的 18.9%，占总专利授权的比重也由 2005 年的 13.3% 下降到 2009 年的 7.9%。发明专利在三类专利中比重偏低，且逐年下降。因此，加快经济增长首先要树立开拓、进取、创新、竞争的现代经济发展意识，彻底破除封闭、保守的“盆地意识”。按照省政府提出的经济发展战略，加强重点领域科技创新的基础和应用研究，加快人才队伍建设，加强创新政策制度和体制机制改革与建设，充分调动各类人才的创新热情和创业活力，提高创新能力，为四川经济增长提供技术支撑。

（二）加强工业专业化生产，提高工业化水平，扩大服务业规模

长期以来，四川工业发展的专业化、集聚化发展程度较低，这导致工业化带动经济增长的力度较弱[3][4]。如四川的工业发展集聚程度低、与服务业之间的联动性较差。现代经济增长的一个重要特征是分工细化、集聚化和市场深化，生产环节的分工越细，市场范围就越大，所需的服务业规模也就越大。工业专业化生产体系的建立与发展，需要政府加强法律等制度建设和监督，建设诚信社会和契约社会，这样才能使各个企业、各个行业和每个劳动者合作发展，促进经济产业链的和谐运行和经济的持续发展。

（三）加快旅游配套设施完善，提升整体竞争力

四川具有我国最多的高品质旅游资源、最有差异的旅游景点、不可替代的人文资源以及良好的气候和地貌条件。但四川旅游发展起步较晚，旅游配套设施不尽完善，因此要在全国的入境旅游中形成较强的竞争力，加快入境旅游业发展，就需要积极进行旅游基础设施建设和景点开发。从旅游景区、旅行社、饭店、公共交通、文化娱乐和旅游商品开发等各方面提高旅游品质和旅游服务水平，加强国际旅行社发展和人才培养[5]，加快国际交通网络和通达景区的公路建设，以提高旅游目的地的可进入性和交通安全性。

（四）加强旅游宣传促销，提升国际知名度

为了加快入境旅游的发展，四川应创新旅游商品促销方式，完善宣传策略，增加宣传路径，创建由政府主导、旅行社承担的全省旅游形象宣传和产品促销工作新

机制，充分利用电视、广播、报刊、书籍和网络等多样化宣传促销方式，并借助我国驻外使领馆和宣传资料在主要来川旅游客源地进行宣传，通过主办国际旅游学术与经验交流会等形式，全方位提高四川旅游的国际知名度和影响力，树立鲜明的整体旅游形象，吸引更多的外国人来四川旅游消费。

参考文献：

[1] 徐敏，董瑾．我国旅游服务贸易竞争力的实证分析 [J]．中国商界，2008 (7)：10－11.

[2] 李子奈，潘文卿．计量经济学 [M]．3版．北京：高等教育出版社，2010：295－300.

[3] 姚寿福，张华．产业集聚与经济增长关系的实证研究——以四川省为例 [J]．生产力研究，2012 (7)：108－110.

[4] 姚寿福，张华，丁雪凇．四川服务业发展的制约因素与对策分析 [J]．西部经济管理论坛，2012 (2)：1－3.

[5] 韩勇，张宇．四川旅游"十二五"人才培养模式建设的思考 [J]．西部经济管理论坛，2011 (2)．

四川省旅游服务贸易竞争力研究[①]

程盈莹[②]

【西华大学经济与贸易学院　四川成都　610039】

摘　要：本文运用国际市场占有率和显示性比较优势指数对四川省旅游服务贸易竞争力进行了测度，并同北京、上海和广东进行了比较分析。分析表明，和国内其他旅游服务贸易出口的主要地区相比，四川省旅游服务贸易的市场占有率不高，竞争力效率在2002—2008年期间较上海、广东具有相对比较优势，但这种优势不稳定，容易受外界影响而产生较大变化。

关键词：旅游服务贸易；竞争力；产业升级

一、引言

服务贸易正成为全球经济竞争的重点，全球经济70%是服务型经济，而我国的服务贸易长期处于逆差境地，其中旅游服务贸易在我国服务贸易中占有重要地位。2011年旅游服务贸易占比为26.53%，在各类服务贸易行业中比重最大，可见，旅游业是我国服务贸易出口创汇的重要产业之一。

旅游服务贸易是指一国（地区）旅游从业人员向其他国家（地区）的旅游服务消费者提供旅游服务同时获得报酬的活动，既包括国外入境游，即国际收入游，也包括国内出境游，即国际支出游。本文讨论的旅游服务贸易是指从一个成员的国境向另一成员的国境提供的旅游及相关服务的贸易行为，主要集中讨论旅游服务贸易的出口竞争力。

随着我国旅游服务贸易的发展，旅游服务贸易竞争力研究成为国内学者研究的热点。董小麟、庞小霞（2007）[1]采用市场占有率、贸易竞争优势指数和显示性比较优势指数对我国的旅游服务贸易进行了测度和国别比较，研究结果表明我国旅游服务贸易具有一定竞争力，但与发达国家相比存在差距。齐述丽、俞会新（2009）[2]运用国际市场占有率、贸易开放度、竞争优势指数、显示性比较优势指数和显示性竞争优势指数五种指标对中国的旅游服务贸易竞争力进行了测度和国际比

①　资助项目：教育部人文社会科学研究青年基金项目（12YJC790132）；西华大学校级重点学科建设项目“区域经济学”（XZD0901－09－1）。

②　作者简介：程盈莹（1985－），女，博士，研究方向为国际贸易理论与政策。

较，研究表明我国并不是旅游服务贸易强国。周经、吕计跃（2008）[3]对中国旅游服务贸易的影响因素进行了分析，研究表明旅行社数量和旅游交通对旅游服务贸易竞争力有显著影响。欧阳洋（2011）[4]通过对1997—2009年期间中国、日本、韩国三个国家的出口市场占有率、TC指数测算对比分析中日韩三国的旅游服务贸易竞争力大小，研究表明中国旅游服务贸易竞争力优势略强于日本和韩国。董浩然、杨庆先（2011）[5]运用多元线性回归分析了四川省旅游服务贸易发展的影响因素，研究表明入境旅游人数和星级饭店数量是重要影响因素。

现有文献主要是进行国别研究，而对省际研究的较少，特别是对四川省旅游服务贸易的研究主要是定性研究，而定量研究少。本文主要运用市场占有率和显示性比较优势指数对四川省旅游服务贸易竞争力进行定量研究，并将其同北京、上海和广东进行比较研究。

二、四川省旅游服务贸易发展的现状

四川省是我国公认的旅游资源大省，地处中国西南腹地、长江上游。其西部是青藏高原，东部为四川盆地，数亿年的地质运动造就了瑰丽险峻的巴蜀风光，拥有峨眉山、乐山大佛、九寨沟、黄龙、青城山、都江堰、大熊猫栖息地等世界文化与自然遗产。

四川省旅游资源丰富，发展旅游业有很好的基础。2011年，四川省旅游业总收入达2 449.15亿元，较上年增长29.85%，相当于全省GDP的11.65%。全省接待入境旅游者163.97万人次，比上年增长56.27%；旅游外汇收入为59 382.55万美元，比上年增长67.71%。上述数据说明，四川省旅游业实现了较快发展，并逐步成为四川省的支柱性产业。

从表1可以看出，四川省接待入境旅游人数存在波动，但总体来讲处于不断发展之中，除去2003年和2008年，其他年份都呈逐步上涨的趋势，到2011年，入境旅游人数是2002年的2.46倍。

表1　2002—2011年四川省入境旅游人数和国际旅游外汇收入统计表

年份	入境人数（万人次）	国际旅游收入（百万美元）	年份	入境人数（万人次）	国际旅游收入（百万美元）
2002	66.72	200	2007	170.87	512
2003	45.17	150	2008	69.95	154
2004	96.62	289	2009	84.99	289
2005	106.28	316	2010	104.93	354
2006	140.17	395	2011	163.97	594

数据来源：根据《中国统计年鉴》和四川省统计局公布数据整理所得。

四川省的国际旅游外汇收入也随入境人数而波动，但总体来讲增长速度较快，除去2003年和2008年，其他年份都呈逐步上涨的趋势。2002年，四川省的国际旅游收入仅有2亿美元，到2011年，实现国际旅游收入5.94亿美元，是2002年的

2.97 倍。

造成 2003 年和 2008 年入境旅游人数和国际旅游外汇收入减少的原因可能是：①2003 年，我国正处于"非典"时期，入境旅游人数和旅游收入减少；②2008 年，四川发生了"5·12"汶川大地震，自然灾害的发生影响了入境旅游的人数和旅游收入。

表 2　四川省国际旅游外汇收入占全国总量比重表　单位:%

年份	2002	2003	2004	2005	2006	2007	2008	2009	2010	2011
比重	0.98	0.86	1.12	1.08	1.16	1.22	0.38	0.73	0.77	1.23

数据来源：根据《中国统计年鉴》和四川省统计局公布数据计算所得。

从表 2 可以看出，四川省国际旅游外汇收入占全国总量始终徘徊不前，存在波动，2008—2010 年存在较大的下降，2011 年的比重又出现了反弹，占到了全国总量的 1.23%，在全国排名第 19 位，而排名前三位的广东、上海和江苏分别占到了全国总量的 28.70%、11.87%和 11.69%。可见，四川省旅游服务贸易发展和发达地区的旅游服务贸易发展还是有一定差距，虽然四川省的旅游资源丰富，但旅游服务贸易的发展相对滞后。

同时，四川省国外入境旅游和国内旅游比例失调：一方面，入境旅客人数和国内旅游者人数严重失衡，2011 年，两者之比约为 1∶164；另一方面，国际旅游外汇收入占四川省旅游总收入的比重较低，2011 年国际旅游外汇收入占四川省旅游总收入的 1.58%。这说明四川省的旅游服务贸易仍然有较大的上升空间，有待提高。

三、四川省旅游服务贸易竞争力分析

为便于对四川省旅游服务贸易进行更具体的考察与分析，本文选择了旅游服务贸易较为发达的北京、上海和广东，将四川省旅游服务贸易分别与其进行对比。在指标选择方面，本文选择了国际市场占有率和显示性比较优势指数两个指标进行竞争力分析，并对这两个指标进行改造，将其用于省际旅游服务贸易竞争力的比较分析。在数据方面，本文采用 2002—2011 年《中国统计年鉴》和各省统计局公布数据。

（一）国际市场占有率分析

国际市场占有率是指一国或地区某种产品或服务的出口额与该产品或服务的世界出口总额之比。这一指标测度的是一国或地区出口的绝对量，在一定程度上反映了一国或地区在贸易出口方面的地位和竞争能力。其计算公式为：

$$MS_{ij} = X_{ij}/X_{wj}$$

其中，MS_{ij}表示 i 国或地区 j 产品或服务的国际市场占有率，X_{ij}表示 i 国或地区 j 产品或服务的出口总额，X_{wj}表示世界 j 产品或服务的出口总额。

在这里，本文将国际市场占有率指标改造为国内市场占有率指标，即四川省国际旅游外汇收入占全国国际旅游外汇收入的比例，以此来反映四川省旅游服务业在全国的竞争力或竞争地位。其计算公式为：

$MT_{it} = X_{it}/X_t$

其中，MT_{it}表示 i 省旅游服务贸易的国际市场占有率，X_{it}表示 i 省旅游服务贸易的出口总额，X_t 表示全国旅游服务贸易的出口总额，旅游服务贸易出口额用国际旅游外汇收入表示。表 3 计算了 2002—2011 年四川、广东、上海、北京的旅游服务贸易国际市场占有率。

表 3　2002—2011 年四川、广东、上海和北京的旅游服务贸易国内市场占有率

单位:%

年份 省份	2002	2003	2004	2005	2006	2007	2008	2009	2010	2011
四川	0.98	0.86	1.12	1.08	1.16	1.22	0.38	0.73	0.77	1.23
广东	24.97	24.51	20.89	22.04	22.19	20.77	22.46	25.28	27.03	28.70
上海	11.16	11.79	11.81	12.14	11.50	11.15	12.17	11.96	13.84	11.87
北京	15.28	10.94	12.33	12.35	11.86	10.93	10.92	10.98	11.01	11.18

数据来源：根据《中国统计年鉴》和各省统计局公布数据计算所得。

从表 3 可以看到，2002—2011 年，广东、上海和北京 3 省市的市场占有率占到了全国的 45% 以上。其中，广东省的市场占有率高居榜首，一直保持在 20% 以上，这表明广东的旅游服务贸易具有很强的竞争力；其次是上海和北京，市场占有率大致保持在 10% 以上，表明传统的旅游发达省份在旅游服务贸易市场上还是占据着举足轻重的地位。四川省的市场占有率最高为 1.23%，竞争力不强。从年度变动趋势来看，北京的市场占有率有下降趋势，上海则相对保持平稳，广东则在波动中有上升趋势，而四川省的市场占有率存在较大波动，特别是在 2008 年地震以后显著下降，但在 2011 年灾后重建后，市场占有率又有所上升。以上分析表明，和发达地区相比，四川省的旅游服务贸易市场占有率较低，在全国并不具备较强的竞争力。

需要说明的是，市场占有率反映的是一种绝对优势，在使用市场占有率指标时，某一服务市场占有率的下降并不一定意味着竞争力的下降，它可能反映的是产业结构的调整，或是在总量增长情况下相对比例的下降等，因此在使用该指标时，需要结合其他指标进行补充分析。

（二）显示性比较优势指数分析

显示性比较优势指数是由巴拉萨（Balassa，1965）[6] 提出的，这个指数反映了一个国家或地区某一产业的出口与世界平均出口水平比较来看的相对优势，剔除了国家总量波动和世界总量波动的影响，较好地反映了该产业的相对优势。巴拉萨指出，一国或地区 i 在 j 产品或服务的贸易比较优势可表示为 j 产品或服务在 i 国或地区出口额所占份额和 j 产品或服务在世界总出口中所占份额之比。其计算公式为：

$RCA_{ij} = (X_{ij}/X_i) / (X_{wj}/X_w)$

其中，RCA_{ij}是 i 国或地区 j 产品或服务的显示性比较优势指数，X_{ij}为 i 国或地区 j 产品或服务的出口额，X_i 表示 i 国或地区的总出口额，X_{wj}表示世界 j 产品或服

务的出口额，X_w 表示世界总出口额。

一般而言，*RCA* 指数大小与一国或地区的产品或服务的竞争力呈正相关关系。如果 *RCA* 指数大于2.5，则表示该国或地区在该产品或服务上具有极强的竞争力；如果 *RCA* 在1.25~2.5之间，则表示该国或地区在该产品或服务上具有很强的竞争力；如果 *RCA* 在0.8~1.25之间，则表示该国或地区在该产品或服务上具有一定的竞争力；如果 *RCA* 小于0.8，则表示该国或地区在该产品或服务上竞争力较弱。本文侧重于各省份的旅游服务贸易水平研究，故将 *RCA* 指数改造为旅游服务贸易在各省出口中所占的份额与全国贸易中该产业所占份额之比。其计算公式如下：

$$RCA_{it} = (X_{it}/X_i) / (X_t/X)$$

其中，RCA_{it}表示 i 省旅游服务贸易的显示性比较优势指数，X_{it}表示 i 省旅游服务贸易出口额，X_i 表示 i 省总的出口额，X_t 表示全国旅游服务贸易出口额，X 表示全国总的出口额。一个省的旅游服务贸易出口和全国平均出口水平比较来看的相对优势，不受省份经济总量和全国经济总量波动的影响，能够较好地反映旅游服务贸易的相对优势。表4计算了2002—2011年四川、广东、上海和北京的旅游服务贸易 *RCA* 指数。

表4　　2002—2011年四川、广东、上海和北京的旅游服务贸易 *RCA* 指数

年份 省份	2002	2003	2004	2005	2006	2007	2008	2009	2010	2011
四川	1.18	1.18	1.67	1.75	1.70	1.73	0.41	0.62	0.65	0.80
广东	0.69	0.70	0.65	0.71	0.71	0.69	0.79	0.85	0.94	1.02
上海	1.13	1.07	0.95	1.02	0.98	0.95	1.03	1.01	1.21	1.07
北京	3.94	2.84	3.56	3.05	3.03	2.73	2.72	2.73	3.13	3.59

数据来源：根据《中国统计年鉴》和各省统计局公布数据计算所得。

从表4可以看出，2002—2011年，北京的 *RCA* 指数始终是最高的，一直保持在2.7以上，表现出了极强的竞争力，这与北京是我国的首都及其具有独特的历史文化内涵有很大关系。上海的 *RCA* 指数每年都在0.8~1.25之间，说明上海的旅游服务贸易具有一定的竞争力。广东的 *RCA* 指数在2008年之前都是小于0.8的，2008年之后 *RCA* 指数上升，但都在1.25以下，说明广东的旅游服务贸易竞争力在上升，有一定的竞争力但是不强。四川省的 *RCA* 指数在2002—2008年稳步上升，2003年以后 *RCA* 指数超过了1.25，具备了很强的竞争力，竞争力超过了上海和广东，但是在2008年地震后，四川省的 *RCA* 指数显著下降，从2007年的1.73降到了2008年的0.41，在地震以后，四川省旅游服务贸易的竞争力显著减弱。从波动趋势来看，北京、上海和广东的 *RCA* 指数相对较为平稳，说明这三个地区的旅游服务贸易不会因为受外界影响而产生较大的变化，但是四川省的 *RCA* 指数波动较大，特别是2008年的地震对四川省旅游服务贸易的影响较大，说明四川省的旅游服务贸易容易受外界影响而产生较大变化。但是在地震之前，四川省旅游服务贸易还是保持了较强的竞争力，而且处于上升期，这与市场占有率分析中的四川省旅游服务贸易竞争力不强的分析大相径庭。本文认为造成这一结果的原因主要有两点：一是四川省本身的出口总额较小，国际旅游外汇收入在较低的出口额中比重较高，而上海和广东虽然国际旅游外汇收入及旅游服务贸易市场占有率均远高于四川省，但与其本身很高的出口额相比较，旅游外汇收入的比重却非常小，因此计算出的2002—2008年的比较优势反而落后于四川省；二是显示性比较优势指数衡量的是一种相对优势，而市场占有率衡量的是一种绝对优势，同其他行业相比，旅游服务贸易在四川省占据了重要地位，所以在2002—2008年显示出了较强的竞争力。

通过上述省际比较和实证分析可得出如下结论：和国内其他旅游服务贸易出口的主要地区相比，四川省旅游服务贸易的市场占有率不高，但是，2002—2008年，四川省的旅游服务贸易的竞争力的效率相对于上海和广东是比较好的，具有相对比较优势，但是这种优势不稳定，容易受外界影响而产生较大的变化。因此，旅游服务贸易在四川省具有发展的潜力，可以将其发展为全省具有特色的产业。

四、发展四川省旅游服务贸易竞争力的建议

（一）加强震后四川省旅游业宣传

四川省自2004年以来，已先后组团赴日本、韩国、欧洲、美国、澳大利亚、新西兰、新加坡、马来西亚等国家和地区进行旅游促销，打出“天下四川，熊猫故乡”、“三国文化旅游”、“世界遗产游”、“四川冰川游”等多张旅游牌，吸引了众多外国游客的目光。本文认为，四川省应在已有的宣传基础上，进一步加大宣传力度，扩大海外宣传规模，特别做好震后旅游业恢复的报告，向国外游客展示四川旅游的安全性和可靠性，提供良好的旅游硬件设施，以吸引游客入境旅游，保证入境人数。

（二）推动四川省旅游产业升级

四川省虽然是我国的旅游大省，但长期以来，四川省旅游是以低档次的旅游产品吸引低产出的游客，其代价是对脆弱的生态环境带来难以承受的压力，有时甚至是破坏。根据旅游行业的发展规律，随着经济发展水平的提升，旅游消费也将呈现出观光旅游向休闲旅游转变、低端旅游向高端旅游转变的趋势。人们对精神的需求和对生活质量的需求是无限制的，因此，休闲旅游的发展潜力也是无限的。四川地区自然风光优美秀丽，人文资源优势突出，民族风情独具特色。灯会、花会、转山会、赛马会、火把节等民族节庆丰富多彩，川菜、川酒、川茶更是享有盛名，因此四川省发展休闲旅游的潜力巨大。[7]震后部分重建景区或新建旅游区可以充分考虑到这一趋势，在产品体系设计上将重心放在休闲度假和体验旅游上，使四川省实现从观光游向观光、休闲、度假三位一体的转变，促进旅游产品转型、产业升级。

（三）大力开发特色旅游产品

除增加入境旅游人数外，政府还应大力发展成本低、效益高的周边产业，如外国游客最感兴趣的具有民族地域特色的服装、玩具、首饰等，以提高外国游客在川的人均消费水平，增加国际旅游外汇收入，缩小同国内旅游收入的差距。在大熊猫、

金丝猴、牛羚、白唇鹿等野生动物的栖息地，围绕这些野生动物研究、设计、制作一系列的旅游商品。在藏、羌、彝等少数民族聚居区，可以结合少数民族的传统文化及宗教祭祀活动，既可将一些内容安排在旅游区内供游人观赏，也可将一些富于传奇色彩的物品制成各类工艺品、装饰品供游人选购。

（四）构建多种形式的旅游交通网络

四川大多数旅游线路是依靠汽车作为交通工具，“5·12”地震导致四川旅游一路下滑，代价非常大。四川旅游业应改变这种依赖单一公路交通方式的局面，构建立体型的四川旅游交通网络体系，加快四川西部地区局域铁路网和川藏铁路建设，尤其加速甘孜、阿坝和凉山三州高速公路建设和旅游机场建设步伐，增加全国主要城市直飞景区的航班，尽快形成以高速公路、快速铁路和航空为主，可满足不同档次游客需要的立体旅游交通网络。

参考文献：

[1] 董小麟，庞小霞. 我国旅游服务贸易竞争力的国际比较 [J]. 国际贸易问题，2007 (2)：78-83.

[2] 齐述丽，俞会新. 我国旅游服务贸易竞争力的国际比较 [J]. 对外经贸实务，2009 (2)：81-84.

[3] 周经，吕计跃. 中国旅游服务贸易竞争力影响因素的实证分析[J]. 国际贸易问题，2008 (4)：71-75.

[4] 欧阳洋. 中日韩旅游服务贸易国际竞争力比较分析 [J]. 经济研究导刊，2011 (7)：185-186.

[5] 董浩然，杨庆先. 四川旅游服务贸易影响因素分析 [J]. 中国商贸，2011 (26)：199-201.

[6] Balassa, B. Trade Liberation and Revealed Comparative Advantage [J]. The Manchester School of Economic and Social Studies, 1965 (33): 92-123.

[7] 张春梅. 灾后四川旅游恢复与重建对策研究 [J]. 经济研究导刊，2009 (23)：62-63.

出境游奢侈品消费评价及启示①

郑兴渝②

【西华大学经济与贸易学院　四川成都　610039】

摘　要：近年来随着中国经济的快速发展、出境游人数的不断增加，中国已经成为海外奢侈品消费的重要力量，成为全球占有率最大的奢侈品消费国。这是我国经济、社会、文化等方面发展的结果，有其必然性、合理性，不必大惊小怪；相反，国人大量购买国外的奢侈品可给我国商品开发提供一些启示和借鉴。

关键词：出境旅游；奢侈品消费；商品开发

随着生活水平的提高，出境游及奢侈品消费在我国渐成趋势。2011 年，我国出境旅游人次数为 7 025 万人次，同比增长 22%。从出境规模上来说，目前我国已经是美国出境市场的 1.2 倍，日本出境市场的 3.5 倍。在不久的将来，中国可能成为世界第一大出境旅游市场。与此同时，购物已成为推动中国出境旅游消费的重要动力。根据中国旅游研究院的调查，约三分之一的游客认为购物是花费最高的项目。世界奢侈品协会的数据表明，75% 以上的中国出境游客在旅游过程中重复消费 3 次以上。2011 年“十一黄金周”，中国游客 7 天的境外奢侈品消费相当于国内市场 3 个月的总额。[1] 2012 年春节期间，中国人在境外奢侈品消费累计达 72 亿美元（在 2011、2010 年春节分别是 56 亿美元、49 亿美元），同比增长 28.57%。消费分配情况是：46% 在欧洲，19% 在北美，35% 在香港、澳门及台湾。中国人的主要消费是手表、皮具、时装以及以香水为主的化妆品。2012 年春节期间，中国的消费占欧洲奢侈品市场总销售额的 62%，北美市场的近 33%，香港、澳门和台湾地区市场的 69%。与此同时，境内奢侈品消费总额仅为 17.5 亿美元，占境内外销售总额不到 20%。[2]

截至 2011 年年底，中国奢侈品市场年消费总额已经达到 126 亿美元（不包括私人飞机、游艇与豪华车），占全球份额的 28%，中国已经成为全球占有率最大的奢侈品消费国家。[3] 对此，有不同的声音。有人认为：中国人撑起了欧洲奢侈品业；中国消费者将拯救世界；中国有钱人只买最贵的，“钱多人傻”；工薪族节衣缩食儿

---

① 资助项目：西华大学校级重点学科建设项目“区域经济学”（XZD0901－09－1）。

② 作者简介：郑兴渝（1963－），女，副教授，研究方向为宏微观经济分析、企业管理。

个月，去购买一款名牌包包，去挤公交地铁，不可思议……

其实，在市场经济条件下，要在哪里购买，选择什么时间消费，购买什么东西，都是消费者的自由。那么，中国游客境外巨额消费折射出什么呢？从中可以得到些什么启示呢？

一、对出境游奢侈品消费的评价

什么叫奢侈品？到目前为止在学术界实际上并没有统一的定义，因为它具有很强的主观性和相对性。例如，许多男人对很多女人渴望的钻石婚戒觉得毫无意义。在20世纪80年代初的中国，彩电一定是奢侈品，而现在不是。从经济学上看，奢侈品通常被定义为其需求收入弹性大于1的物品，即需求增长高于人们收入增长的物品；它是非生活必需品，而且还必须具备独特、稀缺、珍奇和著名品牌等特点。社会学上通常认为奢侈品是有深厚的文化内涵，能彰显个人品位和提升生活品质的消费品。艺术上，奢侈品是将艺术融入到功能性的商品。

如何看待奢侈品？历史上总是充满争议：有人把它看成是无意义的堕落之物；有人则视其为创造未来的开路先锋。无论我们怎样看，奢侈品都会和人类文明相伴始终。我国游客在国外或港澳台等地大量购买奢侈品，成为全球占有率最大的奢侈品消费国家，我认为是我国经济、社会、文化等方面发展的结果，有其必然性、合理性，不必大惊小怪。

（一）符合消费和商品结构变化的规律

国际经验表明[3]，当人均GDP在300～1 000美元之间，特别是接近1 000美元时，消费结构会出现由生活必需品向非生活必需品、选择性较强的商品的转换；当人均GDP超过1 500美元的时候，奢侈品需求开始启动；当人均GDP达到2 000～3 000美元以后，社会的消费结构将由温饱型向发展型、享受型转变。高档耐用消费品、服务产品成为主要消费品。国家统计局2012年8月15日发布的报告指出[4]，近十年，我国经济持续较快发展。2003—2011年，国内生产总值年均实际增长10.7%，不仅远高于同期世界经济3.9%的年均增速，而且高于改革开放以来9.9%的年均增速。经济总量居世界位次稳步提升。2008年国内生产总值超过德国，居世界第三位；2010年超过日本，成为仅次于美国的世界第二大经济体。在经济总量稳步增长的同时，我国人均GDP也快速增加。2011年，人均GDP达到35 083元，扣除价格因素，比2002年增长1.4倍，年均增长10.1%。按照平均汇率折算，我国人均GDP已由2002年的1 135美元上升至2011年的5 432美元。其中，天津、上海、北京等地的人均GDP已达1.2万美元，接近富裕国家水平。也就是说中国已经进入了奢侈品消费的快速增长阶段，这正是我国居民收入增长、消费结构升级的重要表现，符合商品消费的基本规律，与国际消费的经验相吻合。

（二）中国人口基数大，先富起来的人对奢侈品需求旺盛

据国家统计局公告[5]，2011年末中国大陆总人口为134 735万人，因此，只要有1%的中国人口对某商品有需求，数量就会有1 300多万；如果有10%的人有需求，就会是1.3亿多……这就是为什么世界上许多奢侈品生产商、经销商来到中国，

看好中国，加大在中国市场宣传力度，在中国市场设立总部的原因。

根据胡润的一系列研究报告[6]，中国拥有世界最多的白手起家的亿万富豪，其中，亿万美元富豪和亿万人民币富豪的规模分别为600名和7 500名。除此之外，中国拥有亿元人民币资产的富豪达6万名（平均年龄只有41岁），拥有千万人民币身家的富豪96万名，高净值人群（指个人资产在600万元以上）更是多达270万人（平均年龄仅为39岁，与国际同类人群相比更加年轻），这类人群如果决定去消费或者去改变自己的生活，他们的能力加在一起非常庞大。2011年富豪平均国内旅游3.6次，国外旅游2.4次。资产级别越高，旅游次数越多，亿万资产以上的高净值人群平均国内旅游4.2次，国外旅游3.4次。富豪出国购物最多的是手表，其次是珠宝、皮具和服饰。女性出国购买化妆品达51%，对珠宝、服饰的热情也比男性更高。男性则对电子产品更为热衷。富豪在选择购物地点时对价格的考虑并不多，商品本身是最重要的因素，其次为服务和购物环境，这也是网购奢侈品在富豪圈中并不常见的原因。旅游购物也往往作为“伴手礼”赠送他人，赠礼也是富豪的主要支出之一。商务赠礼是最主要的赠礼场合，此外婚礼、节庆也常常需要赠送礼物。高净值人群每年的赠礼花费约15万元，占平均年消费的10%；亿元资产以上的高净值人群则超过26万元。大部分富豪会选择5 000～20 000的礼品，手表、红酒和电子产品等都是时尚的礼品选择。奢侈品被中国消费者视为尤其适合送礼的物品，奢侈品的昂贵更能表达对收礼物的人的尊崇，也能够体现送礼人的地位和能力。香港已经成为中国高净值人群购买奢侈品或高端消费品的绝对首选，占73%；其次是欧洲，占28%；选择在国内大城市购买的也有28%。中国高净值人群利用奢侈品品牌来凸显自己的经济实力和社会地位，是他们必然经历的创富阶段。当然，除了消费，有些人也将购买奢侈品作为一项投资活动（如因为产量少或已经绝版了而升值）。

（三）普通工薪阶层的出游者对奢侈品的需求开始增加

随着收入水平的提高、人民币的升值，出国旅游的普通工薪阶层愈来愈多。面对比国内便宜三分之一甚至更多的奢侈品（不买好像亏了）以及出于享受真实的原产地货品及服务（会认为质量更好）、国外的产品选择范围更广（新款、品种更多）、时间有限、机会难得、慰劳自己和家人、作为礼物、排队抢购的感染、刷卡的方便、亲朋好友的委托、担心以后买价格会上涨（事实上奢侈品几乎每年都会有一定比例的提价）和攀比炫耀等心理，他们往往也会加入到奢侈品的购买中。

二、对我国商品开发的启示

面对中国奢侈品市场如此大的“蛋糕”，世界上许多国家（政府、企业）都花费了大量的时间、人力、物力去研究经营，而且希望分得更多。例如，简化签证手续，增加签证人数；了解中国消费者特别是富豪们的消费心理；增加中文标识、中文导购；等等。那么如何让中国人或入境游的外国人在中国花更多的钱购买中国生产的或外国品牌的奢侈品，拉动内需，促进中国的经济发展呢？

第一，培育、生产和塑造更多中国自己的奢侈品品牌。

目前，我国的奢侈品市场被国外品牌所包围，除了茅台、五粮液外，几乎没有称雄世界的自主的顶级品牌。其实，中国本土并不缺少奢侈品产生的土壤、基因。因为奢侈品从一开始就与权力与财富有关。中国拥有五千年的历史和灿烂的文化，古人就利用奢侈品来展示权力、构建等级。比如，在春秋时代，天子才可以穿白狐皮；诸侯和大夫只能穿青狐皮；平民只能穿犬羊裘，还不许带冠。中国传统的奢侈品以土地（中国的士大夫或财主有钱了喜欢买地）、家具、玉器、瓷器、古玩、字画、美食等为主，都带有点“财产”的性质。因此，只要我们充分利用历史上的皇家、贵族（因科举制，中国阶层间的流动性大，其实没有固定的贵族阶层）、伟人、名人与这些东西的关联性，加以宣传，让国人和外国人了解、熟悉并热爱它们。否则，像当今中国新富起来的一代人，还没有形成自己的奢侈品的品位，只能模仿国外的贵族阶层和上流社会的消费了。

另外，衣服在过去中国的奢侈品消费中分量并不重。但是在法国等欧洲国家，贵族们热衷搞沙龙，重视社交聚会。他们喜欢把钱花在服装、珠宝、车马上（这些东西能够在社交场合被人看到），认为只有夺目的奢华才能维系他们的社会地位，为此他们倾家荡产也在所不惜。而中国上层社会的女人多在闺房里关着，大门不出二门不迈，因此在中国，引导奢侈品消费的是男人，在法国则是女人。但今日不同了，中国女人在社会上扮演着不同的角色，越来越重视自己的形象、善待自己，这也是她们在海外购买衣服、箱包、化妆品、手表和珠宝等奢侈品的原因。如果中国的企业也能研发、生产出适合中国人的、优雅的、时尚的、质优的产品，一定能赢得她们的欢心。就像改良的、定制的旗袍成为中国当下许多社会女政要名流出席重要场合的礼服首选，越来越多的年轻女性开始喜欢购买、收藏玉饰品就是很好的证明。

可见，要打造中国自己的奢侈品，我们必须对中华文明要有信心，要有好的设计，要有高科技手段的运用和高性能材料的研发。奢侈品品牌的核心价值在于通过顶级的产品向消费者传递一种高品质的生活，这样才能吸引本土消费者。“培养一个贵族，需要三代换血。”巴尔扎克这句名言，同样适用于奢侈品品牌。法国花了几百年时间，培育出世人耳熟能详的路易·威登、迪奥、香奈儿、爱马仕等。初出茅庐的中国奢侈品品牌想成长为顶级品牌，任重而道远。

第二，把最好最新、价格更便宜的产品放在国内卖。

中国传统的观念认为进口的产品、出口的产品是最好的，甚至出口转内销的都会比原本在国内市场上销售的产品好。这可能与进口的产品我们国内不能生产有关或与国外产品本身质量好有关，与盲目崇洋媚外有关，与国外进口商对中国生产的产品质量要求高有关。如果我们也像有些国家那样，把最好最新的、价格更便宜的产品放在本国卖，一来可以让本国人民优先享用，分享科技和经济发展的成果，改变崇洋媚外的思想，增强作为中国人的自豪感，增强对民族产业的信心；二来可以让外国人也像现在的中国人一样，想要最好最新、价格更便宜的产品只有到原产国去购买，这对拉动入境游及其通过乘数效应推动相关产业的发展，让外国人亲身体验中国、了解中国会起很大的推动作用；三来可以避免反倾销，避免出力不讨好——提高了别国国民的生活质量，节约了他们的开支和资源，却还常常被制裁和攻击。

第三，充分了解消费者的诉求以及奢侈品消费的一般规律。

亚当·斯密曾写道："消费是生产的唯一目的。"在商界，一切都应从客户开始。没有客户，就没有销售收入，企业就会破产。世界上许多顶级奢侈品生产国都特别重视正在富起来的庞大的中国人，花费了大量精力去研究特别是中国高净值人群消费的需求。了解他们的人数、最关注的服务内容、平均每年赠礼消费额、生活方式（如出差天数、每周运动次数、收藏习惯、饲养的动物、拥有的私人家庭医生和购买公务机的意向等等）。他们了解中国文化，知道中国消费者爱面子，购买奢侈品就是为了拥有一件奢侈品，品牌文化不重要，让更多的人都知道它是奢侈品就行，最大的卖点就是"必须是圈子里公认的奢侈品"。因此，国外奢侈品公司首先也是最重要的做法是，将公开使用的产品价格溢价很高；其次，产品的优势强调外在；最后，在中国定位一个品牌时，产品须能既彰显个性，又适应融入，要保持低调的奢华。他们还知道，绝大多数中国消费者不买标有"MADE IN CHINA"字样的奢侈品。随着市场的膨胀，几百年来奢侈品行业第一次认真考虑控制成本，开始仔细地衡量，节省一些不必要的材料、工序。许多大品牌还将生产基地偷偷挪到了中国、印度、越南。他们往往在中国生产后，再运往法国或者意大利完成最后一道工序，这样好给产品打上"MADE IN FRANCE"或"MADE IN ITALY"的标签。成本控制不可避免地导致了质量下降。他们还知道，奢侈品一旦普及，就成了"被玷污的"东西，富人们会转而他求。奢侈品公司为赢得 VIP 的喜爱和忠诚，专门给他们"开小灶"，提供定制产品或单独体验之类的专属服务，让中国消费者觉得自己很特别。如迪奥计划在 2012 年秋季让其消费数额最高的中国客户飞往巴黎观看它的时装表演，高端房地产公司金林置业即将推出私人飞机服务，迎接潜在买主和度假村的客人。中国消费者想知道他们非常受重视，也想让别人知道他们非常受重视。美国最大的百货公司舞龙灯欢迎中国游客，日本电器商店店长率领全体店员鞠躬 90 度恭送购物离店的中国游客，巴黎著名的老佛爷商店为中国游客提供专项服务。

奢侈品市场比较成熟的国家的历史经验表明，在奢侈品消费增长的初期，消费量最大且增长最快的是个人用奢侈品，如服饰、香水、手表、珠宝、皮具等，而后期会向奢侈的生活方式和体验转变。胡润发现，路易·威登、卡地亚和爱马仕是最受中国富豪青睐的品牌，中国的茅台紧随其后排在第五位。高尔夫、游泳和瑜伽是富豪们最喜欢的运动，而旅游、阅读和品茶则是他们最中意的休闲方式。如果我国的奢侈品企业或想将自己的产品打造成奢侈品的企业也能这么深入详细而全面地调研，那其产品一定会赢得本国和外国消费者的青睐。

第四，理性消费。

对于具有很强主观性和相对性的奢侈品，我们应该根据自己的喜好和感受，根据自己的收入、需要和对其品牌文化认同的基础上来决定是否购买，不应该被它的价格所蒙蔽，更不要因为追赶潮流而盲目购买。例如，当你购买了一件高档名牌服饰，那种修身剪裁的外形、舒适的面料、经典的款式、使用率高还能与自己的身份相得益彰的感觉就是价值。如果美好的感受愈强烈，价值会愈高，越值得购买。反之，如果说是某知名产区某一年份的绝佳收藏的葡萄酒，价格奇高无比，但你喝后却感觉和一般超市所卖的廉价红酒没有什么差别；节衣缩食抢购来的天价名牌包，与满大街人背的仿冒产品差别不大，且还容易脱皮起毛掉色，保养维修昂贵，耗时还长，你一定会感到质价不符。另外，经济学关于边际效用递减规律还告诉我们，随着你拥有的同一种商品数量的增加，你从增加的商品中感到的满意程度会下降。因此，你可以把钱用在可以给自己带来更多美好感受的事物上。从国外富人生活方式变化的经验来看，中国的高净值人群经历了利用奢侈品品牌凸显社会地位的创富阶段，已步入以低调、适度消费、开始注重生活的品质、自身的身心修养以及子女的内涵气质教育为主的守富阶段，最终将逐步向以投身公益慈善事业为代表的享富阶段过渡。

第五，打击腐败，完善消费的相关政策。

尽管目前中国社会各阶层人群的收入水平较以前都有了不同程度的提升，但单纯的经济增长和收入提高并不能完全带来幸福感。普通老百姓对腐败官员和富人们在国外大肆购买奢侈品行为的不满情绪在增加，“羡慕嫉妒恨”在不断积聚。因此，打击腐败行为，维护社会的公开、公平和公正，完善社会保障体系，才能使社会稳定，百姓才敢于消费；采取财税、金融等鼓励措施，降低国内奢侈品消费价格，让消费者乐于在国内消费；改善消费的环境和条件，让老百姓方便消费；加强市场监管，让老百姓放心消费。这样，政府旨在刺激消费、拉动经济增长的努力才会真正有效，百姓生活的满意度、幸福感才会提升。

参考文献：

[1] 中国旅游研究院．中国出境旅游发展年度报告2012．[EB/OL]．中国旅游研究院网，2012－04－13.

[2] 梁倩．报告称春节期间中国人境外奢侈品消费达72亿美元 [N]．经济参考报，2012－02－10.

[3] 佚名．中国奢侈品年消费总额达126亿美元 居全球第一．中国财经报 [N]．2012－01－19.

[4] 祝合良．现代商业经济学 [M]．2版．北京：首都经济贸易大学出版社，2004.

[5] 国家统计局综合司．新世纪实现新跨越 新征程谱写新篇章 [EB/OL]．http：//www.zgxxb.com.cn/xwzx/201208160007.shtml. 2012－08－15.

[6] 国家统计局．中华人民共和国2011年国民经济和社会发展统计公报 [EB/OL]．国家统计局网，2012－02－22.

大城市近郊被遮蔽地区旅游发展需要智慧[①]
——以成都市温江区为例

于代松[②]

【西华大学区域社会经济研究所　四川成都　610039】

摘　要：作为大型旅游城市周边地区，其旅游发展既有攀附优势，同时也存在被遮蔽、被忽略的风险，因此在发展旅游的过程中需要智慧，需要尽量释放大城市的带动效应、凸显自身特色、挤入大城市旅游核心拼图、减少因类似而易于形成的被遮蔽效应。

关键词：大城市；遮蔽；旅游；智慧

大城市近郊地区，很容易被大城市巨大的声名、形象、财力、产业等形成的强大辐射、覆盖力所遮蔽，其经济特别是旅游的发展往往难以摆脱寄生、攀附、被覆盖甚至被忽略的窘境。古时候有一个军事术语叫“灯下黑”，当今旅游术语“旅游遮蔽区”就是指这类地区。[1]

温江地处成都西南核心近距离强辐射地区，在成都巨大、强势的旅游地位、形象笼罩下难以立身、成名，反而易成为成都“床前蹬脚地”而被忽略的地带，加之西出成都有乐山、峨眉山、都江堰、九寨沟等名胜旅游地的巨大牵引，温江又极易成为美丽的门帘、流走的通道、打盹儿的窗景，为众多旅游者所忽视。正因为此，温江旅游业的发展显得有些尴尬，尽管曾享有“川西米仓”、“园林胜地”、“花卉之都”、“住选温江”的盛名，但却因旅游的相对滞后而难言于“乐在温江、享受温江”。温江的旅游发展，绝不是简单的资源开发、宣传营销，需要有针对性地进行创新设计。

不可回避的另外一个现实是：作为一个特大型的以生活、休闲为主要特色的快速发展城市，成都的近距离、强辐射、核心化的扩张、覆盖区域，温江必将顺应成都都市化的产业布局、发展要求，有机地融入都市圈，其产业结构、布局将很难独立于成都，工业一枝独秀、商业和服务业极度贫弱的发展模式需要改变。产业结构

① 资助项目：西华大学校级重点学科建设项目“区域经济学”（XZD0901－09－1）。

② 作者简介：于代松（1967－），男，经济学硕士，教授，硕士生导师，研究方向为区域经济。

的调整是必然。

一、温江应顺应城乡经济大融合趋势，主动融入成都

任何一个大城市的发展、扩张，要么通过对城市周边区域“摊大饼”式占用，要么有选择地“组团式”纳入城市周边地区。分析总结各地城市周边地区的快速城市化进程，一个大型城市主要通过如下几种方式把周边区域纳入城市：①延伸覆盖。这是最常见的城市扩张模式，大城市通过把部分城市功能、项目、区域设置、人员安置等就近纳入附近地区，像流水一样覆盖了城郊和原农村地区。[2] 由于大城市在行政、经济、资源上的绝对优势，加之大多数农村地区政府、居民天然倾向于城市化，城郊、农村地区对城市的延伸覆盖往往完全被动接受。而城市在延伸覆盖城郊、农村地区时一般因城市自身主体利益及其强势地位，很难顾及被覆盖地区未来的发展和居民的工作、生活。②同化拉动。城市通过其经济发展优势和居民生活优势向城郊、附近乡村示范，通过城市消费需求创造商业机会吸引城郊和附近乡村的居民改变生活、工作、置业方式，这样一来就在周边不断地同化、复制、延伸出新的城市区域、人群，拉动城郊、附近乡村跟随城市扩张而城市化。在这个过程中城市周边居民生活、行为方式的改变是城市化的主要致因。这两种方式对于城郊、附近乡村地区而言都属于极为被动的、消极等待式的城市化。③主动迎接。大城市的城郊、附近乡村地区顺应、预见城市的发展、扩张趋势以及对本区域的影响和要求，主动调节区域内的产业结构、发展规划，引导居民生活、工作、置业，构建基础、服务设施，迎接、吸引、加速甚至要求城市向本地区倾斜、延伸、覆盖。而城市往往也因为成本、效率、便捷和社会效应的原因倾向于选择向这样的城郊、附近乡村延伸，城市化在这里会大为提速。④特色塑造。城郊、附近乡村地区在考虑城市扩张、区域规划的基础上，立足于自身的区位优势、资源强势、预期的城市发展需要、本地区历史地位及得到认同的社会形象，有意识地规划、培养、塑造本地区的特色和功能。形成对城市特别是城市居民的吸引力，引导城市围绕本地区的特色、功能延伸、发展，预见性地把本地区构建成未来的城市中相对独立的城市功能分区性中心。这两种方式是城郊、附近乡村地区相对主动地迎接甚至引导城市化进程，融入大城市。

温江在被迅速纳入市区的过程中，必须按成都市的发展规划、资源及环境供求状况、自身特色和优势进行向成都靠拢的产业协调，顺应、支持、加速温江的城市化进程并筑造城市化后特色、优势地位。为此，需要做到：①尊重、顺应成都的产业趋势。定位于生活、消费、休闲的成都市，其市区内的区域必然无法容纳大面积的乡镇工业，也不能接受大面积的传统、低效农业。因此，温江应提前、主动顺应成都的产业发展大趋势，及时与之进行协调，对现在县域内的产业分别采取转向、搬迁、提升档次和工艺、优化生产经营环境等方式进行协调，同时适应成都需求和本地区位、资源优势大力引导各类服务业的发展。②考虑土地资源优势，兴办新的产业。融入成都市区以后，温江最大也是最稀缺的资源优势就是土地，土地成本的急速提高必然带来生产、生活方式的改变和产业的新选择。原来的那种对土地低效、粗糙、非环保的利用方式（包括简单农业、中小型乡镇企业）需要逐渐退出，而那

些适应城市消费需求、利于生态环境改善、土地附加值高的生产经营方式和产业、企业需要大力发展。③新的发展机会促进产业结构变迁。融入成都市区后，温江自然参与到市区的分工中，必然针对城市市场的消费需求来进行产业安排。事实上，迅速聚集增长的人口、大量落户的新商户、不断进入的新项目、丰富多彩的城市生活（消费、娱乐）方式将为城区化后的温江带来巨大的新商业、发展机会。抓住发展机会并与城市协调产业结构是顺理成章之事。

二、发展旅游业，温江难以回避

既然快速融入成都市区的温江必须尽快调整其产业结构，那么该如何调整呢?顺应成都的发展方向和规划安排、依赖本地优势筑造特色、捕捉市场机会，这三方面是温江城市化过程中产业调整的关键。有鉴于此，温江需要加大对旅游业的关注和投入。①作为城区的一部分，温江的旅游资源具有较大潜力。虽然温江的旅游资源难以成为独立的旅游景区、旅游目的地，但相对于一个人口众多的大城市城区而言，其旅游资源却颇具市场开发价值，同时，作为中国西部领跑城市——成都要快速发展（经济扩张、人口增长、消费提升）也急需与之匹配的城市休闲旅游产品供给。②定位于生活型、消费型、休闲型城市的成都特别需要城市休闲旅游的支撑。“成功之都”、“美食之都”、“多彩之都”已明确成为成都的城市定位并已逐渐被国内外认知，城市形象也开始广为传播，这必然导致城市产业布局、建设规划、生活风格逐渐转化，要求成都提供更加丰富多彩、更富特色、满足多层次需要的休闲生活环境、娱乐消费产品、城区旅游服务、休闲居住条件等。温江这样做可以使城区化的地区这方面的优势突显。温江良好的生态环境、较具休闲和短途旅游价值的旅游资源、初具形状的休闲旅游项目及景点为温江成为成都的城市休闲旅游地带提供了条件、打下了坚实的基础。[3]③打造温江新的产业亮点——城市休闲、娱乐型旅游。抓住成都市扩张的大好时机，立足温江的区位及资源特色，主动承接、引导、争取成都人口、居民居住区、休闲娱乐集中区域的进入。

三、发展旅游，温江需要智慧

充分正视成都的快速城市化进程和由此产生的对城市休闲旅游的巨大需求，立足于区位、资源、已初步成形的旅游基础条件和产品项目，顺应现代大城市的发展趋势。同时，符合已颇具基础和声势的“休闲城市——成都”对都市休闲旅游的要求，关注温江区位、资源条件和旅游发展的现实可能性。温江的旅游发展应按照如下几个方面的要求来考虑：①产品定型顺应成都需要。根据成都市“休闲、生活城市”的发展需要，温江开发、运行的旅游项目、产品应主要集中于大众游乐、休闲与旅游房地产、乡村酒店群、特色餐饮服务、运动休假等，这些都市休闲、娱乐、运动类的旅游产品可以背靠大城市巨大的市场消费需求，为未来高品位、生活化的大城市——成都提供重要的条件和内容支撑。②强化地方特色，引领城市风格。一方面要承认温江旅游难以成为单独景区目的地的现实，另一方面又不能让温江被动、消极地等待城市化后成为一片重复的城区甚至城郊结合部。力求让旅游与城市生活融合，不追求单纯旅游景观、景点、景区，而是在城市住宅、商业活动、功能区划、市民生活等的基础上构建旅游环境、氛围。同时，不同于都江堰、龙泉、新都、彭州、郫县等其他成都周边区域的旅游，应发挥温江区位和资源优势，塑造本地旅游特色。③政府引领、市场主导、服务助推。在经营、发展旅游业的过程中，一方面要重视政府的引导作用，规划设计、基础设施、环境氛围营造、形象塑造及宣传、居民教育等这些工作都需要当地政府做好准备并积极示范，而且要提供利于旅游事业发展的相关政策、措施。另一方面要适应市场经济体制要求，尊重市场规律，发挥广大民间资本的主体作用，积极促进民营、私营、个体投资者参与旅游经营，政府在筹资、投资上给予鼓励但不参与、不干涉。同时，当地政府及职能部门、本地居民要为旅游事业发展提供良好的配套服务，使投资者放心、省心、有信心，使游客感到舒心、温馨，形成旅游事业发展所需的良好服务软环境。④优化生态环境，提高居民素质，培植旅游氛围。温江旅游的发展既依赖于有形的、硬性生态环境、基础条件设施[4]，也依赖于无形的、软性人文环境、社区氛围、居民素质。因此，要花力气致力于这两方面的建设，打造好温江旅游发展的整体基础条件，不断提升本地的生活、休闲旅游品位，获得成都市民的认同，吸引市民消费，培植旅游人气，从市场需求的角度促进温江旅游的稳定、可持续发展。

另外，温江在发展旅游业的过程中应在以下方面特别注意：一是成都市区工业、商贸、生活区迅速覆盖温江导致土地价值高、土地需求强烈，但不能出于眼前短期利益考虑而不管生态环境、不管项目功能随意地向工商项目出让土地，抑制有良好的长期、持续、多重利益的旅游业的发展；二是避免急功近利、片面追求单纯的景点化、项目化、规模化旅游，大规模地人为塑造、建设脱离资源和环境实际情况、脱离市民生活需求特点的旅游项目，偏离温江旅游的“生活、休闲”主题；三是不能被动、消极地等待城市化，使温江变成没有主题、特色的普通城区的一部分，甚至大面积地成为低劣的“城郊结合部”，到时再难以发展旅游；四是充分调动各方智慧，结合温江环境、文化等优势引入恰当创意，让其从旅游遮蔽区露头。

参考文献：

[1] 张燕存．旅游资源可创新理论及其开发 [J]．西华大学学报（哲学社会科学版），2005 (5).

[2] 于代松．关于开发成都市府南河流域生态旅游的思考 [J]．生态经济，2003 (3).

[3] 张珍华，张军．关于培育具有四川历史文化特色旅游品牌的思考 [J]．西华大学学报（哲学社会科学版），2004 (2).

[4] 于代松，张良，徐小东．川西北地区旅游发展的约束与对策 [J]．成都纺织高等专科学校学报，2011 (7).

大都市周边城市旅游产业发展战略研究[①]
——以成都市郫县为例

贺刚，于代松，胡丁，朱怀庆[②]

【西华大学区域社会经济研究所　四川成都　610039】

摘　要：国家把旅游业定位为国民经济的战略性支柱产业，国家与地区经济发展规划要求要加快发展、做大做强旅游业，而作为旅游资源匮乏又被大都市遮蔽的周边城市怎样实现旅游业的快速跨越发展，这给区域旅游发展提出了一个新的研究课题。本文从旅游业发展战略视角，在分析成都郫县旅游业发展环境的基础上，提出了实现旅游业跨越发展的四大战略及其战略举措，以期为大都市郊区城市旅游业的快速发展探索出一种有效的发展模式。

关键词：大都市周边城市；旅游业；发展战略；郫县

一、问题的提出

旅游业成为区域经济发展的一个重要支撑点并作为现代服务业发展的一个重要组成部分，尤其是在“三产融合”发展的要求下，对旅游业的快速发展提出了较高要求。但是在大都市周围，尤其是省会城市旁的那些旅游资源匮乏又被大都市遮蔽的郊区城市，怎样依托中心城市区域内潜力巨大的客源市场、便利的交通优势，成为旅游产业优先发展区域？怎样从旅游资源优势转变为旅游产业优势？这给经济学者和政府决策者提出了一个新的课题。郫县作为大都市周边城市的一个代表，从自然地理环境上看，位于成都市区与都江堰之间，地处成都市区上风上水的西郊。郫县旅游业虽然经过多年发展，取得一些成就，但缘于郫县既没有能与成都金沙遗址相比的人文旅游资源，也没有能与青城山—都江堰相比的自然旅游资源，郫县处于旅游业被遮蔽区域，受到关联区域旅游的抑制。

基于此种认识，课题组在深入调查分析了郫县旅游业发展现状的基础上，依据

---

① 资助项目：郫县发展大文化旅游产业调研报告（W09212043）；西华大学校级重点学科建设项目“区域经济学”（XZD0901－09－1）。

② 作者简介：贺刚（1971－），男，四川资阳人，经济学博士，副教授，硕士生导师，研究方向为宏观经济、旅游经济；于代松（1967－），男，经济学硕士，教授，硕士生导师，研究方向为区域经济；胡丁（1977－）女，硕士，副教授，研究方向为旅游经济、区域经济；朱怀庆（1956－），男，经济学博士，副教授，研究方向为金融理论与实践。

美国学者弗里德曼（J. R. Friedmann）提出的核心—边缘理论[1]和成都“一体两翼、两中心一轴线”的旅游发展规划[2]，提出实现旅游业跨越发展的战略及其举措，以期保障郫县旅游产业快速健康发展，本文将就此问题进行初步探讨。

二、郫县旅游产业发展环境

1. 具有丰富的资源基础

郫县位于成都西北近郊，距成都市主城区 12.5 公里，总面积 437.5 平方公里，是成都旅游资源聚集地之一，见表 1 所示。郫县历史悠久，是古蜀文明的发源地，既有历史悠久的望丛文化，也有寓于七河并流的发达水系上风景优美的田园风光；既可见古蜀人的图腾民俗，也可见中国农家乐发源地的风采；既可闻到西部林盘的鸟语花香，也可亲切接触清冽的河水。丰富的旅游资源，为郫县由成都西部到西部成都（城市）的发展提供了机遇，为郫县旅游业的“大旅游、高起点”的跨越发展奠定了坚实基础。郫县“富士康”集团的入住以及拥有的 20 余万大学生（其中文艺影视动漫类学生超过 2 万人），为开展富有创意的文化旅游活动提供了人力支持。

表 1　　郫县旅游业资源

序号	资源	序号	资源
1	古蜀文化	7	绣·天下国际刺绣艺术节
2	滨水休闲	8	3·16 红色文化节
3	川菜	9	龙舟会
4	横山子	10	林盘
5	西部花乡	11	文化创意中心
6	田园时代		

资料来源：课题组根据《成都年鉴 2011》、《郫县国民经济和社会发展第十二个五年规划旅游业发展专项规划》等资料整理。

2. 旅游业发展的经济效应开始显现

“十一五”期间，郫县旅游产业快速发展，见图 1。2010 年，郫县乡村旅游加快发展，全年接待游客 410.16 万人次，实现旅游收入 10.01 亿元；加快推进国家级乡村旅游产业功能区建设，以农家旅游服务标准化试点、农科村景区提档升级和首期 26 公里健康绿道建设项目为依托推进旅游产业升级；同时，成功举办“2010 中国（郫县）休闲农业与乡村旅游节暨首届农家乐发展大会”，荣获“全国休闲农业与乡村旅游示范县”称号。

3. 发展机遇与挑战并存

郫县区域旅游发展机遇主要有：①郫县对接“全域成都”发展的机遇。郫县是“全域成都”六走廊的中心城—郫县—都江堰走廊，是成都市经济发展的重要拓展区，是与中心城区同城化、实现无缝对接，实现全域成都的战略支点。②利用资源、空间后发优势，郫县打造“成都生态优活区”的机遇。成都市二圈层中郫县是生态

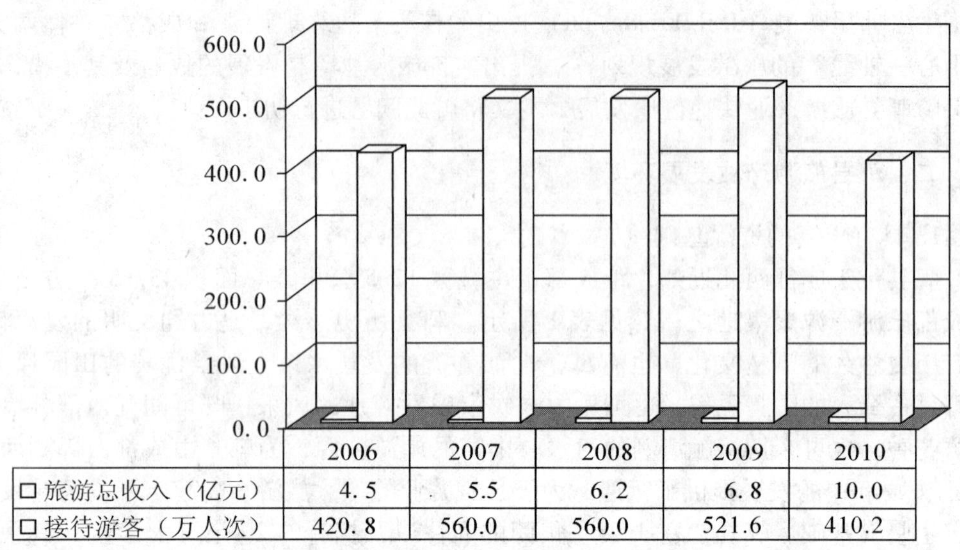

	2006	2007	2008	2009	2010
□旅游总收入（亿元）	4.5	5.5	6.2	6.8	10.0
□接待游客（万人次）	420.8	560.0	560.0	521.6	410.2

图1　2006—2010 年郫县旅游经济发展情况

资料来源：《郫县国民经济和社会发展第十二个五年规划旅游业发展专项规划》、《成都市郫县2010年国民经济和社会发展统计公报》。

旅游文化资源与环境保存最大最好的区域，拥有凭借原生态滨河田园风光资源发展高品位休闲旅游的后发优势。③城市升级，消费外泄，“休闲时代引爆近城旅游市场”带来的机遇。成都市区中高档休闲、餐饮、娱乐消费膨胀，餐饮、休闲开始寻找具有良好空间感、生态资源配套、景观组成天然，尤其具有滨水配套的成片的多层次消费场所。辉煌多年的“一品天下”，已在探索新业态与新的接续地。④“高铁贯西，消费聚集”带来的机遇。成灌高铁与地铁2号线等的相继通车为城市大规模人群的餐饮休闲消费换位到郫县提供了交通支撑。

旅游产业发展面临的主要问题：①未把握旅游资源禀赋特点，盲目崇“高”，未当好“配角”。郫县无名山大川，出土文物尚乏对游客的震撼。郫县无论怎样发展也是成都一区县，只能是成都区域旅游产业链的节点或核心城区居民的休闲吧，是寄生于市民游乐餐饮的寄生旅游。②旅游功能较单一，缺乏标志性的旅游产品，又缺乏标志性的旅游形象。郫县迄今都无吸引县域外旅游者的拳头产品，也没有形成鲜明的旅游品牌，需要重点推荐望丛文化，还是农科村，还是三道堰？这至今还是人们争论的问题。③倚重的古蜀文化望丛祠，没有形成旅游品牌，更未融入区域产业链条。望丛祠被赋予了太多的历史文化元素，研究多、讨论多，甚至自导自演，就是缺乏大手笔的投入与持续的营销，所以旅游效果并不显著，真是旅游发展中的“醒得早，起得晚”。④零星自发的旅游动作，导致缺失稳定的旅游产品和一脉相承的旅游形象。一是郫县旅游资源的多样性，导致有一定资源的乡镇孤立发展，多主题等同无主题，不能充分利用成都市与都江堰溢出的客源，又未为城市居民周边游提供特色产品。二是旅游发展总受到工业化、城市化分割和小产权房地产等的诱惑，短期目标与长期目标断裂。三是民间自发形成的旅游产品没有得到统一引领，导致较好的旅游资源“形散，神也散”。⑤有创新，难坚持。各镇无合力，各局欠协调，一、三产业互动尚停在口号上。文、旅脱节，更使休闲型旅游资源难以闪光和增值。

三、郫县旅游产业发展战略

（一）总体思路

紧紧抓住国内外旅游产业快速发展、成都作为“国家统筹城乡综合配套改革试验区”及郫县城市功能转型的重要机遇，深入实施“城乡一体化发展”，“兴三优二、一三互动”的战略决策，以科学发展观为指导，以休闲旅游项目建设为重点，以旅游商品、旅游景区景点为载体，坚持政府主导与市场运作相结合，全面整合旅游资源，加快旅游管理体制改革，加速培育旅游城市品牌，进一步优化旅游业发展环境，提升旅游产业发展水平，把郫县建设成为国际生态游乐休闲度假样板地及成都的创意、休闲中心，构建西部旅游经济强区。

（二）战略定位

创建世界级精品名牌，打造国际生态游乐休闲度假旅游目的地。

（三）发展战略

1. 一、三产业互动性战略

当前郫县一、三产业相互分割，没有实现有效互动。郫县应尽快启动一、三产业互动，释放上风上水的优良生态环境蕴含的文化旅游价值，规划发展大文化旅游规模经营，加大精品项目带动战略推进力度，打造郫县大文化旅游产品品牌，建设生态文化旅游产业链来承接成都城区发展势头，成为高品位生活、休闲都市势所必然。要进一步制定、完善政策措施，更加有力地调动部门和镇、街积极性，做好项目用地整理，配合企业做好项目建设，协调一产业向三产业互动转化。

2. 区域融合型战略

郫县处于成都、都江堰及其关联区域之间，受到关联区域旅游的抑制。郫县要发展自身旅游，就必须与关联区域实行融合联动，依托成都、都江堰等区域寻找发展机会，以成都、都江堰为跳板使郫县脱颖而出。在郫县旅游区战术性规划指导下，区域内外都需着力推进从“联谊交流”向“务实议事”转变，由“点线旅游体系”向“板块旅游体系”转变，实现真正意义的区域融合和“无缝对接”。加强景区、景点、旅游企业信息互通，建立深层次合作机制，共同设计精品旅游线路，联合开展对外促销，共同编制区域旅游宣传手册，推动各景区、景点客源互送。充分利用空间上的整体性、资源上的互补性，实现区域空间、资源和品牌的聚集，共创旅游区域品牌。[3]

郫县与关联区域旅游融合联动思路体现在两个方面：一方面是引进来，也就是把成都、都江堰等区域巨大的旅游客源辐射延伸或分流到郫县；另一方面是走出去，在融合内容上不能仅限于旅游产品的开发和线路组合，还须立足于成都、都江堰的上下游产业链，把郫县建成富有古蜀文化特色的休闲创意中心。[4]这是郫县旅游依托先行城市挺进成都整体旅游格局的两步棋，如图 2 所示。其中政府侧重于旅游网络体系的构建，而旅游产品、旅游商品和旅游文化产品的开发则应发挥市场对资源的基础性配置作用，让市场主体来实施。

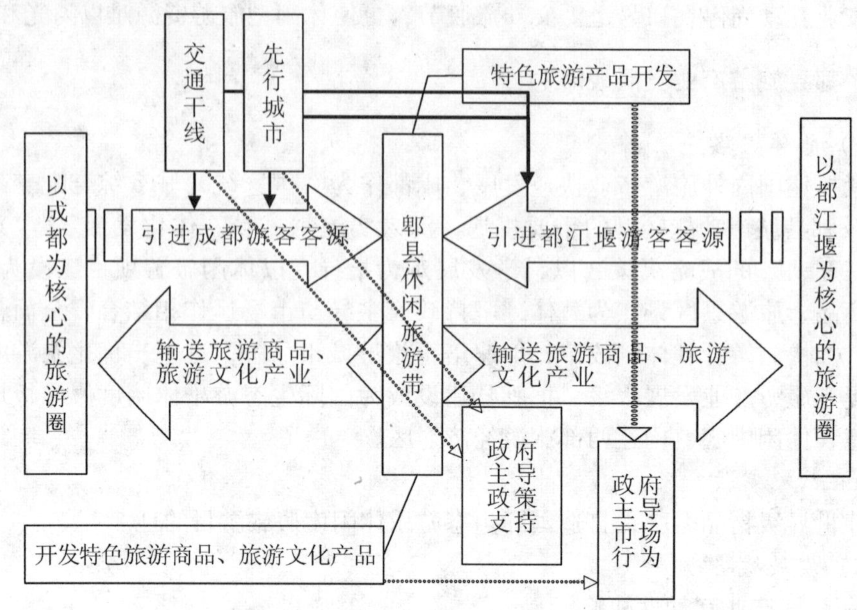

图2 “两中心一轴”旅游联动模式

3. 分流战略

郫县交通便利，长期成为成都与都江堰的旅游通道。后两者的旅游声望远高于郫县，要留住游客，应实施分流战略。把望丛祠、鹃城、三道堰到郫县古城连成一线，通过开放型公园的建立，打造一个古蜀文化的景观走廊，使之成为一个特色旅游区。从而形成成都、都江堰旅游带的一个横截面，使游客在郫县就能够停留下来。[5]

4. 品牌战略

郫县旅游资源众多，但缺乏标志性产品。以“蜀人寻根地，健康休闲城”为主题，集中力量打造以古蜀文化为内涵的文化休闲之旅，将郫县独有的望丛文化资源转化为有市场号召力的旅游产品。与金沙、三星堆相联系与区别，做出特色，做出品牌，由此将郫县休闲旅游的品位和消费提升一个台阶。

四、郫县旅游产业发展战略实施方案

（一）以科学发展观为指导，统一思想，齐心协力打造旅游产业

从全县看，旅游已成为社会讨论的热点，大家都在讨论旅游，提出了很多很好的建议。这本身是旅游发展难得的机遇，是旅游发展的重要基础。但同时，也存在仁者见仁，智者见智，观点不统一，阻碍着旅游业的发展。因此，应当以实践科学发展为统领，在旅游业规划基础和发展战略指导下，主要领导抓旅游，统一思想，求同存异，加快旅游业发展，实现郫县旅游业在新阶段的跨越。

（二）以项目为依托，确定、打造郫县旅游主体形象、品牌和主打产品

尽管郫县有许多有价值的资源、项目、景点，但是郫县作为成都旅游的一个组

成部分，本来就很难塑造起自己的声誉，加上其零星散乱的自发动作，各类项目缺乏统一形象诉求，注重短期效益，因此郫县旅游没有在旅游市场上形成主体形象。郫县应当找准最能代表本区旅游特色、具市场召唤力、能持续的某一点或一个方面来确定其旅游主题形象，以望丛祠、沙西线、骑游活动等重大项目、活动为依托，抓旅游形象树魅力之魂。[6]

（三）加快建成三个保障平台

一是政府主导建立15分钟无障碍到景点的交通平台；二是政府资助的游客信息服务中心与高效的郫县旅游咨询服务平台，利用电子商务手段实现涉旅游企业与游客的网上咨询，订坐、订车、订服务、订标准、订价格的5订沟通；三是政府引导建立旅游从业者培训与引进高端旅游人才的平台。

（四）强化旅游配套建设，立旅游繁荣之根基

运用系统思想，进行科学管理，加强旅游基础的配套工作，做到上下左右协调配套。一是要做到景点之间的配套，促进游客之间的合理流动；二是基础设施要配套，围绕旅游吃、住、行、游、购、娱等元素加强基础设施建设；三是管理规范要配套，充分发挥政府在市场中的导向作用；四是开发保护要配套，搞好旅游的生态环境建设。

（五）立足市场需求拓展客源，全面深入地做好促销工作

旅游业是典型的形象产业，知名度就是生产力。郫县要想充分展示“风景这边独好”，就必须大力宣传、积极营造浓厚的旅游经济意识和旅游文化氛围；必须狠下决心，采用一切可以采用的手段，充分利用报刊、广播、影视、路牌等多种新闻媒体和方式进行广泛宣传，积极组织制作招贴画、宣传册、光盘等宣传品，整体促销，共造声势；积极参加国际国内旅游交易会、博览会，面向旅游批发商、中间商和大众直销；积极建立优质高效的旅游区网站，提供具有信息和服务双重功能的内容，及时更新网站内容，以吸引更多的旅游者。

结语

从郫县旅游产业发展实际来看，大都市周边城市旅游产业发展的战略定位应从自身的历史文化、资源禀赋基础条件出发，充分利用良好的区位及交通条件，依托大都市中心城区的潜在客源市场重点开发都市旅游休闲项目。针对都市休闲旅游者的共同需求，大都市周边城区应打造独具风格的文化、乡土、自然、传统与现代融为一体的旅游主题形象，形成“郫县游”品牌。同时，大都市周边城市还应广泛开展区域旅游合作，发挥中心城市的辐射带动作用，积极开展观光旅游，进一步提升旅游产业的综合经济效应。

参考文献：

［1］朱孔山．旅游地形象整合营销体系构建［J］．商业经济与管理．2007（8）：68－73.

［2］刘太萍，范中启，唐飞，等．试论徐州旅游经济圈的构建［J］．社会科学

家 . 2005 (6): 122 - 124.

[3] 王鹏，沙润，程春旺 . 区域旅游一体化背景下的小城市与大中城市旅游联动发展研究——以南京溧水为例 [J]. 南京师大学报：自然科学版，2005 (4): 119 - 122.

[4] 贺刚 . 大都市周边城市旅游业跨越发展的突破点研究——以成都市温江区为例 [J]. 经济研究导刊，2009 (10): 166 - 167.

[5] 邱继勤 . 区域旅游联动开发探讨——以川、黔、渝三角地区为例 [J]. 西南师范大学学报：自然科学版，2004 (4): 675 - 678.

[6] 周武忠 . 旅游定位与城市新区开发——以湖州东方好园风景旅游区为例 [J]. 东南大学学报：哲学社会科学版，2005 (1): 72 - 77.

大城市近郊被遮蔽地区发展旅游业的探讨①
——以成都市郫县为例

胡丁，于代松②

【西华大学经济与贸易学院　四川成都　610039】

摘　要：进入工业化中期后，工业强县变为服务强县、三产强县、“强三优二”的发展战略是郫县必然的选择。郫县“强三”，宜抓健康休闲，发展“大旅游”产业。郫县旅游业发展具有丰富的资源基础，且其经济效应已经开始显现，但仍面临五大主要问题，应把握五大机遇，争取旅游业加速发展。

关键词：大城市近郊；旅游业；郫县

大城市近郊地区，很容易被大城市巨大的声名、形象、财力、产业等形成的强大辐射、覆盖力遮蔽，其经济特别是旅游的发展往往难以摆脱寄生、攀附、被覆盖甚至被忽略的窘境。古时候有一个军事术语叫“灯下黑”，当今旅游术语“旅游遮蔽区”就是指这类地区。[1]笔者以成都市郫县为例，探讨当下大城市近郊被遮蔽地区发展旅游业的必然性、面临的问题与机遇。

一、从以工业为主的郫县到以服务为主的郫县

（一）进入工业化中期后的规律

工业强县一直是郫县的发展战略，曾给郫县带来经济的快速增长；而进入工业化中期，郫县也由成都城西变为西成都城区。而现在，原有的靠大规模投入土地、劳动力等基本要素取得高速增长的模式明显出现了“四难”：一是土地空间有限，传统模式难以为继；二是能源、水资源难以保障；三是太多劳动力投入，城市难堪人口重负（犀浦、安靖已明显）；四是环境容量严重透支难以承载传统工业。其实这也是由工业化中期到中后期的必然。

克拉克－费歇尔曲线（如图1）说明工业化国家的第二产业在GDP所占比重过

---

①　资助项目：西华大学校级重点学科建设项目“区域经济学”（XZD0901－09－1）。

②　作者简介：胡丁（1977－）女，硕士，副教授，研究方向为旅游经济、区域经济；于代松（1967－），男，硕士，教授，硕士生导师，研究方向为区域经济。

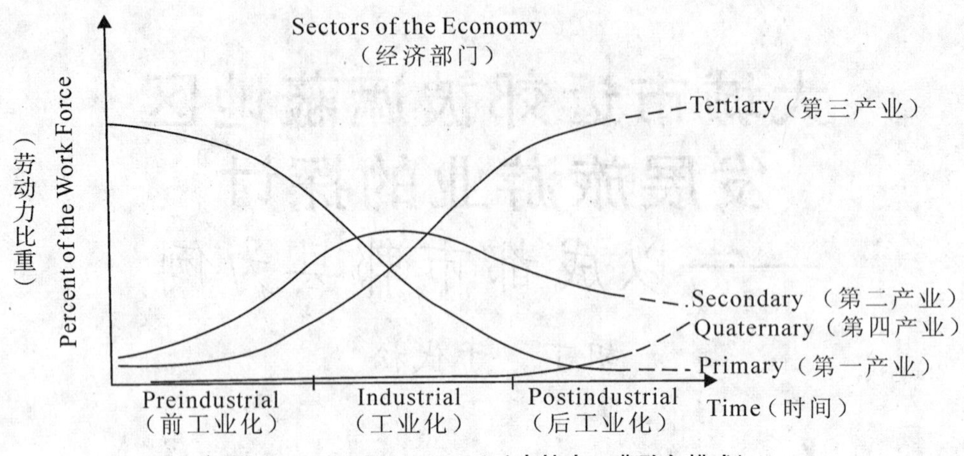

图1　Clark－Fisher Model（克拉克－费歇尔模式）

半后就会全面下降，而服务业则较快增长，产业结构由“二三一”向“三二一”转变。[2]因此从工业强县变为服务强县、三产强县的“强三优二”的发展战略是郫县必然的选择。

（二）邻居金牛区的启示：早选择早主动

从表1可知，1997—2008年的12年间，两地地区生产总值之比由1.22倍拉大到2.15倍，郫县增速为14.6%，小于金牛的20.6%。社会消费和零售总额由2.4倍扩大到6.83倍。这样大的差距，不完全归因于投资（前期的确如此），因为2003年西区启动后，两地投入比仅为1.02倍。

表1　　郫县与金牛区主要经济指标对比

	1997年			2008年			1997—2008年增速（%）	
	郫县	金牛区	比值	郫县	金牛区	比值	郫县	金牛区
户籍人口（万人）	45.57	51.36	1.13	53.21	79.91	1.31	1.41	2.84
地区生产总值（亿元）	45.34	55.52	1.22	202.47	435.48	2.15	14.60	20.60
社会消费和零售总额(亿元)	10.10	24.27	2.40	35.70	243.96	6.83	12.20	23.30
全社会固定资产投资(亿元)	9.75	23.84	2.44	240.88	241.42	1.02	33.80	23.40

数据来源：据郫县县委宣传部、统计局数据整理（郫县数据均含高新西区）。

金牛区比郫县发展快，首先得益于城市化。1990年金牛建区时，完全是成都市的郊区，但到2005年已完全城市化。其次金牛区的决策者顺应了城市化趋势，大力发展第三产业，老老实实从事批零市场、餐饮住宿与物流等传统服务业，近年则注重生产性服务业。金牛区的一、二、三产业结构比已多年稳定在0.1∶37.9∶62.0，是典型的“三二一”结构。而郫县的产业结构比则是10.5∶58.4∶31.1，属典型的“二三一”结构。而且第三产业在GDP中的比重还由34.9%（2006年）下降到31.1%（2008年）。

随着成都城市的快速膨胀，郫县主体部分已规划为成都城区的西部中心。昨日“金牛”的机遇正摆在今日郫县面前，自觉实施“强三优二”，赶上金牛的机会必须抓住。

（三）郫县“强三”，宜抓健康休闲，发展“大旅游”

第三产业所包含的行业多、范围广。一般将它再分为两大部门和四个层次。两大部门是流通部门和服务部门。四个层次一是流通业，包括交通运输业、邮电通信业、商业、饮食业、物资供销业和仓储业；二是为生产和生活服务的行业，包括金融业、保险业、地质勘查业、房地产业、公用事业、居民服务业、咨询业、信息服务业和各类技术服务业；三是为提高科学文化水平和居民素质服务的行业，包括教育、文化、广电、科学研究、卫生、体育和社会福利；四是为社会公共需要服务的行业，如国家机关、党政社团和军队警察等。

我们对县统计局提供的2006—2010年郫县与周边4区县及成都市的第三产业中分行业增加值数据进行了SSM（Shift - Share Method，偏离份额）分析。该分析认为：

地区经济增长 = 地区份额 + 产业结构因素 + 竞争力因素

与成都市相比，第三产业比重只有金牛区大大超过，温江最差（-18.8个百分点），郫县次差（-15.4个百分点）。这一规律大致符合第三产业下属的行业情况。

第三产业的18个行业中，郫县已有14个，按在GDP（地区生产总值，下同）中的比重排在前4位的依次是批发和零售业（7.2%）、金融业（4.4%）、住宿和餐饮业（4%）、房地产业（3%）。尽管均低于成都市的比重，但在5区县中均列第二，说明有相对优势。再以增加值看，都略大于温江与都江堰。其中批发零售业的11.13亿元，虽仅为金牛区的23.8%，但仍列第二。金融与房地产业分别为双流的48.4%、55.1%，分别是金牛区的28.5%、39.4%。

这些数据显示：首先，郫县第三产业各行业基本齐备，并略有基础，都发展较快，增长稳定（仅2008年房地产业因地震影响有过大幅滑坡），但比重偏低，主导作用不突出。其次，各行业规模都不大，无鲜明特色，尤其缺乏骨干大企业，产业链接强度低。最后，与周边各县市趋同，无明显差异。但是郫县地处上风上水，自然生态环境保护完好，绿色植物覆盖全县，负氧离子达10 000个/厘米^3，是成都主城区50个/厘米^{3}的200倍，极有益于人们的健康长寿，再加上紧贴成都主城区的便捷性，当然是成都市民的“健康休闲城”。这既是成都市给郫县的定位，也是发展“大旅游”的基本依据。以此吸引市民来此游乐，来此休闲，来此美食，来此运动……“川吃川耍林盘住，河滨休闲话望丛”，这就是旅游。旅游可以带动郫县的一、二、三产业融合，也可以带动三产业各子行业兴旺。

需要指出，由于统计口径的关系，驻郫县的22所高校的产出至少在12亿元以上被统计在成都市。教育应是郫县三产中第一行业。但因教育非本文重点，不再述及。

二、郫县大旅游产业发展现状

（一）郫县旅游业发展具有丰富的资源基础

郫县地处上风上水的成都西郊，旅游资源丰富：既有历史悠久的望丛文化，也有当今寓于七河并流的发达水系上风景优美的田园风光；既可见古蜀人的图腾民俗，也可见中国农家乐发源地的风采；既可闻到西部林盘的鸟语花香，也可亲切接触清冽的河水。丰富的旅游资源，际会郫县由成都西部到西部成都（城市）的机遇，为郫县旅游业的“大旅游、高起点”的跨越发展奠定了坚实基础。郫县拥有20余万大学生，其中文艺影视动漫类学生超过2万人，为开展富有创意的文化旅游活动提供了人力支持。

（二）郫县旅游业发展的经济效应开始显现

2007年，郫县旅游接待人数达506万人次，同比增长20.2%；实现旅游收入5.45亿元，同比增长21.1%，占GDP的比重为3.38%。其中，全县农家乐接待人数202.4万人次，接待收入18 034万元；全县宾馆、乡村酒店接待人数167.5万人次，接待收入23 952.5万元；旅游景区（点）、旅游活动接待人数136.1万人次，接待收入12 513.5万元——分别为旅游总收入的33.1%、43.9%与23%。

（三）郫县第三产业及旅游与周边区县的对比

郫县第三产业及旅游与周边区县的对比情况如表2所示：

表2　　2008年郫县（含西区）与周边区县第三产业相关统计数据

项目 \ 区县	郫县	金牛	都江堰	温江	双流	新都
常住人口（万人）	53.12	69.91	61.78	35.35	95.84	66.7
人均GDP（元）	30 203	40 229	12 301	35 214	35 371	34 340
第三产业（亿元）	55.18	269.82	31.59	41.31	130.7	66.17
第三产业占GDP比重（%）	27.25	61.96	41.21	27.75	38.71	28.94
社会消费品零售总额（亿元）	35.7	243.96	30.17	29.83	78.61	51.32
人均消费额（元）	6 709	34 896	4 883	8 438	8 208	7 694
全社会固定资产投资（亿元）	240.88	241.42	83.37	215.02	245.86	136.62
国内外游客（万人次）	506	217.58	861.8	681.2	1480	264.7
入境游客（万人次）		1.03			6.1	

表2(续)

项目＼区县	郫县	金牛	都江堰	温江	双流	新都
旅游总收入（亿元）	6.17	35.4	19.83 *	6.01	9.55	5.03
旅游收入占 GDP 比重（%）	3.05 **	8.12	17.06	4.03	2.82	2.2
旅游人均消费额（元）	122	1 627	299.6	88.2	64.5	190

数据来源：据郫县县委宣传部、统计局数据整理（ * 为2006年数据，** 扣除西区后为3.74%）。

从表2可知，在周边6区县，郫县的投入领先，人均GDP则倒数第二。第三产业在GDP中的比重最低，仅27.25%，分别比金牛与双流低约34个与11.5个百分点；人均消费额6 709元，也列倒数第二，只有成都全市平均水平14 417元/人的46.5%。但在第三产业整体水平落后的背景下，旅游产业的综合表现仅次于都江堰。但游客人次只有双流的34%，旅游总收入只有金牛的17.4%；旅游人均消费额122元，虽比2007年的107.7元有明显提升，但又远逊于金牛每人消费1 627元的水平。

三、郫县大旅游产业发展面临的主要问题

（一）未把握旅游资源禀赋特点，盲目崇“高”，未当好“配角”

郫县无名山大川，出土文物尚乏对游客的震撼。郫县无论怎样发展也是成都一个县，只能是成都区域旅游产业链的节点或核心城区居民的休闲吧，是寄生于市民游乐餐饮的寄生旅游。

（二）既缺乏标志性的旅游产品，又缺乏标志性的旅游形象

金牛有“欢乐谷”，温江有“国色天香”，双流有黄龙古镇，龙泉有桃花。郫县迄今尚无吸引县域外旅游者的拳头产品，也没有形成鲜明的旅游品牌，需要重点推荐望丛文化，还是农科村，还是三道堰？这至今还是人们争论的问题。

（三）倚重的古蜀文化望丛祠，没有形成旅游产品，更未融入区域产业链条

一提到郫县，一说到鹃城，人们就会想到望丛祠，望丛祠被赋予了太多的历史文化元素。研究多、讨论多，甚至自导自演，就是缺乏大手笔的投入与持续的营销，所以旅游效果并不显著，真是旅游发展中的“醒得早，起得晚”。

（四）零星自发的旅游动作，导致缺失稳定的旅游产品和一脉相承的旅游形象

一是郫县旅游资源的多样性，导致有一定资源的乡镇孤立发展，多主题实际上就是无主题，不能充分利用主城与都江堰溢出，又未为城市居民周边游提供特色产品。二是旅游发展总受到工业化、城市化的分割和小产权等房地产的诱惑，短期目标与长期目标断裂矛盾。三是民间自发形成的旅游产品没有得到统一引领，导致较好的旅游资源“形散，神也散”。

（五）有创新，难坚持

各镇无合力，各局欠协调，一、三产业互动尚停在口号上。而文、旅脱节，使休闲型旅游资源难以闪光和增值。

四、把握五大机遇，争取旅游业加速发展

当前郫县应采用 TOWS（即反 SWOT）分析制定四年旅游发展战略。反 SWOT 分析特别看重区域面临的机遇。郫县区域机遇有五：

（一）资源、空间后发优势

成都市二圈层中郫县是生态旅游文化资源与环境保护最好的区域，拥有凭借原生态滨河田园风光资源发展高品位休闲旅游的后发优势。自然美接近田园，低物价无繁重劳动，就业机会多，水和空气清新，工资高税收低，有充裕的工作可做，企业有发展余地。这种"城乡一体磁铁"就是蜀人憧憬的"天府之国"。

（二）城市升级，消费外泄

成都市区餐饮、休闲开始逐渐寻找具有良好空间感、生态资源配套、景观组成天然，尤其具有滨水配套的消费场所。郫县身处成都西部近郊的上风上水地带，七河汇流、花木丰裕、水竹成片、田园悠然。这里是成都半小时经济圈里唯一存在大规模生态田园、工业和城市化相对侵染有限的地带，近两年来市区内一些中高档餐饮企业已经开始关注、寻找西向生态田园地带开设分店，可见郫县面临餐饮业转移、升级的大好时机。

（三）高铁贯西，消费聚集

成灌高铁与地铁 2 号线等的相继通车为城市大规模人群的餐饮休闲消费换位到郫县提供了交通支撑。高铁沿线与都江堰灌区的柏条河、走马河（清水河上游）交叠缠绕，生态环境奇佳，是成都市的绿色生态屏障，成都市市民的饮水水源区，水质常年保持一类，为国内外大城市所罕见；沿线区域空气清新、凉爽，炎热夏季的温度比成都市内低 3℃ ~6℃，历来是成都市民避暑的首选之地。高铁与地铁 2 号线通车后，成都市民向往的回归自然可在 15 分钟内轻松实现；已经享誉中外的都江堰—青城山与周边 500 平方公里的大青城山区（含虹口、龙池）移步可达；以都江堰为标志的金—郫—都区域的观光型旅游产品可与丰富的文化生态资源捆绑，成为具有高产出的休闲度假产品和文化消费产品。

（四）政府西迁，商机西指

规划中的省政府向西迁到三环外，庞大的政务、商务人群消费西指。围绕政治中心转移及其将来的工作，郫县成为首要的经济强辐射地带。

（五）成都对旅游业的重视

成都市提出了把成都建设成为中国最佳、国际知名旅游城市的发展目标，编制了"一体两翼、两中心一轴线"的旅游发展规划。作为成都近郊的郫县，处于旅游规划的"中心"、"轴线"范围内，旅游发展的大好形势和机遇，为郫县大文化旅游产业发展搭建了良好基础。

郫县如能充分把握以上五大机遇，把以工业为主的投资与招商引资，调向以文旅结合为重点的第三产业，做大做强大旅游产业的市场需求与资源支撑是具备的，旅游成为郫县的支柱产业是可期待的。

参考文献：

[1] 于代松，胡丁，等．大城市近郊地区旅游产业发展研究——以成都市郫县为例［M］．北京：中央文献出版社，2010.

[2] 于代松，胡丁，等．“卫星城”旅游发展的突破点研究——以成都市温江区为例［M］．北京：中央文献出版社，2008.

大力发展文化、旅游和教育产业，为经济结构调整赢得时间和空间[①]

顾宇红[②]

【西华大学经济与贸易学院　四川成都　610039】

摘　要：中国经济高速发展30年后的经济结构调整是一项不仅复杂而且相当艰巨的战略工作，经济结构调整作为未来五年我国经济工作的重中之重，这一进程既需要时间，更需要空间。针对中国人口众多，资源匮乏，技术落后的现实国情，我们需以远见、智慧和勇气，通过大力发展文化、教育和旅游产业，为顺利且稳定打赢这场经济结构调整攻坚战赢得时间和空间。

关键词：经济结构调整；时间；空间

“十二五”规划设计了未来五年我国的发展方式、发展方向和发展重点，明确指出未来五年的基本任务就是在确保经济平稳较快发展的同时，使经济结构战略调整取得重大进展。坚持把经济结构战略性调整作为加快转变经济发展方式的主攻方向，坚持把保障和改善民生作为加快转变经济发展方式的根本出发点和落脚点。

一、经济结构调整的复杂性和艰巨性既需要时间更需要空间

（一）粗放式经济发展模式维持中国经济高速增长30年，存在强大惯性，扭转这一惯性既需要时间，更需要空间

旧有的经济发展模式，的确在实现中国经济的高速增长同时，也满足了中国大量的就业需要。“十一五”期间，虽然我国经济结构调整取得一定成效，但调整结构面临的阻力和难度也在逐渐加大。由于旧有的经济发展模式存在强大的惯性，“调而不快”甚至“调后反弹”的情况在许多地方依然存在。步入深水区的结构调整依然面临严峻的形势——目前，投资仍是拉动中国经济增长的第一动力，服务业增加值占GDP的比重仍大大低于世界平均水平。[1]

尽管中央政府一再强调发展第三产业的必要性和重要性，然而，由于难以从根本上消除形成旧有经济发展模式的强大动力和惯性的根源，对第三产业发展仍处于

---

① 资助项目：西华大学校级重点学科建设项目“区域经济学”（XZD0901-09-1）。

② 作者简介：顾宇红（1963-），女，经济学学士，副教授。

认识及探索阶段。像中国这样巨大的经济体，在现有的政治经济整体体制框架下，一方面除各级政府因政绩需要盲目追求 GDP 高速增长原因之外，另一方面还因为像中国这样的人口大国，劳动力供大于求的总量性矛盾非常突出，始终都面临严峻的就业压力。就业问题不仅是经济问题，更是一个社会问题。为创造更多的就业机会，尤其当市场缺乏增长的原动力，在经济增长趋缓的背景下，为维持社会稳定，短时间内最有效的手段和方式就是进行政府干预，通过政府投资，拉动经济，这往往使中国政府成为振兴经济的救世主。加之急功近利的心理驱使，政府采取的手段和方式只能是更多偏向于简单的投资，似乎是没有时间、没有空间也没有余地在创造和吸纳更多就业的服务产业去进行摸索，未能对经济结构调整需要的基础、前提及结构进行分析和展望，未能从长远和整体的全民利益角度出发系统审视经济结构调整中的更深层次、更关键和更难的相关问题，缺乏激励和动能为经济结构调整做好积极和充分准备。

改变旧有的经济发展模式，对经济结构调整，不可避免地会导致大量结构性失业。结构性失业加之每年严峻的新增就业压力，将极大影响社会稳定。如果不能以远见和智慧去为就业寻找新的出路和途径，社会的不稳定因素必将影响和阻碍经济结构调整。针对就业，从中国的国情出发，各级政府应尽早高瞻远瞩地培育和扶持能吸纳大量就业的文化、教育和旅游产业。用文化、教育、旅游产业的发展空间，为中国经济结构调整赢得时间。

（二）改变中国高能耗高污染的生产方式，需要时间为这一转变提供准备，更需要空间为这一转变提供稳定的社会保障

中国占世界人口的18%，本身的发展就需要巨量的自然资源。加之我们现有的生产方式，消耗世界资源的34%，但仅向世界提供9%的 GDP 贡献。继续保持如此庞大的经济体的资源消耗，不仅是国力不容，而且世界也无法承载。中国经济必须思考，什么时候、以怎样的方式来对接资源的制约。然而，调整能源结构、发展清洁能源、保障石油安全、提高资源使用效率、寻求能源替代、降低成本都必须以新的知识、新的技术为其支撑，现有的知识、技术远远滞后于经济结构调整的绿色需要，我们深知，符合这一绿色需要的新科技、新技术的突破、产生和运用需要时间，这一时间究竟需要多长，我们不能确定。我们能确定的是一定要与时间赛跑。为赢得更多时间，我们必须腾出空间，用空间换时间。

高速度、高耗能、高污染已成为我国经济发展的一个重要特点。30 多年来，中国始终作为世界上增长速度最快的国家之一。但其单位 GDP 能耗却是世界平均水平的 3 倍。资源供应紧张，所需石油超过 50% 依靠进口，未来有可能达到 70%。世界污染最严重的 20 个城市中，中国占 16 个。据测算，我国环境污染损失占 GDP 的 3% ~8%，生态破坏（草原、湿地、森林、土壤侵蚀等）占 GDP 的 6% ~7%。大气和水质污染影响居民生活质量，损害居民健康。世界银行估计，我国平均每年因大气污染而早亡 75 万人。经济合作与发展组织测算，中国环境污染造成疾病和早亡的损失占 GDP 的 13%。高速增长的 GDP，如果扣除过高的环境代价，实际发展不是高速度，而是低速度。国民经济发展与环境资源的矛盾尖锐化，过高的环境代价

使 GDP 的增长大打折扣，并影响人民生活的质量。[2]

尽管中国已成为世界第二大经济体，但中国的环境标准更接近某些最贫穷的国家。环境形势的严峻有碍于社会经济的可持续发展。传统产业领域，在节能减排技术改造没有完成的情况下，又开始面临发展低碳经济的巨大压力。

客观看，在经济要素全球化背景下，部分长期扭曲的要素价格越来越难以为继。依靠过低的劳动力成本、土地成本、能源成本和环境成本形成的所谓“投资成本洼地”效应，逐步减弱。主要依靠低成本刺激的出口超高速增长逐渐回归常态增长，以大量增加资源资金投入维持的粗放型增长模式已走到尽头，“低要素成本”时代一去不返。当前的经济调整，不仅是来自外需减弱的需求冲击，更多是来自成本上升的供给冲击。[3]

巨大的资源压力、成本压力和人的生存环境压力让人们倍感对新技术的渴望。人们期待新一轮技术革命能帮助提高资源利用效率，降低能耗，降低成本，摆脱经济不可持续的尴尬境地。然而，知识创新，科技创新，尤其是技术革命绝非一朝一夕，它需要人力、物力、财力的大量投入，更需要时间乃至漫长的等待。现有科学技术已经不能支撑和匹配如此高速和低效的经济发展模式，在新技术渐进的发展乃至漫长的等待中，人类或许需要理智地权衡利弊，寻求既能放缓经济发展速度，又能减轻和减少这由此带来的社会压力和不稳定因素的发展模式，而转变这一经济发展方式最具远见和智慧的选择就是大力发展文化、教育、旅游产业，以文化、教育、旅游的发展去为中国经济的绿色可持续发展拓展更大空间，用空间换经济结构调整需要的时间。

（三）绿色可持续发展是经济结构调整的主攻方向

建立国人新的可持续消费模式需要时间教育和培养，而新的可持续消费观的建立不仅能确保中国经济结构调整的真正绿色可持续发展模式，而且能为拉动内需拓展更大空间。

可持续生产、可持续消费都是实现可持续发展的机制，但由于在市场经济条件下，消费行为会引导生产行为，因此，从一定意义上说，可持续消费比可持续生产更重要。

金融危机爆发后，全球经济进入深度调整阶段，外部需求的扩张短期内难以恢复到危机前水平。随着外需收缩、贸易保护主义加剧，曾经严重依赖外需拉动的中国经济减速的压力越来越大。中国必须依靠发展内需来接力经济的持续发展。然而，国人现有对物质产品的价值观、消费观和行为方式难以给力可持续消费需求模式。也就是说，替代国际市场需求的国内需求还必须兼顾环保、低耗的生产和消费可持续的要求。

可持续消费必须是发展的，因此，消费停滞不是可持续消费，同样，现有对物质产品消费模式任其发展可能会带来一系列重大危害。在现有的客观条件和现实环境背景下，或许我们需要更多从不加节制地只注重物质享受，忽视生态环境制约的物质产品消费，即忽视消费的“可持续性”，转而去追寻一种既能拓展需求空间，发展人们的消费需求，又能替代消耗资源和污染环境的物质品的新的可持续消费理念，寻求和创建新的消费习惯、消费结构、消费方式。各种非理性消费、炫耀消费、攀比消费等都毫无意义地增加了资源消耗，加剧了环境破坏的程度，都不是可持续消费。

然而，对于一个仍在发展中的国家，要求消费者满足可持续的绿色消费，意味着要求消费者学会舍弃非绿色消费需求，放弃非绿色消费方式。这对于一个尚存大量的各种消费尚未得到满足的发展中国家的消费市场，需要见识、智慧和坚持，更需要时间去教育、培育新的可持续消费观。而大力发展文化、教育、旅游产业应是新时代可持续消费观的突破点和着力点。

二、大力发展文化、旅游、教育产业给力经济结构调整

（一）文化、旅游产业创造的大量就业及对其他产业的拉动性能缓解经济结构调整的客观压力，给力经济结构更大的调整空间

战略性新兴文化产业已经成为21世纪的朝阳产业，是城市经济的新载体和新形式。文化作为一个产业来发展也才刚起步，但其发展的活力及广阔前景让人们充满期待。它的发展完全依赖于人的智慧、创造力、想象力去拓展一片蔚蓝的天地。而调动人的主观能动性本应是中国最具优势之所在。

据统计，文化产业增加值占全国GDP的比重，每提高一个百分点，就可以多提供453.3万人就业。[4]也就是说，文化产业是市场经济条件下繁荣和发展社会主义文化的重要载体，是满足人民群众多样化、多层次、多方面精神文化需求的重要途径，也是推动经济结构调整、转变经济发展方式的重要着力点。党的十六大以来，党中央、国务院高度重视发展文化产业，采取了一系列政策措施，深入推进文化体制改革，加快推动文化产业发展。国有经营性文化单位转企改制取得重要进展，涌现出一批具有较强实力和竞争力的文化企业和企业集团，文化产业规模逐步壮大，以公有制为主体、多种所有制共同发展的文化产业格局初步形成。文化“走出去”步伐加快，文化进出口贸易逆差逐步缩小，我国文化产业的国际竞争力不断增强。总的来看，我国文化产业呈现出健康向上、蓬勃发展的良好态势，正在成为推动社会主义文化大发展大繁荣的重要引擎和经济发展新的增长点。[5]

此外，旅游业也是一个就业容量大的产业，目前中国旅游业从业人数超过1 000万人，与旅游相关的就业人数达到6 000多万人。联合国世界旅游组织秘书长塔勒布·瑞法就曾指出：“旅游产业本身可以创造许许多多就业机会，特别是对于年轻人以及女性来说可以创造非常好的就业机会。现在整个就业市场正在发生巨大变化，并非所有的工作机会都能够解决失业的问题。而从长远来看，旅游业可以创造出一些比较体面、高质量的工作，也可以创造一些符合绿色经济发展的就业机会，希望可以通过旅游业界的共同努力，创造一些高质量的就业机会来为世界经济作出贡献。”

与此同时，旅游业也是全球公认的关联度高、带动力强、辐射范围广的绿色产业，旅游消费是可持续、多层次、综合性的最终消费。在我国，旅游业与国民经济相关产业的关联度很高，相关产业有110个部门和行业。旅游消费对住宿业的贡献

率超过 90%，对民航和铁路客运业的贡献率超过 80%，对餐饮业和商品零售业的贡献率超过 40%，旅游收入每增加 1 元就能带动相关行业增收 4.3 元。[6]

（二）文化、旅游产业的低碳性不仅能创造大量的就业，而且能引导和培育绿色消费，为经济结构调整赢得空间

文化旅游产业可以更多挖掘历史以及自然赋予我们的资源，它的生产过程较之于制造业的生产过程，可以大量避免对物质资料要素的需求，降低因对原材料生产要素投入需求而推升价格的可能性，降低通货膨胀的推升因素。旅游产品的创造和生产更多是对人的智慧和创造力的需求，这由此将产生大量对生产其产品的从业人员的需求，提供大量的就业机会。

文化旅游消费更多是一种精神文化消费。也就是说，在我们的总体消费中，我们可以通过增大绿色产品的消费比例，把对环境有害的各种消费控制在最低限度；与此同时，文化旅游产业的消费本身就是对绿色消费的倡导和培育。

归根到底，人的全面发展，是人的本质要求，是建立未来社会的重要基础，是文明社会发展的必然趋势。人的全面发展应该包括：人的物质文化需要和生态需要得到满足，人的能力得到充分发挥，人的个性得到充分发展，人的素质得到全面提高。文化旅游消费可以加强对社会发展的道德关怀和人文思考，确立和维护人在社会发展中的主体地位，并真切地关注社会发展的人文性、价值性，使人类个体增加知识、陶冶情操、提高涵养，实现人的全面发展。因此，在满足了日常生活的物质需要之外去追求过多的奢侈品，不但降低了人的生存境界，使人变得片面和畸形发展，使人沦为物质的奴隶。把人的毕生精力和时间用来获取消费品和寻求感官刺激，是人的最大失误。增加精神消费，开发这些巨大的精神潜能，将会日益丰富人类对生命意义的体验，深化人类对生存价值的认识，并且为克服全球性生态危机形成非凡的智慧。

（三）改革和发展教育产业能为经济结构调整赢得时间和拓展空间

经济结构调整成败的关键归根到底还将依赖于教育体制能否为此提供所需的各类新型人才。探寻经济结构调整的方向、方式以及实施过程，自始至终都将依托人并围绕人的需求进行。教育产业的知识性、基础性、全局性和先导性都将决定经济结构调整能否顺利实施。而确保经济结构顺利实施的关键就是要优先改革和发展教育。

拥有能为经济发展和市场需要提供源源不断的人才的教育体制，必将为经济结构调整赢得时间和拓展空间。无论是缓解新增就业压力，还是解决经济结构调整中的大量结构失业的再就业，均需要教育产业提供符合市场需求的新技术和新技能。发现新知识，创新技术，寻求技术革命的突破口，均需教育产业为其提供最具活力、最具创新力、最具认知力、最具实践力和最具智慧及道德操守的中国式人才。劳动力的素质过去、现在及将来都是确保经济结构的调整的质量，转变经济发展方式的速度最宝贵的人力资源保障。经济结构调整中最具挑战性的就是我们在与时间赛跑，在发展的同时，寻求人与自然的和谐，在调整中，寻求社会和谐稳定，实现这一切的根本出发点和落脚点都在教育。符合市场社会需要的健康的教育体制无疑将为缩

短我们进行经济结构调整的时间提供保证，为更顺利实现经济结构调整赢得更大的调整空间和发展空间。

而现有教育产业的官本位发展严重阻碍了市场和社会对其所寄予的希望。我们必须大力改革和发展教育产业，去教育体制的行政化，依托市场需求和社会发展需要，建立和完善现代教育体制发展的平台和机制，建立和健全从根本上确保中国经济的平衡、协调和可持续发展所需要的人力资源体制。

总而言之，顺利且稳定实现经济结构调整，不仅需要解决巨大的就业压力，维持社会稳定的局面，而且需要时间，通过艰苦努力，提高劳动力的素质，转变人的观念，确保中国经济的可持续发展，从知识、技术上去寻求经济结构调整、转变经济发展方式的突破口。面对中国人口众多、资源匮乏、技术落后的现实国情，加之经济结构调整的复杂性和艰巨性，更需要我们有远见、智慧、勇气和耐力，通过大力发展文化、教育、旅游产业，为顺利且稳定打赢这场经济结构调整攻坚战赢得时间和空间。宝贵的时间和更大的空间，能让中国更从容地去面对中国经济结构调整中所面临的艰巨任务和挑战，更积极地探寻破解中国经济结构调整、转变经济发展方式的各种难题之道。

参考文献：

[1] 陈二厚，雷敏，韩洁．从“十一五”经济结构调整看“十二五”发展之变［EB/OL］．http：//www. gov. cn.

[2] 李成瑞．我国当前社会经济结构变化情况及其复杂性分析［EB/OL］．http：//www. wyzxsx. com.

[3] 范剑平．以供给管理应对结构调整［J］．财经，2008（18）．

[4] 朱玉婷，祝亮，晓风．发展文化产业可增加就业岗位［EB/OL］．http：//ah. people. com. cn/GB/channel986/987/1066/200903/11/163601. html.

[5] 新华社．加快振兴文化产业　扩大内需增加就业［N］．人民日报，2009－09－27.

[6] 田宜龙．文化旅游：永远的朝阳产业［N］．河南日报，2010－03－26.

资源景点类旅游上市公司资本结构分析[①]

凌廷友[②]

【西华大学经济与贸易学院　四川成都　610039】

摘　要：资源景点类旅游企业具有鲜明的资源和市场垄断优势，是整个旅游行业的主体和典型。文章通过对沪深交易所上市的资源景点类旅游公司近三年资本结构的分析发现，该类公司资产负债率连年下降，权益比率逐年提高，总体呈现强烈的股权融资偏好，其行为不符合任何主流的资本结构理论。文章认为，旅游上市公司极度偏好股权融资的做法不利于旅游行业和资本市场的健康发展，不利于投资者利益的保护，需要予以重视和解决。

关键词：旅游；公司；资本

目前，旅游产业在我国资本市场处于一种比较尴尬的状况：一方面，旅游产业作为我国政府支持发展的战略性支柱产业，其良好的发展前景得到社会各个方面的一致看好，旅游上市公司板块经常出现行情看涨；另一方面，旅游上市公司的公司治理、经营状况和盈利能力并不令人满意。

旅游上市公司资本结构是指旅游上市公司全部资金来源的构成与比例关系，它不仅包括负债与权益资本的构成与比例，而且包括全部负债和权益资本内部的构成与比例。不同资金来源的相关组合产生不同的资本结构，导致不同的资本结构和财务风险，进而影响企业价值和股东财富。[1] 由于公司的融资能力、税收待遇及破产可能性等都与公司所处行业高度相关，自然而然地，公司最优资本结构就会受到所处行业的影响，研究公司资本结构就要分行业进行。本文选取旅游业作为研究对象，特别是通过对资源景点类旅游上市公司资产负债率的分析，探讨旅游上市公司资本结构的现状和问题。

一、资本结构理论概述

谈到企业资本结构时，这里的“资本”指的是企业全部的资金来源，包括自有

① 资助项目：西华大学校级重点学科建设项目“区域经济学”（XZD0901－09－1）。

② 作者简介：凌廷友（1972－），男，硕士，副教授，研究方向为金融、外贸和旅游。

资金和长短期负债。资本结构指全部资本的构成，即自有资本和债务资本及其内部各部分之间的比例关系。资本结构是企业财务决策的核心问题，它对企业的市场价值和治理都有重要影响。由于资本结构问题的重要性，许多学者都致力于研究资本结构与企业价值之间的关系，力图解开资本结构之谜。早期资本结构理论主要是针对一些经验事实的总结，而现代资本结构理论以莫迪格利安尼—米勒定理（Modigliani Miller Models，简称 MM 定理）为开端，具有较为严密的理论体系。1958 年莫迪格利安尼和米勒提出了被称为“MM 定理”的资本结构理论。MM 定理认为，在没有税收、没有交易成本以及个人和企业借贷利率相同的条件下，企业的价值与其资本结构无关。[2] 虽然这一结论依赖的前提过于苛刻，与现实相距甚远，但它开拓了现代资本结构理论的道路和发展方向，标志着现代资本结构理论的开端。后来，包括莫迪格利安尼和米勒自己在内的众多学者都通过放宽假定对 MM 定理进行修正，这就产生了权衡（Tradeoff）理论和优序（Pecking Order,）融资理论两大主流资本结构理论。

权衡理论通过放宽 MM 定理完全信息以外的各种假定，考虑在税收、财务困境成本、代理成本分别或共同存在的条件下，资本结构如何影响企业市场价值。在这些前提条件下，负债对企业市场价值的影响是双向的。一方面，负债的好处会提高企业的市场价值；另一方面，负债的受限会降低企业的市场价值。也就是说，综合而言，随着债务的增加，负债带来的收益会提高企业的市场价值，但其边际收益递减；负债带来的成本会降低企业的市场价值，且其边际成本递增。因此，企业的最优资本结构就是对负债的成本和收益进行权衡比较的结果，即当债务资本的边际成本和边际收益相等时的比例，这就是所谓权衡理论。

优序融资理论则放宽 MM 定理完全信息的假定，以不对称信息理论为基础，并考虑到交易成本的存在，认为权益融资会传递企业经营的负面信息，而且外部融资要多支付各种成本。因此该理论的结论是，从融资方式的优劣排序来看，内源融资优于债务融资，而债务融资又优于权益融资，企业融资一般会遵循内源融资、债务融资、权益融资这样一种先后顺序。内源融资主要来源于企业内部自然形成的现金流，它等于净利润加上折旧再减去股利。由于内源融资不需要和投资者签订契约，也无须支付各种费用，所受限制少，因而是首选的融资方式；其次是低风险债券，其信息不对称的成本可以忽略；再次是高风险债券；最后在不得已的情况下企业才发行股票。

二、资源景点类旅游上市公司资本结构现状

旅游上市公司的经营范围基本上包括饭店业、旅行社业和景点娱乐业以及与旅游业密切相关的旅游商品开发等方面，一般按其主营业务将旅游上市公司分为酒店类、旅行社类、资源景点类三大类。[3] 这些上市公司不但构成了沪深股市中的旅游板块，同时也是我国旅游业在市场经济条件下逐步走向成熟的标志。酒店业是一个完全开放的竞争市场，产品之间替代性较强，容易形成非常激烈的竞争。加之许多酒店的建造与经营初期投入成本较大，负债比率较高，还本付息的财务压力很大，

所以经营状况普遍不尽如人意。当然，那些开业时间较早，所处地理位置与环境较好，建筑风格独特，有独到的经营服务特色和相对垄断优势的酒店，经营业绩仍然会比较好。旅行社业上市公司有不少企业的主营业务还延伸至酒店业、餐饮业、娱乐业、航空代理、旅游运输、旅游资源开发等相关业务，实际容易成为从事旅游综合服务和经营多元化的企业。与其他类型的旅游上市公司相比，旅行社综合类公司主营业务范围和主要利润来源不是十分明显，甚至有些公司还会让人难以分辨何为公司主业。资源景点类上市公司在整个旅游业中，占有重要地位。该类公司的特点是，拥有不可替代的和相对垄断的资源性资产，其经营往往涵盖旅游吃、住、行、游、购、娱六大要素于一体。正因为该类公司具有鲜明的资源优势和独特的市场优势，所以它们已成为整个旅游板块的主力。目前，根据中国证监会的行业板块划分标准，在我国沪深交易所上市的旅游上市公司共有20家，其中资源景点类旅游上市公司12家，即：华侨城、张家界、北京旅游、峨眉山、桂林旅游、丽江旅游、云南旅游、三特索道、宋城股份、黄山旅游、大连圣亚和西藏旅游。根据这12家公司2009—2011三年的财务报表，得到资源景点类旅游上市公司的资产负债率情况，如表1所示：

表1　资源景点类旅游上市公司近三年资产负债率（%）

年份	2011	2010	2009
华侨城	71.16	69.69	62.75
张家界	37.64	57.41	109.98
北京旅游	15.14	43.05	56.02
峨眉山	25.23	25.23	32.83
桂林旅游	38.22	33.13	58.07
丽江旅游	30.46	30.46	35.01
云南旅游	22.75	22.75	29.90
三特索道	59.55	55.47	48.87
宋城股份	11.08	14.85	62.53
黄山旅游	41.67	37.16	32.87
大连圣亚	52.65	51.37	54.94
西藏旅游	32.25	48.44	52.95
平均	36.48	40.75	53.06

资料来源：上海证券交易所（http://www.sse.com.cn/sseportal/ps/zhs/ggts/ssgsggqw_full.shtml）；深圳证券交易所（http://disclosure.szse.cn/m/drgg.htm）

三、资源景点类旅游上市公司资本结构的分析

通过对资源景点类旅游上市公司近三年资本结构的绝对水平及变化趋势的分析

可以发现，旅游上市公司的融资行为并不符合主流的资本结构理论。

首先，旅游上市公司的资本结构不符合权衡理论。这是因为：权衡理论认为最佳资本结构决定于债务的边际成本等于边际收益时的水平，债务的成本收益会驱使低负债企业提高杠杆比例、高负债企业降低杠杆比例，因此企业存在一个理想的财务杠杆比例目标和回复到该目标的趋势。而从表1看到的实际情况却是，旅游上市公司的资产负债率总体是逐年下降至较低水平，没有显示出其存在一个稳定的财务杠杆比率。

其次，旅游上市公司的资本结构从根本上讲也不符合优序融资理论。这是因为，根据优序融资理论，企业融资决策的依据是一边倒的，即尽量使用低成本的融资方式，不存在一个理想的财务杠杆比例目标。因此，当企业投资超过留存利润时，企业负债相应增加，反之则减少，企业负债比例的变化是净现金流变化的结果。理论上，企业在经营好的时候要储备现金或举借少量债务以避免将来投资时采用昂贵的外部融资方式。因此，在一定的投资机会下，盈利能力强的企业反而有更低的杠杆比例，高的利润留存和低的负债比例是拥有高融资能力的表现。根据表1，近三年资源景点类旅游上市公司资产负债率逐年下降，部分原因是上市公司运用留存利润进行内源融资，表面看来符合优序融资理论。但从根本上来看，旅游上市公司资产负债率下降的主要原因还是公司运用增发等权益融资手段实现的，而这完全违背了优序融资理论。实际上，无论盈利能力怎样的旅游上市公司，都在一边倒地偏好股权融资而不顾及融资成本。

四、结论

旅游上市公司的资本结构状况及趋势显示，它们采取与优序融资理论相反的做法，追求尽可能多的权益融资；同时也违背权衡理论，追求尽可能低的资产负债率而不是合理的财务杠杆比率。主要资本结构理论及中国资本市场的实践均已表明，旅游上市公司的这种极度依赖股权融资的偏好是不利于公司股东尤其是中小股东利益的。因此，为了旅游行业和中国资本市场的健康发展，为了保护投资者利益，旅游上市公司的资本结构问题需要各方予以重视和解决。

参考文献：

[1] 沈静宇．旅游上市公司资本结构分析 [J]．桂林旅游高等专科学校学报，2004 (4)：13－16.

[2] (美) 斯蒂芬·A. 罗斯，等．公司理财（第五版）[M]．北京：机械工业出版社，2000：287－291.

[3] 戴学锋．旅游上市公司经营状况分析 [J]．旅游学刊，2000 (1)：15－21.

对四川旅游上市公司峨眉山公司的财务评价与建议[①]

王文君[②]

【西华大学经济与贸易学院　四川成都　610039】

摘　要：主要采用沃尔比重评分法、杜邦分析法对四川旅游上市公司峨眉山公司2011年度财务报告进行财务综合评价，并参照2010年、2009年部分财务报告数据，结合运用连环替代分析法进行深度解剖分析，以寻求关键财务指标，揭示改善峨眉山公司财务状况的方法，提出相关的经营建议。

关键词：峨眉山公司；沃尔比重评分法；杜邦分析法；财务分析

随着国家经济形势的变化和经济增长方式的调整，国家和地方政府扶持服务业发展政策频出，目前旅游业已成为我国国民经济的支柱产业和新的经济增长点，受到社会广泛关注。随着人们经济状况的进一步好转、健康消费观念的兴起，旅游消费还将进一步升温。四川旅游上市公司峨眉山旅游股份有限公司（股票名称：峨眉山A，股票代码000888，以下简称峨眉山公司）遇政策与市场双重利好的发展机遇。股票行情分析软件同花顺将峨眉山A划作旅游行业中的自然景点公司，是一只绩优中盘股。同被划入旅游自然景点公司的股票还有黄山旅游、张家界、丽江旅游、桂林旅游。

旅游经济越发展，旅游企业管理越重要。旅游企业微观经营决策，离不开旅游财务信息。在市场经济条件下，旅游企业要在竞争中求生存、求发展，做大盘强，就要使旅游财务信息起到决定性的“把脉”作用。旅游企业财务分析是运用财务报表数据对旅游企业过去的财务状况和经营成果以及未来的发展前景所作的综合评价。通过这种分析评价，可以为旅游企业的财务决策、计划和控制提供广泛的帮助。[1]为更好地抓住市场机会，真正做到有效配置与整合人、财、物资源，遵循旅游市场经济规律开展经营活动，所有旅游公司都有必要定期（至少每年进行一次）对本公司的经营状况进行财务分析，清晰认识公司在经营中的财务表现，以确定财务优势、

①　资助项目：四川省教育厅项目“对四川上市公司的财务评价及相关政策研究”（12SA246）；西华大学校级重点学科建设项目“区域经济学”（XZD0901－09－1）。

②　作者简介：王文君（1964－），男，副教授，理学学士，研究方向为财会管理。

发现财务风险（问题）并提出解决思路为主要目的。

一、对峨眉山公司的财务评价

（一）财务评价方法

1. 沃尔比重评分法

沃尔比重评分法即综合评分法，是由美国的亚历山大·沃尔在1928年提出的综合比率评价体系，至今仍是国际企业界广泛应用的经典评价模式之一。它是为了评价企业在市场竞争中的优劣地位，把若干财务比率用线性关系结合起来，并分别给定各自的分数比重。以分析企业的偿债能力、营运能力、获利能力、成长能力为目的，将资产负债率等财务指标与标准比率进行比较，确定各项指标的得分及总体指标的累积分数，从而对企业的财务综合水平作出评价，进而分析企业的经济效益。[2]

为节省篇幅、提高运算效率，本文分偿债能力、获利能力、运营能力、发展能力四大类，仅选取了资产负债率等8个财务指标作为考察对象，8个财务指标的标准值大多参照相关文献设定。对于自然风景类旅游上市公司来说，资源垄断优势比较明显。峨眉山是在国内享有盛名的名山，其客流量除了受季节性影响之外，基本比较稳定。另外，这类公司的收入主要来自门票收入、索道收入和景区内的宾馆、餐饮等收入，而这些几乎都是旅游必需的，只要旅游者人数稳定，其收入也是比较稳定的。[3]加上峨眉山公司的历年财务表现证明公司是绩优公司，经营正处于上升阶段，从发展视角看，较高的资产负债率能给公司带来财务杠杆收益，因此将资产负债率标准值设定为60%；由于峨眉山公司是门票与索道收入占营业收入比重较大的旅游企业，其流动资产周转率在财务指标中地位远逊于工商企业，因此特别确定其权重仅为4%。相应地，因净资产收益率是最为核心的终极指标，确定其权重为30%。其他项目权重分配参见表1、表2。

2. 杜邦分析法

沃尔比重评分法是对企业的综合财务评价，而杜邦分析法则是侧重于对企业盈利指标“净资产收益率”的深度解剖。杜邦分析法从评价企业绩效最具综合性和代表性的指标——净资产利润率出发，将偿债能力、资产营运能力、盈利能力有机结合起来，层层分解，逐步深入，将财务分析与评价作为一个系统工程，全面评价企业的偿债能力、营运能力、盈利能力及其相互之间的关系，在全面财务分析的基础上进行财务评价，使评价者对公司的财务状况有更深入的了解和客观评价，进而更有效地对公司进行财务决策。[2]这一分析方法对企业进行定量财务分析起到了积极的作用，不仅可以揭示公司的净资产收益率是如何形成的，其影响因素有哪些，还可以进一步揭示各影响因素对净资产收益率的影响程度，以便经营管理者从财务角度正视企业的进步与问题，至今大多数企业仍广泛采用这一方法进行财务经济活动分析。

（二）财务评价结果与分析

由于年报数据的客观性、权威性比季报高，故选取最近的2011年、2010年报进行分析，主要参考资产负债表、利润表、现金流量表及相关财务信息。财务数据来源于上海证券交易所、深圳证券交易所以及中国证券监督管理委员会网站公开披露的财务报告，辅以同花顺行情交易软件提供的相关数据，为节省篇幅未列示相关会计报表。

1. 沃尔比重评分法评价

根据公司公开披露的2011年、2010年会计报表，运用沃尔比重评分法计算，结果见表1、表2。

表1　　峨眉山公司2011年沃尔比重评分表　　单位：万元

选择的指标	分配的权重①	指标的标准值②	指标的实际值③	实际得分④=①×③÷②
一、偿债能力指标	20			47.56
1. 资产负债率	12	60%	25.24%	5.05
2. 已获利息倍数	8	3	15.94	42.51
二、获利能力指标	43			32.80
1. 净资产收益率	30	25%	17.02%	20.42
2. 总资产报酬率	13	16%	15.24%	12.38
三、运营能力指标	13			6.02
1. 总资产周转率	9	2	0.76	3.42
2. 流动资产周转率	4	5	3.25	2.60
四、发展能力指标	24			39.78
1. 营业增长率	12	10%	23.37%	28.04
2. 资本累积率	12	15%	14.68%	11.74
五、综合得分	100			126.16

数据来源：峨眉山公司在深圳证券交易所网站上公开披露的2011年财务报告（注：各项评价指标的得分=各项指标的权重×指标的实际值÷标准值，综合得分=∑各项评价指标的得分，下同）

表2　　峨眉山公司2010年沃尔比重评分表　　单位：万元

选择的指标	分配的权重①	指标的标准值②	指标的实际值③	实际得分④=①×③÷②
一、偿债能力指标	20			31.16
1. 资产负债率	12	60%	32.84%	6.57
2. 已获利息倍数	8	3	9.22	24.59
二、获利能力指标	43			28.06
1. 净资产收益率	30	25%	14.77%	17.72
2. 总资产报酬率	13	16%	12.73%	10.34

表2（续）

选择的指标	分配的权重①	指标的标准值②	指标的实际值③	实际得分④=①×③÷②
三、运营能力指标	13			6.02
1. 总资产周转率	9	2	0.64	2.88
2. 流动资产周转率	4	5	3.92	3.14
四、发展能力指标	24			37.55
1. 营业增长率	12	10%	21.83%	26.20
2. 资本累积率	12	15%	14.19%	11.35
五、综合得分	100			102.79

数据来源：峨眉山公司在深圳证券交易所网站上公开披露的2010年财务报告

表1、表2清楚表明，峨眉山公司的综合得分大于100，显示企业的财务状况总体上良好。从2010年的102.79分上升到2011年的126.16分，表明峨眉山公司的良好的财务状况还在进一步提升。

从指标得分来看，资产负债率2010年为32.84%，2011年仅为25.24%，已获利息倍数高达9.22，说明峨眉山公司财务风险小，峨眉山公司的偿债能力强，结构稳健。但另一方面资产负债率远低于景点类旅游上市公司的平均资产负债率适宜水平40%~60%[4]，指标仅得分6.57分，相比较权重分12分而言过低，显示公司谨慎过度；净资产收益率2010年14.77%已属不低，2011年更上升至17.02%，说明公司获利能力较强。但与指标的标准值25%相比仍有一定距离，实际得分也就只有17.72和20.42。峨眉山公司发展能力指标表现良好，尤其是两年的营业增长率都在20%以上，发展势头强劲。公司的资本累积也在不断增长中，表明本公司应付风险、持续发展的能力不断扩大。

运营能力是峨眉山公司相对较弱的一项，两年的实际得分都只有6.02，不及权重分的一半。尤其是总资产周转率得分2.88，是所有财务指标得分的最低分，需要专门研究。

2. 杜邦分析法评价

根据峨眉山公司公开披露的2011年资产负债表、利润表，运用杜邦分析法原理计算，结果见图1。

结合公司公开披露的2010年财务报告，对2011年度的杜邦分析作进一步因素连环替代分析：

净资产收益率=营业净利率×总资产周转率×权益乘数

2010年度指标：14.92%×0.64×1.54=14.71%　①

第一次替代：15.95%×0.64×1.54=15.72%　②

第二次替代：15.95%×0.76×1.54=18.67%　③

第三次替代：15.95%×0.76×1.41=17.09%　④

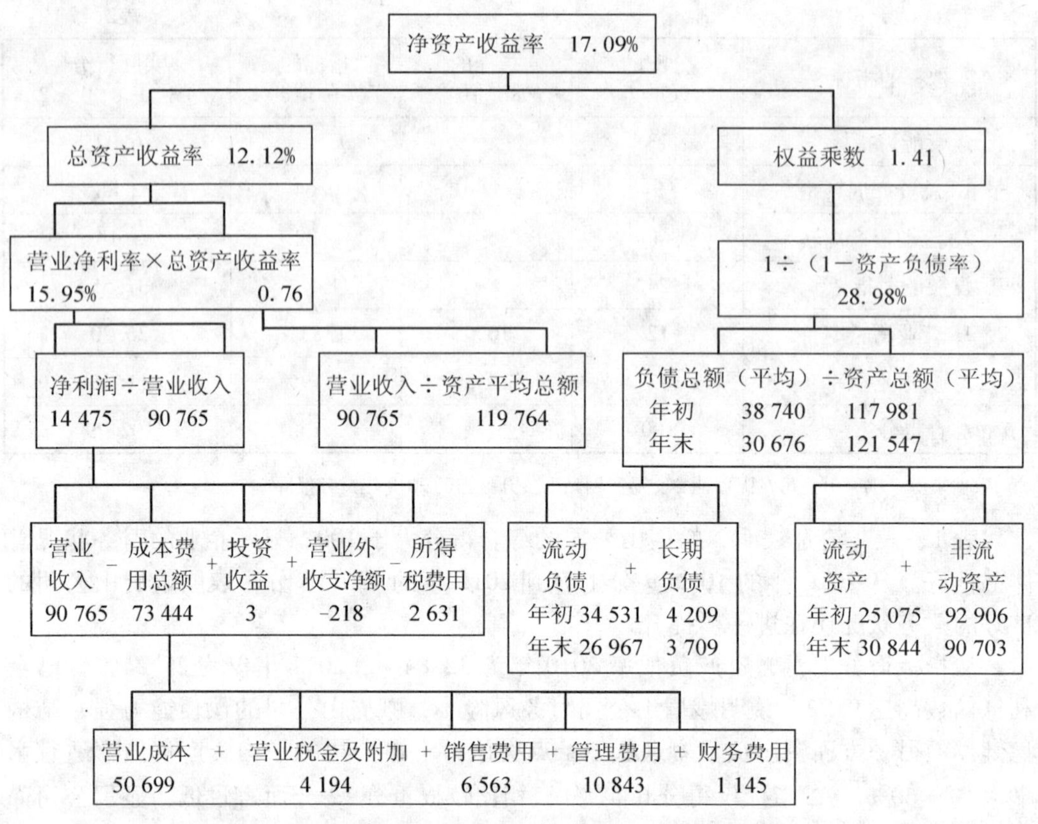

图1 2011 年度峨眉山公司杜邦分析图（单位：万元）

数据来源：峨眉山公司在深圳证券交易所网站上公开披露的 2011 年财务报告

②－①＝15.72%－14.71%＝1.01%　　营业净利率上升的影响

③－②＝18.67%－15.72%＝2.95%　　总资产周转率上升的影响

④－③＝17.09%－18.67%＝－1.58%　　权益乘数下降的影响

连环替代分析结果显示，带动 2010—2011 年净资产收益率上升的主要因素是总资产周转率，总资产周转率上升带来净资产收益率增加 2.95%。前面的沃尔比重分析法显示峨眉山公司 2011 年的总资产周转率 0.76 比 2010 年度的 0.64 提高了 0.12，使得净资产收益率增加了 1.01%。相反，权益乘数下降带来净资产收益率 1.58% 的下降。

3. 对总资产周转率的进一步分析

沃尔比重评分法表明峨眉山公司 2011 年总资产周转率相比其他指标表现较弱，有较大的提升空间；杜邦分析法指出，由于总资产周转率提高导致净资产收益率提高，总资产周转率贡献最大，说明该指标对峨眉山公司 2011 年度的财务表现举足轻重，需要重点关注。沃尔比重评分法与杜邦分析法分析结果共同指向最为重要的指标是总资产周转率，有必要分别计算固定资产和流动资产周转率，以确定公司进一步提高总资产周转率的着力点。根据峨眉山公司在深圳证券交易所网站上公开披露的 2011 年、2010 年、2009 年资产负债表、利润表计算固定资产周转率、流动资产周转率，见表3、表4。

表3　　峨眉山公司固定资产周转率计算表　　单位：万元

项目	2009年	2010年	2011年
营业收入		73 573. 31	90 765. 48
固定资产期末净值	85 507. 10	82 233. 36	77 407. 00
平均固定资产净值		83 870. 23	79 820. 18
固定资产周转率（次）		0. 88	1. 14
固定资产周转期（天）		409. 09	315. 79

注：固定资产周转率（周转次数）＝营业收入÷平均固定资产净值，固定资产周转期（周转天数）＝平均固定资产净值×360÷营业收入，其中平均固定资产净值＝（固定资产期初净值＋固定资产期末净值）÷2

以上计算结果表明，公司本期的固定资产周转率比上期有所加快，其主要是由固定资产净值的增加幅度低于营业收入增长幅度所引起的。这表明公司的运营能力有所提高。

表4　　峨眉山公司流动资产周转率计算表　　单位：万元

项目	2009年	2010年	2011年
营业收入		73 573. 31	90 765. 48
流动资产期末总额	12 425. 86	25 075. 14	30 843. 82
平均流动资产总额		18 750. 50	27 959. 48
流动资产周转率（次）		3. 92	3. 25
流动资产周转期（天）		91. 84	110. 77

注：流动资产周转率（周转次数）＝营业收入÷平均流动资产总额，流动资产周转期（周转天数）＝平均流动资产总额×360÷营业收入，其中平均流动资产总额＝（流动资产期初总额＋流动资产期末总额）÷2。由此可见，公司本期的流动资产周转率比上期延缓了18.93天，流动资金占用增加，增加占用的数额计算如下：(110.77－91.84)×90 765.48÷360＝4 772.75（万元）。

表3、表4清楚表明，总资产周转率提高的主要原因是固定资产周转率从2010年的0.88提高到2011年的1.14（由固定资产净值的增加幅度低于营业收入增长幅度所引起，表明公司2011年的运营能力有所提高），而流动资产周转率则从2010年的3.95下降到2011年的3.25，影响了总资产周转率的进一步提高。显然，公司在提高营业收入的同时，要想法提高流动资产的周转效率，尽量减少流动资产过多“沉淀”闲置，方可进一步提高总资产周转率，从而提高净资产收益率。

二、对峨眉山公司的经营建议

通过上面的分析可以看出，峨眉山公司总体上财务状况良好，而且呈上升趋势。但如果做好下面的工作，公司将会得到更大的发展：

(一)调整资本结构,充分利用财务杠杆效应

通过对 2011 年、2012 年两个年度净资产收益率的连环替代分析,影响净资产收益率提高的最大障碍都是权益乘数的下降,连续两年的沃尔比重评分资产负债率得分低也佐证了这一事实。一般认为稳健经营思路是金科玉律,但峨眉山公司的资产负债率本身不高,公司财务状况良好且正处于上升阶段,加上峨眉山是天然景区,具有资源的独特性与垄断性,营业收入稳定,过于谨慎的经营理念可能会错失发展良机。如果峨眉山公司图谋发展,融资方案不妨考虑加大债务比重,提高资产负债率,增大权益乘数,可充分利用财务杠杆效应提高净资产收益率。

(二)加强流动资产管理,进一步提高公司总资产周转率

通过沃尔比重评分法的分析得知峨眉山公司的资产运营能力指标是相对的弱项,尤其是流动资产周转率偏低。杜邦分析又指出,2011 年度净资产收益率提高最主要的原因是总资产周转率的上升。因此,要使 2012 年的净资产收益进一步提高,应抓住总资产周转率这个既有发展空间又呈上升势头的优势指标。加强流动资产管理,进一步提高公司总资产周转率,从而提高净资产收益率。

(三)提高门票价格,增加营业收入

除了提高峨眉山公司总资产周转率的办法外,提高营业收入额是直接提高公司净资产收益率的重要举措。结合自然景点旅游行业实际,峨眉山公司还可以考虑提高门票价格,以增加营业收入,提高总资产周转率。

比较峨眉山 A、黄山旅游、张家界、丽江旅游、桂林旅游这 5 家旅游上市公司门票价格,黄山景区旺、淡季 230 元/150 元,张家界核心景区武陵园 245 元,桂林旺、淡季 210 元/190 元,丽江玉龙雪山景区 240 元(含大索道)/丽江古城景区 80 元。再与四川境内同样的 5A 级景区九寨沟门票 220 元、黄龙 200 元相比,峨眉山旺、淡季 150 元/90 元的门票价格明显偏低,有较大的提价空间。如果将门票价格提至旺、淡季 200 元/120 元(提高 33.33%),则营业收入将会提高 12.29% [以 2011 年门票收入占营业收入 36.69%(数据来源:同花顺软件 F10 资料)为基数计算:36.69% ×33.33% ≈12.29%]。以 2011 年数据测算,总资产周转率将会因此而提高到 0.85 [0.76 ×(1 + 12.29%)≈0.85],净资产收益率则提高到 19.19% [17.09% ×(1 +12.29%)≈19.19%]。

结语

分析结果表明,峨眉山公司财务状况良好,有持续发展的财务基础。但公司需要加强资产运营管理,尤其是流动资产运营管理对进一步提高净资产收益率非常重要。如果能适当提高门票价格,增加营业收入,则峨眉山公司财务状况会进一步优化,公司持续健康发展可期。

如何高效率分析公司财务状况,从海量纷繁的会计数据中发现重要、关键财务指标,迅速确定公司发展中的优劣势,突破公司发展中遇到的瓶颈问题,最大限度地提高净资产收益率,是极具实践意义的一个课题,本文对峨眉山公司的财务分析就是一次有益尝试。

需要指出的是，旅游上市公司多样化经营战略使得企业经济业务范围广、内容多，经济活动形式多样，财务报表只反映其基本活动，并不能反映旅游公司的所有活动，财务分析结果必须结合企业所面临的实际经营环境分析使用。

参考文献：

［1］张甦骏．合理开发和利用旅游财务信息［N］．中国旅游报，2002－12－25．

［2］渠敏，崔计顺．财务经济综合分析方法简介［J］．中国农业会计，2007（12）：7－38．

［3］吕晶．中国旅游上市公司业绩评价［J］．商场现代化：下月刊，2006（9）：127－128．

［4］于莉．景点类旅游上市公司经营能力探析［J］．西南农业大学学报：社会科学版，2009（12）：271－273．

民营企业经营旅游景区存在的问题及对策[①]

谢海芳[②]

【西华大学经济与贸易学院　四川成都　610039】

摘　要： 2012年6月5日，国家旅游局印发《关于鼓励和引导民间资本投资旅游业的实施意见》。该意见从法律上认可了我国民营企业对旅游景区的经营权，必将掀起新一轮民营资本投资旅游景区的热潮，对促进我国旅游产业的发展起到积极作用，但是大量的民营企业经营旅游景区也将带来一些负面影响。本文认为，由于我国旅游景区所有权归属于国家，经营权与所有权的分离将会导致民营企业对旅游资源的过度开发；旅游资源经营权价格评估难可能导致国有资产的流失；而旅游业概念和范围上的模糊性导致民营企业旅游投资行为异化问题。针对民营企业经营旅游景区可能存在的问题，文章提出了相应的对策措施。

关键词： 民营企业；旅游景区；经营权；所有权；资产流失；垄断经营

一、我国旅游景区出让经营权现状

与国外不同，我国旅游景区产权归属于国家，所有权与经营权相分离的实践仅10多年时间。1997年张家界武陵源风景名胜区黄龙洞景区正式转让其45年的经营权，开创了国内旅游景区委托经营之先河。1998年，四川省雅安市碧峰峡景区将其50年的经营权转让给四川知名民营企业万贯集团，创造了“引领中国旅游景区的发展模式——碧峰峡模式”，在国内第一次实现了旅游景区所有权与经营权的分离。在之后的10多年时间内，国内众多景区纷纷效仿“碧峰峡模式”，将景区内原本属于国家的经营权转让给民营企业或者外资企业。截至2010年年底，我国大部分的省、直辖市、自治区都有出让景区经营权或鼓励出让经营权的实例，已有累计500多个景区以不同的方式转让了经营权。

2012年6月5日，国家旅游局印发了《关于鼓励和引导民间资本投资旅游业的实施意见》（以下简称《意见》）。该《意见》分坚持旅游业向民间资本全方位开

---

① 资助项目：西华大学校级重点学科建设项目“区域经济学”（XZD0901-09-1）。

② 作者简介：谢海芳（1973-），女，副教授，硕士生导师，研究方向为公司金融、资本市场与证券投资。

放、鼓励民间资本投资旅游业、提高民营旅游企业竞争力、为民间旅游投资创造良好环境、加强对民间投资的服务和管理五个部分。[1]该《意见》声称旅游业“向民间资本全方位开放”，标志着中国旅游产业进入“自由化”的市场经济阶段，也意味着我国从法律上认可了民营资本对旅游景区的经营权，这必将掀起新一轮民营资本投资旅游产业的热潮。而旅游景区在旅游产业中居于中心地位，投资者往往将旅游景区作为投资旅游业的切入点，因此景区经营权转让的浪潮将继续澎湃向前。有数据显示，旅游景区的投资收益率要远远高于旅游业其他部门。在这种环境下，民营企业和外资企业等纷纷进军旅游景区，对其进行投资开发。目前投资旅游景区开发的民营企业和外资企业中，大多数都具有房地产业、贸易业方面的经验，但从旅游产业的特性来看，和传统的房地产、贸易等产业存在极大的差别。它们在投资开发旅游景区时，并没有多少专业经验可以借鉴，不可避免会出现一系列的问题；同时，民营资本逐利的本性也将导致民营企业在经营景区的时候不可避免地对我国旅游资源造成一些负面的影响；此外，我国旅游景区经营权转让市场还处于起步阶段，虽然《意见》为民营企业经营景区提供了法律保障，但还不是很完善。

二、民营企业经营旅游景区存在的问题

（一）经营权与所有权相分离导致旅游资源的过度开发

2012 年 6 月 5 日国家旅游局印发的《意见》中提出的“全方位的开放”虽然看起来给了民营企业足够的经营权，但其中有很多细则问题并未解决，比如产权问题。我国旅游景区所有权一直归属于国家，如 1995 年发布的《国务院办公厅关于加强风景名胜区保护管理工作的通知》明确规定：“不得以任何名义和方式出让或变相出让风景名胜区资源及景区土地。”由于所有权不归属于自己，民营企业在经营旅游景区的时候可能重“利用”轻“保护”，导致旅游资源的过度开发。旅游景区的发展需要一个渐进的过程，景区开发前期的投入非常大，包括基础设施建设、生态保护及文物保护等多方面，一般民营企业往往无力承担，由此导致急功近利、盲目开发等问题。

而经营权的期限除了让民营企业在与当地政府的博弈中处于下风外，也让这些民营企业更注重短期开发而非长期规划。对很多开发商而言，一般很难拿到 50 年以上的独家经营权，通常都是二三十年的经营权，这使得很多民营资本进行旅游资源开发时，往往趋利性更重，容易导致环境和生态的破坏。在风景名胜区、森林公园、自然保护区等方面目前没有正式立法，虽然有《风景名胜区暂行管理条例》等行政法规，但是这些规定缺乏实施细则，对一些新做法缺乏裁决的依据，对实施过程中一些破坏资源、侵吞国有资源、使用权不明确的现象难以作出有效的认定和处罚。尤其是民营企业开发旅游景区的过程中，由于没有相应的具体法律法规对旅游资源开发行为进行规范，具体操作上对法律资源的权利归属没有清晰的界定标准。所有者、经营者的利益无法得到合理的保障，从而无法有效保障国有资源的保值增值、生态环境的有效保护以及私营部门的合法利益。[2]

目前我国景区经营权的转让条款中大都规定了投资者获得经营权的条件以及经

营期间的行为要求，但对经营权转让期满时景区资源价值的剩余索取权归属未作任何规定，这样，在经营权期满时，实际上是资源所有者获得资源价值的所有剩余索取权。在这种制度安排下，由于投资者对自己的行为后果不负责任，投资者对景区资源进行保护时所获得的收益小于对景区不进行保护时所获得的收益，从而激励投资者对资源过度利用，而将资源破坏的成本强加给后人。

（二）旅游资源经营权价格评估难导致国有资产的流失

旅游资源经营权价格是在一定期限中持有旅游资源的使用权、收益权所形成的一种价格。目前我国旅游资源（主要指以实物形式存在的自然旅游资源和人文旅游资源）的所有权归国家，旅游资源经营权的价格是以旅游资源的使用权、收益权出让、转让为前提的，因此，一次性支付（或分期支付）的旅游资源这个特殊标的多年的资本现值总额，是旅游资源所有权在经济上的实现形式。旅游资源经营权价格的形成包含两种形式：其一是以价值为基础的受供求关系调节的一般商品价格形式，如旅游风景区中已投入和开发的基础设施；其二是以其稀缺性和经营垄断性为基础形成的价格方式，如景区里的土地资源、森林资源、水资源以及自然奇观等。正是旅游资源的特殊性，决定了旅游资源经营权价格形成方式的复杂性，旅游资源决不能等同于一般商品，更不能简单采用一般商品的价格决定形式。在对旅游资源经营价格进行评估时，不仅要对其市场的有形价值和无形价值进行评估，还应对其社会价值、生态价值进行效益评价和效益货币化。[3]

旅游资源的自身价值包括观赏价值、文化价值、科学价值、环境指标等，由于对旅游资源价值很难准确衡量，其评估又缺乏一个统一的标准，就容易出现投机行为并导致国有资产的流失。同时国内目前尚无评估旅游景区无形资产的标准，诸如滕王阁、九寨沟等景区所提出的经营权转让价格远远不及潜在的价值，极易造成国有资产流失。因此，在旅游景区经营权的转让中，转让价格成为一个“灵活”的问题，这就使某些企业的投机行为有可乘之机。

（三）旅游业概念和范围上的模糊性导致旅游投资行为异化问题

旅游业，国际上称为旅游产业，是凭借旅游资源和设施，专门或者主要从事招徕、接待游客，为其提供交通、游览、住宿、餐饮、购物、文娱六个环节的服务的综合性行业。旅游产业不是一个单一产业，而是一个产业群，由多种产业组成，具有多样性和分散性。旅游业包括景点经营、旅行社和旅馆服务业、餐饮服务业、交通业、娱乐业和其他许许多多的经营行业。这些行业同时也为当地居民提供服务，因此旅游业的概念和范围存在模糊性和不确定性。而旅游业在概念和范围界定上的模糊性和不确定性就导致一些民营企业在获得景区经营权以后打“擦边球”，并不将景区经营作为其主营业务，导致投资行为的异化。

景区所在地政府将景区经营权转让给企业经营，其目的就是借助社会资金，走出景区发展的资金困境，从而能够在更大范围获得旅游发展所带来的拉动效应。但在景区经营权转让的实践当中，有一部分投资者在获得经营权之后，并不致力于景区内部建设和资源保护的继续投资，而是发生了投资变向，如投资于房地产、赌博娱乐业等。变向投资行为的结果是投资者占据资源却低效率利用，导致资源配置失当，从而富了投资者，穷了居民，严重影响了当地政府与居民的收益。以投资房地产为例，房地产投资的私人收益明显高于景区建设和环境保护投资的私人收益，但是，房地产业的正外部性效应显然要小于旅游业，其扶贫功能和经济拉动作用业也要弱于旅游产业。也就是说，其所带来的社会收益远远低于旅游景区发展带来的社会收益。[4]

投资者变向投资就会使得景区的内部建设、环境保护、服务质量以及管理水平等各个方面都无法得到资金保证，导致景区资源的浪费和低效率利用，从某种程度上降低了景区的资源价值，那么对于旅游者而言，同样的门票支出、在同一个旅游景区所获得的体验价值要低于景区没有转让之前所获得的体验价值，其旅游消费权益显然遭到损害。

三、旅游景区转让经营权的策略

（一）谨慎选择，严格审核转让企业的资格

旅游资源具有不可再生性和唯一性，一旦破坏就无法恢复。因此，在确定转让其经营权之前，要严格审核其经营资质。可以从专业资格、资金能力、信用等级、经营绩效、经营范围、经营经历、社区居民意见、企业文化背景等方面审核。

（二）科学制定资产评估系统，准确评估资产价值，避免国有资产流失

科学评估资源的价值，通过各种途径防止国有资产流失。确定景区资源的价值，客观上要综合考虑景区的资源属性和级别、资源的市场需求、景区现有收入、前期已投入的资产价值及经营权出让年限等；主观上要组织专门的资产评估小组，其成员须包括与旅游领域专家、各相关行政管理机构、当地社区代表等科学评估景区资源的价值及经营权出让的额度。不能认为无形资产很难作出科学客观的估计，就任意作价出让。防止国有资产流失其方法如下：在转让合同的撰写上要做到尽可能具体、细致；尽量避免错误、笼统和粗糙；受让方要交纳保证金，对无形资产和不可再生资源要有抵押或担保，责令受让者对景区重要资源投保，在合同上明确其一旦违约的高额赔偿费用。

（三）签订合同，明确旅游景区资源保护的方法

强化规划管理，定期对环境进行评估。将有资格的规划单位存档，审核部门须严把审批关，经审批的规划方案要严格执行，若确须变动，须将改动后的规划申报审批后实施。对出让经营权的景区要定期组织专家对景区环境进行评价，强化经营者的环保意识，督促其采取措施，尽力减少开发经营对环境的负面影响，同时增加保护资源的资金投入，对不合格的受让者采取警告、罚款、收回经营权等方式严肃处理。

（四）给予投资者在经营期限期满时资源价值一定比例的剩余索取权

采取这样的措施其目的是使投资者认识到，对于那些投资回报周期比较长的环保项目，或者经营权即将期满时的环保投资项目，投资者进行投资也同样会得到收益。投资者在经营期内为保护景区资源进行的投资行为如果在经营期内得不到补偿，在经营权期满时能够在资源价值的剩余索取权分配时得到补偿。

（五）给予投资者在经营期限期满时优先购买景区经营权的权力

这样做有利于避免在经营权期满时资源价值评估不合理对投资者造成的损失。由于旅游资源的价值受人们的主观因素影响很大，不同的评估者对资源价值评估的结果相差很大，而我国当前对旅游资源评估还没有一个合法的程序。如果资源价值被低估，投资者剩余索取权的利益将得不到实现。如果给予投资者优先购买景区的下期经营转让权的权力，投资者如果认为资源价值评估过低，可通过优先以较低的价格购买下一期景区经营转让权的方式使损失得到补偿。

参考文献：

[1] 国家旅游局．关于鼓励和引导民间资本投资旅游业的实施意见（2012）[Z]. 2012-06-05.

[2] 袁姝．民营企业投资旅游景区的SWOT分析 [J]. 商场现代化，2007 (12).

[3] 雷蓉，董延安．旅游资源经营权的价格评估方法初探 [J]. 中国资产评估，2004 (1).

[4] 戴春芳，阎友兵，王志凡．景区经营权转让后的变向投资行为分析及制度安排——基于外部性理论的视角 [J]. 商业研究，2009 (5).

关于发展我国个人旅游消费信贷的探讨①

凌廷友②

【西华大学经济与贸易学院　四川成都　610039】

摘　要：旅游消费已成为我国的消费热点之一，但在我国个人旅游消费信贷却发展缓慢。文章分析了我国旅游消费信贷的现状，分析了我国旅游消费信贷发展滞后存在的消费者、金融机构、旅行社及社会环境等方面的原因。最后，文章提出在我国要发展旅游消费信贷，应当进一步完善收入分配和社会保障制度，引导旅游消费者转变观念，加大金融支持旅游业发展力度，发挥旅行社在旅游消费信贷市场中的作用，健全和完善旅游消费信贷制度环境。

关键词：旅游；消费；信贷

旅游是人类在现代物质文明高度发展基础上所形成的一种高层次生活需求。旅游业是战略性产业，资源消耗低，带动系数大，就业机会多，综合效益好。改革开放以来，我国旅游业快速发展，外出旅游已由奢侈消费逐步成为人们的一种基本生活需求，旅游已成为我国城乡居民消费的新热点，旅游业已经成为我国的主导产业之一。据统计，2011 年国内出游人数 26.4 亿人次，比上年增长 13.2%；国内旅游收入 19 306 亿元，增长 23.6%，相当于当年国内生产总值的 4.09%。2009 年，国务院在《关于加快发展旅游业的意见》中提出的旅游发展目标为：到 2015 年，国内旅游人数达 33 亿人次，年均增长 10%；旅游业总收入年均增长 12% 以上，旅游业增加值占全国 GDP 的比重提高到 4.5%，占服务业增加值的比重达到 12%，并力争到 2020 年我国旅游产业规模、质量、效益基本达到世界旅游强国水平。但要达到这些目标，需要各界共同努力，采取各种行之有效的措施。加大金融支持旅游业发展力度、以多种方式发展旅游消费信贷就是急需采取的一项重要措施。

一、个人旅游消费信贷概述

个人旅游消费信贷是旅游者向银行或消费金融公司等金融机构借款用于个人旅

① 资助项目：西华大学校级重点学科建设项目“区域经济学”（XZD0901-09-1）。

② 作者简介：凌廷友（1972-），男，硕士，副教授，研究方向为金融、外贸和旅游。

游消费的一种信贷形式，是个人消费信贷的重要组成部分。个人旅游消费信贷有出国旅游保证金贷款和旅游消费贷款两种：出国旅游保证金贷款用于支付因出国旅游而需要向旅行社交付的保证金；旅游消费贷款用于支付自旅游申请提出至旅游过程结束为止所发生的物质消费和精神消费以及其他相关费用。虽然不同信贷机构提供的旅游贷款品种不尽相同，但总体而言，旅游消费信贷具有期限短、金额小、申办条件宽松等主要特点。

二、我国个人旅游消费信贷发展现状

1999 年中国人民银行发布《关于开展个人消费信贷的指导意见》以来，我国银行业开展了多种个人消费信贷业务，其中就包括了旅游消费信贷；2009 年 7 月，银监会公布《消费金融公司试点管理办法》，消费金融公司也开始介入旅游消费信贷领域。但总体而言，目前我国旅游消费信贷业务发展极其缓慢，发展状况很不理想，致使旅游消费信贷业务量在个人消费信贷业务总量中所占的比例极低，对旅游消费的促进作用非常有限。

发达国家的成功经验已经证明，旅游消费信贷能够实现旅游业、金融业和消费者三方共赢。因此，大力发展旅游消费信贷业务对于我国扩大内需、稳定经济增长、改善经济结构、提高生活质量都具有非常重要的意义。

三、我国个人旅游消费信贷发展滞后的原因

（一）居民收入水平、结构和观念的制约

1. 居民收入增长相对落后

一方面，从公开数据来看，居民收入增长相对滞后。近年来，尽管我国经济和城镇居民人均可支配收入都在持续快速增长，但居民人均可支配收入年均增速往往低于 GDP 年均增速。不仅如此，由于近年国家财政收入和企业利润年均增速大大高于居民可支配收入和职工工资总额年均增速，致使我国居民可支配收入在国民收入初次分配和再分配后占 GDP 的比重急剧下降，在相当程度上抑制了我国居民包括旅游在内的各种消费的增加。另一方面，旅游景区门票及其他项目价格的经常大幅上调也侵蚀了居民收入的实际旅游消费能力。居民收入水平是影响其旅游消费需求的最根本的因素。居民收入水平的相对下降，必然导致旅游消费市场与居民购买力脱节，总消费需求不足。

2. 居民收入差距日益拉大

在现实中，不少居民对自己收入增长幅度的感受比统计数据还要低，一个重要原因就是居民收入增长速度快慢不均，收入差距拉大。我国经济发展不平衡，致使城乡居民收入差异、地域间收入差距、城镇与农村居民内部收入差距日益拉大。社会各阶层收入差距的不断拉大，社会财富又较多地集中于少数高收入阶层，而低收入阶层的边际消费倾向虽然较高，但其潜在的消费需求因收入增幅下降而难以转化为现实需求，从而导致了我国当前居民的总体边际消费倾向降低，并成为旅游消费需求的强大抑制力。同时，社会收入差距扩大，使城乡居民的收入分配格局出现了

一个巨大的断层，进而形成了城乡居民旅游消费结构的断档。

3. 居民收支预期的不确定

一是收入预期不确定。因此尽管居民收入总额增加，居民仍不能大胆消费。二是支出预期不确定。我国正处于社会结构和经济结构大调整时期，社会保障制度尚不完善，购房、教育、医疗等大项的支出增长较快，使人们产生了对未来的担忧。这在一定程度上影响了即期消费的增长，也制约着旅游消费信贷的发展。

4. 传统消费观念的制约

信用消费是一种先消费、后付款的消费方式。就消费观念而言，我国许多消费者长期以来一直受传统文化观念因素的影响，其消费行为表现为量入为出或先储蓄、后消费。对于目前出现的负债消费观念，许多消费者还不易接受。加上不少人认为旅游消费尤其是出境消费还是一种奢侈消费，因此对于借钱旅游，很多居民更认为是这一件不可思议的事情。

（二）金融体系的支持不够

1. 银行积极性不高

商业银行作为企业，当然以利润最大化为目标，所以往往青睐较大的信贷项目，普遍对金额较小的消费信贷业务积极性不高。旅游消费信贷属于零售性贷款，其贷款的对象是分散的众多的个人，每一笔业务额度小，效益不明显，因此银行积极性不高，从而影响了旅游消费信贷的发展。

2. 贷款申办程序复杂、周期长、金额低、期限短和利率高导致消费者积极性不高

个人旅游消费贷款申请资料多，一般包括：借款人填写的《个人旅游消费贷款申请审批表》；个人有效身份证明、户口簿或其他有效居住证明的原件和复印件；现供职单位的收入证明；担保资料；银行认为需要提供的其他资料。个人旅游消费贷款手续较为繁琐，造成申请周期长，严重制约了消费者的信贷热情。个人旅游消费贷款金额低，一般不超过旅游公司规定的旅游费用总额的70%。个人旅游消费贷款的期限短，一般不超过1年。个人旅游消费贷款的利率高，一般按照中国人民银行规定的相应期限档次法定贷款利率及浮动幅度实行上浮。

（三）旅行社参与热情不高

目前市场上流行的旅游信贷产品，一般由金融机构和旅行社联合推出，客户只有在指定旅行社选定线路才能提出申请。从旅行社自身的角度来看，开办该项业务，需要投入大量的人力和物力，并且需要承担一定的风险，所以许多旅行社的态度不是很积极，结果与金融机构签约的旅行社就少。

（四）旅游消费信贷配套制度不完善

1. 信用消费环境不完善

旅游消费信贷可以让很多暂时没有很好的经济基础却对旅游有需求的人进入旅游消费的行列，但是在信用机制不完善的情况下，这个业务在风险控制上存在很大的难度。因为旅游作为无形的服务类消费品，与住房、汽车或家电消费信贷相比，不能使用以贷款购买的相应产品作为贷款抵押。由于信用机制不健全和信用缺失的

存在，银行不敢轻易提供信用贷款给个人，即使要贷也要通过引入担保、强化审批程序等措施来防范和降低风险。

2. 社会保障制度不完善

社会保障制度的建立和完善有助于居民形成良好的消费预期，从而提高消费信贷需求。我国社会保障制度还在完善过程当中，居民对社会保障制度能够提供的保障预期不高，对未来生活的不确定性有较高的估计，从而降低了人们的消费倾向。

3. 法律制度不完善

良好的法律制度环境是旅游消费信贷产生和发展的重要条件之一，它有利于保障旅游消费信贷参与各方的权利，有利于降低消费信贷市场的交易成本，有利于信用制度的建立和完善。目前国家尚未制定专门法律来平衡旅游消费者、旅行社和金融机构三方的权益，使旅游消费信贷的开展缺乏充分的法律支持。

四、加快发展我国旅游消费信贷的对策

虽然旅游消费信贷在我国发展缓慢，但对比发达国家的情况可以发现，如果我们积极采取各种有效措施，旅游消费信贷在我国的发展前景仍然乐观。

（一）改革收入分配制度，增强旅游消费信心

一是提高劳动报酬在初次分配中的比重，建立健全正常的工资增长机制，提高居民收入在国民收入中的比重。二是着力提高低收入者收入水平，逐步扩大中等收入者比重，有效调节过高收入，规范个人收入分配秩序，努力缓解地区之间和部分社会成员收入分配差距扩大的趋势。三是建立健全社会保障制度，尽量降低人们对未来支出预期的不确定性，解除消费者的后顾之忧，稳定和改善消费者对未来的预期，使他们可以自然地借助消费信贷的方式，满足当前的需要，从而推动个人旅游消费信贷的健康发展。

（二）更新观念，提高对发展旅游消费信贷重要性的认识

针对我国不少居民观念保守、不敢大胆负债消费的情况，可以通过宣传引导，让旅游消费者认识到旅游消费信贷给人们外出旅游带来的方便和好处，认识到旅游消费信贷对促进消费结构的优化升级、拉动国民经济增长的重要作用，使人们转变“无债一身轻”的消费观念，在消费方式上从自给型消费向借贷型消费转变，在消费行为上从滞后型消费向适度负债型消费转变，从而刺激和促进旅游信用消费。[1]

（三）正确选择旅游消费信贷的市场定位

首先需要考虑的是目标消费人群。在市场经济发展过程中，支撑市场的主体是中等收入阶层。所以，在旅游信贷消费对象的选择和拓展上，应将中等收入阶层和有较高消费预期的青年消费群体作为我国旅游信贷消费的主体，着力启动他们的消费信贷活动，并根据他们的经济承受能力和消费倾向来制定相应的配套措施。其次需要考虑的是旅游消费的类型定位，应该着重从境外旅游入手。中国人外出旅游的兴趣与日俱增，但人们的实际收入水平相对于出境旅游的食、住、行、游、购、娱六大要素的开支来说，存在一定的差距。利用旅游消费信贷，实行分期付款，是一种很好的平衡手段。

（四）加大金融支持旅游业发展力度

金融机构要合理安排信贷资源，支持信用卡消费信贷，增强银行卡的旅游服务和消费信贷功能，促进银行卡创新。消费金融公司在试点过程中应积极提供旅游消费信贷服务。金融机构还应更新经营理念，简化信贷审批手续，探索开发满足旅游消费需要的金融产品，创新旅游消费信贷品种。

（五）发挥旅行社在旅游消费信贷市场中的作用

消费者申请旅游贷款希望手续简捷，而银行面对的是极其分散的旅游消费客户。因此银行应配备必要的信贷消费营销和管理人员，多与旅行社沟通，充分利用旅行社的中介作用和信息资料，将过去消费者自己到银行去办理贷款手续变为通过旅行社来办理，在方便消费者的同时，仍能较好地控制信贷风险。

（六）健全完善旅游消费信贷配套环境

加快制定消费信贷方面的法律法规，以规范旅游消费信贷行为。建立健全旅游消费信贷担保体系，将保险业务与旅游消费信贷业务结合起来运作，将会使贷款部门、借款者和保险机构的风险分散，可以有效降低借款成本，简化旅游贷款的相关手续。加强协作，建立健全个人信用等级评价体系和个人消费信用快速认定系统。[2]

结论

从宏观来看，个人旅游消费信贷的运用与发展，是国民经济发展、人民生活水平提高和消费结构变化的客观要求；从微观来看，个人旅游消费信贷可以提高游客生活质量，可以为银行开辟新的利润来源，可以为旅行社争取更多客户，只要社会各界统一认识，共同努力，综合采取各种有效措施，我国个人旅游消费信贷一定会有较大的发展。

参考文献：

[1] 向旭．我国旅游信用消费发展缓慢的原因与改善的对策［J］．西南师范大学学报：人文社科版，2006（1）：122－125.

[2] 颜庭干．影响我国个人旅游消费信贷发展的因素和对策［J］．商业研究，2004（19）：171－73.

浅析中国旅游业的现状、问题及对策[①]

黄煦凯[②]

【西华大学经济与贸易学院　四川成都　610039】

摘　要：旅游业是一国的重要产业，对GDP的贡献较大。随着我国改革开放和现代化建设步伐的加快以及人们生活水平的提高，旅游业必将对我国经济建设发挥越来越重要的作用。本文对中国旅游业的现状及存在的问题进行了简要分析，并提出了一些相应的对策建议。

关键词：旅游业；旅游资源；旅游企业；旅游产品；区域合作

一、中国旅游业的发展现状

自改革开放以来，我国国内旅游发展迅速，覆盖面广，但总的说来仍然处于一种低消费、大众化、低水平、中近距离旅游的状况。旅游基础设施、服务设施建设发展很快，但仍不能适应国内旅游发展速度的要求。这主要表现在：

（1）旅游人数和消费增长缓慢。虽然旅游人次数稳步增加，旅游消费额逐步提高，但增长缓慢，每年人数平均增长10%以上，旅游消费总额平均年增长率亦在10%以上。

（2）旅游消费方式和结构不尽合理。从旅游消费方式和旅游消费结构来看，绝大部分属于观光旅游，文化型、享受型极少，即走马观花式的参观型旅游活动多，而修学、健身、寻根、考察、探奇、了解风土人情的专项特点旅游较少，一般游客住低档旅馆，饮食简单。据统计，在旅游消费结构中，吃住行比重高达85%，游览购物仅占15%。

（3）旅游的地域性和客源分布一边倒。从旅游的地域性和客源分布来看，国内旅游热点多集中在经济较发达、知名度较高、旅游基础设施较完善的旅游胜地，如北京、江苏、浙江、上海、广东等地，像敦煌、九寨沟、西双版纳、黄果树瀑布等风景点由于交通不便相对处于温冷点。从距离上看，一般以中近距离旅游为主、远距离旅游为辅，如桂林主要以粤、湘、鄂的旅游者为主。从客源分布来看，以大中

---

① 资助项目：西华大学校级重点学科建设项目“区域经济学”（XZD0901－09－1）。

② 作者简介：黄煦凯（1963－），男，硕士，副教授，研究方向为旅游管理。

城市和沿海地区为主、内地县镇为辅。

(4) 旅游人员构成广泛，公费旅游占有很大比重。目前国内旅游人员的构成大体是：先富裕起来的农牧民的外出旅游，离退休干部的疗养旅游，职工、干部的奖励旅游，企事业单位人员以及教师学生的度假旅游以及各种公务旅游。虽然随着消费观点的改变和经济收入的提高，社会各阶层、各行业都有相当数量的人加入自费旅游队伍的行列，但是公费旅游仍占主要地位。

我国的旅游业是在党的十一届三中全会实行改革开放政策以后才起步的新兴产业。虽然我国旅游资源十分丰富，名山大川和历史文化名城较多，但由于对旅游业长期缺乏投资，以致我国的旅游业设施落后。近十多年来，由于改革开放政策的不断深入，经过努力追赶，有了令人瞩目的发展，但由于种种条件的限制，与发达国家相比，仍有很大差距，远远不能适应国际竞争和国内经济发展的要求。[1]

二、中国旅游业发展的问题

(1) 景区的掠夺式开发及粗放式管理。一味地追求经济利益而忽略了对资源的保护，这是很多景区存在的致命性硬伤。而管理的不完善进一步威胁到旅游业的可持续发展。

(2) 认识上不到位，政府主导型旅游业发展机制还没有真正形成。很多地方政府对如何把资源优势转化为产业优势、把产业优势转化为经济优势缺乏认真的调查研究，还没有形成具体有效的政策导向和保障措施。

(3) 规划不到位，基础设施建设缺乏科学性。邻近的地区之间各自为政，没有把资源的整合开发纳入周边地区的大格局中来考虑，缺乏总体的战略眼光。很多地方没有完善的发展规划或者发展规划不够科学。

(4) 宣传不到位，旅游产品的知名度不高，市场开拓缓慢。“政府主导，企业参与，市场运作”的宣传机制还未完善，造成在宣传促销上资金缺乏、力度不大、科技含量不高、手段单一、覆盖面不广、市场开拓缓慢，以致很具有竞争力的特色旅游产品市场占有率低，形不成买点，知名度不高。[2]

三、发展中国旅游业的建议

由于我国旅游业起步晚，基础差，水平低，远远不能适应人们的旅游消费需求，为此应从以下几个方面加强发展：

1. 推行旅游与资源一体化管理体制

建议各地根据本地旅游景点（区）、文物保护单位、旅店、旅游购物、旅游餐厅等旅游资源管理实际，探索设置旅游行业与资源一体化管理的旅游管理机构，整合旅游产业要素，形成发展合力。

2. 建立健全旅游法规，加强旅游业法律法规建设

一是应加快制定“中华人民共和国旅游法”，通过“中华人民共和国旅游法”统一协调各部门的权利和义务；二是应尽快修改旧的法律和法规；三是应抓紧进行旅游专门法的立法工作，建立体系完备的涵盖旅游业主要领域的部门法，如“旅行

社法”、“饭店法”、“导游法”、“景点景区管理法” 等。

3. 加强执法监督，打击不法经营，维护旅游者的正当权益

应加强旅游业管理，实行旅游合同价格透明制，规范旅游广告宣传，重点查处驾驶员、导游私拿回扣、欺客宰客、强制消费等现象，严厉打击非法从事导游活动和非法经营旅行社业务的“黑导”、“黑社”、“黑店”、“黑车”，净化旅游市场，改善经营秩序，维护旅游者的正当权益。

4. 加大旅游人才培养，提高旅游从业人员整体素质

加快实现旅游行政管理人员从接待服务型向专业型的转变，以及旅游从业人员从讲解型、接待型服务向文化型、专业型服务的转变。要从多角度、多层面采取措施，提高导游队伍的综合素质。其一，要通过等级考试改善导游队伍的结构。旅游行政管理部门应该提高对导游等级制度重要性的认识，组织导游参加等级考试，激励和引导导游人员不断学习提高。其二，通过学历教育提高导游的文化层次。受文化水平的限制，许多导游人员提供的讲解服务达不到游客的期望，有必要在适当时机提高导游从业的门槛，并对在职导游进行学历教育。

5. 加强旅游与会展节庆的互动

旅游会展节庆的举办不仅可以直接丰富游客的旅游内容，而更重要的是可以培育旅游节庆品牌，提升城市形象，扩大知名度和影响力，还可增强旅游产品的竞争力。苏州在这方面的做法值得借鉴。2004 年，苏州举办了第 28 届世遗会、中国第三届电博会、苏州市旅游节、寒山寺听钟声活动，各旅游区（点）还举办了形式多样的旅游节庆活动，如虎丘庙会、拙政园杜鹃花和荷花展、尚湖牡丹花会、周庄旅游艺术节等，取得了很好的效果。

6. 创新旅游发展模式

随着旅游消费水平的提高，人们不再仅仅满足于观光旅游，尤其是 SARS 过后，人们对健康、生态、休闲型产品的旅游需求逐渐增强，休闲旅游将是游客对旅游产业发展提出的新要求。这方面成都市作了很好的尝试。成都市根据城郊不同区位、乡村不同产业特色，提出了全市农家乐区域特色发展规划，并通过区域统筹、规划引导，逐步形成了各具特色、优势互补的区域乡村旅游发展格局。如以郫县友爱乡农科村农家园林为代表的园林型乡村旅游区，以锦江区幸福梅林等为代表的花卉产业型乡村旅游区，以龙泉驿书房村、桃花沟等农家果园为代表的花果观赏型乡村旅游区，以都江堰市青城后山、彭州市银厂沟等自然景区周边农家旅舍为代表的避暑休闲型乡村旅游区，以锦江区江家菜地等为代表的农事体验型乡村旅游区。这些各具特色的旅游区，在为城市居民和游客提供农事体验、休闲娱乐环境的同时，也使乡村旅游成为成都旅游的特色品牌，值得推广。

7. 开展区域合作和联合促销

全国应形成一种有意识的、共同拓展旅游市场的伙伴关系，借助优势叠加和资源互补，充实旅游活动内容。同时，开展地区整体目的地营销和联合促销。根据地理位置的相关性和资源的互补性组成的联合区域，在共同开发国际旅游市场和联合宣传促销时必将产生吸引合力，从而强化全国旅游形象并丰富其内涵。比如：共同

设计旅游线路，把各方的主要景点串联起来；共同宣传促销，如联合举办促销活动、印制旅游宣传品，在各自的报刊、广播、电视上宣传合作方的旅游产品和企业；允许双方所属旅行社到对方辖区开办分支机构，并取消导游和全陪人员门票限制；取消外地旅游车入城入景点的限制措施；加强在旅游信息、旅游商品研发销售和企业管理等方面的交流和合作等；合作各方达成价格协议，或互相给对方的旅行社景区（点）门票、床位价格优惠，相关景区也可实行价格优惠的套票、联票，供游客自愿选购；在共同组成的旅游线上成立游客服务中心，方便专线旅游，交通一体化；实行企业联合经营，并在此基础上通过收购、兼并、合股等资产重组，形成地区性的骨干企业或企业集团；建立以区域著名旅游品牌为域名的网站，开展数字化宣传、交流、管理、经营；共同培育区域主打产品或名牌产品。最近西南、西北一些省区联合打造的川滇藏香格里拉、川陕三国文化、川黔渝金三角等旅游区，就是很好的尝试。[3]

结语

旅游业作为21世纪一个高速发展的第三产业，其发展潜力和市场价值都是巨大的。但是发展旅游产业的同时，我们也应该注意综合各种信息，使旅游产业的发展既能获得最大的经济效益，又不会对后代的发展产生消极影响，即满足可持续发展的要求。只有做到全面、综合地发展，才能够走好可持续发展这条路子，使之更好地造福于人。

参考文献：

[1] 董红梅．浅论中国旅游业的发展趋势［J］．经济问题，2005（7）．

[2] 张秋涛．对旅游业可持续发展中存在的问题及对策的研究［J］．城市建设理论研究，2011（8）．

[3] 傅勇林．关于我国旅游业发展有关问题的建议［EB/OL］．http：//wenku. baidu. com/view/37115f49c850ad02de8041b6. html.

广安市旅游资源的类型与开发①

游文静，卓武扬②

【西华大学经济与贸易学院　四川成都　610039】

摘　要：广安市是巴文化与蜀文化交流融合之地，历史悠久，旅游资源丰富，拥有奇特的喀斯特地貌——华蓥山国家地质公园、闻名的红色旅游点——小平故居、著名的历史遗迹——肖溪古镇、迷人的自然风光——御临河小三峡等景区，具有很强的旅游开发利用价值。本文在摸清广安市旅游资源类型的基础上，提出了有针对性的开发建议：加强景区环境保护，保证旅游持续发展；深挖文化内涵，树立品牌形象；加强区域合作，改善营销策略；加快基础设施建设，丰富旅游产品类型；打造特色乡村旅游，拓展旅游客源市场。

关键词：旅游资源；红色旅游；文化内涵；区域合作

众所周知，旅游业具有“无烟产业”和“永远的朝阳产业”的美称，与石油业、汽车业并列为世界三大产业。旅游业发展至今，已经是我国国民经济一个不能分割的部分。据统计，2010 年我国入境旅游、国内旅游、出境旅游三大市场实现了全面恢复并较快增长，国内旅游人数达 21 亿人次，同比增长 10.6%；国内旅游收入 1.26 万亿元，增长 23.5%；入境旅游人数 1.34 亿人次，增长 5.8%；入境过夜旅游人数 5 566 万人次，增长 9.4%；旅游外汇收入 458 亿美元，增长 15.5%；出境旅游人数 5 739 万人次，增长 20.4%；全国旅游业总收入 1.57 万亿元，增长 21.7%，占全国 GDP 的比重是 3.95%。[1] 另外，旅游业是一个密度高、链条长、拉动力大的产业，既能带动当地交通业、商业、餐饮业、酒店业、娱乐业、食品加工业等多个行业齐头并进，推动地方经济快速均衡发展，又能较好解决当地的就业问题。据测算，旅游业每增加 1 个直接就业人员，就能带动增加 5 个就业岗位。广安市作为中国改革开放和现代化建设总设计师邓小平的故乡，通过发展红色旅游与乡村旅游，走绿色 GDP 道路无疑是明智之举。广安市旅游业近年得到了快速发展，2011 年接待游客 1 288.2 万人次，同比增长 23.9%，实现旅游总收入 84.3 亿元，同

① 资助项目：西华大学校级重点学科建设项目“区域经济学”（XZD0901 - 09 - 1）。

② 作者简介：游文静（1988 - ），女，四川广安人，2012 级旅游管理专业硕士研究生；卓武扬（1975 - ），男，四川泸州人，经济学博士（后），法学博士后，教授，硕士生导师，研究方向为投融资机制。

比增长28.3%[2]，但仍然存在品牌形象不足、创新能力不强、基础配套设施不齐、环境污染压力大等问题，严重束缚了旅游业健康持续发展。因此，摸清广安市旅游资源的类型，探索开发利用的途径，对加快广安市旅游业的发展具有十分重要的作用。

一、广安市旅游资源的类型

旅游资源是指自然界和人类社会对旅游者产生吸引力，可以为旅游业开发利用，并可产生经济效益、社会效益和环境效益的各种事物和因素，包括地文景观、水域风光、生物景观、天象与气候景观、遗址遗迹、建筑与设施、旅游商品和人文活动八大类。[3]从广安市旅游资源的实际情况看，可将广安市旅游资源分为地文景观、水域风光、生物景观、遗址遗迹和人文活动五大类。

（一）地文景观

地文景观属于自然旅游资源，主要包括物理化学作用下形成的地表构造、地表沉积、地质地貌形成过程的痕迹。这类旅游资源体现了地壳变动的过程和地表丰富的形态，以奇、怪、险、秀吸引游客和探险家。

广安市是西南喀斯特地貌分布的一个重要地区，以华蓥山石林为代表，它是国家AAAA级旅游景区、国家地质公园。华蓥山石林以秀丽的喀斯特石林溶洞为典型景观，集秀峰怪石、天坑溶洞、瀑布彩池、暗河索桥为一体，充分体现了“峰奇、石怪、山绿、谷幽”的特点。除此之外，高山喀斯特天然湖泊——华蓥山天池，与长白山天池、天山天池并称为“全国三大天池”。近几年开发的天然奇洞华蓥山仙鹤洞和华蓥山洞中天河，都是广安市很有特色的地文景观。

广安市的地文景观是由具有溶蚀力的水对可溶性岩石进行溶蚀形成的，这种地表和地下形态使得这类旅游资源对游客有很强的吸引力，尤其是对那些爱冒险、喜欢奇特的游客而言更是如此。故在开发上修建可进入的通道是必不可少的公共基础设施，同时需在景区内保留或设置一些奇、险的路段，以满足游客对新鲜事物的好奇感。这种地文景观是几千年来在大自然的作用下形成的，具有稀缺的特性，在开发的时候也应当注意保护这些景观，尤其是在旅游旺季，需要注意景区内的生态环境对旅游人流量的承载能力，控制游客的数量。

（二）水域风光

水域风光类旅游资源主要包括河流、湖泊、沼泽、瀑布、冰雪地等，可以是自然力作用下形成的，也可以是人工造就的。

广安市属于西南内陆地区，主要的河流有长江的一级支流嘉陵江和二级支流渠江。有代表性的水域风光类旅游资源当属御临河小三峡，此处是典型的熔岩景观，由老鹰峡、仙女峡、白龟峡组成，集山、水、泉、洞之大成。还有“川东西子湖”之称的岳池翠湖、如同象鼻的象鼻湖、岛屿密布的千岛洪湖等都是广安市有名的水域风光。由于广安市旅游业发展起步比较晚，这些水域风光的知名度并不高。在开发利用时，一要加大宣传力度，提升其在省内外的知名度；二要在水域风光中融入人文历史因素，在给游客带来秀丽风光享受的同时，让他们了解更多的广安市甚至是川东的历史文化；三要加大对旅游景区基础和配套设施建设的投入，更好地提升旅游的服务功能。

（三）生物景观

生物景观类旅游资源主要包括树木、草原、花卉、野生动物栖息地。生物景观主要以珍稀植被和珍稀动物保护地吸引游客，而人工造就的生物景观如大型的花卉地，其吸引力不如天然形成的生物景观。

从广安整个市来看，生物景观并不是其旅游资源中的有优势的类别。有特色的是以苍翠茂密的山林为环境基调的有“国家森林公园”之称的华蓥山森林公园，其中的水杉山庄中分布有“植物活化石”水杉林、枫树林、柳杉林、花竹和小石林等景点，冬可观雪景，盛夏可避暑。另外罗家洞、倒须沟桫椤林都是省级自然保护区。目前，华蓥山森林公园旅游景区还在建设过程中，基础和配套设施也在逐步地完善。而这类旅游资源的开发，更多的是要遵循自然规律，保护当地的生态环境，整改华蓥山污染严重的工矿企业，减少甚至杜绝对生物景观的人为破坏。

（四）遗址遗迹

遗址遗迹类是指已经废弃的在目前不再有实际用途的人类活动遗存和人工构筑物[4]，主要包括史前人类活动场所和社会经济文化活动遗址遗迹。这类旅游资源主要是人文景观，是人类生活变迁和历史变迁的见证，以其历史感和文化内涵吸引游客。

广安市的遗址遗迹众多，从古老的神龙山巴人石头城到南宋时期的安丙族属墓群、褒先寺，从明清时期的肖溪古镇、沿口古镇等遗址到近代的红色旅游景区小平故居、华蓥山游击队遗址，从华蓥山宝鼎的佛教圣地到“川东第一要塞”宝箴塞，这些遗址遗迹无不体现着广安市厚重的历史感和富有特色的巴人文化。在省内外较为出名的有小平故居和华蓥山游击队遗址，这两处都是省内外重要的红色旅游基地和西南红色旅游线的重要组成部分。其他的旅游资源相对而言知名度还不够高。因此，加大宣传力度，提高知名度和美誉度是这类旅游资源开发的首要任务。在开发的过程中应当防止过度的新建旅游基础设施，以免原有的古老气息流失，防止过度商业化运作以保存古老遗址原本的面貌和质朴感。同时加大与省内外景区的联系，从而实现本地与外地旅游资源开发双赢局面。

（五）人文活动

人文活动是指体现当地文化特色和民间活动的各种习俗、艺术、现代节庆。人文活动多数是由古代流传至今仍存在的人类活动，它既有当地古老的文化特色，也会融入现代的元素，相较其他类旅游资源观光而言，这类旅游资源更需要游客能够参与其中，才更能体现其特色和魅力。

广安在夏商周时期是巴国的属地，处于现在的重庆、南充、达县的三角地带，位置偏远。这样的地理位置孕育了广安独特的民俗风情，汉朝时期的宫廷舞巴渝舞便诞生在这里。神龙山巴人石头城是古代巴国的遗存，主要有猊峰城、龙门关、土舟湖、巴国门户、龙台、瓮城、神坝、巴风楼、龙泽寺、城防街、北望楼、望乡楼等景点。此外，华蓥山幺妹节、华蓥山庙会、武胜龙舟文化节、“古尔邦节”、川东农家文化节都是广安市非常有特色的人文活动类旅游资源。由于其地方特色浓厚，在旅游资源开发上，可以结合农家乐的形式进行深度挖掘，更能让游客充分感受广安市的川东文化气息。

二、开发利用广安市旅游资源的策略

（一）加强景区环境保护，保证旅游持续发展

旅游资源被破坏已经成为我国众多旅游景区开发中一个十分严峻的问题。在短暂的十年时间里，广安市旅游业在发展中的破坏问题已经凸现出来，及时制止这种现象的蔓延是实现旅游资源可持续利用的必经之路。

政府的相关部门如国土资源局、物价监督局、旅游局应当加强对旅游业及旅游相关行业的监管，关、停、并、转华蓥山旅游资源及其他旅游资源附近污染严重的工矿企业；各景区也应增加工作人员，加强对景区环境的保护，及时制止游客对旅游资源的破坏；建立生态监测系统，及时对喀斯特地貌这种不可再生资源进行环境监测，依据监测数据研究生态环境对旅游人流量的承载能力，进而对游客数量进行控制。

（二）深挖文化内涵，树立品牌形象

“邓小平”是广安市最具有垄断价值和开发价值的品牌，继续推广这一品牌在省内外的影响力，从广度和深度上挖掘这一品牌的价值，打造“小平故居”闻名全国的金字招牌；深刻挖掘广安市的巴蜀文化、南宋文化、明清古镇文化、佛教文化以及红色文化，彰显“古”“源”“佛”“红”等特点，打造以神龙山巴人石头城为核心的巴蜀文化旅游，以安丙族属墓群、褒先寺为核心的南宋考古文化旅游，以华蓥山宝鼎为核心的佛教文化观光旅游，以邓小平故居和华蓥山游击队遗址为核心的红色文化旅游。

（三）加强区域合作，改善营销策略

广安市旅游资源在开发的时候可以跳出行政区划的限制，在现有的条件下，加强与外地之间的区域联合，建立区域旅游经济联盟[5]，扩大旅游辐射范围，整合各地的旅游资源，形成旅游业发展的规模效益。红色旅游方面，邓小平故居和华蓥山游击队遗址的开发，可联合南充市仪陇县的朱德故里、重庆的渣滓洞与刘伯承故里、贵州遵义、湖南韶山等红色资源，扩大精品红色旅游线的辐射范围。地文景观旅游资源方面，可开发喀斯特地貌的专题游，跳出四川这个地域限制，充分利用重庆、贵州、云南、广西丰富的喀斯特地貌资源，实行联合开发，以节约资金，扩大广安市旅游资源的名声。同时，利用广安市的区位优势建立旅游中转站，实现客源互流，利益共享的效应，以加快广安市商贸业和餐饮住宿业的发展；充分利用网络、电视节目、旅游杂志和报纸等强势媒体，对广安市旅游资源进行有系统、有策略、有步骤的推广，加大对目标市场的宣传力度，提升广安旅游资源的知名度；加大与区域内外的知名旅行社的合作，通过旅游中介机构，推广广安市的旅游资源。

（四）加快基础设施建设，丰富旅游产品类型

改善广安市各县、区与旅游资源所在地的交通，缓解旅游资源所在地可进入性

难的问题，形成区域内旅游环线，便于区域内资源的联合开发；推进旅游资源所在地酒店、餐饮娱乐、医疗卫生等基础配套设施的建设，完善旅游服务功能，缓解季节性供求矛盾，最大限度满足游客的个性化需求。

打破以往以旅游观光为主的旅游业发展模式，因地制宜开展休闲度假、文化体验、考古探险、商务会议、生态旅游、购物旅游等多种形式的旅游，增强旅游的吸引力。另外，细分游客市场，针对目标市场进行个性化旅游产品设计，从而在市场中赢得更多的市场份额。

（五）打造特色乡村旅游，拓展旅游客源市场

近年来，广安市人均可支配收入日益增长，2008—2011 年广安市城镇居民人均收入分别为 12 717 元、17 203 元，年均增长 1 100 多元。收入的增长加之城镇居民对休闲生活的追求催生了他们对乡村田园风光的向往，进而推动了广安市乡村旅游的日益壮大。广安市打造特色乡村旅游，可借鉴成都农家乐的经验，充分挖掘乡村的特色，建立凸现当地特色的农家餐馆，利用乡村的土特产和绿色蔬菜，让游客尝到与城市不一样的乡村味道；打造乡村休闲山庄，乡村与城镇最大的不同之处在于农村的休闲与宽松的环境，可以建造古色古香的农舍，提供给游客与城市狭小住宿不同的、宽松的、充满田园气息的住宿环境；利用农村的生态农业吸引长期居住在城市的居民参与体验农作的乐趣；把广安市的巴文化与蜀文化特色有机地融入乡村旅游，增强旅游文化的感召力，提高游客的回头率，进而拓展旅游客源市场。

结语

旅游业作为第三大产业的重要代表，也是我国未来绿色经济发展的重要组成部分。广安市只有在保护好旅游资源的基础上进行开发利用，才能实现旅游业健康持续发展和旅游资源的重复再利用，也只有开发利用好旅游资源，才能引导和培育绿色消费，加快经济结构调整，促进社会经济的发展。

参考文献：

[1] 国家统计局. 2010 全年国内出游人数达 21.0 亿人次 同比增 10.6% [EB/OL]. http://news.cntv.cn/20110228/117053.shtml.

[2] 广安市统计局. 广安市 2011 年国民经济和社会发展统计公报[EB/OL]. http://www.tjcn.org/tjgb/201204/24332.html.

[3] 尹泽生，魏小安，张吉林，等. 旅游资源分类、调查与评价 [EB/OL]. http://www.guang-an.gov.cn/investguangan/content.jsp?id=589&classId=020509.

[4] 庄颖. 基于旅游规划实践的旅游资源分类与评价研究——以江西省为例[D]. 南昌：南昌大学，2007.

[5] 张华. 我国区域旅游经济联盟存在的问题及对策探讨 [J]. 四川经济管理学院学报，2010 (1).

【第三篇】

特色旅游

TESE LÜYOU

汶川地震灾区与黑色旅游和红色旅游[①]

兰虹，谭建英[②]

【西华大学 四川成都 610039】

摘 要：汶川地震灾区既是黑色旅游资源又是红色旅游资源，做好汶川地震灾区旅游资源的开发对于凝聚民族精神、实现经济又好又快发展都具有非常重要的意义。

关键词：汶川地震灾区；黑色旅游；红色旅游；经济发展

一、引言

2008 年 5 月 12 日 14 点 28 分，这是一个将永远被历史记住的日子。这一天在四川省的汶川县发生了 8.0 级特大地震。地震时山崩地裂、地动山摇，造成数以万计的民众的伤亡，无数的房屋、桥梁倒塌，人民的生命财产遭受了巨大的损失。面对如此巨大的灾难，我们必须站起来。地震给我们带来了刻骨铭心的灾难，也逼迫我们前行，我们别无选择，我们只有奋起，冷静思索我们的奋起之路，才有利于今后的发展。

地震在给我们带来巨大损失的同时，也造成了大量的山体滑坡，带来了路桥断裂、堰塞湖、建筑废墟等地震遗迹；留下了无数的遗书遗照等遇难者遗物；形成了众多的抢救现场、救护所、安置点等救援遗存。这些，从长远看，如果进行有效的旅游规划与利用，则完全可以变为灾区今后发展旅游的一种独特资源。从旅游学的角度看，它们既是开展黑色旅游的资源，也是开展红色旅游的资源。

二、黑色旅游与红色旅游

（一）黑色旅游

黑色旅游是指到死亡、灾难、痛苦、恐怖等事件或悲剧发生地旅游的现象。

1996 年，苏格兰大学的马尔科姆·福利和约翰·伦农首次提出“黑色旅游现

---

① 资助项目：西华大学校级重点学科建设项目“区域经济学”（XZD0901－09－1）。

② 作者简介：兰虹（1962－），男，教授，硕士生导师，研究方向为旅游经济与金融；谭建英（1962－），女，副教授。

象”。随后出现了“黑色景点”（black spot）、“死亡旅游”（thanatourism）、“暴力遗产”和“不和谐遗产”（dissonant heritage）等概念。2000 年两位教授合作出版《黑色旅游：死亡与灾难的吸引力》，黑色旅游现象引起了广泛的注意。[1]

其实，黑色旅游不是新生事物，最早可以追溯到中世纪朝圣者前往宗教殉难地的旅行。1815 年，滑铁卢战役的时候就曾有贵族在安全距离处观看。美国内战最早的战场（现位于弗吉尼亚的马纳萨斯镇）在战争开始的第二天就作为景点出售了。近年来，中外探险者已从中发现并真切感受到了黑色旅游所蕴含的“自然美”、“残缺美”和“悲壮美”。旅游业的发展与社会经济发展水平直接相关，现代黑色旅游活动的开展则是近年来的事情，纽约世贸大厦旧址“爆炸投影点”（Ground Zero）已经成为许多旅游者旅游线路的重要组成部分。[2]

从广义来说，英雄神话、民族抗争、文明衰亡等都可以成为黑色旅游景观。几乎世界范围内的每个大城市和许多小城镇、乡村都有历史上的黑色遗址，许多场景在战争和灾害之后仍然保留下来。从这个角度来看，中国这个有着悠久历史的文明古国在发展黑色旅游方面大有潜力可挖。首先，在我国，人文黑色旅游资源和自然黑色旅游资源都很丰富，如有南京大屠杀遗址、圆明园遗址、唐山大地震遗址、98’洪水淹没过的遗址等；其次，中国经济迅速成长，旅游开发基础条件日益完善，抗灾自救能力大大增强，迅速发展的国内经济与和平、追求可持续发展的国际环境都为黑色旅游产品的供给提供了良好的外部条件。

黑色旅游是比较难把握的一种旅游产品。因为这类产品会触及游客的神经，其悲惨的场景会让游客难以接受，如果操作不当，也会带来负面影响。但黑色旅游开发一旦定位准确，就会成为灾难、灾害等负面资源得以充分利用的有效途径。

黑色旅游开发的偏差，对内可能产生情感伤害，对外则可能损害区域形象。黑色旅游活动具有审美的严肃性和情感的冲击性，悲惨的场景会让当地居民的感情难以接受，开发中需要协调好与资源地居民的关系。

黑色旅游在开发过程中宜坚持政府主导开发的原则，即以政府为主导进行相关规划和指导，为黑色旅游指明方向，以实现社会效益和经济效益的最佳结合，在规划及其实施进程中，对灾难、灾害地居民进行正确的心理引导。在建立黑色旅游景点之前，政府及相关部门应与黑色旅游地的居民做好沟通，告知他们发展黑色旅游的目的是让更多的人从中获得感悟，同时，给当地的经济发展带来机遇。因此，在开发黑色旅游过程中要注意市场细分和游客的提前告知。

自然类黑色旅游产品体现自然规律，折射出人类“从何处来、将向何处去”的对自身命运的哲学思考；人文类黑色旅游产品则能通过伟大的人性弘扬和主旋律传播，为构建资源节约型、环境友好型的和谐社会提供应有的动力。

（二）红色旅游

按照中共中央、国务院《2004—2010 年全国红色旅游发展规划纲要》[3]的定义，红色旅游是指以中国共产党领导人民在革命和战争时期建树丰功伟绩所形成的纪念地、标志物为载体，以其所承载的革命历史、革命事迹和革命精神为内涵，组织和接待旅游者进行缅怀学习、参观游览的主题性旅游活动。这个定义无疑是非常权威的，但我认为随着时代的发展，应将社会主义建设时期包含在内。因为中华人民共和国成立以来，中国共产党领导中国人民经过半个多世纪的艰苦奋斗，已经将贫穷落后的旧中国建设成为初步繁荣昌盛的社会主义强国，这期间必然会产生见证其丰功伟绩的纪念地、纪念物、标志物等。如打破帝国主义封锁，实现中国人扬眉吐气，记录两弹一星研制、发射的试验场；记载河南人民艰苦奋斗、改造山河，历时十年之久修建的红旗渠；记录周恩来总理鞠躬尽瘁、艰苦朴素、不分昼夜工作所使用过的遗迹、遗物等。这些无疑是对人民进行艰苦奋斗教育、自力更生教育和爱国主义教育最好的教材。实际上各地的旅游部门也是将以上纪念地作为红色旅游来安排的。

无论发展红色旅游还是黑色旅游都需依托于当地的旅游资源（含已存在的事物、遗址、遗迹和具有教育意义的精神）。红色旅游资源是反映中国共产党领导人民在革命和建设过程中发生和存在的对人民具有教育意义的事件和精神，它与时俱进，具有时代的延展性；黑色旅游资源是能引发人们对人类自身、人与社会、人与自然等进行反思的事件和精神，它横向上针对全世界全人类，在纵向上针对人类历史发展的全过程，因而具有广泛性和延展性。

发展红色旅游，对于加强革命传统教育、增强全国人民特别是青少年的爱国情感、弘扬和培育民族精神、带动当地经济社会协调发展具有重要的现实意义和深远的历史意义。

发展黑色旅游，旅游者在旅游过程中，通过对战争遗址的游览激发出旅游者反对战争、热爱和平的强烈愿望；通过对人类灾难性遗迹（如9·11遗址）的游览，旅游者受到反恐怖主义的教育；通过对自然灾难遗址（如巴厘岛、唐山大地震等）的游览，旅游者感受到生命无常，会倍加珍惜现有生活，同时认识到人与自然和谐共处的重要意义。对烈士陵园、烈士遇难地（如南京雨花台、重庆渣滓洞及白公馆）等的参观游览，可以使旅游者在了解烈士们英雄事迹、坚强不屈的人格的同时提升个人的思想道德品质等。

因此，红色旅游和黑色旅游都是具有浓厚教育意义的旅游形式。旅游者通过游览进行反思，强化了对事物的认识，将受到良好的教育。

三、汶川地震灾区开展黑色旅游与红色旅游的策略

汶川地震遗址既是独特的黑色旅游景观，又是红色旅游景观。

首先，汶川地震作为一场现代史上罕见的灾难必然被写进历史，成为人们长期关注与研究的对象。今天的废墟，就是明天的历史遗迹，我们应该尽可能真实而有效地保存与利用，这是黑色旅游的素材。

其次，汶川地震遗址是人类精神的承载物。汶川地震及其救援行动牵动了全世界的心，涌现出了无数的闪光点，整个中华民族达到了空前的团结，深深地影响了人们的价值观、人生观、社会观和国家观，提升了一种难得的人类精神与民族精神。这种精神，应该有客观而真实的载体来承载与传扬。这又是最典型、最现实的红色旅游景观，正如胡锦涛同志在抗震救灾表彰大会上所言：在波澜壮阔的抗震救灾斗

争中，我们用理想凝聚力量、用信念铸就坚强、用真情凝结关爱，大力培育和弘扬了万众一心、众志成城，不畏艰险、百折不挠，以人为本、尊重科学的伟大抗震救灾精神。伟大抗震救灾精神，是党和人民极为宝贵的精神财富。我们要在全党全社会大力弘扬伟大抗震救灾精神，使之转化为艰苦奋斗、重建家园的坚定意志，转化为推动经济社会又好又快发展的强大力量。[4]

最后，从科学的角度看，汶川地震遗址是研究地震灾害最丰富的实物与素材。汶川8级地震灾害，对地震及其次生灾害研究与预防、重大自然灾害应急救援机制、城市规划与交通建筑设计等都具有重要的研究参考价值。自然灾害给人类带来磨难，同时又促使人类更加自觉地去认识和把握自然规律、增强抵御自然灾害的能力，进而推动人类文明进步。一个善于从自然灾害中总结和吸取经验教训的民族，必定是日益坚强和不可战胜的。[4]

汶川地震所形成的大量遗迹、遗物和遗存具有多重特殊价值，而能够将这些物质串联起来、实现其价值最大化的最好方式就是将黑色旅游和红色旅游结合起来。用旅游的思路来看待这些遗迹、遗物和遗存，灾难留下的各种废墟就成了一种特殊的资源。保护并利用好这些资源，成为当地各级部门义不容辞的责任和义务，也是当地获得更大发展的有效措施。

由于汶川地震造成的灾区面积广，不可能也没有必要将所有的地震遗迹都全部保存下来，相反要在保证灾区重建与人民生活需要的前提下，有选择地进行适度保存与利用。笔者认为，按照目前的实际可操作性，应利用国家决定将北川县城迁址另建、原县城遗址予以保留的机遇，争取把北川县城规划为旅游实验区，在整理、保留现状的同时，将灾区其他地方有代表性的可移动遗物向该处集中，并建设相关旅游辅助项目与设施，将该县城开发建设成为世界最大的地震遗址型主题景区。同时，在本次地震实际震中映秀镇建设“5·12”大地震震中标志碑、遇难同胞纪念碑等，对汶川、青川其他地区不可移动遗迹进行选择性保留，最终串连成线，形成地震主题旅游线路。可以开展以下旅游活动：

感恩游。可以利用地震遗迹、遗物以及当时抗震救援的感人场景与事迹，配套建设与抗震相关的纪念馆、爱心墙等，对同胞的死难以及社会各方面艰难而无畏的救援进行展示，寓教于旅，使其成为张扬人类爱心、进行感恩教育的基地。

遗迹游。地震形成的灾难性景观以及大量的遗物和救援遗存等，无不反映着灾难的深重和救援的艰辛，对广大游客都有很强的震撼力和吸引力。同时，地震发生后媒体高密度的报道，使得汶川、北川、映秀等地名甚至一些救援场地和倒塌建筑的名称几乎无人不知、无人不晓，具有极高的知名度，因而能对游客产生强烈的吸引力。

追思游。汶川大地震造成数万同胞罹难，数十万官兵、记者、专业人员和志愿者直接奔赴现场艰苦救援，更多的人间接为灾区献出爱心，这就使得灾区的很多地方具有了纪念意义，在今后相当长时间内，会吸引大批的人来追悼亡灵、故地重游、追思往事。

科学游。作为重大地震灾害发生地，灾区的许多地方具有开展科学游的价值。

一方面，可以利用现状并建设地震科技馆，进行地震知识的普及教育；另一方面，可以利用丰富的实物资料，进行地震科学研究。

体验游。利用保存下来的地震遗迹和救援遗存（如将临时安置点改造为帐篷旅馆），游客不仅可以现场体验地震灾害的残酷和人类精神的伟大，而且可以通过住“救灾棚”、吃“救灾饭”、走“救灾路”、听“救灾事”等形式，切身体验救灾的艰辛，领悟人生的意义。[5]

参考文献：

[1] Lennon J. and M. Foley. Dark Tourism: The Attraction of Disaster [M]. London: Continuum, 2000.

[2] 胡传东，罗仕伟．黑色旅游开发探索 [J]．重庆师范大学学报：哲社版，2007 (6).

[3] 中共中央办公厅、国务院办公厅．2004—2010 年全国红色旅游发展规划纲要 [Z]. 2004 年 12 月．

[4] 新华网．胡锦涛在全国抗震救灾总结表彰大会上的讲话[EB/OL]．http://news.xinhuanet.com/newscenter/2008-10/08/content_10166536.htm.

[5] 胡斌．“5·12” 大地震灾后重建与中国旅游业发展 [EB/OL]．http://www.ctnews.com.cn/lybgb/2008-06/04/content_513620.htm.

我国古镇开发和经营的SWOT分析及对策建议[①]

——以川西古镇为例

曾建民，罗丹[②]

【西华大学经济与贸易学院　四川成都　610039】

摘　要：论文概述了我国古镇由衰转兴的历史以及振兴古镇的学术意义和经济意义。以川西古镇为例进行了SWOT分析：其优势是具有我国南方古镇的典型特征，具有丰厚的历史文化底蕴、发展休闲旅游产业的社会心理和经济基础；劣势是存在同质性和异质性形象遮蔽；机会是存在广泛的社会需求和地方政府振兴古镇的一系列举措；挑战是同质性旅游产品之间的强强联合以及异质性旅游产品的加速发展。论文为川西古镇的进一步发展提供了理论依据。

关键词：古镇旅游；川西古镇；SWOT分析

一、问题的提出

我国的许多古镇早在秦汉时期就有记载。秦汉以后，随着经济与社会的发展，兼有居住、商品交换、文化与社会交流等功能的“镇”也获得了较快地发展。尤其是西晋末年、唐代末年和北宋末年的三次人口大迁徙，人们择地而居、繁衍生息、劳作、交流和祭祀，使得许多原有的村落发展成为“镇”甚至城市。然而，由于我国传统建筑多为木质结构，木材本身的特性加上自然侵蚀、虫害、战乱造成的人为毁损等因素，使得古镇的建筑难以长期保存。因此，我们今天所见到的绝大多数古镇建筑及其街区，都是明清和民国时期的遗留物。

古镇蕴藏了极其丰富的历史和文化信息。许多古镇留存的遗留物及其民风民俗往往包含了建筑学、美学、园林艺术、雕刻艺术、宗教文化、民俗文化、服饰文化、餐饮文化、方言俚语等方面的内容，对于研究各个地域、各个民族的生活形态及其演进与交融具有重要的学术意义，对于大力发展乡镇经济和古镇旅游经济具有重要的现实意义。然而，在漫长的历史岁月里，由于自然与人为破坏，我国许多古镇处

---

① 资助项目：西华大学校级重点学科建设项目“区域经济学”（XZD0901－09－1）。

② 作者简介：曾建民（1957－）男，四川成都人，教授，硕士生导师，研究方向为宏观经济、旅游经济；罗丹（1988－）女，四川崇州人，2012级旅游管理专业硕士研究生。

于不断衰败的状态之中，这引起了相关学者和有识之士的高度关注。20 世纪 80 年代末，清华大学的楼庆西、陈志华和李秋香三位教授及其学生开始致力于古镇研究，经过十年不懈努力，先后单独或合作出版了《诸葛村——中国乡土建筑》、《新叶村——中国乡土建筑》、《楠溪江中游古村落》等专著，以学者的视角和理论架构给世人初步展现了中国古镇的历史、建筑和美学价值以及独特的魅力。而同济大学的阮仪三教授为了保护古城镇多方奔走，并促成了平遥、周庄、丽江等多座古城古镇的保护。各个地区先后也有许多古镇的研究者和保护者加入这个行列之中。

20 世纪 90 年代，江苏省率先将周庄古镇开发为旅游产品，随后逐步引发了风靡全国各个地区的古镇旅游热。这既增加了一个新的旅游产品，也为古镇的修复、保护和研究特别是发展古镇经济提供了契机。然而，在持续了十多年的“古镇旅游热”中，尽管各地政府花了大力气修复甚至重建古镇，但是真正在全国形成了品牌效应的主要还是周庄、平遥、丽江等古（城）镇。

古镇的修复、重建、开发和经营是一个系统工程。这主要涉及旅游规划学、古建筑学、园林艺术学、历史学、文学、民俗学、旅游经济学、旅游管理学、旅游市场营销学等诸多学科的理论及其实践。一个地区开发和经营古镇是否成功，既取决于古镇自身的品质等客观因素，也取决于开发和经营者对这种品质的领悟、规划、开发和营销能力。在此，笔者采用 SWOT 方法，结合形象遮蔽理论、供求理论和战略管理等理论，以川西古镇为例对古镇的开发与经营进行了分析。

二、川西古镇 SWOT 分析

（一）优势（S）分析

1. 川西古镇具有我国南方古镇的典型特征

川西古镇散落于川西平原，北起江油、南到乐山五通桥，包括北部的绵阳、江油、安县之间的涪江冲积平原，中部的岷江、沱江冲积平原，南部的青衣江、大渡河冲积平原等，总面积约 2. 29 万平方公里。目前已修复、开发和投入运营，并有一定影响的古镇主要有黄龙溪、平乐、洛带、西来、街子、安仁、孝泉、柳江、怀远、悦来、三道堰等。这些古镇绝大多数具有江南古镇临河傍溪的水景，衬映着参天古树，川西民居夹着窄窄的石板小巷，各古镇通常都有自己独特的小吃，独特的方言和质朴的民风。川西古镇有着南方古镇所特有的婉约、清雅、秀丽，是川西地区一道独特的风景线。

2. 具有丰厚的历史文化底蕴和发展休闲旅游产业的社会心理基础

川西平原是蜀文化的摇篮。这里有三星堆遗址、金沙遗址、都江堰、武侯祠、杜甫草堂等历史文化遗产；有司马相如和卓文君、杨雄、李白、杜甫、苏东坡的故事；有着郭沫若、巴金、李劼人等现代文豪的历史踪迹；还有美妙的蜀绣、川酒和“一菜一格，百菜百味”的川菜。川西平原土肥水美，气候湿润，风调雨顺，物产丰富，享有“天府之国”的美称，“水旱从人，不知饥馑”，“无寸土之旷，岁三、四收”。这样一种得天独厚的地理条件，孕育了川西人以西部农耕文化为基调，婉约内敛、闲适恬淡、缓慢悠长、适可而止、知足常乐的共同心理特征。这种特征为人们在川西平原发展餐饮、娱乐、旅游、休闲等第三产业奠定了坚实的社会心理基础。

3. 经济发展后劲十足

坐落在川西平原的成都，聚集了国内众多的高新技术企业和世界500强企业，是我国西部地区的电子信息和金融中心、交通枢纽（成都双流机场已成为我国第四大空港）和会展中心；成都连续多年被评为全国十大旅游目的地城市之一，并获得“最适合人居城市”称号。目前正在建设世界现代田园城市。成都的强势发展无疑为旅游业及其川西古镇的振兴奠定了坚实的经济基础。

（二）劣势（W）分析

根据杨振之等[1]首次提出的“形象遮蔽”理论，在一定区域内，市场竞争力强、特色突出、旅游资源级别高或品牌效应大的景区会对其他景区形成遮蔽效应。在这里，“形象遮蔽”主要表现在两个方面：

1. 同质性形象遮蔽

在国内，影响力最大、品牌效应最高、最具特色的古镇首推江苏周庄、云南丽江和山西平遥。周庄古镇把南方古镇的核心竞争力“水景”做到了极致。以“水”为核心，把元、明、清各式古桥和路、店、宅、树巧妙地结合起来，再加上民风民俗等，形成一个要素齐全、典型、古雅清丽的江南小镇。尤其要注意的是，在江南古镇中，穿梭于水乡的船既是交通工具，又是一道独特的风景。而在川西各古镇中，古桥和路、店、宅、树的数量、质量及其搭配普遍要显得欠缺一些，即便是临河傍溪，也缺乏“水”之灵魂——船，整个画面就缺少了动感，在烟雨朦胧中如果有了船和渔翁，那是多么富有诗情画意！

云南丽江则完全是另外一种韵味。尽管也是南方古镇，明清时期的建筑、街巷、古桥和水景极具特色，然而让你绕之不开、挥之不去的却是它的纳西族民俗文化，表现在纳西古乐、纳西族服饰、银器、工艺品、生活习俗、小吃及其浓郁的纳西族氛围等等。民俗文化应该是丽江的核心竞争力。以汉文化为基调的川西古镇，尽管也各有其地方特色，然而在民俗文化方面明显地逊色。

山西平遥、王家大院、乔家大院等是我国北方古镇的典型代表。其基本布局是方正、工整、对称。民居以四合院为主，细部极其强调木雕、石雕、砖雕。整个古镇给人以厚重、气势宏大和摄人心魄的历史感、沧桑感。建筑文化可以概括为平遥等古镇的核心竞争力。

可见，周庄、丽江和平遥以各自的核心竞争力与川西古镇形成一种落差。根据笔者对周庄、丽江以及平乐、黄龙溪等川西古镇的考察，周庄、丽江的游客以省外旅游者居多，川西古镇则以省内游客居多。通过百度搜索显示，周庄的知名度为10.5，丽江为17.0，平遥为3.0，而川西古镇平均为1.0，数字越大，说明知名度越高。[2]

2. 异质性形象遮蔽

在四川的美景中，影响力最大的是以五彩斑斓的“水”著称的九寨沟、黄龙；以山色秀丽并与古刹天作之合的峨眉山以及乐山大佛。它们以各自的水、山和佛吸引了无数海内外和省内外游客。这无疑会对川西古镇形成一种异质性形象遮蔽。海外和省外游客去了这些代表性景点，很难专门再去川西古镇，除非时间充裕顺道而过。

（三）机会（O）分析

1. 从需求的角度分析

美国著名的未来学家阿尔温·托夫勒在 2001 年 12 月初中国中央电视台的《对话》节目中曾谈到："制造业经济后我们将进入服务业经济，然后越来越多地经历体验经济，人们购买各种体验。"事实上，在 20 世纪后期和 21 世纪初，厂商销售"体验"，消费者购买"体验"，诸如体验古代文明、域外文明、高科技文明、职业体验等等在西方国家方兴未艾，给经济和社会带来了巨大的影响。而古镇恰好为人们体验古代文明提供了具体的场所，再就是怀旧的情感。现代社会工作与生活的快节奏、职场竞争和都市的喧嚣使得人们身心疲惫。因此，人们迫切需要放松、解脱，去体味古镇那悠闲、无忧无虑的生活。

2. 从供给的角度分析

古镇是中华民族历史文化的宝贵遗产，保护、修复和传承古镇是当代人的责任。周庄、丽江等古镇的成功经营，大大激发了各地方政府保护、修复、开发和经营古镇的意识；古镇作为发展乡村旅游经济的支撑点，可以带动当地交通、餐饮、宾馆等第三产业的发展、就业以及财政收入的增加。2001 年，四川省人民政府颁布了《关于加强历史文化名城（镇）保护工作的通知》；2010 年 12 月，在黄龙溪古镇召开了第三届中国（四川）名城古镇文化旅游节和名城古镇发展论坛，评出了 2010 年四川最美古镇，专家们还就古城（镇）的保护与改造、业态培育、规划与发展进行了深入的研讨；2011 年 11 月，四川省颁布了"十二五"旅游业发展规划，将在位于川西平原的大成都打造城乡发展一体、产业融合、富有时代魅力的国际休闲度假旅游目的地。这些举措，无疑将有助于川西古镇扩大影响并增加有效供给。

（四）挑战（T）分析

1. 同质性旅游产品之间的强强联合

2006 年 11 月，周庄与丽江签订了友好合作框架性协议，双方将在古城镇生态环境保护与建设、原生态文化挖掘与保护、旅游品牌的对外宣传等方面进行合作，并定期开展文化遗产保护、旅游策划与开发等方面的交流和专题研讨。毫无疑问，本身就具有品牌优势的周庄与丽江之间的这种合作，将进一步扩大它们的优势，强化其品牌效应，继续拉大它们与川西古镇之间的差距。

山西省则强势推出平遥、王家大院、乔家大院、常家大院等系列古镇游。针对北京、山东、陕西等周边省外游客，开发出快速出行的 3 日游；针对较远省份的游客，则开发出双飞 5 日旅游专线。这些古镇之间都开辟了客运班车，方便本地居民的自行出游。这些举措，无疑会强化山西古镇文化的品牌号召力和对游客的吸引力。

2. 异质性旅游产品的加速发展

在四川省"十二五"旅游业发展规划中，将大成都打造成城乡发展一体的国际休闲度假旅游目的地[3]，这里面自然也包含了发展川西古镇旅游。但是，这个规划的着力点是打造五个特色旅游经济区，即大九寨国际旅游区、环贡嘎生态旅游区、亚丁香格里拉旅游区、川南文化旅游区、秦巴生态旅游区；打造世界遗产、熊猫故乡、蜀山之王、蜀汉三国、大爱无疆、长征丰碑、醉游中国、发现四川一百年 8 条精品旅游线。[4] 这些川内旅游资源的重点开发和升级，无疑会分流相当一部分旅游客源。

显然，面对川外同质性旅游产品和川内异质性旅游产品的竞争，川西古镇群特点不突出、品牌效应较低、交通相对不便、专程旅游成本较高等问题如果不尽快解决，将面临更为严峻的挑战。

三、对策建议

（一）建立健全相关法规

应按最新的技术、环保、安全和质量标准完善和细化已有的关于古（城）镇保护的有关文件，并使之进一步条文化、可操作化、规范化、法律化；强化法治意识，加强普法宣传，将法律精神贯彻到古（城）镇的修复、建设、保护和经营管理的方方面面。

（二）组织措施

由于古（城）镇的修复、建设、保护和经营管理涉及规划、市政建设、历史遗址和文物的保护、环境保护、古（城）镇文明的建设、旅游发展等诸多方面，因此，地方政府应组织具有权威性的综合性的领导和管理机构，对各县（县级市）、区、镇的相关工作进行领导和管理，使各古（城）镇的修复、建设、保护和经营管理有序进行，避免出现盲目建设、破坏古（城）镇原有风貌、模仿跟风、过度商业化、经营中恶性竞争等不良现象。

（三）培养人才

古（城）镇的修复、建设、保护和经营管理离不开人才，而目前从农村考入大学的学生毕业后往往奔大城市而去，古（城）镇所需的各类人才极其缺乏。因此，培养经营管理类和文博、园艺、环保等专业人才已是当务之急。此外，一些传统的技艺也迫切需要培养接班人。解决人才缺乏的途径一是借鉴目前大学生“村官”的模式，从应届大学毕业生中招聘；二是对各古（城）镇现有的管理和专业人员进行培训；三是通过优惠的政策鼓励民间老艺人培养徒弟，并鼓励年轻人拜师学艺。

（四）加强监管

古（城）镇的修复、建设、保护尤其是经营管理有一个过程，这期间离不开政府从卫生、质量、计量、价格、社会治安、环境等方面的监管。这种监管既是地方政府及相关职能部门的责任，也是为了使古（城）镇处于良性的可持续的发展状态，从而为当地居民和旅游者创造一种温馨、和谐、愉快的空间。

参考文献：

[1] 杨振之，陈谨．“形象遮蔽”与“形象叠加”的实证研究［J］．旅游学刊，2003（3）．

[2] 张冬婷，邱扶东．国内外古镇旅游研究综述 [J]. 旅游学刊，2011 (3).

[3] 四川省“十二五”旅游业发展规划．http://baike.baidu.com/view/8098706.htm.

[4] 鞠廷荧，饶世权．川西古镇以特质文化打造品牌的研究 [J]. 天府新论，2011 (1).

四川巴中市红色旅游的资源特征与发展策略①

钟丹，姚寿福，廖川②

【西华大学经济与贸易学院　四川成都　610039】

摘　要：红色旅游资源作为我国的一种特色旅游资源，是我国革命的历史见证。红色旅游在促进爱国主义教育、推进革命老区经济社会平衡发展、弘扬中国红色文化方面具有不可替代的作用。四川省巴中市是全国著名的革命老区、红军之乡，属全国12个重点红色旅游区的“川陕渝红色旅游区”，红色旅游资源富集，红色旅游业应从基础设施、品牌建设、宣传力度、资源整合、区域合作、经营体制等方面着手，不断推动巴中市社会经济全面发展。

关键词：巴中市；红色旅游；资源特征；绿色旅游

红色旅游是以中国共产党在革命战争时期领导人民进行斗争所形成的纪念地、标志物为载体，以其所承载的革命历史、事迹和精神为内涵，组织接待旅游者进行参观游览，学习革命历史知识、接受革命传统教育，同时使旅游者达到振奋精神、放松身心、增加阅历的目的的主题性旅游活动，是开展爱国主义和革命传统教育、弘扬民族精神的重要载体。[1]2004年12月，中共中央办公厅、国务院办公厅印发了《2004—2010年全国红色旅游发展规划纲要》，大大推动了红色旅游产业的发展。巴中市位于四川省东北部，红色旅游资源丰富，经济欠发达，发展红色旅游是其千载难逢的机遇，不仅利于挖掘历史文化，形成旅游品牌，而且可以带来可观的经济效益。但是巴中市经济基础落后，红色文化意识淡薄，旅游开发目标不明确，品牌影响力不大，特色吸引力不强，严重制约了红色旅游的发展。为此，本文从巴中市红色旅游的资源特征分析着手，以期能够促进巴中市红色旅游又好又快地发展。

---

①　资助项目：西华大学校级重点学科“区域经济学”建设项目（项目编号XZD0901－09－1）。

②　作者简介：钟丹（1990－），女，西华大学2009级国际经济与贸易专业学生；姚寿福（1965－），男，安徽歙县人，经济学博士，副教授，硕士生导师，研究方向为产业经济、区域经济；廖川（1990－），男，西华大学2008级国际经济与贸易专业学生。

一、巴中市红色旅游的资源特征

红色旅游资源，是指中国共产党成立以后，在红军长征、抗日战争、解放战争等时期在革命老区和红军长征经过地等地域范围形成的重要的革命纪念地、纪念物及其所承载的革命精神。

（一）资源数量丰富

巴中市位于四川省东北部，处于重庆、成都、西安的金三角地带，红色旅游资源丰富，具有开发红色旅游的优良条件。巴中市是被毛泽东同志誉为“全国第二大苏区”——川陕革命根据地的首府和中心，拥有红军遗址遗迹350处，已经公布的不可移动文物单位130处，全国重点文物保护单位1处3点，省级文物保护单位6处。野外有红军石刻标语、红军战壕万余处，有“红军文物露天博物馆”之称；市内仅馆藏红军文物就有10 619件，其中一级文物13件、二级文物132件、三级文物2 826件。同时巴中红色旅游资源品位高，有全国最大的石刻标语“赤化全川”、“平分土地”等；有川陕革命根据地博物馆，建筑面积3 800余平方面，馆藏文物2万多件，是收藏、研究、宣传川陕苏区革命文物和历史的博物馆；有川陕苏区将帅碑林，该碑林共有石碑2 288块，刻下了8.5万红军战士的英名，其中1 932名将领单独立碑，碑林收集红军将士简历、照片、手迹5 000余件，国家领导人和解放军高级将领的题词500多件；还有红四方面军总指挥部旧址纪念馆、红军入川第一镇“毛浴镇”、红四方面军烈士园、红四门、巴山游击队纪念馆、刘伯坚烈士纪念馆等红色旅游资源——可谓胜迹星列，红映华夏。

（二）资源品位高

在《2004—2010年全国红色旅游发展规划纲要》中，四川省巴中市被列入全国十二个“重点红色旅游区”中的“川陕渝红色旅游区”。[2]在“全国百个红色旅游精品景区”中，巴中就有4个：红四方面军总指挥部旧址纪念馆、川陕革命根据地红军烈士陵园、刘伯坚烈士纪念馆、巴山游击队纪念馆。这里还有全国最大的将帅碑林——川陕苏区将帅碑林，全国最大红军石刻标语群——“赤化全川”、“平分土地”被称为“世界石刻标语之最”，也是全国已知的最大的红军石刻标语、迄今为止世界上发现的最大的石刻标语和军事宣传标语。在《四川省红色旅游发展总体规划（2007—2015）》中，巴中市被列入全省红色旅游重点发展的三大红色旅游主题之一的“川陕苏区”主题、六个红色旅游重点片区之一的“川陕革命根据地旅游片区”，主题形象为“川陕苏区、巴山风雨”。四川省隆重推出的八条精品红色旅游线路之一的“川陕苏区精品旅游线”、三十六个红色旅游经典景区有五个在巴中市，分别是通江红军城、通江红军烈士陵园、平昌刘伯坚烈士纪念馆、南江巴山游击队纪念馆、巴中南龛山。这些红色旅游资源在全省乃至全国都具有较高的知名度，对巴中市开发红色旅游具有重大意义。

（三）资源组合优良

巴中市红色旅游资源丰富，同时生态环境极佳，生态旅游资源集聚。巴中市拥有国家级风景名胜区——光雾山—诺水河国家地质公园，国家森林公园——米仓山、空山、镇龙山、天马山（同时米仓山大、小兰沟又是国家自然保护区），国家水利风景区——江口水乡，省级风景名胜区——神门。这里有中国彩林第一山——光雾山，中国溶洞第一乡——诺水河，中国红叶第一山——米仓山，全国第三大古柏林——南江皇柏林，同时是中国核桃之乡、中国银耳之乡、中国金银花之乡、中国南江黄羊之乡、中国富硒茶之乡，还有隋唐彩雕第一景——全国十大石窟之一的南龛摩崖造像群，三国时期的传奇战场，保存完好的明清古代建筑群——恩阳古镇。这里的人文景观与自然景色、古文化旅游资源与现代人文景观、绿色旅游资源与红色旅游资源，古今紧密结合，人文与自然紧密结合，资源组合优良而且数不胜数，是巴中市旅游产业发展的宝贵财富。

（四）资源分布广泛

巴中市是川陕革命根据地的中心区域，党、政、军、社会团体的首脑机关先后设于通江和巴中，革命文物遍及全市，是当今进行革命传统教育和发展红色旅游的宝贵资源。经巴中市政府多年的努力，现已建成的四个全国爱国主义教育示范基地、两个省级爱国主义教育基地，已经成为巴中市红色旅游独具特色的新亮点。巴中市红色旅游资源遍布全市：巴州区有川陕革命根据地博物馆、川陕苏区将帅碑林；通江县有红四方面军总指挥部旧址纪念馆、王坪烈士陵园、红军石刻标语“赤化全川”与“平分土地”；平昌县有刘伯坚烈士纪念碑；南江县有巴山游击队总指挥部旧址等红色旅游著名景点。

二、推进巴中市红色旅游发展的策略

旅游业是增强区域经济发展、创造就业岗位最活跃的力量。虽然红色旅游的门票大多是免费的，不能带来直接的经济效益，但是红色旅游可以带动吃、住、行、娱、购等相关产业的发展，产业带动作用和促进作用不容忽视。

（一）完善基础设施，提高旅游服务水平

巴中市位于川陕交界地区，多山，是典型的老少边穷地带。长期以来，落后的交通条件成为巴中市旅游业发展的一大瓶颈，更严重束缚和制约了巴中市的对外交流与社会经济发展。交通业是旅游业的重要组成部分，是经济发展的基础性先导产业，是旅游业发展必不可少的先决条件。交通便利与否直接影响旅游者对旅游目的地的选择和旅游日程的安排，道路质量的好坏更关系到游客的旅游心情和满意度。因此，大力改善交通条件是巴中市发展旅游业的必经之路。

1. 交通运输方面

交通是旅游发展的前提，旅游发展反过来又会促进交通的改善。对外要着力抓好巴（中）—广（元）高速公路、巴（中）—南（充）高速公路和巴（中）—乐（坝）铁路、巴（中）—达（州）铁路的建设与运行工作，全面改善对外交通条件，打造连接陕西、重庆和成都的区域交通大动脉。对内要重点抓好国家重点风景名胜区、国家森林公园、红色旅游经典景区（点）的景区公路、区间公路和旅游环线公路建设，全面提高旅游景区的可进入度、快捷度，实现巴中市旅游交通网络化，为旅游者提供方便、快捷安全的交通运输网络。

2. 景区接待方面

优质的服务是吸引游客的主要因素。为了促进巴中市红色旅游业的发展，服务质量需要再上台阶，应以改善服务水平为抓手，以满足游客需求为重点，以提升服务质量为目标，建设档次分明、布局合理、特色突出、安全卫生、服务优良的游客中心，形成"食、住、行、游、购、娱"的综合接待服务体系。同时在旅游城镇、旅游景区规划建设一定规模的环境优雅、各具特色的旅游餐饮中心和美食街，体现巴中市在餐饮方面的独特风韵。

3. 网络通信方面

旅游产品是一种包含景点、交通、服务等多种属性的综合性商品，需要多途径、多形式、多方位争夺旅游客源。配套完善网络通信设施，提高旅游区内移动电话与网络的覆盖面，减少旅游区内通信死角，大力提高游客满意度；加强网络建设，为旅游开发与服务提供有力保证；增加旅游宣传投入，通过文字介绍、图片、影像、网络和现场咨询等形式全方位营销，不断树立旅游形象，有力促进旅游业健康发展。

（二）高举红色品牌，打造红色旅游精品

红色旅游的发展，必须在全省乃至全国打造出知名度才能吸引大量游客，带动当地旅游业的发展。红色旅游的发展离不开红色品牌。巴中市必须坚持红色旅游资源保护与开发并举策略，才能打造出红色旅游精品景区；坚持深度挖掘红色文化内涵，才能树立起红色旅游品牌。在发展过程中，巴中市红色旅游要不断增强红色文化底蕴，以全国重点红色旅游区"川陕渝红色旅游区"为战略品牌，以"川陕苏区首府"为眼球吸引点，以"川陕革命根据地博物馆"、"川陕苏区将帅碑林"为旅游精品，在全国范围内大力宣传，不断扩大巴中市红色旅游的知名度，不断增强巴中市红色旅游的吸引力。

（三）转变发展意识，加大旅游宣传力度

长期以来，巴中市红色旅游不为外界所知的一个重要原因就是营销意识落后，宣传力度不够。要想把巴中市高品位的红色旅游资源推向市场，首先要确立能反映巴中市各红色旅游景区丰富的红色文化精髓，如将川陕苏区将帅碑林——全国最大的将帅碑林作为旅游形象在各大电视、报刊、网络等现代媒体上进行大力宣传。其次要继续巩固西安、成都、重庆等客源市场，深入拓展北京、内蒙古、广西、江苏、浙江、上海等中远程客源市场，突破泰国、新加坡等入境旅游市场。同时，巴中市旅游主管部门可以通过与企业、社会团体、旅行社等联合举行各式各样的旅游展览会或大型促销活动进行宣传，并通过传媒的力量进行跟踪报道。网络是成本低、效果佳、方便快捷的营销方式。巴中市红色旅游专区网站应注意改善网页设计和丰富内容，增加景区视频和图片，详细介绍红色旅游景区，提高网页吸引力，建立和完善红色旅游网络营销平台，为游客提供更为便捷的远程旅游服务，争取在区域乃至全国获得轰动效应。

（四）整合红色旅游资源和绿色旅游资源，突显地方文化特色

旅游的精髓和灵魂是文化，游客到旅游地的目的不仅是参观欣赏自然景观，更重要的是看到不同地域的民俗风情、历史文化等。[3] 因此，红色旅游必须突出地方文化

特色。巴中市不仅有丰富的红色旅游资源，还有许多具有地方特色的自然风光、古人文景观、地方特色文化。数不胜数的自然资源、红色旅游资源与地方文化资源汇聚在一起，是巴中市旅游业发展的一笔宝贵财富。通过以红色旅游为重点，将红色旅游与自然资源或地方文化资源有机结合起来，可以拓展红色旅游的广度、发掘红色旅游的深度，形成以红色旅游为载体，以绿色旅游为基础，以地方文化资源为补充的多样的综合的发展格局，这是巴中市旅游业的发展方向和出路。把爱国主义、革命传统教育与自然风光、人文景观欣赏有机结合起来，可以形成资源叠加的优势和吸引力。

（五）加强区域合作，打造红色旅游大圈

红色旅游资源的分散性和跨区域性决定了红色旅游开发必须走区域合作的发展道路。巴中市红色旅游开发必须实施“大区域”战略，在省内积极与达州市和广元市联合，建立区域旅游经济联盟[4]，以产品和市场为核心，创新合作理念和方式，与周边地市建立更加紧密、更加务实的区域旅游合作机制[5]，打造川东北红色旅游区。在省外加强与陕西、重庆等省市的联系，进一步加强对“川陕渝红色旅游精品线路”深度挖掘。以川、陕、渝三省市区域合作为载体，扩大区域开发范围，构建红色旅游大圈，共同开发周边旅游线路，联袂打造旅游精品，形成产品互补、客源互送、宣传互动、利益互享的多赢发展格局。这样既可以扩大客源市场，也可以形成联动效应，促进区域经济的协调发展。

（六）优化经营体制，建立新型管理模式

经营体制和管理机制是影响红色旅游能否良性发展的重要因素。针对巴中市旅游经营管理体制存在的问题，应从两个方面进行改革：一是对于巴中市旅游管理部门过多容易造成管理混乱和不作为情况，应指定一个政府部门专门管理红色旅游，最大程度发挥巴中市红色旅游资源的效能，避免造成资源浪费和不作为情况；二是鉴于现阶段巴中市红色旅游缺乏市场参与与竞争动力的情况，进行经营体制改革，转换政府职能，通过引入企业投资方式，建立旅游发展现代企业运行机制，规范行业管理，全面提升服务标准和服务质量，促使红色旅游资源得到合理开发和利用，充分发挥红色旅游资源带动区域经济发展的作用。

参考文献：

[1] 中共中央办公厅、国务院．2004—2010年全国红色旅游发展规划纲要[Z]．2004年12月．

[2] 杨菲．巴中是“红军文物露天博物馆”［EB/OL］．人民网，2005－03－18．

[3] 兰虹，坤若翱．阿坝州文化旅游资源的保护与开发［J］．西华大学学报：哲社版，2010（2）．

[4] 张华．我国区域旅游经济联盟存在的问题及对策探讨［J］．四川经济管理学院学报，2010（1）．

[5] 巴中市人民政府．巴中市人民政府关于加快旅游产业发展的意见［Z］．2010－06－04．

遵义红色旅游发展的问题及对策[①]

张华，游文静[②]

【西华大学经济与贸易学院　四川成都　610039】

摘　要： 红色旅游是我国的一种特色旅游资源，是我国革命历史遗迹与旅游结合的产物，时代特征突出。贵州省遵义市作为重要的红色旅游资源地，更是有着举足轻重的地位。本文在总结遵义红色旅游发展现状的基础上，采用 SWOT 分析法对遵义红色旅游发展的优势、劣势、机遇、挑战进行了详细分析，并从观念转变、资源整合、设施完善、体制优化、文化突显、游客需求六个方面提出了发展对策。

关键词： 遵义；红色旅游；特色旅游；生态旅游

红色旅游不仅是一大经济产业、一种社会文化事业，更是一项利党利国利民的政治工程，同时还是爱国主义教育、民族精神培养的重要载体，还是社会经济结构调整、区域旅游业新增长点培育、革命老区小康社会建设的一种创新方式。[1]《2004—2010 年全国红色旅游发展规划纲要》引起了全国范围内的“红色旅游”热潮，《2011—2015 年全国红色旅游发展规划纲要》更是进一步推进了红色旅游的发展。红色旅游的大规模兴起和发展，不仅满足了旅游市场的一些特殊需求，也带动了一些革命老区的社会经济发展。遵义市是贵州省第二大城市，是贵州省北线旅游中心，是 1982 年国务院首批公布的全国 24 个历史文化名城之一，地域宽广，到处都有红军及共和国缔造者们的英雄足迹，红军在遵义地区活动的时间占到长征全程的三分之一，遵义会议在危急时刻挽救了党、挽救了红军，“四渡赤水”是古今中外军事史上的一个奇迹。因此，探讨遵义红色旅游发展的问题，对于加强革命传统教育、培养爱国情感、弘扬民族精神、带动革命老区的社会经济发展具有十分重要的作用。

一、遵义红色旅游发展的现状

（一）红色旅游发展规划完善

红色旅游发展离不开科学规划。近年来，遵义市政府和有关部门非常重视规划

① 资助项目：西华大学校级重点学科建设项目“区域经济学”（XZD0901－09－1）。

② 作者简介：张华（1970－），男，四川开江人，副教授，硕士生导师，研究方向为区域经济、旅游管理；游文静（1988－），女，四川广安人，2012 级旅游管理专业硕士研究生。

工作，先后编制了《遵义市旅游发展总体规划》、《遵义市“十一五”旅游规划》、《遵义市红色旅游发展纲要》、《遵义县、红花岗区、余庆县、绥阳县旅游发展总体规划》、《习水县红色旅游景区修建性详细规划》、《娄山关红色旅游修建性详规》等十多个规划指导遵义红色旅游的发展[2]，并投入3亿多元的资金修建了遵义会议陈列馆、四渡赤水纪念馆、娄山关景区、天梯等重大红色旅游工程，整修了遵义会议会址、红军总政治部旧址、红军街、红军山烈士陵园等重要红色旅游遗址，为红色旅游发展奠定了坚实基础。但与井冈山、延安等地相比还存在差距。

（二）红色旅游资源点多线长

遵义作为长征途中的重要转折点，在贵州以长征文化为主的红色旅游资源中具有举足轻重的地位。遵义及其周边的红色旅游点有160余处，具有开发潜力的精品旅游点50多处，这些资源相对集中，便于开发。在整个贵州的版图上，北至赤水，南到荔波，东至玉屏，西至赫章、盘县，以遵义为中心，形成了三线三区。三线为遵义——仁怀——习水——赤水，遵义——黔西——大方——毕节——赫章——威宁以及遵义——镇远——黎平；三区则是以铜仁为中心的黔东红色旅游区，以遵义等为中心的黔西南红色旅游区，以余庆为中心的黔东北红色旅游区。[3]

（三）红色旅游产品总量丰富

遵义汇集了当年红军强渡乌江、遵义会议、四渡赤水、娄山关大捷、兵逼贵阳等中国工农红军长征史的精华，红军当年在遵义的诸多革命活动留下了丰富的珍贵遗迹。据不完全统计，全市的红色旅游资源现有近百处。2004年以来，在国家和省的帮助下，遵义市先后完善和开发了遵义会议会址系列纪念点、红军烈士陵园、娄山关、四渡赤水纪念馆、红军街、红九军团司令部旧址、乌江渡等20多个重点红色旅游区（点），形成了发展红色旅游的重点产品系列，这使得遵义本就众多的红色旅游产品的总量更加丰富。

（四）红色旅游品牌初步建立

从2009年9月开始，遵义市着重强调“遵义——仁怀——习水——赤水”、“遵义——湄潭——凤冈——余庆”两条精品文化旅游线路的打造。精品线路的打造是发展遵义旅游业的重要途径，也是打破黔北旅游业瓶颈的有效措施。这两条重点旅游线路非常自然地将游客与遵义周边较大的城市合理地串联在一起，将生态旅游、绿色旅游、酒文化融为一体，使得游客在游览众多红色旅游景点的同时，也能够欣赏到遵义的大自然风光，领悟到遵义悠久的历史文化，体验到少数民族的风土人情。特别是以赤水河为纽带串起的“遵义——仁怀——习水——赤水”这条旅游线路，旅游资源具有品位高、特色强、分布广、组合好、开发潜力大的特点，已经具备打造国际级一流旅游目的地的潜力，必将崛起成为贵州旅游的又一新亮点。在红色旅游产品营销方面，遵义市正在与韶山、井冈山、延安、石家庄一起联合打造中国五大革命纪念地的红色旅游品牌，再加上遵义市本身的几个比较成熟的旅游产品，如遵义会议会址、毛主席旧居等景点，使得遵义市红色旅游的品牌得以初步建立。

（五）红色旅游效益逐年增长

遵义以“长征文化”为主线的红色旅游资源非常丰富，受到了各地旅游爱好者的喜爱。近年来，遵义市及周边各地发展红色旅游的热情高涨，红色旅游接待人数和综合收入逐年稳步增长，经济效益与社会效益也逐年增长。遵义市统计局国民经济和社会发展统计公报数据显示，遵义市2004—2010年旅游产业的各项指标均处于持续稳步增长水平，特别是2006年，游客数量猛增，接待游客近575万人次，比上年增长77.4%，旅游综合收入35.7亿，比上年增长了135.1%。虽然在2007—2008年期间，受全球金融危机和汶川“5·12”大地震的影响，国外游客人次和收入有所减少，但遵义接待游客的人次和综合收入并没有因此下滑，增长率仍稳定在45.5%以上，之后几年，更是保持逐年增长势头。2011年接待游客2 624.68万人次，实现旅游综合收入240.77亿元，分别增长57.9%和71.0%。

二、遵义红色旅游SWOT分析

（一）优势

1. 起步较早，已形成颇具特色的红色旅游品牌[4]

红色旅游在遵义发展到现在，已经形成了许多全国闻名的红色旅游品牌，如毛泽东旧居、遵义会议会址、红三军团驻地旧址、四渡赤水纪念馆等景点。这些景点在红军长征途中具有重要意义，使得被称为“革命转折点”的遵义以得天独厚的红色旅游资源在全国享有很高的知名度和美誉度。在此基础上，遵义市重点突出“红动遵义，红满遵义”的理念，在城市里部分实施了以长征文化为主题的城市道路命名体系，如延安路、赤水大道等，并且建成了全国唯一的中国女红军纪念馆等红色景点，为红色旅游发展奠定了良好的基础，不断强化着自己的红色旅游品牌，使遵义市在全国红色旅游景区中具有较强的竞争优势。

2. 资源丰富，具有红色旅游精品线路开发潜力

遵义市处处都存在着蕴含着长征精神的红色旅游资源。因为在中国革命的历史上，遵义是整个长征过程中重要的转折点，在遵义召开了闻名中外的遵义会议，并且也是在这里，确定了毛泽东同志在军事上的领导地位，之后更是成为红军的重要根据地，许多重要战役也是在遵义及周边组织进行的，所以红色主调支撑起了这个城市。周边的红色旅游点有160余处，具有开发潜力的精品旅游点50多处，形成了三线三区，具有巨大的红色旅游开发潜力。

3. 特点鲜明，适宜打造复合型区域旅游精品

遵义市地处云贵高原，喀斯特地貌遍布，多山、多水、多湖、多洞，自然旅游资源丰富。同时，遵义地区拥有17个少数民族，民族文化多样，历史文化遗迹众多，构成了丰富的自然人文旅游资源。所以，将这些自然旅游资源与人文旅游资源进行优化组合，再与红色旅游结合，形成不同特色的旅游产品，“红绿”结合，“红古”结合，以人物为主线，以历史事件为主线，以影视作品为主线，别出心裁地设计一些游客可参与、可体验、可感知、可感动的项目，让游客走进红色遵义、了解红色遵义、感悟红色遵义。

4. 特色突出，具备革命纪念地红色旅游条件

首先，遵义会议的召开在中国红色革命的历史上有着重要的地位，是整个革命

过程中的转折点，所以，遵义具有知名度高这一最大的优势。其次，遵义具有宜人的气候，冬无严寒，夏无酷暑，而且森林覆盖率高，空气清新，阳光明媚，温度和湿度等都适中，适合旅游的时间长，这些良好的气候条件是遵义打造革命纪念地红色旅游的又一优势。最后，遵义红色文化与山水文化结合得十分完美，整个城市山环水绕，绮丽动人，城市里的红色文化景观恰似万绿丛中一点红，点缀着这座高原之城，形成了一道独特的风景。乌江、赤水河沿岸不仅景色迷人，更是红军长征中最具传奇色彩的地域，优美的山水风光与红军长征文化的融合，使得游客既可感受大自然的美丽，又可体验长征文化，领悟革命真谛。

（二）劣势

1. 地理位置偏远

遵义市位于我国西南边陲，地形复杂，可进入性较差，邻近社会经济发达省区较少，长途游客可能会因路途遥远、交通费用较高、时间耗用较多而望而却步，限制了客源市场。同时，由于地处云贵高原，海拔较高，切割破碎，地形崎岖，山地峡岩很多，喀斯特地貌显著，导致遵义市及周边的内部交通网络相比其他省市较为落后，铁路与公路的运营里程也与全国其他革命地区有着一定的差距，使得在遵义市的许多红色旅游景点进入难度大。并且各个红色旅游点之间的道路十分狭窄曲折，难以实现区域景点的联动发展，使得遵义红色旅游线路规划和设计困难重重。基础交通设施建设已成为制约遵义红色旅游发展的瓶颈。

2. 经济水平较低

遵义市地处偏远，红色旅游的游客主要来自于省内及周边 7 个省区，而城市本身的经济水平又相对落后。2010 年遵义市的生产总值为 908.76 亿元，人均生产总值为 11 584 元，使得政府投在旅游方面的资金量严重不足，无法修建一系列的基础设施，导致到红色旅游区的交通建设薄弱，道路等级低，连接不够通畅。基本服务环境有待改善。而且遵义市的客源市场受到了多方面条件的制约：一是贵州省的人均收入水平不足以支撑起红色旅游的发展；二是与贵州相邻的各个省市的经济水平同样不高，这使得遵义的游客数量欠充足；三是旅游产品单一，配套设施不够齐全，旅游综合收益不明显。

3. 经营体制陈旧

目前遵义的红色旅游资源仍属多个部门共同管理，经营管理体制比较混乱，导致不同的部门因为不同的立场无法对红色旅游产品的开发利用达成统一的思想，不能完全站在一个整体的角度推出具有符合时代背景的个性产品。另外，由于红色旅游具有一定的政府性质，多数景点无法形成自己的产业化运作机制，不能走进相应的旅游市场，以免费的红色旅游为主，导致红色旅游景区收支无法平衡，在经济方面限制了红色旅游景点的发展。正由于红色旅游景点多为政府扶持，不由景点自行进行市场经营，使得部分工作人员服务热情不高，业绩刺激度不够，游客无法得到满意的服务。

4. 资源整合不力

红色旅游的主题性很强，但是不少红色旅游景点的开发并没有融入到遵义特定的地域文化中，并没有展现出历史文化发展的传承性和地域文化的独特性。许多景点的开发形式和展示内容雷同，旅游资源整合力度不够。许多红色景点（区）在设计方面未能很好地与遵义当地的自然资源、风土人情融合起来，基本上是以分散的、单个的参观点为主，削弱了红色景点（区）的经济开发价值。[4]一些地方打着开展红色旅游的旗帜，不考虑市场需求和开展旅游的基础条件，急于上项目，盲目地大兴土木。还有些地方，为了吸引游客，不尊重历史事实，不认真研究历史资料，凭猜测想象甚至编造故事的办法，把红色旅游迪斯尼化，创造新的红色旅游景点。这些旅游资源的开发不仅造成了资金的浪费、旅游资源的破坏，还导致红色旅游缺乏品位、泛滥化、庸俗化，给今后的经营管理带来巨大的负担。

（三）机遇

1. 政府扶持多

2004 年国家有关部门印发了《2004—2010 年全国红色旅游发展规划纲要》后，于 2011 年又出台了《2011—2015 年全国红色旅游发展规划纲要》，对红色旅游的发展起到了重要的指导作用和推动作用。贵州省及其地方政府包括遵义市政府对纲要的出台积极响应，相继推出了一系列贯彻落实的意见、规划和举措，在多方面对遵义市红色旅游的发展给予了重大支持，为遵义市的红色旅游发展创造了非常好的政策环境。

2. 经济形势好

近年，我国的经济持续稳定增长，各省市的经济迅速发展，贵州省也不例外。2010 年我国的 GDP 为 39. 8 万亿元，贵州省的 GDP 为 4 593. 97 亿元，比上年增长了 12. 8%，而人均生产总值也达到了 14 142 元。2011 年我国的 GDP 为 47. 16 万亿元，贵州省的 GDP 为 5 600 亿元，人均生产总值达到 16 117 元。贵州周边的省市人均生产总值也都至少增长了 10 个百分点。从政府角度来看，经济的增长使得政府有较多的资金投入到红色旅游相关的基础设施建设上去。从个人角度来说，经济的增长使得游客有更多的钱用于出游，客观上增加了红色旅游景区的客源市场。

3. 旅游增温快

近年来，旅游业在我国越来越受到重视，旅游人数也在每年逐步提升。据国家统计局数据，2008 年国内旅游人数由 1998 年的 6. 94 亿人次上升到 2008 年的 17. 1 亿人次，年均增长率为 9. 4%。据国家旅游局统计，2011 年我国国内旅游人数达 26. 4 亿人次，比上年增长 13. 2%，居民出游率近 2 次/人。据预测，到 2015 年我国国内旅游人数将达到 33 亿人次。但与发达国家相比，我国居民年均出游次数依然较少，旅游业未来发展空间巨大。遵义市的旅游业同样得到了发展，国内外游客每年都有大幅增加。遵义市 2011 年进一步完善了遵义会议会址、娄山关、乌江渡、四渡赤水等红色旅游景区的配套设施；观音岩景区、湄潭县“天下第一壶”茶文化主题公园等旅游景点，对外宣传力度加大，提高了遵义的知晓度；全面启动茅台古镇环境整治及旅游开发。全年接待游客 2 624. 68 万人次，实现旅游综合收入 240. 77 亿元，分别增长 57. 9% 和 71. 0%。遵义市红色旅游的发展必然会在我国整体的旅游发展中继续前行。

（四）挑战

1. 旅游资源开发雷同

全国的红色旅游景区有很多，但是具有特色的红色景区却很少。大多数旅游地区在开发上还停留在建造革命纪念馆、革命纪念碑等。在经营上还停留在遗址参观、简单的图片和物品展示阶段。内容雷同，形式单调，缺乏游客的参与性与互动性，没有充分展示不同旧址的特定文化内涵，使得游客呈现出老年人多、青年人少，国内游客多、国外游客少的特点，在客源市场上面临着很大的挑战。

2. 旅游产品同性竞争较激烈

遵义市的红色旅游产品多为各种纪念馆、遗址等。在国家大力鼓励、扶持红色旅游发展的情况下，全国各地开发出大量同质性的红色旅游景点。这些旅游产品的卖点几乎没有什么大的区别，而且在形式上也充满了可替代性。这进一步加剧了区域间红色旅游产品的竞争，给遵义红色旅游产品的深度开发带来了巨大的挑战。

3. 基础配套设施建设难度大

遵义地处西南边陲，地形起伏较大，地势崎岖，地貌复杂，多为喀斯特熔岩地貌，不利于公路、铁路等交通设施的建设，再加上经济不发达，高速公路发展缓慢，民用机场还未修建妥善，这将给周边地区及其他发达地区游客的流动形成障碍。同时，其他配套设施如旅游公厕、宾馆、餐饮、商业等，数量与质量也有待提高，这些都是遵义红色旅游的发展面临的巨大挑战。据了解，四面八方连接遵义地区的各类道路正在高速建设当中，主要景区公路升级改造工作将进一步加快，乡村旅游区村级油路建设力度也将得到加大。除了充分发挥好遵义至北京、上海、广州的三趟始发列车的宣传和带动功能外，遵义还将加快黔渝快速铁路建设步伐，力争开通成都—重庆—遵义—贵阳—广州快速铁路旅游专列。另外还将加快新舟机场、构皮滩电站过船设施等的建设步伐。

三、遵义红色旅游发展的对策

（一）转变观念，提高接待服务水平

由于红色旅游是一种特殊的旅游形式，所以服务水平较其他旅游形式有着很大差别。这需要大力提高工作人员的接待服务水平：一要转变观念，树立“以游客为本”、“游客就是上帝”的观念；二要改变服务意识，不断与时俱进，提高管理水平；三要以游客为中心，充分考虑游客的心理和需求，在红色旅游产品的设计过程中，站在游客的角度设计旅游活动。红色旅游不应是按照规定动作进去出来就结束的机械活动，应尽量做到让每位游客都能高兴而来，满意而归，并在充分享受旅游乐趣的过程中，感受红色文化，培养红色精神。

（二）整合资源，打造生态红色品牌

旅游资源是旅游业发展的基础和前提，旅游资源必须合理开发才能利用并发挥其功效。[5]遵义有着悠久的文化历史、美丽的大自然生态旅游资源和密集分布的人文旅游资源。遵义在红色旅游的开发利用过程中，应将红色旅游融入当地特色旅游资源中，把众多旅游资源整合在一起，即把红色旅游与生态旅游、人文旅游有机结合在一起，使遵义红色旅游科学、合理发展，形成具有遵义特色的生态红色品牌，以一种独特的方式吸引各地旅游者来遵义观光旅游，促使遵义旅游业进一步持续发展。

（三）完善设施，开发地方特色产品

随着社会经济的发展，人们的旅游需求越来越旺盛，对旅游目的地配套设施的要求也越来越高。道路畅通，交通便捷，是旅游活动的基本要求。不断加强基础设施建设特别是旅游交通条件改善，吸引更多游客，延长游客停留时间，取得更多旅游经济效益，对红色旅游业的发展至关重要。遵义目前通往成都、重庆、昆明、北海以及贵阳的道路条件不是很好，在很大程度上限制了旅客的出行，也束缚了遵义红色旅游业的发展。改造现有道路特别是弯大坡陡路窄的道路，不断提高交通的安全性能，可以吸引更多游客；新建机场、铁路、高速公路，把遵义市与周边城市和红色旅游地联系在一起，可以增加更多游客；加强内部旅游资源（景点）的融合与联系，优化各旅游资源（景点）之间的交通条件，可以留住更多游客。同时，修建酒店、饭店、商场，发展红军文化商业街区，开发纪念品、服装、手工制品等旅游商品，完善景区医院、通信、网络等配套设施，将遵义地方文化与红军精神有机结合在一起，可以让游客来时充分感受到遵义的旅游特色，回去时，还愿意带上遵义的特色产品，这样既可以带动相关产业的发展，还可以打造旅游品牌。

（四）创新体制，优化经营管理模式

管理体制和经营模式是影响红色旅游发展的两个重要因素。由资源驱动型、投资驱动型向创新驱动型转变是红色旅游业健康快速发展的一种有效途径，优化经营管理模式是其中一种可行方式。遵义红色旅游在管理上由多个部门联合监管，造成管理低效、经营低能、资源浪费等问题，必须实行政府主导、企业主体、市场推进战略。加强政府对旅游规划的主导、政策法规的主导、发展环境的主导、行业管理的主导和投融资平台的主导，调整和优化旅游产业结构，加快旅游基础设施建设；转变观念，积极发挥主导作用，充分利用区域旅游经济联盟的功能，推进大区域旅游业的构建，促进区域旅游经济的发展[6]；加快旅游企业自主创新与改革发展步伐，增强企业综合实力，依托企业全面推进旅游产业的发展；充分发挥市场对旅游资源和各项旅游生产力要素的基础配置作用，把发挥政府职能与市场化运作有机结合起来，按照市场经济规律发展旅游产业。只有不断优化经营管理模式，遵义红色旅游产业体系才能不断健全，才能实现可持续发展。

（五）突显主题，营造红色环境氛围

主题鲜明，个性突出，氛围渲染，可以紧拽游客的心，更会给游客留下深刻印象。主题方面，可在进入遵义的主要道路口，尤其是在遵义火车站、汽车站、高速公路出口附近醒目标出遵义的“红色”，如“遵义——转折之城”、“雄关漫道真如铁，而今迈步从头越！”等标语，特别是遵义各时期那些老标语，更能让人回味那一段特别的历史，感受遵义浓浓的红色文化；同时这既能给游客留下深刻的第一印象，鼓动起畅游的激情，同时也体现遵义人的精神，折射出遵义人的取向。个性方面，可在通往各个红色景区的途中建造一些与红色文化相关的路牌、标语、雕塑等，在分布上从稀疏到密集，以渐进式设计营造个性，烘托氛围，让游客产生越来越浓厚的感觉。环境方面，可在红色旅游景区内及附近建造相关的红色主题广场、红色文化公园等，公交车、出租车上进行红色移动宣传，公共场所用大型屏幕播放红色文化内容，工作人员穿红军服装，游客戴红军袖标，创设一种浓郁的环境气氛，可以给游客带来不一样的感观刺激，进一步加深对遵义红色文化的了解和体会。总之，红色旅游景区的发展要"以红为主"，给游客一种红色观光体验，才能吸引更多游客。

（六）动静结合，增强游客旅游体验

旅游产品设计需要遵循静态与动态相结合的原则。在传统观光讲解、简单橱窗式图片展示、文物静态摆放的基础上，要配合开发互动性、参与性和体验型项目，才能增加红色旅游的活动内容，增添红色旅游的活力，增强红色旅游的吸引力。可在红色景区附近投资建立一个红色旅游体验区，把第二次国内革命战争时期的一些重要先烈人物和普通人的信仰追求、重要活动、生活方式、风土人情等用情景剧方式再现或展现，并可让游客参与其中，在当一天红军、参加一天革命的过程中，感悟共和国缔造者当年伟大的信仰、不懈的追求、高尚的情操和不懈的实践。这样既能营造遵义的红色文化氛围，又可让游客选择不同的旅游产品，还能让游客在参与体验过程中感悟红军精神。

红色旅游处处彰显爱国主义的教育和革命精神的传承，其发展必定会得到国家和政府的大力扶持，也必然由市场推进，同时，红色旅游资源与绿色旅游资源及人文旅游资源是分不开的。因此，红色旅游在开发发展过程中，要与当地其他旅游资源共同协调发展，以红色文化为重点，避免单一化，应走多样化、综合化的发展道路，不断促进红色旅游可持续发展。

参考文献：

[1] 方世敏，阎友兵．红色旅游研究［M］．长沙：湖南人民出版社，2007.

[2] 钟全贵．遵义红色旅游发展思考［J］．中小企业管理与科技，2010（5）.

[3] 罗颖．贵州红色旅游的现状与选择［J］．中共贵州省委党校学报，2009（4）.

[4] 胥思省，龙茂兴．贵州省红色旅游发展的 SWOT 分析及对策研究［J］．安徽农业科学，2010（8）.

[5] 袁春梅，巫从平．大力提升我国旅游服务贸易国际竞争力的必要性、可行性及对策研究［J］．西部经济管理论坛，2011（4）.

[6] 张华．我国区域旅游经济联盟存在的问题及对策探讨［J］．四川经济管理学院学报，2010（1）.

仪陇县红色旅游发展思考①

丁雪凇，卓武扬②

【西华大学经济与贸易学院 四川成都 610039】

摘 要：仪陇县位于四川省南充市东北部，是朱德元帅、张思德同志的故乡。本文通过对仪陇红色旅游发展的SWOT分析，罗列出其优势、劣势、机遇和挑战，提出对仪陇红色旅游可持续发展的具体建议：在产品开发上变劣势为优势、加快基础设施建设、建设便捷的交通网络体系、加强旅游从业人员的培训等。

关键词：仪陇县；红色旅游；SWOT分析

红色旅游主要是指以中国共产党领导中国人民在革命和战争时期建立丰功伟绩所形成的纪念地、标志物等为载体，以其所承载的革命历史、革命事迹和革命精神为内涵，组织接待旅游者开展缅怀学习、参观旅游、实现革命传统教育和自我完善功能的一种新型的主题性旅游经济活动。[1]

红色旅游是仪陇县旅游的宝贵财富。仪陇县位于四川省南充市东北部嘉陵江畔，东邻平昌，南接营山、蓬安，西接南部、阆中，北连巴中，是开国十大元帅之首朱德同志和为人民服务典范张思德同志的故乡，作为朱德故里，琳琅山风景区有着很不寻常的历史和特色文化。它的秀丽风光、政治影响、教育意义和传奇色彩，以一种得天独厚的魅力感动、吸引和征服着千千万万慕名前来参观的海内外游客。

一、仪陇县红色旅游SWOT分析

（一）优势

1. 红色旅游资源丰富，种类多

仪陇县人杰地灵，风光秀美，旅游资源十分丰富，自然风光和人文景观交相辉映，是理想的旅游休闲胜地。神奇的朱德故里、神秘的客家文化吸引着来自四面八方的游客。仪陇县旅游资源独特，境内有国家级风景名胜区——琳琅山风景区；全国闻名的四川四大离堆之一的新政离堆屹立江边，全国最大的单字石刻“德”岩叹

① 资助项目：西华大学校级重点学科建设项目“区域经济学”（XZD0901-09-1）。

② 作者简介：丁雪凇（1984-），男，工学学士，2012级旅游管理专业硕士研究生；卓武扬（1975-），男，四川泸州人，经济学博士（后），法学博士后，教授，硕士生导师，研究方向为投融资机制。

为观止；有“川北客家第一庄”——丁氏庄园；有堪称国内一绝的金粟书岩，800余米长，雄奇瑰丽；有被列入全国100家爱国主义教育基地的朱德故居纪念馆，是全国红色旅游重点发展的30条精品路线中“重庆——广安——仪陇——巴中线”的重要节点。

2. 红色旅游资源知名度较高

仪陇县有国家AAAA级琳琅山景区，核心景区以“朱德精神”为主题，以红色文化为主线，以自然生态为背景，景区生态环境优美、游览内容丰富、基础设施完善，是理想的瞻仰缅怀、休闲观光的旅游胜地，是四川将帅故里游览线上的主要景点。该风景区具有增补川东北风景资源空白的地位和作用，为仪陇县红色旅游优先优质发展提供了可行性。在2010年10月25日，南充市在成都世纪城国际会展中心南充旅游文化馆开展了朱德故里的红色旅游推广活动，前来的顾客、商人拿着红色旅游宣传单仔细观看。前来咨询的人士络绎不绝，对朱德故里表现出极大的热情，不少顾客对旅游线路安排、道路状况等十分关注，纷纷表示一定要到朱德故里旅游。

3. 区位优势明显，外部交通便捷

南充市与多个市区相邻，尤其是重庆这个直辖市，不仅为成渝经济区的发展作出贡献，而且能够带动川东北产业群以点带面的发展，重庆的交通便捷也为仪陇的旅游市场带来了客源；同时，便捷的外部交通为旅客到达南充、到达仪陇提供了方便，增加了可进入性。

4. 有力的政策保证

2004年8月，胡锦涛总书记在视察仪陇县时，发现仪陇县的基础设施建设还不足，发现元帅故乡如此贫困，提出要大力建设朱德元帅故乡的想法，由国家提供资金，大力建设仪陇县的基础设施，并做出了“一定要把朱德故居保护好，一定要把朱德故里建设好”的重要指示。国家领导的重视为仪陇县红色旅游发展提供了很好的政策保障和资金支持，是仪陇县红色旅游发展不可多得的机遇。

（二）劣势

1. 景区基础设施薄弱，可进入性差

仪陇县红色旅游景区大部分位于偏远山村，经济落后，基础设施薄弱，可进入性差，究其原因是仪陇县能投入到旅游业发展中的资金有限。目前，仪陇县城的整体状况虽较之前有所改善，但整个县域经济体系等还不成熟，当地百姓还没有完全脱离贫困，而且红色旅游景区的基础设施还不完善，环境破坏严重。随着仪陇县红色旅游的快速发展，景区的游客数量不断增加，红色旅游景区的基础设施不能满足顾客需要的问题日益突出。[2]

2. 交通运输条件不完善，直达性差

虽然仪陇县的交通条件得到了较大发展，但是到达景区的基础设施和配套设施并不完善。目前，还没有直达仪陇县的火车线路，通往仪陇的高速公路还处于修建中，景区直达性差，旅客需要多次转车才能到达。交通不便影响游客的选择和满意度，这是仪陇县发展旅游产业急需解决的问题。

3. 从业人员素质较低，服务质量较差

仪陇县红色旅游的从业人员普遍没有受过专业培训，缺乏相关旅游知识，对旅游景区的历史文化内涵了解更少。旅游部门的开发规划、利用方案的针对性不强；导游的解说没有吸引力，不能很好为旅客提供服务，大大降低了旅客的心理预期。俗话说细节决定成败，小事更是决定成功的重要之处。因此，仪陇县红色旅游要多从细节出发，做好服务，不断提升游客的满意度。

（三）仪陇红色旅游面临的机遇

1. 政府对红色旅游十分重视

《2011—2015 年全国红色旅游发展规划纲要》将红色旅游确定为一项国家工程，体现出国家对红色旅游发展的高度重视。[3]“朱德故里”是我国红色旅游资源的宝库，是南充市旅游线路的精品。市委、市政府明确提出了建设“三国文化源、阆中古城、将帅故里、嘉陵风光”四大旅游精品的构想。南充市对把朱德故里打造成“国家级风景名胜区”早有谋划，旨在引起全社会对“红色旅游”的广泛关注，为把朱德故里打造成“国家级风景名胜区”、把南充建设成川东北旅游大市而群策群力。

2. 市场潜力大

省内外的旅客市场很大，由于四川省位于我国西南部，很多省外的游客还不太熟悉，就算熟悉了也难得来仪陇专门旅游，现在实施西部大开发战略，有了便利的交通条件，市场潜力大，待开发。

（四）仪陇红色旅游面临的挑战

1. 红色旅游产品之间的竞争

仪陇红色旅游景点周边县市红色旅游发展也十分迅速，在全国具有较高的知名度，如广安华蓥山的邓小平故里、巴中的红色老苏区等。仪陇红色旅游面临激烈的竞争，如果不能统筹安排好县内红色旅游景点布局、提升旅游景区的核心竞争力，就无法在与邻近县市的旅游竞争中取胜。

2. 红色旅游产品与其他旅游产品的竞争

四川省旅游产品类型丰富，很多产品深受旅游者的喜爱，如成都青城山、乐山大佛、神奇的九寨沟等都是全国著名的旅游景区，每年吸引大量游客观光游览。相对而言，仪陇红色旅游景区的观光休闲功能较差，历史文化遗产的文化体验功能较弱，除党政社团组织红色旅游外，缺乏对自主旅游者的吸引力。

二、发展仪陇红色旅游的措施

朱德故里——仪陇县虽然拥有丰富的红色旅游资源，但市场影响力不大，严重影响到仪陇县第三产业的转型，影响到仪陇县经济结构的调整，影响到仪陇县社会经济的发展。在全国各地旅游业迅速崛起的关键时期，仪陇县应深挖红色旅游资源的市场潜力，把红色旅游业放在更加突出的地位进行发展，把红色旅游作为仪陇县第三产业发展的旗帜，用红色旅游带动整个县域经济的发展。

（一）在产品开发上变劣势为优势

要增强仪陇县红色旅游的吸引力，需要在旅游产品开发上多下功夫：一是以多种形式注文化入产品，丰富内涵，在旅游景区规划、旅游线路设计、纪念品制作等方面体现出仪陇县的红色文化，达到变劣势为优势的目的；二是把革命老区艰苦的条件作为可利用的旅游资源，让人们参观革命老区的面貌，体验革命老区的生活，感受革命老区的传统，达到变劣势为优势的目的。

（二）以多种方式开发旅游市场

加大宣传力度，树立品牌形象，提高知名度和影响力，利用整体与局部相结合的方式促销。一是充分利用区域内外的节庆活动、媒体、海报、网络等方式大力宣传仪陇县的红色旅游，让更多的游客能够知晓，并且知道如何便捷快速地到达仪陇县红色旅游景区，从而不断扩大客源；二是做好服务，重点打造，突出看点，在省内外不断提升知名度和竞争力，突破以周边地区客源为主的格局，树立大地区和大市场观念，与周边省市共同打造川东北旅游景区，共同促进红色旅游的持续发展，带动仪陇县的经济发展。

（三）多渠道筹集资金

红色旅游区一般都是贫困的老革命区，当地政府不可能拿出很多资金用于旅游建设，省市的财政也很难承担起大量的资金投入。[4] 因此要调动大家的积极性，拓宽筹资渠道。首先，财政每年安排一定的旅游投入和宣传投入；其次，动员和鼓励各企事业单位、社会团体以及个人参加到红色旅游资源的开发中来，以多种形式对景区进行建设和改造。

（四）加快基础设施建设

加快基础设施的建设，将到达仪陇红色旅游景区的线路形成便捷的交通服务网，并且完善相关的服务设施体系。充分利用国家继续扩大内需的有利时机，切实加快仪陇县交通、能源、水利、信息、城镇和社会事业等基础设施建设。

（五）加强旅游从业人员培训

红色旅游的可持续发展，在很大程度上依赖于红色旅游人才队伍的建设。一是加强对导游的培训，增强红色旅游讲解中的教育性和政策性。[5] 二是指导高校结合仪陇红色旅游发展实际，定点培养一批懂红色旅游开发建设、会经营管理的高素质人才。要大力推进景区标准化建设，统一服务标准，统一着装和佩戴工牌，做到大处着眼、细节入手，不断提升服务质量。朱德故居管理局组织力量，把景区内的景点编成一个个故事，生动形象地解说给前来观光的人们，提升仪陇县红色旅游的美誉度，吸引更多的人来到朱德故里观光旅游。

（六）加强区域合作

红色旅游资源的分散性和跨区域性决定了红色旅游开发必须走区域合作的发展道路。仪陇县可与周边的景区建立起区域旅游经济联盟[6]，以产品和市场为核心，建立合理、协调的区域旅游合作机制。还可与旅行社联合，设计最适宜游客的红色路线；加强仪陇县红色旅游与其他旅游产品的结合，带给游客不一样的体验和感受。红色旅游需要从实际出发，挖掘优势产品，从而带来客户。[7] 只有联袂打造红色旅游精品，才能形成产品互补、客源互送、宣传互动、利益互得的多赢发展格局，才能形成联动效应，促进区域经济的协调发展。

参考文献：

[1] 方世敏，阎友兵．红色旅游研究［M］．长沙：湖南人民出版社，2007.

[2] 周振国，高海生．红色旅游基本理论研究［M］．北京：社会科学文献出版社，2006.

[3] 张秋娈，朱绍华，李君芳．河北省红色旅游资源开发的优劣势分析及战略构想［J］．安徽农业科学，2007（9）.

[4] 陶圣．井冈山红色旅游发展的 SWOT 分析［J］．科教新报，2011（10）.

[5] 毛日清．老区建设与“红色旅游”事业发展［J］．求实，2002（12）.

[6] 张华．我国区域旅游经济联盟存在的问题及对策探讨［J］．四川经济管理学院学报，2010（1）.

[7] 马超．发展红色旅游 加强文物保护［J］．科教文汇，2001（1）.

产业链视角下我国特种旅游发展思考①

陆雨，顾丽菲，郭二毛②

【西华大学经济与贸易学院　四川成都　610039】

摘　要：创造产业链是产业价值实现和增值的根本途径。本文从产业链角度分析我国特种旅游有哪些环节，明确各个环节在产业链中的位置，找出产业链上重要的战略环节以及相对薄弱的环节，进一步明确特种旅游产业发展的重点及发展方向。

关键词：特种旅游；产业链；四维对接

一、特种旅游产业链分析的意义

产业链是产业经济学中的一个概念，是各个产业部门之间基于一定的技术经济关联，并依据特定的逻辑关系和时空布局关系客观形成的链条式关联形态。[1]

创造产业链是产业价值实现和增值的根本途径。每个行业都有每个行业的产业链，做一个行业，只有高效整合一个行业内产业链中的各个环节，才能在这个行业产出高的经济效益。[2]在我国，特种旅游作为一个处于发展初期的行业，构建完整的产业价值链是行业持续发展的必备条件。在产业链完整的基础上，进一步整合产业链的各个环节，让大量互相联系的经济主体单元，为获得更大的生存发展机会，依靠比较稳定的分工协作，在特种旅游产业或产品生产中形成具有竞争优势的群体，形成一个经济主体单元在一定的共生环境下，通过某种共生模式结合起来创造利润、分享利润所形成的经济关系。只有实现了完整产业链的构建和整合，特种旅游产业才能发展并日渐成熟。

对产业链分析的核心就是要明确目前我国特种旅游有哪些环节，各个环节之间是怎样的关系，明确各个环节在产业链中的位置，找出产业链上重要的战略环节，以及相对薄弱的环节，进一步明确特种旅游产业发展的重点及发展模式。

---

①　资助项目：西华大学校级重点学科建设项目“区域经济学”（XZD0901 -09 -1）。

②　作者简介：陆雨（1974 -），女，理学硕士，副教授；顾丽菲（1992 -）女，2011 级国际经济与贸易专业学生；郭二毛（1992 -）男，2011 级国际经济与贸易专业学生。

二、我国特种旅游产业链现状分析

产业链形成的内在规律是：从供需链内部的需求链和技术链的对接开始，引起产业链的载体——企业链的有效对接并形成一定的空间布局。[3]产业链内不同地区和形式的企业链实现价值的不同，直接导致产业链的组织形式、空间布局、供需流动的特色与差异，这些差异会促使企业链之间不断竞争并推动产业链的不断演变，直到在“四维对接”机制作用下，产业链内部实现一种均衡并达到稳定状态时，产业链才最终形成。产业链的四个维度以价值链为主导，以企业链为载体。通过企业链在空间的分布，来实现供需链的相互链接和价值链的实现。

完整的产业链包括需求链、企业链、价值链和空间链四个维度。下面对我国特种旅游产业链的四个维度进行分析：

（一）特种旅游需求链

需求链是指从制造商到最终顾客的交易网络，包含了供应商、制造商、顾客等主体之间基于某种关系的集成。其核心是顾客实际需求。

特种旅游属于相对较高层次的旅游类型，从其发展的开始就体现出与传统旅游产品不同的特点。传统旅游产品大多是成熟的景点、线路和旅游方式，在很大程度上是基于供应链模式来设计的。特种旅游偏重于个性化，有较强的目的性，注重参与，大量的特种旅游项目采用“订制服务”的模式，其以需求链为设计核心理念的特点非常明显。从我国目前特种旅游的现状来看，其需求链的关系集成如图 1 所示：

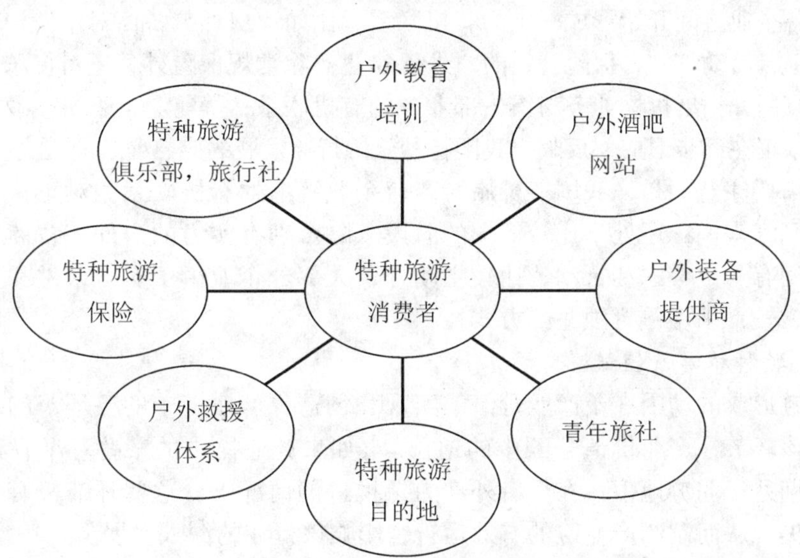

图 1　我国特种旅游需求链关系图

从需求链的构成可以看出，经过几十年的发展，围绕特种旅游服务，已基本形成了特种旅游发展所需的基本服务类型，具备了行业发展的基础条件。

（二）特种旅游企业链

从特种旅游需求链的关系可以看出，目前，我国参与特种旅游行业的经济主体包括：装备品牌商、商场（店）、连锁专业户外店、小型专业户外店、装备网店、户外网站、青年旅社、户外酒吧、户外俱乐部、旅游景区、户外运动管理机构（登山协会）、户外教育与培训、户外媒体与户外文化产业、户外救援体系、户外志愿者和展会。其在产业链中的上下游关系看，如图2所示：

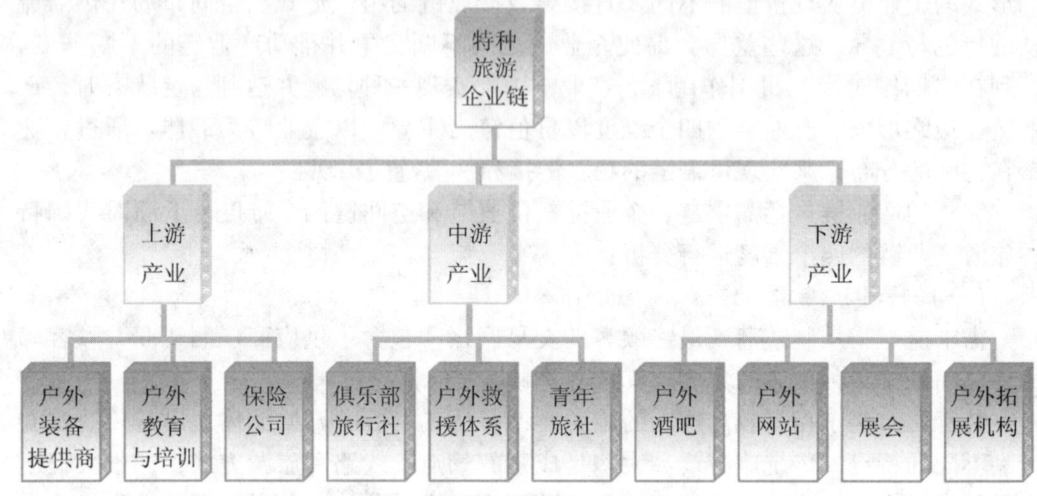

图2　我国特种旅游企业链关系图

从我国特种旅游产业的企业链构成来看，上、中、下游企业类型和定位都比较明确，并且各企业之间开始形成一定的有机联系。比如：户外装备商对中游户外俱乐部活动的赞助，活动订制；保险公司的户外保险业务除常规保险外，还对俱乐部特定活动的产品订制；拓展机构业务与俱乐部业务的有机联系；等等。上下游企业之间的有机共生关系正在逐步形成，反映出我国特种旅游行业发展的成熟度日渐提高。

不过需要注意的是，我国特种旅游产业企业链上的有机联系相对于特种旅游比较成熟的国家来说，还处于比较低端的阶段。除个别有实力的户外装备商在整合行业资源方面有一定考虑和行动、比较主动外，大部分企业由于实力条件和企业发展战略所限，较常采用单打独斗的方式。

（三）特种旅游价值链

产业链形成的动因在于产业价值的实现和创造，产业链中的各环节的成熟与发展依赖于该环节在产业价值分配中的地位。[4] 如果产业链中的某些环节在产业价值分配中长期处于弱势地位，在没有外部力量推进的情况下，这些环节极有可能会衰退甚至缺失，从而制约产业链的有效运行，影响该行业的深入发展。

从我国目前特种旅游行业的价值链分配来看，存在明显的不平衡状态。能够在特种旅游中获得较好利益分配的是户外装备商、户外拓展机构和保险公司等上下游环节。真正直接涉及户外服务提供的户外俱乐部却是价值分配中的薄弱环节。以2010年年末的中国登山协会第九届户外俱乐部年会为例，会议上唱主角的绝大多数是以拓展、大型企划活动为主业的企业，而那些以带队徒步穿越、登山为主的户外俱乐部则较少参与。从参会人员来看，70%的户外俱乐部都成了拓展公司，靠做拓展或是与旅游产业结合的大型活动企划生存。户外俱乐部、活动领队、户外网站、户外酒吧这些承担了其他任务的角色往往是不赚钱的，甚至是赔钱的。以乌鲁木齐的户外产业为例，先后开过七八家户外酒吧，全倒闭了；户外网站先后有几十个，现在也只剩下三四个。从以上分析看出，户外产业链中的薄弱环节是户外俱乐部、户外文化产业、户外网站等。要实现户外产业平衡可持续发展，户外店、户外活动、户外文化（酒吧、青年旅社、网站等）之间也应该是平衡的、良性互动的。如果不能平衡户外产业中各元素的利益关系，产业就不能健康发展。[5]因此，伴随特种旅游产业的发展，我们当下的重要任务是认识到这些环节的重要性并给予支持，使这几个环节的造血功能逐步得到加强，实现户外产业链平衡发展、相互配合的局面。

（四）特种旅游空间链

目前，我国特种旅游的空间分布与户外资源的分布高度重合，户外活动线路发展比较好的有四川、西藏、云南、新疆等。由于产业发展的层次还比较低，产业链上各环节还没有明确的空间上的有机联系，就是同业之间的区域横向联系也很少，很多俱乐部经营者还在维持自己的圈子，省与省之间的合作都非常少。大多还处于依托本地特色资源，发展专属产品，通过线路垄断或技术垄断获得回报的阶段。可以说，我国特种旅游产业链的空间链结构完全处于初期的混沌时期，这也反映出我国特种旅游发展水平的低端特点。

三、结论

由上述分析可以看出，从我国目前特种旅游的发展现状来看，需求链、企业链已基本形成，企业链的共生关系有一定体现但并不密切；形成了明显的价值链倾向，价值链中的薄弱环节明显，并对产业链的完整性造成了一定的负面效应；更高层次的产业空间链还没有明确体现。我国特种旅游行业的整体水平还处于产业链发展中的低端阶段。要进一步推进我国特种旅游行业的发展，应从企业链的共生性的培育和推动着手，重点支持价值链上的薄弱环节，促进特种旅游产业链空间结构的完善，最终在“四维对接”机制作用下，在产业链内部实现一种均衡并达到稳定状态，而完善的产业链也才能形成。

参考文献：

[1] 吴金明，邵昶．产业链形成机制研究——“4+4+4”模型［J］．中国工业经济，2006（4）．

[2] 郑大庆，张赞，于俊府．产业链整合理论探讨［J］．科技进步与对策，2011（2）．

[3] 王起静．转型时期我国旅游产业链的构建［J］．山西财经大学学报，2005（5）．

[4] 张功让，王伟伟．论旅游产业链的构建与整合［J］．商业时代，2010（20）．

[5] 杨军．户外旅游发展思考［J］．睿户外，2011（6）．

川西地区特种旅游发展机遇与困境探析①

陆雨，郭二毛，顾丽菲②

【西华大学经济与贸易学院　四川成都　610039】

摘　要：特种旅游是继观光旅游、度假旅游之后出现的一种新兴旅游方式。本文在分析四川西部地区旅游资源特点的基础上，对四川西部地区开展特种旅游的优势和必要性、目前存在的困境等问题进行了探析。文章认为特种旅游将对四川西部地区旅游行业健康发展，“富民、稳民”等目标的实现上发挥不可替代的作用，是四川旅游业特色化发展的现实路径。

关键词：川西地区；特种旅游；旅游资源；生态旅游

一、特种旅游及其发展

特种旅游是继观光旅游、度假旅游之后出现的一种新兴旅游方式，也被称为探险旅游、专题旅游、特色旅游等，通常包括骑游、徒步、登山、漂流、滑雪、自驾越野、探险、狩猎等多种形式。它是对传统常规旅游形式的进一步发展和深化，是为了满足旅游者的特殊爱好而开发的更高形式的特色旅游活动产品。[1]

从世界范围看，特种旅游开始于20世纪50年代之前探险者、科考工作者自发组织的探险活动。20世纪60年代，各工业国环境问题日益突出，使人们崇尚自然的意识大大增强，国际旅游者十分向往一些未开发地区。到80年代，特种旅游已经出现了专业的运营商，出现了大量专题线路活动及新型目的地。如今，一大批形式多样、线路丰富的特种旅游已经发展成为一个相对成熟的旅游类型，且形成了相当可观的产业盈利能力和较为完整的产业链。国内现代意义上的特种旅游始于1958年中国登山协会成立后开展的系列活动。不过该类活动并不具备现代经济的产业意义。现代经济意义上的特种旅游则更多地出现在1995年以后。一批以盈利为目标，主要以国外探险旅游者为服务对象的特种旅游服务开始出现。经过多年的发展，国内特种旅游已经取得了令人瞩目的成绩。以国内特种旅游发展较早的新疆为例，2008年

---

① 资助项目：西华大学校级重点学科建设项目“区域经济学”（XZD0901-09-1）。

② 作者简介：陆雨（1974-），女，理学硕士，副教授；郭二毛（1992-），男，2011级国际经济与贸易专业学生；顾丽菲（1992-），女，2011级国际经济与贸易专业学生。

年底新疆特种旅游线路已有160多条，乌鲁木齐有户外装备店40多家，户外俱乐部10余家；2011年新疆“千车万人穿越塔克拉玛干大沙漠”活动有2 000多辆车近3万游客参与。新疆和西藏还分别提出了“特色旅游天堂”和“登山探险胜地”的口号。

二、川西地区特种旅游发展的必要性

由于受自然条件的制约，四川西部地区与发达地区相比，经济和社会发展还非常滞后，还不具备发达地区旅游开发的诸多优势条件。改革30多年来，我国东部旅游业发展速度很快，并已经形成了“精品”开发模式，形成了几大旅游成片开发区。这种开发模式中，硬件设施比重很大，投资惊人。而四川西部地区在旅游基础设施建设、旅游精细化开发、旅游服务意识培养等方面的差距不是短期内可以弥补的。因此，川西地区旅游开发中必须首先选准优势产品，在发展模式上寻求自己的特点。具有先导意义的特种旅游可以成为川西地区旅游的一个重要方向。目前，川西地区发展特种旅游具有以下发展机遇：

（一）与国家旅游发展思路高度契合

《中国旅游业“十二五”发展规划纲要》中指出：旅游发展的规划思路中的基本原则是“因地制宜，突出优势，推动各地旅游业特色化发展”；“坚持节能环保，推进低碳旅游方式”。四川西部地区的自然与人文景观丰富多样，且资源具有原生态特征，发展特种旅游活动符合旅游业特色化发展的基本要求。特种旅游的旅游主体局限于旅游者的少数群体中，特种旅游的参加者更多是具有较高收入、对旅游行程有自己独特想法和规划的中青年，且极其重视环境保护，对旅游基础条件的要求非常低。川西地区自然环境较差，基础设施落后，若再盲目上硬件设施，如建设星级宾馆、高空索道等，不仅造成大量资金使用不当，还会对景区形成人为的建设污染。而由于特种旅游者希望通过特种旅游带来一种超脱于日常生活环境的新鲜感和猎奇心理，他们崇尚自然，希望更加自然、真实地感受现实存在，同时又具备在艰苦条件生存的相关技能和知识，使得他们乐于坚持低碳环保的旅游方式，对旅游地区的过度开发表现出非常强烈的抗拒态度。对于传统旅游业来说，川西地区旅游条件的限制反而可以转化为节能环保、发展特种旅游的优势。

在《中国旅游业“十二五”发展规划纲要》的具体旅游规划中提出“要大力培育一批旅游功能区”，唯一涉及川西地区的是大香格里拉旅游区。规划中要求，“充分发挥滇藏川青旅游区独特的自然资源、民族文化和区位优势”，“大力发展特色旅游，引导体验消费”，“到‘十二五’末把香格里拉旅游区建成我国西南地区的旅游中心、世界一流的生态旅游区——世界知名的具有强吸引力的一流精品生态旅游区”，并且“在土地、边境以及资金方面给予政策支持”。从国家旅游发展整体规划的角度看，在当前形势下，大力发展特种旅游，理应成为四川西部地区旅游业实现特色发展，凸显后发优势的必然选择。

（二）发展特种旅游是践行四川“十二五”旅游业发展规划的基本要求

四川是我国旅游资源最富集的省份之一，旅游是四川最大、最突出的优势之一。

近年来，四川旅游业发展连续多年保持了突飞猛进的态势，成为四川省经济的重要支柱产业之一。在《四川省“十二五”旅游业发展规划》中明确提出：“大力扶持四川民族地区跨越发展、地震灾区发展振兴和贫困地区加快发展，将极大改善这些区域基础设施等发展条件，有利于区域旅游业发展，并赋予了旅游业在惠民、富民、稳民方面的特殊要求。”

四川西部地区是典型的民族地区和经济发展相对落后地区。薄弱的社会经济基础、落后的开发观念、滞后的公共服务严重制约着常规旅游项目的发展，而发展特种旅游强调旅游自然资源和人文旅游资源的“原生性”，对特种旅游者来说越有差异性，就越有价值，旅游吸引力也就越大。特种旅游能将四川西部地区旅游业的弱势变为优势。

此外，发展特种旅游业的“惠民、富民、稳民”效果也十分明显。特种旅游者主要流向原生地，住宿民居，临时雇用当地居民为向导或脚夫。以四川甘孜州为例，根据王克军等所做实证调查：特种旅游者人均逗留时间在4.5（含4.5）天以上，人均日消费为人民币501.45元以上，45.61%的游客介于1 600 ~3 500元的总消费行列。相对于我国传统观光旅游者来说，特种旅游者的旅游消费较高。而且，该旅游消费支出主要用于马匹、向导、住宿、餐饮等服务，在这些地区居民的旅游意识树立、旅游收入获取、临时务工等方面具有不可忽视的作用。[2] 特种旅游的直接受益者为当地居民，经济漏损极低，能直接带动山区少数民族群众脱贫致富。与此相应，四川西部一些特种旅游目的地在进行常规旅游区改造的过程中，由于直接影响了当地居民的直接旅游收益，发生冲突等事件也多次出现。这表明，不能忽视特种旅游目的地对边远地区群众的“惠民，稳民”意义，四川西部民族地区盲目大干快上式地发展常规旅游是不可取的。

（三）资源条件优势

四川西部的景观特色突出，从自然地理资源来看，有被称为世界陆地起伏最大的贡嘎山地区，有东方阿尔卑斯神韵的四姑娘山地区，有以高海拔草原为代表的红原地区以及横断山系神秘的稻城地区等。仅以甘孜州为例，以贡嘎山、雀儿山、格聂神山、稻城三神山为中心的5 000米以上的山峰有近50座，且地处横断山脉，景观壮丽，生态复杂，动植物资源丰富，人文景观多姿多彩，受到国内外游客的高度评价，且对特种旅游者极具吸引力。此外，在户外旅游者中，已经成为特种旅游目的地的梭坡、甲居藏寨、甲根坝、莲花湖、雅拉、玉龙西、五须海、党岭、石渠等地区不胜枚举。同时，四川西部有着独有的民族风情和神秘深厚的历史文化。人文地理资源也非常丰富并且在世界上影响深远。如对西方园林史产生了革命性影响的“洛克之路”、神秘的“威尔逊之路”等，在西方自然科学界有非常大的影响，使这些地区具有打造其国际知名度的条件。相对于国内特种旅游发展较好的新疆、云南地区，四川西部所具有的自然和人文资源特色明显，并且具备特定的优势。

（四）打造川西特种旅游特色，实现旅游产业发展后发优势

根据国际旅游业的发展规律，旅游产品一般遵循着观光旅游到度假旅游再到特种旅游的不断深化开发的产品系列过程。随着我国的开放，我国旅游产业飞速发展。

目前我国已进入大规模发展观光旅游产品的阶段，度假旅游产品处于积极发展的阶段，特种旅游则刚刚处于早期开发的阶段。在旅游业相对发达的中东部地区，由于旅游资源的精细化开发，失去了特种旅游发展所必需的原始感和探险性，因此，反而是相对旅游开发滞后的四川西部等地区，环境具有较强的原始性、自然性、生态性，成为发展特种旅游的优势条件。

从全国范围来看，特种旅游还处于初级开发阶段，大部分拥有丰富特种旅游资源的地区因处于经济发展相对落后的西部地区，还没有对特种旅游产品合理规划、积极开发。即便是开发特种旅游较早的新疆、西藏等地区，特种旅游产品的开发，特种旅游产业链的完善、特种旅游的管理以及地方政府对特种旅游的重视程度等诸多问题也还未得到解决。新疆维吾尔自治区旅游局局长伊那木·乃斯尔丁说："各地普遍存在观念落后，视野不宽，挖掘不够的问题，加之对发展特种旅游的认识不到位和资金不足等影响，我区特种旅游的优势远未发挥出来，一些高品质的旅游资源开发层次比较低，开发内容雷同，服务设施简陋，服务质量不高。"

如果四川西部地区能够将发展特种旅游作为旅游业发展的重要抓手，各方高度重视，为特种旅游业发展营造良好的政策环境和市场条件，使四川成为国内特种旅游的带头者，那么，特种旅游行业的蓬勃发展，为四川西部地区旅游人才培养、旅游服务设施的完善、观念意识的开放将起到不可忽视的作用，最终实现四川西部地区旅游业发展的后发优势。

三、川西地区特种旅游发展面临的困难

（一）地方政府对特种旅游认识水平低，重视程度不够

《中国旅游业"十二五"发展规划纲要》和《四川省"十二五"旅游业发展规划》中虽然在发展观念和原则上提出了一些发展新型旅游业态，重视生态旅游，发挥旅游业的富民、稳民作用等内容，但在相对于对传统旅游产品的详尽描述，笔者仔细阅读了四川、新疆两个省区的"十二五"旅游业发展规划，具体规划中没有对特种旅游的发展提出明确的目标、步骤和要求。各地特种旅游的发展在很大程度上是靠自发的市场冲动在进行。不少地方政府认为，特种旅游参与人群数量少，直接经济利益少，特别是对当地可统计的 GDP 的影响、对当地建设项目的影响没有直接开发传统旅游产品来得迅速。所以，不少地方政府大力推进传统旅游产品开发，甚至一些地方不惜以牺牲环境和资源以及当地老百姓的经济利益为代价。最后付出巨大成本的旅游区虽然建成了，但失去了原生态的意义和特色，反而失去了自己的优势。

我们应该认识到，特种旅游具有对整个旅游业的引导功能、催化功能。旅游区开发往往具有从先驱者的发现到特种旅游然后经过规划开发成为常规旅游区的规律，如现在火热的丽江古城、稻城亚丁等景区便是例子。没有特种旅游的先期尝试，常规旅游区就不会突然形成。在这个意义上，特种旅游是常规旅游的先导，特种旅游带动了常规旅游的发展。特种旅游的先导性在旅游业发展中所起的作用是不能低估的。[3]有意思的是，特种旅游目的地一旦成为常规旅游区，特种旅游者往往就拂袖

而去，转而寻找新的特种旅游点，客观上为新的旅游区开发了资源。如四川九顶山、龙苍沟、莲花湖、玉龙西等地区，就是由于大量户外旅行者的进入，提高了当地旅游资源的知名度，引起了当地政府的开发兴趣。

因此，地方政府应充分认识发展特种旅游的积极意义，提高认识，加强规划引导，积极鼓励当地的特种旅游的发展，在安全、交通等条件上给予基本保障，更不要人为地为特种旅游制造障碍。

（二）特种旅游发展与部分集团利益存在博弈制约

四川西部地区经济条件落后，地方政府发展经济的冲动强烈，在各个产业开发上往往不遗余力。近些年来，四川西部也引进了很多矿产、水利资源开发项目。这些相对现代的产业部门，对当地的自然环境条件往往有较大的影响，使一些原有的特色旅游目的地被破坏甚至消失。如一个曾经以红叶闻名的川西特色旅游目的地，因为水电开发而影响了景观的完美性，当地老百姓在水电建设期间虽然获得了一定的工作机会，但也失去了可以长期持续发展的旅游业资源基础。

传统旅游开发模式也与特种旅游发展存在着利益博弈。一些由特种旅游者开发并形成了一定知名度的旅游目的地，地方政府急于实现当期的利益，采取政府封锁核心区域、引进外来投资的办法，急功近利，圈地收钱，将特种旅游的发展空间进一步压缩。2008 年成都驴友发帖“封杀”燕子沟事件就是一个典型的例子。近期，某地方政府封锁九顶山开发滑雪场也是很好的例证。

（三）自身发展制约

特种旅游发展除了存在上述外部条件的制约外，我国特种旅游自身也存在制约因素：一是经营管理的非规范性。特种旅游的经营主要由户外俱乐部进行，而户外俱乐部属于自发和松散的民间组织，对他们的管理基本处于空白状态，因而对他们所组织和经营的特种旅游也就缺乏必要的管理。在特种旅游发展较早的新疆，新疆登山管理中心主任、新疆登山协会常务主席南国桓指出：“新疆户外运动发展较落后，目前还没有一个正规条例来管理、监督，使得各种问题不时出现。”[4]二是特种旅游有一定的危险性，而目前对于特种旅游中的意外事件，缺乏合理的应对措施。据阳光人寿公司相关人士介绍，目前，国内相关人身保险包括旅游意外险和旅游救援险两种，前者保障范围主要是意外身故、伤残、意外医疗以及急性病保障，后者一般与国际救援组织（如国际 SOS、安盛等）合作，保障内容重点在于救援服务、就医安排以及善后处理等。但这两类险种把攀岩、探险等危险项目均列为需要事先告知的项目，保险公司将根据情况决定是否承保。零星的人数、包含高风险项目的旅游险投保申请，基本没有通过的可能，除非是经常开展此类活动的旅行社或户外拓展机构。[5]三是户外探险服务不规范，也缺乏标准。[6]

根据美国、英国等特种旅游开展得较早的国家的发展经验，探险行为是由相关协会规范的，同时这些协会也承担其所负责区域的救援任务，参与探险活动的人必须持有相应等级的执照。此外，要促进特种旅游的健康发展，相关部门应加强引导，尽快促成行业协会的建立，由行业协会对活动的组织者进行资质认定、安全保障等工作。

结束语

特种旅游作为一种在我国尚处在发展初期阶段的旅游产品模式，具有非常强大的发展潜力。四川西部地区的自然、人文和社会条件具有发展特种旅游非常理想的基础。只要各方提高认识，高度重视，有针对性地解决存在的一些问题，特种旅游将在促进川西地区旅游行业蓬勃发展，促进旅游人才培养，完善旅游服务设施，开放观念意识，让少数民族群众脱贫致富等方面发挥不可替代的作用，最终实现四川旅游业特色化发展，实现后发优势的宏伟设想。

参考文献：

[1] 杨敏. 特种旅游的种类及特点初探 [J]. 学术探索，2004 (12).

[2] 王克军. 甘孜州国内特种旅游需求实证分析 [J]. 北京第二外国语学院学报，2012 (5).

[3] 杨新军，宋辉. 中国西部地区特种旅游开发的可行性 [J]. 西北大学学报 (自然科学版)，2005 (8).

[4] 中国网. 驴友户外探险事故近年频发 相关配套亟待加强 [EB/OL]. http：//news. china. com. cn.

[5] 刘明广. 我国发展特种旅游探析 [J]. 经济研究，2010 (10).

[6] 李洁，谷利. 云南省特种旅游开发初探 [J]. 旅游研究，2009 (5).

基于网络视角的养老旅游发展研究[①]

张佩，毛茜[②]

【西华大学经济与贸易学院　四川成都　610039】

摘　要：从旅游业务的流程来看，养老旅游网络体系分为选择网络、服务网络和评价网络，三者相互影响，相互制约，共同构成养老旅游的循环网络。养老旅游网络中的企业虽各自拥有独特的资源，但也要依赖其他资源共生，因此，建立养老旅游网络联动机制十分重要。

关键词：养老旅游；旅游网络；循环网络；联动机制

养老旅游既是一种新型的旅游项目，也是一种新型的养老方式。一方面有助于推动老年旅游产品的升级换代，另一方面也助于满足老年人多样化的养老需求。现阶段，养老旅游在受到老年人青睐的同时，也得到了养老机构和旅游企业的积极响应。但是，养老旅游面临着许多现实性障碍，制约了养老旅游的进一步发展，其中网络化是制约养老旅游发展的最根本因素。因此，探寻养老旅游的网络化建设具有十分重要的现实意义。

一、养老旅游发展的背景

（一）老龄化形势严峻催生养老服务业的快速发展

第六次全国人口普查显示，我国60岁及以上老年人口已达1.78亿，占总人口的13.26%。《中国老龄事业发展“十二五”规划》指出：从2011年到2015年，全国60岁以上老年人将由1.78亿增加到2.21亿，平均每年增加老年人860万；老年人口比重将由13.3%增加到16%，平均每年递增0.54个百分点。如何更好地关心老年人，让他们安度晚年，不仅是单个家庭的问题，也是一个严峻的社会问题。

---

①　资助项目：四川省教育厅青年基金项目（11sb002）；西华大学校级重点学科建设项目“区域经济学”（XZD0901－09－1）。

②　作者简介：张佩（1981－），女，讲师，博士，研究方向为保险与社会保障；毛茜（1982－），女，经济学硕士，研究方向为保险经济与保险金融。

（二）养老观念的转变让养老旅游成为老年人的重要选择

老龄化进程与家庭小型化、空巢化相伴随，使传统的养老观念受到很大冲击。随着社会消费层次和消费结构发生变化，老年人消费观念也在更新。老年人日渐注重提高自己的生活质量和健康水平，希望在有生之年享受生活的乐趣。然而传统的旅游方式由于节奏快、费用高，让很多老年人在体力上和经济上都难以承受。养老旅游把养老和旅游结合起来，改变了常规旅游的快节奏，成为老年人的重要选择。

（三）消费能力的增强为养老旅游提供了坚实的物质基础

老年人特别是城市的退休老人，他们中很多有着比年轻人更雄厚的经济实力，也有更加充裕的时间。这些老年人不再有购房、供车、生儿育女的经济压力，也不需要购置多少贵重的家电设备，除了少部分需要贴补子女之外，一般有比较充足的经费可以自由支配。2011 年，中宏保险发布的《中国中产家庭幸福养老规划白皮书》显示：中国的中产家庭养老观念更开放，趋于接受多元化的养老居住形式，各类的新型养老方式在中产家庭中颇有市场。

（四）各级政府充分重视养老服务业的发展

2004 年民政部发动的“异地互动养老”，是指老人们离开现在居住的城市，到全国指定的外地养老院养老，享受特色养老、医疗保健、旅游观光等系列服务的全新养老模式。2006 年国务院发布《关于加快发展养老服务业的意见》，制定了一系列引导和支持社会力量兴建养老机构的优惠扶持政策。与此同时，各地政府也出台了相应政策，号召建立完善的养老服务体系，鼓励民间投资发展养老服务业。国家的方针导向和地方的政策支持为养老服务业的发展提供了良好的社会环境。

二、养老旅游的特征

养老旅游是老年人以异地养老形式而发生的不以工作、定居和长期移民为目的的旅行、暂居和游览活动的总称，它融度假、观光、疗养、保健等多个旅游形式于一身。[1] 养老旅游作为老年旅游市场发展的一种新趋势，它与以往节奏快、费用高的传统旅游方式相比具有自己的一些特点[2]：

（一）养老旅游的参加者，文化素质较高，具有上网条件和能力

2005 年 7 月北京市老龄工作委员会办公室对老年人异地养老意愿调查显示，低龄、文化程度较高、有配偶的老人对异地养老的接受程度较高。养老旅游的参加者一般文化素质较高，这些人大都具有上网的条件和能力。同时还应面向中年群体，因为子女是决定老年人进行养老旅游的一个重要决定性因素。

（二）在目的地的选择上，对气候、环境的舒适程度考虑较多

养老旅游者更强调气候的适宜性，季节性非常强，旅游旺季一般在冬季和夏季两个时段。在目的地选择上，夏季基本是避暑疗养，迁往凉爽的小气候区域，一般是南方往北方迁移为主。冬季基本是避寒疗养，迁往热带、亚热带地区，一般是北方往南方迁移为主。旅游者的停留时间很长，一般为 2－4 个月，最大可达半年以上。养老旅游者多采用节点状旅游线路，以暂住地为据点，向不同方向作一日游或几日游。[1]

（三）在入住地的选择上，充分利用目的地的养老旅游设施

养老旅游者入住宾馆饭店的较少，充分利用目的地的养老旅游设施，尤其是当地的老年公寓或养老中心等，所以相对传统的旅游方式而言，花费较低。Judith I. Stallmann（1996）在对 Apache Junction 区的调查中发现：47%的季节性老年移居者住在自己的房车里，38%住在老年公寓里，8%住在宾馆饭店里，7%跟亲戚朋友住在一起。[3]周刚的研究表明（2009），住宿餐饮设施多为非旅游设施，多选择老年公寓、疗养院、家庭旅馆、出租房或第二居所等；养老旅游者对医疗保健设施、日常休闲活动设施要求高。[1]

（四）以前的旅游经历和旅游地形象对养老旅游者的决策有重要影响

养老旅游者是以寻找舒适的养老环境而不是以游览观光为主要目的，在以前的旅游经历中如果对某个地区的感觉很好，退休后就极有可能把这一地区作为他养老旅游的目的地。Rodriguez（2001）认为，优美舒适的居住环境、完善的旅游设施、邻近的空间距离和交通可达性是旅游地给旅游者留下良好旅游经历的基础。[4] Longino（1992）发现寻找舒适环境的老年季节性移民很少选择以前没有去过的地方。[5]

三、养老旅游面临的障碍

近年来我国各地养老机构的规模、设施及服务水平都有了显著的提高，也能够为老年人提供较好的甚至个性化的服务，而且我国气候类型齐全，一年四季不同时段适合养老旅游的目的地众多，且全国各地养老旅游资源丰富并已初步开发，这些为养老旅游提供了资源和环境基础。但是养老机构的服务质量良莠不齐，导致服务不规范，配套设施达不到要求，导致我国养老旅游的发展还面临着很多障碍。

（一）养老旅游资源的网络整合有待加强

美国普洛格调查中心的一项研究表明，大约93%的网民在进行出游规划时访问过有关的旅游网站。因此，养老旅游的发展同样离不开信息技术的支持，而最直接的措施就是加强养老旅游网络建设。现有的网络信息资源孤立、分散、更新不及时，可利用价值不高，难以实现共享，信息资源壁垒没有从根本上打破。

（二）养老旅游产品设计缺乏个性化

老年人结构丰富多元，按经济条件、健康状况和家庭结构等可划分出不同的群体，各群体的需求和关注重点又有所不同，需要的服务类型也有差别。由于以往信息交流手段本身的局限性，很难了解每一个老年人的需求，这直接导致养老旅游产品设计缺乏个性化，无法与老年人的需求水平和需求层次相适应，导致老年人的许多个性化需求得不到有效的满足。

（三）旅游欺诈对养老旅游产生了不利影响

旅游产品的无形性、差异性等特征，形成了旅游者的消费弱势，是导致旅游欺诈现象产生的根本原因。信誉支撑产业，而信誉的缺失则会带来产业的凋零。大量旅游欺诈现象的发生，无疑降低了旅游地的吸引力，从而制约了旅游业的持续发展。

四、养老旅游网络的构建

基于养老旅游的流程，可以将养老旅游的网络分为选择网络、服务网络和评价

网络三个部分。这三个部分相互联系，相互制约，共同构成了养老旅游的循环网络。

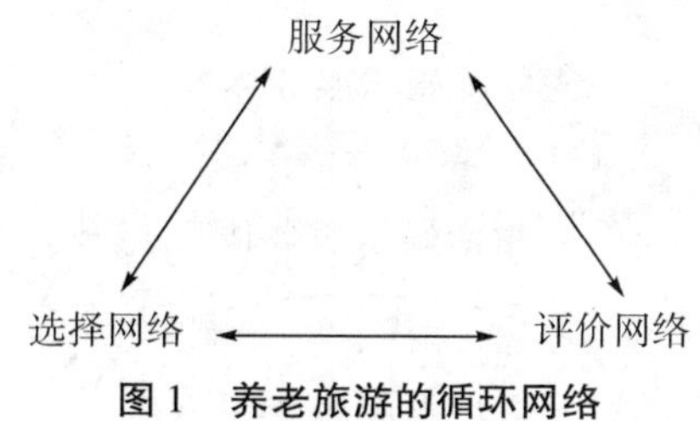

图1　养老旅游的循环网络

（一）养老旅游的选择网络

老年人养老旅游行为的个性化和多样化，客观上要求养老机构和旅游企业提供全方位、详细的养老旅游信息，以满足各类老年人对各种不同信息的需要。

网络的应用为满足老年人的个性化需求提供了先决条件。通过网络，老年人可以获得大量的信息，查询各种自己感兴趣的产品，并根据自己的情况进行组合，设计适合自己的产品，从中确定自己的选择。养老机构和旅游企业提供的信息需要按照统一的标准，有选择地进行采集、加工和整理，为老年人做好旅游前后的准备、决策等提供在线帮助，并增加旅游网页反馈功能，让老年人能方便地通过网络反馈他们的意见、建议、投诉、需求意向等。

（二）养老旅游的服务网络

1. 建立养老旅游网络的联动机制

养老旅游网络中的企业虽拥有各自独特的资源，但也要依赖其他资源，即具有共生性。养老旅游过程中，老年人购买的不仅仅是某一个结点企业提供的有形服务，而是在整个过程中由各个结点企业提供的所有服务。从这个意义上讲，养老旅游网络中的任一结点企业都不是孤立的，即它所提供的服务质量将影响到网络中其他结点企业的利益。养老旅游网络的联动机制要求各个结点企业树立“整体大于部分之和”的理念，构建网络利益共同体，大力推进网络利益一体化进程。[6]

2. “1＋N”的养老旅游开发模式

养老旅游不是一个孤立的概念，而是需要社会各个行业和部门的合作。充分利用现有的各种养老旅游资源，既能满足老年人的各种特殊需求，又能降低养老旅游的成本。

养老旅游的核心是构建能为老年人提供标准的连续性照料服务的体系，此外还需要建设针对老年人设计的养老公寓、度假物业、餐饮配套、医疗配套、娱乐休闲配套以及公共设施配套，即构建以养老服务体系为核心，居住、养生、康体、休闲、度假等配套的“1＋N”开发模式。

“1”为连续性服务体系，即通过构建针对不同年龄段人群、不同类型老年人（自理型、半护理性、全护理型）需求特征的健康保障服务体系、生活保障服务体系、休闲娱乐服务体系等，形成足够的吸引力。

“N”为相关配套，主要包括居住配套、度假物业配套、餐饮配套、休闲娱乐配套、公共设施配套等，通过硬件设施的完善，为老年人提供一个吃、住、行、游、

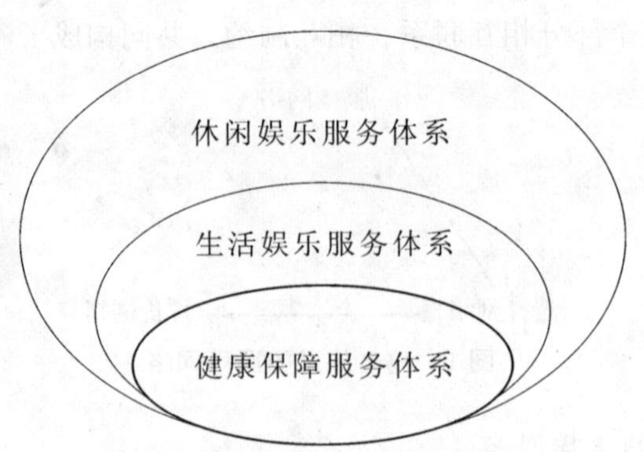

图2　养老旅游三大核心服务体系

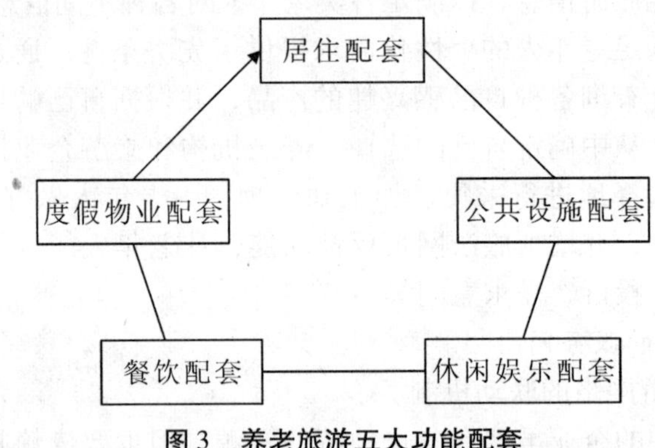

图3　养老旅游五大功能配套

购、娱为一体的服务。

3. 加强养老机构的标准化建设

近些年来，全国养老机构标准化建设发展十分迅速，但是各地发展态势并不均衡。一些地区的标准化建设已形成行之有效的可行性经验，而一些地区由于缺乏资金和技术等客观条件限制，发展仍然滞后。当务之急是加快推进全国养老机构服务的标准化建设，同时尽快建立养老机构等级服务体系和行业监管制度。

（三）养老旅游的评价网络

养老旅游产品是一种特殊产品，具有无形性、差异性等特征，就一次完整的旅游活动或旅游经历而言，旅游企业为老年人提供的是一种满足老年人精神享受的旅游服务。老年人在购买之前只有少量线索用于判断其质量，且必须在购买之后或消费过程中才能判断出服务质量的高低。因此，旅游服务的无形性、差异性也增加了老年人评价旅游产品与服务质量的困难性。

传统情况下，老年人的发言机会很少，影响面也很小，扩散速度慢，因此口头宣传在旅游市场中不易起到明显的作用。但网络技术的应用与普及为老年人的信息互通提供了新的解决方式，老年人可以通过网络获得陌生网友提供的消费评价信息，也可与别人分享出游的心得体会。质量信息的丰富与易于取得直接援助了缺乏质量信息的消费者，也能进一步遏制经营者的机会主义动机。

参考文献：

[1] 周刚．养老旅游理论与实践研究［J］．地域研究与开发，2009（2）：112－115.

[2] 李松柏．我国旅游养老的现状、问题及对策研究［J］．特区经济，2007（7）：159－161.

[3] Maria－Cristina Espinoza，Judith I. Stallmann. Seasonal Migration of Retirees：A Review of the Literature，F. P. S. FP 97－2 October，1996.

[4] Rodriguez V.，Femandez-Mayoralas G.，Rojo F. European Retirees on the Costa del Sol：a Cross-National Comparison. International Journal of Population Geography，1998b，4（2）：183－200.

[5] C F Longino. The Forest and the Trees：Micro-Level Considerations in the Study of Geographic Mobility in Old Age. London：Belhaven Press，1992：23－24.

[6] 韩新明．基于循环经济的旅游产业网络耦合机制研究［J］．安徽农业科学，2009（19）：9186－9188.

对成都市发展农家乐旅游的思考①

伍刚②

【西华大学经济与贸易学院　四川成都　610039】

摘　要：本文以成都市周边的农家乐旅游为例，对成都市农家乐旅游的发展现状、经营类型进行了归纳，分析了农家乐旅游存在的问题，并提出了有针对性的发展建议，以期对成都市农家乐旅游的快速发展有所裨益。

关键词：农家乐；乡村旅游；观光农业

一、农家乐旅游的发展现状

农家乐是指利用庭院、堰塘、果园、花圃、农场等田园景观、自然生态和乡村人文资源，为游客提供以农业体验为特色的观光、娱乐、劳动、住宿、餐饮、购物等综合服务的经营实体。

农家乐旅游是乡村旅游的重要组成部分，属于农业旅游的范畴。它是以“农家庭院”为单位，借助自身的区位优势、生产条件、耕作方式，利用自家庭院、花圃、果园等自然条件和风土民俗，吸引城市游客，开展集观赏、休闲、娱乐、餐饮、购物为一体的旅游观光经营活动。成都是农家乐的发源地，是最早开展农家乐旅游活动的城市。农家乐旅游在国外泛称乡村旅游，是现代旅游的一个重要分支。[1]

20 世纪 80 年代中后期，郫县的友爱乡农科村就开展了农家乐活动。[2]农科村是郫县友爱乡的一个建制行政村，是一个仅有 80 户共 700 人左右的村庄。从 20 世纪 80 年代中期开始，城里人利用节假日到城郊农村，到农家小院呼吸新鲜空气，观赏川西田园风光，亲自到农家采摘新鲜蔬菜，点杀农家饲养的鸡、鸭、鹅、兔等。村民们也将各自庭院的盆景、苗圃、根雕、字画等展示给城里人观赏。观光旅游者在临走时还可以购买盆景、根雕、字画和新鲜的农产品。后逐步发展到增加卡拉 OK、棋牌、乒乓球等娱乐活动。城里人高高兴兴到农家庭院，一家老小快快乐乐度节假日，农民也得到了实惠，增加了收入，同时又进一步促进了农家乐卫生条件和生活与接待环境的改善。渐渐地，形成了一种集游玩、休闲、服务、盈利于一体的产业模式。

---

① 资助项目：西华大学校级重点学科建设项目“区域经济学”（XZD0901－09－1）。

② 作者简介：伍刚（1959－），男，经济学硕士，教授，研究方向为区域经济。

据统计，截至2008年年底，成都市拥有农家乐7 000余家（其中星级农家乐516家），2008年农家乐接待游客达4 525.5万人次，实现旅游接待收入超17亿元，直接从业人员达3.6万人，带动相关就业人员50余万人，税收达5 153.67万元。农家乐旅游已成为市民和游客的重要休闲方式，成为农民增收致富的重要渠道。

二、农家乐旅游的经营类型

成都农家乐从兴起到蓬勃发展，为游客充分展示了古老的巴蜀文化和川西平原特有的田园风光、民俗风情，体现了中国传统的“天人合一”、顺应自然、实用理性的文化观念。就目前成都市农家乐的发展现状，通常将其划分为以下几种类型[3]：

（一）农家园林型

这类农家乐表现为以独特的田园风光为依托，以绿色生态休闲为主题，荟萃川西平原农家休闲旅游的主要特色。游客除了参观竹林屋舍、稻海麦浪、林木葱绿的农家美景，还可从事与农业相关的一些参与性较强的农事活动，尽情领略乡村绿野风情。以郫县友爱乡农科村、温江的汪家湾等西部川坝子农家民俗旅游为代表。

（二）果园观光型

这类农家乐表现为以成片花园、果园、茶园为依托，以赏花摘果品茶、园艺欣赏为主题。其中有代表性的是龙泉驿区的农家乐。它是中国最大的水蜜桃生产基地，是国家八部委命名的“中国水蜜桃之乡”。全区盛产水蜜桃、樱桃、枇杷、葡萄、梨、柑橘、脐橙、草莓等。龙泉在提高水果科技含量之后又着力于提高文化含量，在传统农业基础上发展观光农业，开启了宜林山区发展致富的新思路。

（三）古迹民俗型

这类农家乐以自身的风土民情、人文古迹为依托，以民俗旅游为主题，为游人提供农家风味服务。它以双流的黄龙溪古镇、龙泉的洛带镇、崇州的街子镇、蒲江的西来镇和邛崃市的平乐镇等古镇为代表。由小镇的石板街巷、宅门、影壁、店铺、摊贩、风味小吃等构成了市井文化和民俗风情。城里人来这里的农家乐旅游，可以了解到成都平原悠久的农业生产历史和丰富的农耕文化内涵以及川西的风土民情。

（四）花园客栈型

这类农家乐以新都县农场改建的泥巴沱风景区、邛崃市前进农场改建的东岳渔庄等为代表，把农业生产组织转变成为旅游企业，把农业用地通过绿化美化，使之成为园林式建筑，以功能齐全的配套设施和客栈式的管理，使之成为在档次上高于农家乐低于度假村的一种休闲娱乐场所，在现代乡村旅游中谱写了光辉的篇章。

（五）景区旅舍型

这类农家乐以远郊都江堰的青城后山、蒲江县的朝阳湖、大邑县的西岭雪山等自然风景区为代表。这类档次的农家旅舍价格低廉，游客感觉仿佛把自己的家搬到了风景区，花费居家度日的钱，享受景区的自然环境，景区农家乐因而受到中低收入游客的欢迎。

此外，还有养殖科普型、农事体验型、川西民居型等农家乐类型。

三、农家乐旅游发展中存在的问题

（一）娱乐形式较单一

成都市的农家乐旅游有一个突出的特点，就是打麻将成风。几乎处处都有麻将声。其实，并不是大家只喜欢棋牌，而是因为除了棋牌，再没有更好的娱乐、消遣方式。更多的人希望除了这些活动外，能有些有主题的活动，或者说能增长知识的活动，比如有关民俗方面的，有关农业耕种方面的，更希望在节庆时能增加一些专题活动等。

（二）配套设施不完善

农家乐旅游需要多方面的配套设施，如便利的交通、停车场、标牌标识，以及周边的田园风光、自然景观。然而，现实的情况却是很多农家乐旅游景区公共基础设施缺乏，交通设施落后，游客服务中心、停车场、标牌标识等配套服务设施不够或不完善，甚至一些不合理的房地产开发还破坏了周边的田园风光、自然景观，严重影响了农家乐旅游的可持续发展。

（三）旅游产品单一

完整的旅游产品包括食、住、行、游、购、娱。同样，农家乐旅游也应包括这六项。但就目前而言，成都市的农家乐旅游在旅游产品方面显得特别单调。有一小部分景点提供住宿以外，其余均是单一的吃、行、游、娱，即便提供住宿，质量也不尽如人意，要么环境太糟糕，要么太豪华，失去了乡村的味道。在购物方面，除了就地吃喝，几乎没有可供出售的土特产、特色食品或蔬菜。

（四）对营销的重要性认识不足

农家乐旅游经营主体，还未真正意识到营销的重要性。其营销的手段仅限于区域内的平面媒体或道路广告，营销投入很少，且不持续。不注重旅游品牌的形成，品牌意识非常淡薄。没有长远的发展战略和远景规划。

（五）农家乐有名不符实的危险

顾名思义，农家乐乃农家之乐，没有农家，哪来的农家乐？不管是农家园林型还是果园观光型、古迹民俗型、花园客栈型、景区旅舍型，既然是农家乐，要打农家乐这个品牌，就应该有“农家”这个“魂”。这是农家乐旅游区别于其他旅游形式的根本。人们到农家乐就是为了吃吃农家的饭、菜、肉、瓜果，这背后包含的是“天然”、“绿色”、“无污染”、“粗粮”。但目前的农家乐已经有远离这个根本的趋势了。究其原因：一是城市的无节制发展使农民无地可种；二是农民的地位不高使得人们耻于与农为伍。这种趋势不管是对国家的经济发展战略还是对田园化城市发展战略而言，都是不利的。

四、农家乐旅游发展的建议

（一）深刻认识农家乐旅游的重大意义

应该认识到农家乐旅游是农业旅游的重要组成部分。它是解决“三农”问题的重大举措，是农民奔小康的重要途径，是顺应当代社会主义市场经济发展形势，实现农村经济现代化、城乡一体化的正确途径，具有长远的战略意义和发展前景。成都作为全国农家乐的发源地，更需要创新观念，进一步发展农家乐旅游。要深刻地认识到发展农家乐旅游的重大意义，把它纳入大旅游、大产业、大市场的总体规划之中。认清农家乐旅游发展的五大趋势，即：由粗放型向集约化发展；由个体开发向联户成片发展；由单户经营向公司经营发展；由大众化向特色化发展；由一般建筑风格向川西风格转变。以成都市建设“世界现代田园城市”的发展为契机，结合灾后重建、试验区建设、农村土地制度改革、扩大内需、新农村建设等机遇，整合资源，使农家乐旅游向可持续、集约化、现代化方向发展。在此基础上，造就优质品牌，形成品牌效应。

（二）要尽量留住农家乐的“魂”

前面我们已经提到，既然是农家乐，要打农家乐这个品牌，就应该有“农家”这个“魂”。这是农家乐旅游区别于其他旅游形式的根本。人们到农家乐就是为了吃吃农家的饭、菜、肉、瓜果，这背后包含的是“天然”、“绿色”、“无污染”、“粗粮”。不要小看了这背后包含的“天然”、“绿色”、“无污染”、“粗粮”等含义。“皮之不存，毛将焉附。”人们到农家乐就是想过一过农家的生活。因此，保持农家的农耕文化就是保持农家乐的“魂”。其具体的内容包括农业、果园的耕作，天然的饮食，农村的环境，农村的习俗。要做到这些，还要树立“以农为贵”、“以农为荣”的新的价值体系，这并不是一朝一夕的事情。真正是知易行难，需要全社会达成共识，一致地、长期地、不懈地努力才行。

（三）加强营销，树立品牌，长远发展

所谓营销，就是要围绕销售这个中心进行一系列的策划、行动、反馈。其目的就是扩大销售。那种酒好不怕巷子深、无为而治的传统销售模式早已过时。要对饮食文化、民风民情、自然资源进行开发、包装，进行整体宣传促销，打造品牌。首先，要创新宣传营销方式，对乡村旅游节会促销活动进行有效整合，针对活动主题，实行统一包装，整体宣传营销，同时要充分发挥政府在宣传营销中的协调作用；其次，要加强宣传营销的针对性，根据客源市场和旅游活动的变化情况，特别是结合假日旅游的规律和特点，针对目标市场，重点进行宣传促销；最后，要拓宽宣传营销渠道，充分借助广播、电视、报刊、网络等新闻媒体和现代信息技术，加大宣传促销的深度、广度和力度，不断提高乡村旅游点的知名度和吸引力。

（四）加强旅游产品、娱乐形式的创新和开发

针对旅游产品、娱乐形式较单一的缺陷，要加强旅游产品、娱乐形式的创新和开发。除了吃饭、打牌、钓鱼等旅游活动项目外，还可以增加一些主题活动，或者说能增长知识的活动。比如，有关民俗方面的，有关农业耕种方面的，或者在节庆时能增加一些专题活动等。在旅游产品方面，要有意识地在食、住、行、游、购、娱这六个方面进行配套建设，有条件的可以形成一条龙服务。并要就各自的顾客群进行针对性的配套建设，既要避免华而不实，又要避免档次太低、不能满足游客的需求。还可以开发一些民俗、特色产品，如当地的传统娱乐玩具、特色食品。就是游客来此旅游已经品尝的美食也可以开发相应的包装产品供游客购买带回。这既增

加了销售，又满足了游客的需求，还起到了营销的作用，一举多得，何乐而不为？

（五）加强基础设施配套建设

要加强供水、供电、交通、通信等基础设施建设。进一步加强信息网络建设，加强游人咨询、接待中心建设，促使公共图形标志，特别是卫生条件的改善和环保设施的完善。建立健全规范的乡村旅游接待服务体系。同时要规范农户家庭的接待设施、安全保障。政府部门也要制止城市的无序、无节制的扩张。要统一规划，合理保持城市周边的农业用地和自然景观。

参考文献：

[1] 杨振之．旅游资源开发与规划 [M]．成都：四川大学出版社，2002.

[2] 刘娜，胡华．成都市郫县友爱农家乐现状剖析与发展思路 [J]．国土经济，2001 (1)：43-44.

[3] 周岚．乡村旅游之“农家乐”实例调查——以临安西天目乡为例 [J]．现代商业，2009 (6)：179-180.

成都市农家乐旅游 SWOT 分析及发展策略[①]

张华，游文静[②]

【西华大学经济与贸易学院　四川成都　610039】

摘　要：农家乐是一种新兴的旅游休闲形式，是农民向城市现代人提供的一种回归自然而获得身心放松、精神愉悦的休闲旅游方式。随着工业化和城市化不断推进，城里人的生活节奏进一步加快，工作压力进一步加大，越来越多的人希望通过与大自然亲密接触来缓解身体与心理方面的压力，这使得城市周边的农家乐旅游越来越红火。但成都市农家乐旅游存在服务水平不高、经营特色不强、发展动力不足等问题，需要转变管理理念，大力扶持农家乐健康发展；加大营销力度，主动降低农家乐经营风险；强化职业培训及管理，着重提高接待服务能力。

关键词：成都市；农家乐旅游；经营管理；服务能力

农家乐是一种农民利用自家院落所依傍的田园风光、自然景色、地方民俗文化、周边旅游景点等旅游资源，为游客提供吃、住、玩、游、娱、购，让游客寻求田园乐趣、体验农家生活的一种新型旅游形式。成都人生活休闲，历来喜欢郊游、踏青，农家乐旅游是成都人短途休闲的一种方式。自 1987 年首个农家乐在成都市郫县出现后，经过二十多年的发展，目前主要有花果观赏型、景区旅舍型及花园客栈型三种类型的农家乐。虽然农家乐是农民创收致富的一个重要产业，但其“先发展后规范”的发展路子还存在服务水平不高、经营特色不强、发展动力不足等问题。因此，分析成都市农家乐旅游存在的问题，探讨成都市农家乐旅游发展的措施，可以大大促进成都市农家乐旅游健康持续发展，更好发挥农家乐旅游在经济结构调整和农民增收致富等方面的作用。

---

①　资助项目：西华大学校级重点学科建设项目“区域经济学”（XZD0901－09－1）。

②　作者简介：张华（1970－），男，四川开江人，副教授，硕士生导师，研究方向为区域经济、旅游管理；游文静（1988－），女，四川广安人，2012 级旅游管理专业硕士研究生。

一、成都市农家乐旅游 SWOT 分析

（一）优势

1. 资源优势

成都市位于四川盆地西部的成都平原，农村田园风光美丽如画，民风民俗遗存丰富，自然人文景观众多，是农家乐旅游依托的优势资源。如以农村田园风光为特色的新都县泥巴沱风景区农家乐，位于沱江支流毗河中上游，邻近龙门山风景名胜区，是生态旅游和水上游乐的好去处；以花果观赏和农事活动为特色的龙泉驿农家乐，这里是中国的枇杷之乡，不仅可以在此尝鲜还可以体验采摘的乐趣；以农村民俗文化为特色的黄龙溪古镇农家乐，具有清代风格的街肆建筑保存完好，青石板铺就的街面、木柱青瓦的楼阁房舍、镂刻精美的栏杆窗棂，无不给人以古朴宁静的感受。这些农家乐的周围一般都是美丽的自然景色或田园风光，可以满足现代人回归自然、放松身心、愉悦精神的需求，很受城里人欢迎。

2. 经济优势

成都是重要的商贸城市之一。据国家统计局成都调查队数据，2011 年成都城镇居民人均可支配收入为 23 932 元，比上年增长 14. 9%，城镇居民人均消费性支出为 17 795 元，比上年增长 14. 7%，收支实现两位数同步增长。[1]这说明成都经济的整体规模和发展态势良好，农家乐旅游等休闲消费保障支撑有力。同时，农家乐为农民提供了就业岗位的选择机会。据测算，乡村旅游每增加 1 个直接从业人员，可间接增加 5 个就业岗位。[2]而成都市农家乐数量目前已经达到 6 000 余家，按每个农家乐平均有 8 个直接从业人员计算，其提供的相关产业就业岗位可达到近 24 万个。这对缓解日益严峻的就业压力起到了极其重要的作用，同时也为农民提供了更多的就业机会，可以增加农民经济收入，改善农民生活条件，带动农村经济的发展，缩小农村与城镇的差距。

3. 交通优势

成都有着较为发达的交通条件。成都市的农家乐大多地处都市郊区，区位条件优越[3]，游客可通过乘车、驾车、骑车等多种方式到达农家乐，路途短时间少费用低，非常适宜市区居民近距离休闲需要。对于较远地方的游客，不仅有四通八达的铁路网，如宝成铁路、成昆铁路、成渝铁路、达成铁路等，而且成都是航空和公路的交汇点，主要有五桂桥客运站、五块石客运站、十陵客运站、新南门旅游集散中心等 11 处长途车站，还有公交车通往各主要农家乐，班次多换乘方便快捷。同时，成都市地铁规划了 9 条线路，目前地铁 1 号线一期工程和 2 号线一期工程已正式开通，加之成灌快铁及出租车，出行便捷高效。

4. 文化优势

成都的休闲气质是历史文化的积淀和大自然的偏爱。成都作为天府之国的省会，历史上便有享受生活、偏好休闲的传统，成都人喜欢休闲、善于休闲、小富即安、自得其乐的心理，为农家乐旅游发展起到了推波助澜的作用。同时，居民的消费观念与许多大城市有较大的差别，目前成都市私家车的拥有量位居全国第三，居民出

游休闲是一种普遍性、经常性需求，平均消费支出较经济发展水平相当的其他大城市如重庆、武汉要高出很多。周边地、市、州和其他省区游客也有到成都消费休闲的需求，在一定程度上刺激了农家乐旅游的发展。加上双休日等闲暇时间，使素来较为发达的成都休闲文化更在时间上有充分保证。成都市作为中国“最佳休闲城市”之一，农家乐等休闲产业的发展有深厚的底蕴和必然。

5. 价格优势

农家乐业主主要利用当地的农产品就地取材，现取现吃，自产自销，满足客人的需要，经营成本较低，因此消费不高，符合大众承受能力，一般每餐每人30~50元。农家乐消费主体是工薪阶层和注重生活情调的知识分子。由于“黄金周”等节假日的兴起，大家都趁着小长假外出旅游，造成旅游景点人满为患，服务质量得不到保证，景区内的纪念品等价格提升，使得旅游质量严重下降，而农家乐的物美价廉赢得了工薪阶层的欢迎，不仅能和亲朋好友欢聚一堂，还能亲近大自然。

（二）劣势

1. 天气影响游客出行

成都位于四川盆地西部，属于亚热带季风气候，夏季闷热多雨，冬季阴冷多雾，日照时间短。“蜀犬吠日”就是说四川多雨不常见太阳，出太阳时狗要叫，有点少见多怪，因此成都人对阳光的喜爱超乎想象，只要天气好，就想出去晒晒太阳，农家乐是经常性的选择。但是农家乐旅游受天气因素影响较大，特别是阴冷多雨天气严重影响游客的出行率，农家乐的接待量锐减。

2. 经营管理缺乏规范

农家乐经营主体多为农民，分布较为分散，设施简陋，道路狭窄，配套设施不齐，路牌指示缺少。餐饮服务没有统一标准，厨房设施简陋，消毒用具简单，生熟食混装，卫生问题突出。娱乐服务没有规范要求，电线私接乱搭用电负荷大，桌椅简陋，缺少卫生和安全检查，问题突出。农家乐的管理混乱，服务水平低下，价格不统一，甚至存在欺诈宰客现象，让游客有“乘兴而去，败兴而归”的上当受骗的感觉。

3. 旅游产品过于单一

多数的农家乐提供的服务单一雷同，无论是以文化为主题还是以风俗为主题的农家乐，无论是桃花节还是枇杷节，最后都变成“麻将节”，不外乎是换个背景，然后坐下喝茶打牌，农家乐基本是“乡间麻将会所”的代名词。虽然有一些主打农耕文化、知青文化、特色餐饮的农家乐，甚至有的已形成群体特点又各有特色，如以生态和民俗为特色的友爱农科村的农家乐，以花卉资源为特色的三圣乡农家乐，以丰富的农业景观资源（花果）为特色的龙泉驿区的农家乐，以及以客家风俗文化为特色的洛带古镇的农家乐等，但是，更多的农家乐是大众式农家乐，既没有形成带状效应，也没有自己的品质和特色，更没有自身的文化品位，当然也就不能持续发展。

4. 特色经营项目不多

特色经营是农家乐持续发展的前提条件。据笔者调查，成都市农家乐的基本情况参差不齐。从服务设施来看，100%的农家乐都有餐饮和棋牌娱乐设施，而其他与众不同的设施则参差不齐，特别是有特点的设施更少。从服务功能来看，95.24%的农家乐集中在休闲、娱乐，而其他有不同特点的农家乐则少之又少。从服务时间看，属于季节性经营的占到了23.81%，这个比例说明有的农家乐季节性很强，以花果资源为主的农家乐便是这种类型。总体来看，农家乐的经营特色不强，菜品口味风格相差不大，“农”味不足，“乐”趣不多，回头客少，农家乐的可持续发展动力十分不足。不管农家乐以文化、风俗、资源，还是以风景作为主打，特色餐饮最有吸引力，也最具生命力。城里人平常更多接触的是酒店、大排档那种金玉其外的菜品，来到农家乐是出于“吃在民间”、“美食在民间”出其不意的感觉以及猎奇的目的。因此，打造出自己的特色餐饮，不断满足客人猎奇的心理和挑剔的口味，将是农家乐提高接待能力、保持持续发展的前提条件。

5. 从业人员素质不高

农家乐从业人员基本是农村居民，文化素质普遍不高。据笔者调查，农家乐经营的雇主和员工的文化程度普遍较低，初中及以下文化程度的比例达到69.84%以上；认为从事农家乐工作不需要专门培训的占46.03%；认为从事农家乐的工作技能只需要边干边学即可的占61.91%；从事农家乐工作而没有相应的从业资格证书的占80%；与顾客关系处理得不太融洽的占31.75%。这些数据充分说明当前很多农家乐的服务水平低下，不能很好为顾客提供服务，不能让顾客心满意足并留下深刻印象。这就是经常在农家乐雇主与员工、老板与顾客、服务人员与顾客存在沟通不畅，甚至出现误会的原因所在。因此，要让客人来农家乐能大饱眼福和口福、倍感清新，就要对从业人员进行必要的礼仪知识培训，让他们学习接待技巧和文明用语，从容应对服务业中出现的突发事件，从而提升农家乐的接待能力。

（三）机遇

1. 政府支持

成都市各级政府部门为扶持农家乐旅游发展出台了许多优惠政策。如不收管理费、经营1~2年免税费、免证照费、加强治安管理、土地承包30年不变、买地50年不变等，有的还组织农家乐经营者到外地考察学习，借鉴他人的经验，扬长避短，促使农家乐旅游不断发展。2003年以来，成都市委、市政府对城中村、近郊村建设新农村的途径提出的统筹城乡发展、推进城乡一体化战略，2006年国家旅游局确定的“中国乡村旅游年”，2007年成都市出台的《成都市人民政府关于促进旅游业发展若干政策的通知》，2010年成都市大力创建的“中国现代田园城市”，这些都是成都农家乐旅游千载难逢的发展机遇。“政府引导，农户参与”的农家乐旅游发展模式，使得乡村旅游呈现出良好的发展势头，在成都市周边走出了一条专业化、规模化、品牌化的都市观光农业发展之路。最典型的例子就是被称为“五朵金花”的锦江区三圣乡的五个村发展农家乐旅游以后农民增收明显。

2. 需求增加

近年来，人们的收入和生活水平大大提高了，但也面临工作紧张、生活压抑的问题。大多数市民会利用周末休闲时间到乡村去体验大自然的和谐和农村淳朴的民风，这使得农家乐旅游需求持续高涨。到农村去，吃农家饭，体验乡野的农家生活，越来越被众多市民所接受。2011 年国家统计局公布的数据显示：国内旅游人数由 1998 年的 6.94 亿人次上升到 2011 年的 26.4 亿人次，年均增长率为 9.4%；入境旅游人数由 1998 年的 6 347.8 万人次增长到 2011 年的 1.8 亿人次，年均增长率为 7.5%，这些数据足以说明旅游业的火热。在全国旅游业高速发展的大背景下，人们对休闲旅游的需求逐年增加。锦江区旅游数据显示，2011 年中秋节小长假，三圣花乡接待游客 23.72 万人次，同比增长 2.55%，仅三天的旅游收入就达 421.52 万元，同比增长 5.50%，全年旅游需求量增加到 300 万余人次，使当地农家乐休闲旅游得到了更好的发展。

3. 效益良好

经营效益良好是农家乐持续发展的动力。2003 年 10 月，为改变三圣乡当地农户收入低的现状，依托红砂村花卉产业优势，成都市在三圣乡红砂村举办了四川省首届花卉博览会。花博会期间，涌来了 30 万人次的游客，促进了三圣乡农家乐的发展，为农户带来了收益。此后，三圣乡积极发展农家旅游，2012 年春节期间，游客数量达到 42 万人次，农家乐数量也逐渐增加，三圣乡农家乐总数量为 300 余家。农户的实际收益也逐年提高，人均收入从年收入 8 000 元不到提高到 1.5 万余元。随着经营收入增加，农户也积极对经营的农家乐装修升级，以吸引更多的游客，获得更多的经济收入。

4. 客源丰富

农家乐的客源以短途旅游和考察旅游为主。我国目前旅游产品以观光开发为主，自推行“双休日”以来，城市居民对周末短途旅游的需求开始增大，对促进城市近郊的旅游热点、热线的发展提供了很好的发展机遇。成都市三圣乡开展的农家乐休闲旅游，很好地满足了人们周末短期和短途旅游的需求，吸引了大量游客进入景区消费，农家乐的收益大幅上涨。同时，随着旅游业的升温，国内外对中国休闲旅游景区的考察和调研也逐年增多，据统计，2011 年赴三圣乡农家乐旅游景区的考察旅游人员达到 5 万余人次，考察旅游量的增加也推动了三圣乡当地农家乐的发展。

（四）威胁

1. 环保不力

外来文化的渗透、现代文明的冲击、经济利益的片面追求、生产生活方式的落后、环保意识的淡薄，以及很多地方为了突击发展农家乐旅游而大兴土木，任意砍伐林木，既失去了地方化、特色化、生态化，又对生态环境造成了一定程度的破坏。缺乏科学合理的规划，大量生活垃圾随处堆放，大量污水远处排放，环境污染、水质污染、生态破坏十分严重。同时，受外来旅游者的生活方式、消费方式、价值观等影响，当地的民风渐失淳朴，更多趋近城市从而失去了农家的自身特点。

2. 消费预期下降

在金融危机的影响和通货膨胀的压力下，人们对未来的就业状况和收入预期不甚乐观，居民消费结构悄然发生变化，在支出方面压缩旅游等非必需性消费。农家乐旅游也受到牵连，部分农家乐门可罗雀。2012 年 3 月 CPI（Consumer Price Index）

同比增长 3.6%，增幅较上月小幅回升；同比看，3 月份全国食品价格同比上涨 7.5%，影响 CPI 同比上涨约 2.39 个百分点，其中鲜菜价格领涨各类商品同比上涨 20.5%，影响居民消费价格总水平上涨 0.64 个百分点。食品价格的上涨影响了居民的消费结构，而工资增长缓慢，预期收入下降，减少了外出旅游的需求，农家乐休闲的游客量有所下降。

3. 市场竞争激烈

农家乐旅游普遍缺乏创新，经营理念雷同。农家庭院的建筑样式、园林风格、室内陈设、菜肴品种、娱乐项目等基本相似，缺乏特点。餐饮以品尝农家饭菜为主，缺乏农村旅游资源和环境的文化内涵；娱乐休闲项目以聚会聊天、下棋打牌为主，内容比较单一；观光活动停留在农业观赏和瓜果采摘的表面，大多游客只去农田果园转一转、看一看，少有参与项目。大量同质性的农家乐，卖点几乎相同，经营离散无序，既没有原汁原味的村野特色，也不能满足游客多层次的需求，可替代性强，影响了农家乐旅游产品的吸引力和游客的重游率，加剧了区域间农家乐休闲旅游的竞争。

4. 基础设施欠缺

旅游业的发展离不开交通，良好的交通条件是旅游发展的保障。农家乐的开办对基础设施有一定的要求。首先，通畅的公路。现在城里人几乎都有私家车，周末或假期时间，几家人邀约一起自驾游，出行基本要求便是公路通畅、路况良好，并且有较清楚的路径指示牌。其次，便捷安全的免费停车场。农家乐的停车场应靠近农家乐，不宜集中在某个地方而让游客感到不方便。再次，保证供电。来农家乐接近大自然的游客，虽然希望能看到、感受到与自己日常生活差异较大的农家事物，但没有电的日子是不可想象的，可以在煤油灯或者蜡烛光下吃饭，但手机不能没有信号，随身电器不能没有电。最后，厨具、餐具、住房卫生。如果要延长游客停留时间，取得更多的旅游经济效益，就必须对餐饮、住宿、娱乐及配套设施进行改造。

二、成都市农家乐旅游的发展策略

（一）转变管理理念，大力扶持农家乐健康发展

发展农家乐具有重要的社会经济意义。从宏观看，发展农家乐是顺应消费升级趋势的重要举措，是经济发展方式转变的重要方式，是扩大内需的重要选择，是中国城市化中解决农民转化为市民的切实可行的重要途径。从微观看，一可带动农村交通运输、商业饮食、文化娱乐、农产品生产加工等行业的发展，二可有效转移农村富余劳动力，三可加快新农村建设，四可提高农民素质、改进生活方式等。因此，政府更应扮演倡导者和组织者的角色[4]，在政策措施的制定和公共服务的提供方面，把发展农家乐当成一个重要产业进行规划管理，进而主动、免费对农家乐业主进行经营管理培训，让业主明白如何运用法律规避经营中的风险，做好安全防范工作，明白如何使用现代通信工具与客户感情交流，提高“回头率”，明白如何综合使用网络平台进行农家乐的推销，吸引更多新客户。进一步解放经营户的思想，转变农家乐的经营理念，普及推广文明礼仪常识，大力提高农家乐经营户的接待服务

水平，不断规范提升厨师的操作技艺，发扬特色饮食文化，全面提升农家乐经营管理水平和服务接待功能，为广大游客和消费者提供特色鲜明、舒适满意、安全放心、便捷周到的优质服务，从而增加农家乐经营收入。

（二）加大营销力度，主动降低经营风险

区域旅游经济的发展除了旅游地自身，更重要的还要依靠客源地（游客）；没有客源地（游客）的正确感知和决策，即使旅游中心地这样的优势旅游区位也将失去存在的本质意义。[5]要想农家乐越办越红火，就需要有源源不断的游客光临。仅仅依赖周边熟悉的客人、回头客是远远不够的，他们的消费频次和带来的客人毕竟有限。这需要农家乐和政府部门共同努力，加大营销力度，让更多潜在的游客了解农家乐，来农家乐消费，才能有效提高农家乐经营额，避免农家乐越办越困难。

第一，有针对性地做好农家乐营销方案。一是定位，农家乐营销定位应深入研究消费者的心理，充分了解消费者的需求。二是方案，根据定位及农家乐的自身特点进行营销推广方案的策划。其中网络营销是最适合农家乐的一种低成本的营销方式，农家乐应充分利用网络来发布信息、了解市场。三是实施，如果以网络营销为基础，就可以选择百度竞价排名、搜索引擎优化、论坛推广、软文营销、博客营销、网络广告等形式。只有充分展现出农家乐的特点和魅力，才能吸引更多的游客来农家乐消费。

第二，有选择性地运用农家乐广告媒介。针对农家乐的特点，报纸、旅游杂志、电视、互联网都是其不错的广告媒介。不同的广告媒介的消费群体不同，掌握客户群体的消费特征，结合农家乐的自身特点进而做出独特的宣传。此外，还可以利用旅游宣传单、旅游宣传册、旅游产品介绍册、旅游交通工具上的流动广告、户外广告、旅游地图，以及其他隐形广告，如旅游企业的公共关系活动、企业现场活动等。总之，农家乐在进行宣传时，要充分考虑自身和受众的特点，制定适合的广告策略，选择和运用有效的广告手段，才能取得最佳的宣传效果。

第三，有意识地实施绿色营销策略。农家乐营销时，应特别注意用绿色的观念和方式来经营农家乐，充分发挥出“5R”［研究（Research），重视研究对环境污染的对策；减少（Reduce），减少或消除有害废弃物的排放；循环（Recycle），对废旧物进行回收处理和再利用；再开发（Rediscover），变普通产品为绿色产品；保护（Reserve），积极参与社区环保活动，树立环保意识］管理的优势，充分利用现代人绿色消费的心理和爱好，让来农家乐的游客真正体验绿色消费、绿色活动、绿色产品，感受保护环境的美好，进而树立农家乐的良好形象，激发游客农家乐消费欲望。

第四，有组织地开展网络营销活动。除了大型农家乐有实力进行营销推广和广告宣传外，更多的中小型农家乐需要依靠各级政府和旅游局大力扶持。各级政府和旅游局应当特别注意推进旅游信息化的发展，主动免费为农家乐制作网页、开设网站，或者在政府的旅游信息网中免费为农家乐进行基本信息介绍，加快综合化旅游信息网的建设。这种网络方式既能扶持农家乐、方便游客，也是政府部门为民办实事、发展地方经济最好的形象宣传。只有不断加大农家乐的营销力度，才会吸引更多的游客来农家乐消费。

（三）强化职业培训及管理，着重提高接待服务能力

旅游业是高度劳动密集型产业，其发展可以提供更多就业机会。[6] 农家乐从业人员素质高低，决定着从业人员的就业机会和农家乐服务水平的高低，在某种意义上，也决定着从业人员是否有稳定的工作，决定着整个农家乐发展的成败。要提高农家乐的接待服务能力，政府部门和农家乐都应在提高农家乐从业人员素质方面多下功夫。

第一，加强农家乐从业技能培训。农家乐从业人员学历普遍较低，在经营活动中主要从事体力劳动。在从事农家乐工作前基本没有接受相关技能培训，没有从业准入限制；由于工作时间长、工作强度大，同事间缺乏沟通、合作；在工作结束后，更多的时间是用于休息而非在服务态度、技巧、方式方面受到训练和培养。这种状况的结果是悟性高、能很快适应的留下来，反应较慢的则只有选择离开。因此，政府、农家乐、农民工三方都应动起来，加大教育投资，充分利用休息时间和淡季进行农家乐从业技能培训，让每个从业人员多学会一些技能和技巧，消除从业技能单一简单、雷同的弊病。农家乐属于服务行业，只有服务质量提升上去，游客们身心舒畅，农家乐才能得到更好发展，才能推动经济持续快速地增长。

第二，开展农民工技能培训活动。政府加大投入力度，招募一些志愿者和专业技术人士，每年分期分批免费在农村剩余劳动力外出务工之前，针对市场需要进行职业技能培训，并颁发从业资格证书，打造具有高技能、高素质的劳动力，让他们具有在城市生存的一技之长。这种培训行动，不仅可以对普通劳动力进行培训，还可以根据市场需要对农村劳动力进行对口职业技术培训。这种农民工技能培训，既适合培训外出务工的农民工，也适合培训农家乐从业人员，可以大大提高农家乐从业人员的技能和素质，有力促进农家乐的发展。

第三，鼓励农家乐自行培训从业人员。鼓励农家乐先招工，培训合格再上岗的用工模式，有效解决用工短缺的问题。农家乐根据自身需要对招聘人员有针对性地接受技能培训，有效避免学习的盲目性，缩短培训时间，提高工作效率。这种培训方式既有利于稳定农家乐从业人员队伍，也有利于农家乐的发展，还能避免农民工无序流动，维护社会稳定。

第四，加大农家乐业主和管理人员的培训力度。农家乐的经营管理能力是农家乐决策实施和执行的保证。农家乐管理不善，不仅影响农家乐的接待服务能力，影响农家乐的声誉，还会影响农家乐经营收入，直接决定农家乐经营的成败。可见，对农家乐业主和管理人员进行有效的培训十分必要。只有经过有针对性的培训，农家乐的管理能力和实操技能才会得到提高，才有办法让各部门和员工都认真协同做事，才能充分调动员工的工作积极性，才能充分发挥出员工的工作热情，以吸引更多的顾客，取得更好的经济效益。

参考文献：

[1] 李臣. 2.39 万元 去年成都城镇居民人均可支配收入增 14.86% [N]. 华西都市报，2012－01－20.

［2］徐彬，揭筱纹．乡村旅游：农业产业化经营的新模式［N］．光明日报，2007-05-08.

［3］刘娜，胡华．成都市郫县友爱农家乐现状剖析与发展思路［J］．国土经济，2001（1）：43-44.

［4］张华．我国区域旅游经济联盟存在的问题及对策探讨［J］．四川经济管理学院学报，2010（1）.

［5］李庆雷，唐跃军，杨春和．旅游区位创新论［J］．西华大学学报（哲学社会科学版），2011（4）.

［6］袁春梅，巫从平．大力提升我国旅游服务贸易国际竞争力的必要性、可行性及对策研究［J］．西部经济管理论坛，2011（4）.

高兴村乡村旅游SWOT分析及发展策略[①]

蒋丽，杨祥，刘明[②]

【蒋丽　杨祥　西华大学经济与贸易学院　四川成都　610039
刘明　西华大学物理与化学学院　四川成都　610039】

摘　要： 乡村旅游是我国的一种特色旅游资源，具有鲜明的时代性。乡村旅游是一种以乡野农村的风光、生活和活动为基础的、可以满足旅游者娱乐、求知和回归自然等需求的一种旅游活动。本文对四川省邛崃市高何镇高兴村乡村旅游的现状进行了实地调研，采用SWOT分析法对其优势、劣势、机遇、挑战进行了分析，从转变观念、整合资源、增加投入、优化体制、完善市场机制、强化管理、突破传统、加强宣传等方面提出了建议。

关键词： 乡村旅游；生态旅游；高兴村

引言

进入21世纪以来，伴随我国经济的快速发展以及城市化水平的不断提高，以回归乡野自然为主题的乡村旅游在全国迅速发展。乡村旅游具有以乡村社区为活动场所，以乡村自然景观、文化环境和生活场景为资源，融多种旅游功能于一体的专项旅游活动。其环境优美，并且消费价格相对便宜，是众多游客推崇的一种旅游方式，也是很多旅行社顺应潮流争相推出的旅游路线。

乡村旅游顺应了当前旅游诉求多元化的趋势，满足了人们希望远离城市喧嚣、贴近自然生活的愿望。近年来，我国的乡村旅游大规模兴起，不仅满足了旅游市场的需求，也拉动了当地GDP收入增加。

一、高兴村乡村旅游发展概况

（一）乡村旅游发展基础良好

邛崃市高何镇高兴村地处邛崃市西路，距县城45公里，系成都市爱国主义教育基地——红军长征纪念馆和国家级重点保护文物南宋石塔所在地，全村辖区面积

① 资助项目：西华大学校级重点学科建设项目“区域经济学”（XZD0901-09-1）。

② 作者简介：蒋丽（1975-），女，硕士，讲师，研究方向为证券投资；杨祥（1986-），男，2008级经济学专业本科学生；刘明（1991-），女，2009级应用化学专业本科学生。

8.4 平方公里，东邻高何镇王家村，南邻国家 4A 级天台山旅游风景区，西邻高何镇靖口村，北去风景秀丽的楠木溪，邛芦路贯穿全境。高兴村境内溪流交错，山峦起伏，到处鸟语花香、四季长春，森林覆盖率达 75%，夏天最高气温不超过摄氏 26 度，这里山川秀丽，文物古迹甚多，是发展旅游综合开发和发展无公害种植业、养殖业基地的好地方。

（二）高兴村旅游发展的战略地位

乡村旅游科学持久的发展离不开一系列相关指导性规章制度的编制。而高兴村在邛崃市"旅游兴市"战略中具有突出地位。邛崃市政府规划把高兴村建成"西部一流、国际知名"的集观光、休闲、度假、运动于一体的人文生态旅游目的地、成都龙门山国际旅游区独具特色的门户旅游目的地。[1] 于是，在 2003 年邛崃市风景旅游局就对高兴村的旅游发展进行宏观指导，编制了《高兴村旅游发展五年规划》；2007 年邛崃市规划局又委托设计院根据高兴村实际情况编制了《红色旅游规划和策划详细方案》。这些完善的旅游规章制度对高兴村旅游发展起到了决定性作用。

二、高兴村乡村旅游 SWOT 分析

（一）优势

1. 起步较早，已形成颇具特色的乡村旅游品牌

高兴村乡村旅游经过 10 余年的发展，已经形成"红色旅游"、"文化旅游"、"生态旅游"的旅游品牌，其影响力已经扩散到了成都周边，具有一定的代表性。由此，高兴村从最初的星星河农庄开始发展，逐步形成了以红军长征纪念馆为红色背景、依托林竹等绿色生态资源为优势的红色生态旅游。其独特的山地地貌、丰富的林竹资源以及纯朴的农村风貌为其旅游开发奠定了先天的竞争优势，使其形成颇具特色的乡村旅游品牌。

2. 资源丰富，具有乡村旅游精品线路开发潜力

高兴村拥有丰富的地理、历史、文化资源，为其开发乡村旅游精品路线奠定了坚实的基础。红军长征纪念馆的红色革命意义，是打造红色旅游的基石，是游客参观学习红色革命历史的重要地址；南宋石塔和陈家大院拥有的历史文化价值，不仅吸引了众多游客前来参观，还是历史学者和古建筑学者参观学习的宝贵建筑；楠木溪生态旅游更是众多游客夏日休闲避暑的好去处，木式房屋依山而建、傍水而筑，环境清雅，森林覆盖率高，是一个供游客亲近自然的天然"氧吧"。目前已经形成了"红色旅游"、"文化旅游"、"生态旅游"三大旅游路线，其影响力已覆盖邛崃市及成都市周边地区。在夏季，楠木溪的游客接待情况已经出现供不应求、周末需要提前预订的情况。由于高兴村的旅游品牌具有一定的特色，这使其在周边地区具有强大的竞争优势。

3. 特点鲜明，适宜打造区域旅游精品

对高兴村的实际发展情况及周边区位地理的调研显示，高兴村处在"花水湾——南宝山——天台山——碧峰峡"的大龙门山旅游线路的"南宝山——天台山"线路外 5 公里处。高兴村可通过自身优势打造川西乡村旅游，并借助大龙门山旅游

线路的优势，以及天台山后山的品牌，打造出具有区域特色的精品旅游。

4. 优势突出，具备打造综合型旅游精品的条件

高兴村在中国红色革命历史上具有重要的地位。1935 年 11 月中国工农红军长征时在高兴村建立石塔区（第四区）苏维埃政府，高兴村是长征途经邛崃的红四方面军在邛崃西部山区战斗生活、建立地方政权的村子，所以红色旅游是一大优势。同时，高兴村境内生态环境好，空气清新，夏天最高气温不超过摄氏 26 度，这里山川秀丽，是发展生态旅游的又一大优势。此外，高兴村具有保存完整的陈家大院、南宋石塔、战斗堡垒、陈家祠堂，具备一定的历史文化基础，是发展文化旅游的另一大优势。如果将以上优势加以整合，将红色文化、历史文化与山水文化相结合，将形成一道独特的乡村旅游风景。

（二）劣势

1. 经济发展水平较低

高兴村作为革命老区之一，2010 年邛崃市 GDP 为 104.7 亿元，农民人均纯收入 7 069 元[2]，使得政府用于旅游开发方面的资金量严重不足，无法修建一系列基础设施，导致道路不畅、道路等级低。高兴村的客源市场还受到两个方面的制约：一方面是本市的人均收入不足以支撑高兴村旅游业发展，另一方面是与邛崃市相邻的县市的经济水平同样不高，所以使得高兴村的旅游收入对 GDP 的贡献不乐观。

2. 经营体制比较陈旧

高兴村旅游发展的经营模式主要是以家庭自主经营为主，经营管理体制比较混乱，导致不同经营体为了自身利益而盲目竞争，不能从统筹规划的角度推出具有符合时代背景的旅游产品。[3]当地政府在乡村旅游发展方面经验欠缺，在一定程度上影响了高兴村乡村旅游的发展，所以大多数景点无法形成自己的产业链，不能走进相应的旅游市场。对于高兴村的红色旅游，以政府计划调控为主，红军长征纪念馆多以政府相关部门参观为主，这些大都为免费旅游，不仅无法增加旅游收入，还对高兴村乡村旅游品牌的整体打造造成一定的阻碍，限制了高兴村的旅游发展。

3. 资源整合不力

就高兴村的旅游资源来看，发展红色旅游、文化旅游、生态旅游应该是一个很好的发展方向，可是在具体的开发过程中，却存在许多景点的建设形式和展现形式雷同，无法达到多种资源合理整合，形成更加独特的旅游景点。高兴村的文化资源很多没有与当地的自然资源和风土人情完美结合，而是以分散、单个的参观点为主，削弱了旅游价值。在农家乐发展方面，为了简单追求个体经济效益，不考虑市场需求和开发旅游的基础条件，急于上项目，盲目大兴土木，仅凭自身的想象来设计农家乐、规划农家乐，最终导致楠木溪农家乐风格雷同，缺乏新意。对于高兴村优越的自然资源，当地普通农民为了自身的利益考虑，乱开荒地，破坏了高兴村山林资源，降低了生态旅游的价值。高兴村盲目地开发，不仅造成了旅游资源的浪费，还造成了旅游品牌的大众化、低俗化，为以后的整体开发和包装埋下了巨大的隐患。

（三）机遇

1. 政府支持力度大

随着旅游业进一步发展，对旅游各项要求很高，为此，在2007年邛崃市规划局委托设计院编制《红色旅游规划和策划详细方案》，在邛崃市“十二五”规划中，市林业和旅游局编制了《邛崃市旅游业发展“十二五”规划》，并且邛崃市政府将高何镇作为特色小城镇来打造，这一系列政策支持，调动了当地政府和高兴村村民的热情，对于高兴村乡村旅游业的发展是非常有力的支持。

2. 经济形势逐渐好转

近年来，我国的经济持续稳定地增长，不仅国家GDP保持较高增长水平，全国人均可支配收入也以两位数增长。国家统计局公布的经济数据显示，2011年全年国内生产总值为471 564亿元，比上年增长9.2%。与之相对应，2011年成都全年实现地区生产总值6 854.6亿元，增长15.2%，城镇居民人均可支配收入23 932元，农民人均纯收入9 895元，分别增长14.9%、20.6%。[4]所以，从政府的角度来看，经济的增长使得政府有足够的资金较多地投入到旅游相关的基础设施修建上去；从消费者的角度来说，游客也有了更多的资金用于出游，增加了旅游景区的客源。

3. 旅游增温快

根据四川省旅游工作会议资料，2011年四川省旅游总收入和增速继续保持高位运行，全省旅游总收入仅四年时间便实现了翻一番，达到2 400亿元。[5]2012年，全省旅游总收入预计2 800亿元，可实现增长18%以上的奋斗目标。这些数据足以说明旅游业的火热。而在全国旅游业高速发展的大背景下，邛崃市的旅游也同样得到了发展，国内外游客在每年都大幅度增加，对于乡村旅游的发展将是一个机遇。

据实地调研，自从2008年“5·12”地震后，成都周边，特别是四川北部的旅游景点（九寨沟、青城山、都江堰、银厂沟等景点）在不同程度上受到了地震的摧毁，而邛崃市的旅游资源在这次地震中却保存完好。对于成都市周边的旅游景点来说，邛崃市的旅游景点则是游客首选的地方。从近几年的游客数量来看，邛崃市的旅游人数迅速上升，出现了供不应求的局面，就连高兴村的游客接待量也出现了旺季需提前几天预定的旅游潮。如此大好的旅游形势，无疑是高兴村乡村旅游发展的又一大机遇。

（四）威胁

1. 基础配套设施建设不足

高兴村地处邛崃市西面山区，位于两山之间，地形起伏较大，地势崎岖，河流交错，不利于公路交通设施的建设。加上高兴村经济不发达，村民收入低，更不利于高兴村自身对基础设施建设的投入。虽然高兴村在乡村旅游发展方面形成了一定的规模，但其景区内的其他配套设施（如旅游公厕、休息亭、停车场、商业等）不完善，有待加大投入力度。

2. 旅游资源开发雷同

全国的红色旅游景区有很多，但是具有特色的红色景区却很少，大多数旅游地区在开发上还停留在建造革命纪念馆、革命纪念碑等上，在经营上也还停留在遗址参观、简单的图片和物品展示阶段，内容雷同，形式单调，缺乏游客的参与性与互动性，没有充分展示不同景区的特定文化内涵，使游客呈现出老年人多、青年人少，国内游客多、国外游客少的特点，在客源市场上面临着很大的挑战。[5] 高兴村的红色资源开发也没有避开这种开发模式。在生态旅游方面，简单依靠现有山林和河流资源，修建表面上看似统一的农家乐，但在其经营管理方面，还属于散乱状态，其生态旅游打造并没有挖掘出川西民俗文化的深层内涵。这种没有重视自身特色而盲目发展的旅游模式在全国普遍存在，这不仅浪费了优越的旅游资源，还造成同行业的非良性竞争。

3. 旅游产品开发的同质性

高兴村的红色旅游产品多为各种纪念馆、遗址等，然而，在国家大力鼓励和发展红色旅游的背景下，全国各地开发出大量同质性的红色旅游景点，雷同的产品较普遍，这就使我国红色旅游的产品价值大打折扣。在生态旅游产品方面，高兴村在省内相比并不算早，并且很多发展经验和模式是学习和参考那些早先发展的旅游产品，所以高兴村的生态旅游与周边的生态旅游在一定程度上形成了同性竞争，这不利于自身的特色打造。在文化旅游产品方面，也和其他地区一样只是参观学习。这些克隆的发展模式，无疑加剧了高兴村在旅游产品方面的区域竞争性。

三、高兴村乡村旅游的发展对策

转变观念，抓住机遇，发挥优势，打造特色，规避劣势，因地制宜科学规划是高兴村乡村旅游持续健康发展的重要保障。创新的观念、与时俱进的思想是兴办旅游业实施产业化经营，科学规划的关键。为此，高何镇党委政府首先应转变观念，认真分析高兴村旅游资源的实际情况，把科学规划旅游发展路线作为重点目标，并牢牢抓住旅游发展的大好机遇，走可持续的发展路线，不以发展而破坏生态。通过对高兴村红色资源、文化资源、生态资源的深入研究分析，形成一条资源互补、共同繁荣的特色发展路线，不仅能从优越的旅游资源获得良好的经济回报，而且还能保护好自然生态原生性。旅游业的发展主要是为了满足游客的旅游需要，从而获得旅游经济效益。因此，“顾客至上，服务完善”的思想是景区每一个经营者必须拥有的，否则只做“一锤子买卖”的经营是不会长久的。

（一）当地政府应从宏观层面予以指导

1. 整合资源，打造川西乡村旅游品牌

通过对自身优势资源的利用，把握邛崃市国际山地旅游的整体规划，充分发挥高兴村红色资源优势、历史文化资源优势、自然生态资源优势、纯朴的民俗资源优势，打造出一个具有独特性的川西乡村旅游精品品牌。一是进一步研究挖掘红色资源，使其具有时代意义和革命意义；二是进一步开发陈家大院，打造一个以陈家大院为中心的古建筑区，形成一片重现当年陈氏家族的繁荣景象；三是进一步加强对自然生态资源的利用，通过对河道两岸的道路与环境改造，打造出一条健身跑道和观赏道路；四是引导当地农家乐根据各自所在区域的特点合理布局和科学发展；五是根据气候环境和地势起伏资源，打造出一片水果园、蔬菜园和农场园，使当地农民借助乡村旅游的发展增加收入；六是充分利用河流、河道资源，利用清澈的水资源打造水上项目，河道两岸打造休闲走廊。通过各种资源的合理利用，形成一个复合型的乡村旅游景区，从而打造出川西乡村旅游的经典品牌。

2. 增加投入，完善配套基础设施

政府应加强对高兴村乡村旅游的资金投入，特别是对旅游配套基础设施建设的投入，完善景区的相关配套设施，从而更加完美地连接各个景区，也为游客的旅游提供方便。

道路的修建与完善是引导当地农民致富的前提条件，所以旅游业的发展也离不开道路的修建，只有具有便捷完善的交通才能更好地促进旅游业的发展。另外在景区内修建停车场和道路，使旅游区更加通畅，从而间接增强景区的接待能力。另外，为各个景区每隔一定距离配备公共厕所和休息区域，旅游沿线在一定距离和范围内配备一定的分类垃圾箱，方便游客观光旅游。

3. 健全体制，建立旅游区市场规则

建立旅游区市场规则，维持市场秩序，协调合作利益。[6] 完善的旅游区市场规则是保持高兴村乡村旅游持续发展的重要保障。针对高兴村乡村旅游发展方面存在的问题，应该从以下几方面来进行改革：一是当地政府应根据邛崃市的整体规划来具体规划高兴村的发展，并建立相应规章制度来指导发展，加强管理；二是尊重市场经济的客观规律，政府部门不要过多干涉高兴村的旅游发展，应做好宏观指导，充分发挥市场对旅游资源的优化配置作用，让市场的需求来引导高兴村的发展；三是加强景区商家的科学经营管理，建立以“顾客至上，服务完善”的经营管理体制和理念，从而减少并杜绝欺骗、坑蒙游客的情况出现。

4. 完善市场机制，打破地区封锁和部门垄断

加强旅游区发展软环境建设，如引进竞争机制，创造公平、公正、有序的竞争环境，进一步消除生产要素流动和人才流动的障碍，完善市场机制。只有良好的市场环境才能更好地促进高兴村乡村旅游业持续健康和谐发展。而当地政府应积极引进一批具有开发实力的投资者加强对高兴村的投资建设，从发展模式和经营模式多方面带动当地旅游业的发展，打破当地农家乐的垄断经营局面，形成共竞争共发展的新局面。通过当地政府的合理介入和充分发挥旅游协会的指导监督作用，营造出一个公平、公正、有序的竞争环境，从而保证旅游业的良性发展。大力引进人才，充分发挥才人资源优势，合理规划和指导高兴村乡村旅游业的发展。

（二）经营者应重点提高微观效益

1. 强化管理，提高景区服务质量

只有高效的管理，才能保证景区提供优质的服务，因此高兴村应做好以下几点：一是建立精简高效的管理机构。成立高何镇天台后山旅游协会，负责对景区内旅游资源的开发、利用、保护工作，协助高何镇镇政府对本景区旅游市场进行规范管理和监督工作，如对从事旅游业务经营的农家乐、客栈、餐馆、旅游商店等单位进行行业管理、监督，受理游客投诉，对违反旅游事业法令法规的需加强处理，维护游客合法权益。二是加强景区的日常管理。建立一处游客中心，并配备专门的工作人

员，为游客提供休息、咨询、投诉、导游等服务。同时加强对各经营商进行专项整治，包括安全巡视、消防安全、食品安全、质量规范等，为游客营造一个放心、舒心的良好环境。三是定期加强学习培训，全面提高景区从业人员素质。对景区接待人员从形象、语言、仪表等各个方面提出规范要求，教育帮助经营者树立“诚信经营、文明经商”的服务意识，并定期开展安全、服务、卫生等方面的培训。

2. 突破传统，推出淡季旅游产品

高兴村乡村旅游经营时间一般为每年的 4 月下旬至 10 月上旬，真正的旺季旅游只有 5 个月左右，其余时间都处于停业状态。为此，可以借助高兴村纯朴的民风特色推出淡季产品，从而延长经营时间。三四月份可以推出重温长征路、体验农家活、采茶品茶等活动；12 月份可根据高兴村“杀年猪”的风俗，举办年猪会，让城市游客体验乡村“杀年猪，吃大锅饭、过幸福年”的风俗。还可根据地方民俗、环境资源优势引进一些新项目。

3. 加强宣传，全面提升旅游影响力

旅游的健康发展，离不开有力的宣传工作。[7]高兴村应建立相应的信息平台，努力通过多种渠道对景区进行宣传，努力把高兴村乡村旅游的品牌推销出去。第一，打出“天台后山——川西民俗乡村旅游”品牌，制作高兴村景区导游全景图和宣传图片，并在适当的交通道路上标识；第二，通过媒介（如报纸、杂志、新闻）进行宣传；第三，建立景区宣传网站，借助网络优势强势推出旅游产品，并配以图片和文字解释；第四，借助景区举办的各种特色活动，通过各种媒体加以宣传。

4. 联合旅行社，通过第三方带动发展

旅行社是带动旅游发展的重要中介，是旅游区对外宣传的重要窗口之一，也是游客了解旅游景点的主要渠道之一[8]，高兴村乡村旅游的发展也离不开旅行社的中介力量。因此，高兴村应该加强与各大旅行社的联系，特别要处好与大龙门山脉旅游有关的旅行社关系，借助大旅游品牌的效应而顺势宣传。同时，也要好好利用旅行社独有的营销方式和渠道，做好高兴村乡村旅游的包装推销。

结语

任何事物的发展都是由内因和外因共同决定的。内因即为决定事物发展的内部推动因素；外因即为除内部因素以外的能影响事物发展的外部条件。高何镇高兴村乡村旅游的发展也离不开内因和外因的共同作用，只有两方面的共同作用才能更好地促使其旅游业的发展。

高兴村具有非常好的内部条件：一是高兴村具有良好的生态资源，为其发展旅游业提供了先天的优越条件；二是高兴村具有悠久的历史文化沉淀，如南宋石塔、陈家大院、红军长征纪念馆等历史遗迹和红色资源，内容比较丰富；三是纯朴、勤劳的高兴村村民具有探索、创新的精神，在乡村旅游方面敢于投资开发，积极学习和借鉴别人的经验，这为高兴村乡村旅游的发展注入了强大的推动力，也是决定高兴村乡村旅游发展的关键因素。

同时，高兴村也具有非常好的外部条件：一是高兴村位于邛崃市旅游规划“国际山地旅游聚集区”的中心位置，在旅游业中会受到很好的政策支持，并且邛崃市还将高何镇作为特色小城镇打造；二是高兴村位于国家4A级旅游景区天台山附近，在吸引客源方面具有得天独厚的条件，并且高兴村在经过10余年的发展过程中也拥有了一定的游客资源；三是高兴村近几年的发展速度与规模以及在市场上的影响力，已经引起了当地政府的高度重视，甚至还吸引了不少无偿贷款支持。

只要高兴村今后在发展上能更加科学化、市场化，高兴村就能打造出一个具有强大影响力的旅游品牌。这不仅能改变高兴村落后的面貌，还能增加当地经济收入，造福一方人民。

参考文献：

[1] 邛崃市人民政府．邛崃市国民经济和社会发展第十二个五年规划纲要[Z]. 2011.

[2] 葛红林．成都2011年实现地区生产总值6 854.6亿元［EB/OL］．中国新闻网，2012－02－09.

[3] 刘星．2011年四川省实现旅游收入2 400亿元［EB/OL］．四川在线，2012－01－06.

[4] 李彤．2011年国民经济继续保持平稳较快发展［EB/OL］．人民网，2012－01－07.

[5] 杜江，向萍．关于乡村旅游可持续发展的思考［J］．旅游学刊，1999(2).

[6] 方家喜．乡村旅游及其发展概况［N］．经济参考报，2004－05－01.

[7] 何景明．国外乡村旅游研究述评［J］．旅游学刊，2003（5）.

[8] 王兵．从中外乡村旅游的现状对比看我国乡村旅游的未来［J］．旅游学刊，1999（5）.

民族文化旅游的跨文化语境研究[①]

但红燕[②]

【西华大学经济与贸易学院　四川成都　610039】

摘　要：民族文化旅游是一种跨文化活动，它是在跨文化语境下进行的，这种跨文化语境主要是跨民族文化。本文运用符号学工具分析了跨文化语境的实质、表现形式以及跨文化语境中的旅游者认知及其行为。研究表明，跨文化语境中存在着大量的民族文化差异，这些差异通过民族文化符号显在化。同时结合心理学理论进一步探讨了旅游者在民族文化旅游中跨文化体验的三个层次，包括感官层次的观赏、行为层次的体验、精神层次的感悟。

关键词：民族文化旅游；跨文化；语境；旅游体验；符号学

旅游是人们离开常住地前往目的地进行观光、游览、体验、娱乐的一种文化活动，这种活动是在一定的语境下进行的。语境是旅游系统中的重要因素，游客在旅游过程中的认知、交流及其他行为都受到语境的影响和制约。尤其是民族文化旅游，游客在旅游地环境中所感受到的文化体验与文化冲击都与这种旅游的跨文化性质有关。跨文化语境的呈现以及游客对异质文化的态度关系到民族文化旅游的发展态势，跨文化语境的研究也成为民族文化旅游研究的前沿课题之一。

一、语境的内涵

语境包括认知语境和交流语境。认知语境是主体已有的经验框架，当主体面临新的情境时，它首先被激活，主体运用它来衡量和判断新情境下的信息，必要时，主体会改变其细节以适应新的情境。交流语境是主体在交流过程中的具体情境，它是一种行为框架。交流语境既影响着主体双方对信息的理解，也制约着主体双方的行为方式。

语境是由大量符号构成的信息背景，它也遵循着符号系统运作的规律。语境中保存着各类符号和文本，包括物质文化符号、行为文化符号和精神文化符号，这些符号和文本是人类已有的文化成果，是人类进行符号活动的产物，它表征着文化的

① 资助项目：西华大学校级重点学科建设项目“区域经济学”（XZD0901－09－1）。

② 作者简介：但红燕，女，四川成都人，博士，研究方向为旅游产业、文化产业。

记忆，将文化的过去与现在相联系。

语境就其形式来说，是一种信息背景，它决定了符号呈现的基本样态；就其结构来说，它是一种信息格局，它决定了符号交流活动的势态；就其功能机制来说，它是一种信息场，它决定了符号创造活动的能量。

二、旅游空间

旅游空间对于旅游者来讲是一种变化性格局，日常生活空间是一个较为稳定的常态格局，是人们不会轻易去改变的空间格局。但是对于旅游空间，旅游消费者会经常转换空间，从一个旅游空间到另一个旅游空间，所以旅游空间不仅意味着差异，还意味着变化。旅游空间还意味着一种对话格局，旅游者不仅是去欣赏一种差异性的景观，而且会自然地去参与文化对话，从而在对话中丰富自身的文化经验。

旅游空间不仅使得旅游者可以丰富对外在世界的经验，还使得旅游者重新认识自身的存在和建构自我的意义。在旅游空间中，旅游者会感觉到自己在另一个空间里获得了一种新生，这种新生是源于旅游消费者发现了自我的另一种生存样态。格式塔心理学认为，图形不能脱离背景而存在，背景的变换使得图形也发生改变。同样，旅游空间的变换，使得旅游消费者呈现出另一种自我。

总之，旅游空间呈现出差异性、变化性、对话性的特点，旅游者从其中不但发现了生活的亮点，也从中建构了一种新的自我。旅游空间是一种交流语境，旅游消费者在其中参与对话，通过交流获得文化体验，并使认知语境更为丰富。

三、跨文化语境的本质——文化差异

文化差异是跨文化语境的本质，没有文化差异，就不存在跨文化语境。文化差异是由不同类文化的符号差异性体现出来的，不同文化的符号差异不仅体现在符号本身的形式和结构上，还体现在它的意义和语用上。当旅游行为主体从自身的文化环境进入到另一个不同的文化环境之时，这两个文化环境共同构成跨文化语境，旅游者实际上在进行跨文化旅游。

民族文化旅游是在跨民族文化语境下进行的，脱离了这一语境，民族文化旅游就不过是普通的观光旅游而已。跨民族文化语境赋予民族文化旅游更丰富、更深刻的文化内涵，使其具有独特的文化魅力。跨民族文化语境一方面能够从氛围上感染旅游者，另一方面能够增强旅游者的文化体验。

跨文化语境是这样一幅图景：一条差异的河流将两岸分开，河流两边是各不相同的两种民族文化，两岸的人们按照自己的文化模式生活，他们时不时地到对岸去游玩、贸易、学习。民族文化旅游正是跨文化语境下的产物。

旅游者参与民族文化旅游活动，往往是出于对异质的民族文化的兴趣，这种兴趣不是源自于哪种民族文化本身，而是它与自身文化之间的差异。对于那些与自身文化更为相似的民族文化，旅游者更易表现出理解和认同，但是却缺乏足够的兴趣。格式塔心理学已证明，人对相同或相似的刺激感到厌倦和沉闷，对异质的刺激才会兴奋。

旅游者的文化背景与民族文化旅游目的地之间的文化差异在现实中的存在，是文化进化的结果。马林诺夫斯基认为，文化是以人类自身的需要为中心的，一项需求就是一套限制性事实。各种习惯及其动机、习得性反应和组织的基础都必须如此安排以使基本需求得到满足。他认为，人类是以文化回应的方式来满足自身的各类需求。例如，新陈代谢的需要产生了营养补给的文化回应，身体健康的需要产生了保持卫生的文化回应，生殖的需要产生了亲属关系的文化回应。民族文化的差异正是由于不同的民族群体有不同的文化回应方式，在文化回应方式形成的过程中，民族自身的体质和认知、自然环境等因素都会参与到文化回应方式的建构中。以“男女恋爱择偶”为例来分析一下不同民族的文化回应方式：摩梭人实行走婚制，当男子与姑娘们相遇时，就会解下腰带向姑娘们摇动，同时高呼“阿哩哩”，男女之间一旦交换了腰带，就算缔结了关系。佤族青年在寻找对象时，佤族姑娘会在傍晚时分，手拿梳子在家门口等待男青年来串门，这时，男青年会让姑娘帮自己梳头。佤族姑娘给自己中意的人梳头时，就会格外地耐心，还会边梳边对歌，以表爱慕之情。男青年往往会在集体玩乐的时候，故意要姑娘为自己装烟、点烟，对其进行试探。如果姑娘也喜欢他，就会为他装上半锅烟，反之则会装上满满一锅烟。在云南勐腊，瑶族青年常常通过对歌来寻觅自己的终身伴侣。对歌的时候，姑娘会用小阳伞挡住自己的脸，男青年如果对与自己对歌的姑娘中意，就请求姑娘把伞拿开，如果姑娘同意收伞，就说明姑娘也有意，如果姑娘不同意，那么男青年就只有去另找他人对歌。由此，我们看到，同是选择伴侣的行为，在不同的民族中却采用了不同的文化回应方式，从而形成了民族文化差异。

民族文化差异体现在文化的各个层面：从饮食衣物、居所建筑、生产工具、生活器物等物质文化层，到社会组织、礼仪规范、风俗习惯等制度行为文化层，再到语言文字、科学技术、历史及教育、文学及艺术、神话及宗教等精神文化层。观察一下各民族的饮食结构上的差异，就可以发现，饮食之所以成为饮食文化，是因为我们对饮食的需要是基本的需要，但是我们却选择了不同的文化回应方式。例如，藏族的主食是酥油茶和糌粑，酥油茶是由砖茶水加入酥油制成，酥油是由牛、羊奶提炼出来的脂肪质，糌粑是青稞制成的炒面。无论是西藏的藏族、青海的藏族、云南迪庆的藏族，还是四川阿坝甘孜的藏族，他们都选择了共同的饮食文化结构，即使他们不在一个地域，但是却保持了其民族文化传统。他们自身的民族文化传统使其与其他民族区别开来。又如，蒙古族虽然同是游牧民族，但是他们的饮食文化却和藏族有较大区别，他们的主食以奶茶、炒米和牛羊肉为主。而对于大多数汉族人，米饭、面食、蔬菜、猪肉是其主要饮食结构。我们再来观察一下制度行为文化层次中的民族文化差异，例如各民族中“成人礼”的差异。成人礼的目的在于通过仪式来确立一个人从儿童走向成年的身份，经过成人礼之后，一个人就获得了成人的身份，就意味着他在社会中要承担自己的责任，同时也被赋予其成人的权利，如恋爱结婚的权利。瑶族男孩的成人礼，要经过“上刀山”、“过火炼”、“睡阴床”、“跳云台”等近十种考验；基诺族男孩的成人礼，以祭祀祖先、长老进行史诗及常识教育、父母赠礼等环节构成；摩梭男孩的成人礼，往往在正房左边的“男柱”下举行，由舅舅为其穿上新装，扎上腰带，佩上腰刀；傣族男孩的成人礼，要经过“文身”并在寺院生活一段时间。这些民族文化差异是由不同的文化回应方式体现出来的，但是不同的民族选择不同的文化回应方式。这一方面是对环境的顺应结果；另一方面是民族文化传统的沿袭结果。

四、跨文化语境的呈现——文化符号

跨文化语境是通过文化符号的差异来呈现的。怀特认为，文化世界的关键和参与文化世界的方式便是符号。文化不能脱离于符号而存在，是符号将文化与人联系起来。本文通过文化符号的语形、语义、语用三个层面来分析跨文化语境。

从语形层面分析民族文化差异，主要是借助符号工具观察跨文化语境中民族文化差异的形态。服饰是一种典型的文化符号，通过服饰上的差异可以辨别民族文化差异。例如，傣族女子的代表性服饰是“筒裙”；苗族的传统服饰以“百褶裙”为代表，裙上多织锦、刺绣、蜡染等装饰；羌族服饰则是立领长袍、腰扎绣花围裙；维吾尔族女子服饰则以长裙小马甲、头戴小花帽为代表。服饰文化符号只是反映民族文化差异的其中一类符号，实际上，民族文化差异是从文化的各个层面上反映出来的，是由文化符号的差异体现的。例如，上面列举的关于不同民族的饮食和礼仪方面的差异，也是通过不同的文化符号显示出来的。

从语义层面分析跨文化语境中的民族文化差异，主要是通过研究民族文化符号的意指关系来研究民族文化差异。民族文化差异不仅由符号的形式来体现，还由符号的意指关系体现出来。例如，“花儿”这一符号，在不同的民族有着不同的意思。在汉族，花儿是指花朵或姑娘。在回族，花儿除了花朵、姑娘的意思外，还专门指代高腔山歌，其名称来源于对歌中男方称女方为花儿，回族花儿内涵十分丰富，回族人民自己这样阐释花儿，“花儿本是心上的话，不唱由不得咱；刀子拿上头割下，不死嘛就这个唱法”。在羌族，“花儿”与“纳吉”结合成一个符号，其意义指代羌族民歌中的一种固定唱腔，分试探歌、赞美歌、求爱歌、定情歌、热恋歌、思念歌、盟誓歌、失恋歌等，根据不同的生活环境和生活需要，可自行填词，充分反映了羌族男女青年从恋爱到结合的全过程。例如：

大河流水小河哟清哟花儿纳吉
不知小河儿吉哟有多哟深哟吉吉儿舍
丢了哟石头试深哟浅哟花儿纳吉
唱个哟山歌儿吉哟试哥哟心哟吉吉儿舍
太阳出来喜盈盈哟叫声阿妹仔细听叫声阿妹仔细听
太阳月亮咋见面阿哥阿妹咋哟咋相恋
桃子不熟水不哟甜哟花儿纳吉
棒打火烧儿吉哟怕心哟变哟吉吉儿舍
要学哟松树万年哟绿哟花儿纳吉
莫学哟花椒儿吉哟黑了哟心哟吉吉儿舍
白布帕子情谊牵哟挽个疙瘩栓日月挽个疙瘩栓日月

千年不愿疙瘩散万年缠在妹哟妹腰间
河中鸳鸯来戏哟水哟花儿纳吉
阿哥哟阿妹儿吉哟成双哟对哟吉吉儿舍
金丝线儿长又哟长哟花儿纳吉
拴住我俩哟儿吉哟两颗哟心哟吉吉儿舍

新疆民歌《花儿为什么这样红》其实是一首塔吉克民歌："花儿为什么这样红？红得好像燃烧的火，它象征着纯洁的友谊和爱情。花儿为什么这样鲜？鲜得使人不忍离去，它是用了青春的血液来浇灌。"这首歌的歌词已经很明白地指出了花儿的意义所在。它为什么被赋予这样的意义，是源于塔吉克的一个古老的爱情故事：一名为商人赶脚的塔吉克青年，爱上了喀布尔城的一位公主，但遭到了反对，青年只能顺着古丝绸之路流浪，把优美凄凉的歌声传遍了所有他路经的地方，最后传回到帕米尔高原他的故乡。从以上分析，我们可以看到，对于同一个符号形式，在各民族中由于其意指方式的不同，从而凸显出其民族文化特色。

从语用层面看，跨文化语境中，民族文化差异不仅由符号的形态和意义反映，还通过符号与使用者的关系反映出来。也就是说，民族文化符号被使用的目的、情境和效果的差异，都体现了民族文化上的差异。许多少数民族都采用刻木记事来记录事件或传送信息，刻木的符号很多，其中以"△"形缺口最为常见，缺口小的表示小事或小数，缺口大的表示大事或大数。这种刻了符号的木板或成为一种档案，记录事件或账目，或一剖为二，成为当事人双方各执一半的契约。但是，刻木记事这种民族文化符号在不同的民族其主要用途却不尽相同。哈尼族将其用于典当、借贷、婚姻的契约；佤族多用于记录日子或账目；独龙族用其来传递信息；景颇族用其记录重大事件；苗族多用其来记录歌词。

跨文化语境中，民族文化差异通过符号的形态、意义到符号使用的目的、情境各个层面体现出来，通过观察民族文化符号的差异，就可以看到不同民族的文化差异。

五、跨文化语境中旅游者的认知与行为

从文化认知的角度看，旅游者对民族文化差异有由低到高四个层次的态度：接触、了解、理解、认同。旅游者自身的认知语境决定了其对待民族文化差异的态度。虽然旅游者对民族文化差异感兴趣，但并不代表他能够理解这种差异。因而，旅游消费者对民族文化差异的文化认知，决定了跨文化语境的模糊性。换句话而言，民族文化差异本身是明确的，但是对于旅游消费者的认知来讲，跨文化语境却是模糊的，旅游消费者并不具有对民族文化差异的清晰的认知。此外，旅游消费者在短暂的旅游时间里接受了大量的异质文化信息，这些异质文化信息构成一种刺激，但是却来不及进入旅游消费者的认知框架里。这也造成了跨文化语境的模糊性。这种模糊性给民族文化旅游提供了发挥其作用的空间，民族文化旅游开发可以将文化差异清晰化、显在化，并且将旅游者的跨文化感知保存并延续下来。

从旅游的角度看，旅游者对民族文化差异有着由低到高三个层次的态度：感官

层次的观赏、行为层次的体验、精神层次的感悟。民族文化差异首先是以一种景观形式存在的，旅游者将民族文化差异当作一种景观来欣赏，正如欣赏一幅文化图景。旅游者首先以自己的眼睛去观赏，去观察这幅图景的形象，从中获得感官上的愉悦和享受。这种感官的愉悦和享受是源于异质的民族文化风貌投射于旅游者的感官，使其受到刺激同时在心里产生一系列的反应。这个过程即心理学上的“刺激——反射”过程，是人在面临新情境时的自然心理过程。旅游者对民族文化差异并非仅仅停留在观赏的层面，行为层次的体验是进一步的活动。在民族文化旅游地，旅游者往往喜欢去品尝当地的原汁原味的民族特色食品，穿上具有民族特色的服饰，并参加当地的民族活动，甚至于住到当地居民的家里。这些都是旅游消费者对民族文化差异的体验活动。行为层次的体验拉近了旅游消费者与民族文化旅游地的距离，当旅游者去参与民族文化旅游地的各项活动甚至于进入原住民的生活之中时，他们会获得与单纯的观赏不一样的感知和享受。精神层次的感悟是指旅游者在观赏和体验了民族文化差异之后进行的思考活动。旅游者往往会进一步思考民族文化差异是如何成为现在这个样子的。这类思考活动往往伴随两类活动：其一是借助文献资料进行进一步的民族文化探索；其二是将自身的所见、所闻、所感、所思运用于文学或艺术的创作中。

综上所述，民族文化旅游是一种跨文化活动，它是在跨文化语境下进行的。这种跨文化语境主要是跨民族文化，跨文化语境中存在着大量的民族文化差异，这些差异通过民族文化符号显在化。旅游者在跨文化语境中会将对旅游地民族文化的认知与其自身的认知语境进行比对，并产生一系列行为，包括感官层次的观赏、行为层次的体验、精神层次的感悟。这一系列行为都是跨文化行为，因为它存在着与旅游者文化背景的跨越和比对。旅游者通过民族文化旅游往往获得较多的跨文化体验，跨文化体验直接关系到旅游者的满意度。因而，对跨文化语境的研究有助于旅游地提升旅游产品带给旅游者的跨文化体验。

参考文献：

［1］［美］爱德华·T. 霍尔. 无声的语言［M］. 刘建荣，译. 上海：上海人民出版社，1991.

［2］［英］马林诺夫斯基. 科学的文化理论［M］. 黄健波，译. 北京：中央民族大学出版社，1999.

［3］［法］罗兰·巴特. 符号学原理［M］. 李幼蒸，译. 北京：生活·读书·新知三联书店，1988.

［4］郝朴宁. 民族文化传播理论描述［M］. 昆明：云南大学出版社，2009.

［5］但红燕. 基于符号学的民族文化旅游商品开发工具研究［D］. 成都：四川大学，2011.

我国休闲旅游发展思考[①]

肖月强，贺刚[②]

【西华大学经济与贸易学院　四川成都　610039】

摘　要：近年来，随着我国经济的发展、人民生活水平的提高以及带薪假日的延长，我国旅游业发展迅速，旅游结构由传统的观光旅游型向休闲度假型转变升级，休闲旅游成为未来旅游业新的发展趋势和经济增长点。本文分析了我国休闲旅游发展的现状、问题及机遇，提出了休闲旅游的发展建议。

关键词：休闲旅游；休闲意识；客源市场；区域联合

近年来，在我国旅游活动中，休闲的概念日渐普及，使得休闲旅游迅速发展。2010年，休闲旅游的比重已经占到全国旅游总量的四分之一，成为旅游业的重要组成部分。从最新统计看，2011年东部景区接待游客15.21亿人次，占游客总量的59%；营业收入为1 823亿元，占全国景区收入的70%，其中休闲类景区接待量名列前茅，成为新的亮点。2009年，《国民旅游休闲纲要》的制定，“大休闲”概念的提出，进一步推动了全民休闲和旅游意识的培养，新的消费环境进一步形成。休闲与旅游结合成为我国旅游业新的发展方向。

一、休闲旅游概述

（一）休闲旅游的背景

休闲旅游起源于法国，后欧美、日本等国家很快盛行。我国休闲旅游起步较晚，但近几年发展较快。作为世界上两大兴旺产业的结合体，休闲旅游将成为未来旅游业的支柱和新的经济增长点。

自我国1995年开始实行每周五天工作制，1999年9月又实施三个“黄金周”（春节、“五一”、“十一”），实行了七天长假；2008年修改成两个“黄金周”（春节和国庆），增加了清明、端午、中秋为法定节假日，这一系列举措，使得人们的休闲时间进一步增加，为外出旅游提供了条件。2008年1月1日开始实施的《职工

① 资助项目：西华大学校级重点学科建设项目“区域经济学”（XZD0901-09-1）。

② 作者简介：肖月强（1988-），男，四川宜宾人，2012级旅游管理专业硕士研究生；贺刚（1971-），男，四川资阳人，经济学博士，副教授，硕士生导师，通讯作者，研究方向为宏观经济、旅游经济。

带薪年休假条例》，使得我国的社会服务体系进一步完善。随着我国教育普及程度的提高，人们的思维方式和生活方式也随之发生深刻变化，闲暇时间的利用由休息向休闲转变。经过改革开放30年的发展，我国经济发展迅猛，人民收入得到了很大的提高，人民生活基本实现小康。然而伴随着经济的发展，各种竞争日益激烈，人民的生活压力和工作压力也随之增加，他们渴望远离城市的喧嚣，得到心灵的放松，由此我国大众对休闲的需求日益增强，“花钱买休闲”的观念也开始形成。伴随着这些转变，休闲旅游在我国逐渐兴起。

（二）休闲旅游的定义

“休闲”一词最早出现在希腊文学。国内外学者认为，休闲主要涵盖三个方面的含义：一是指闲暇时间；二是指休闲活动；三是指在休闲的活动中人们闲适的精神状态。旅游是指非本地居民在异地进行短暂停留，为满足精神和物质需求所涉及的多方面的综合活动，前提是他们的旅行不是长期居住和以赚钱为目的。[1] 休闲旅游是休闲和旅游二者的综合体，休闲旅游是指以旅游资源为主要依托，以休闲为主要目的，以旅游基础设施为条件，以特定的文化景观和服务项目为内容，为离开定居地而到异地逗留一定时期的游览、娱乐、观光和休息。[2]

休闲旅游不同于普通意义的旅游，普通意义的旅游主要是指传统的观光旅游，是以欣赏独特的自然风光和名胜古迹等风格独特的建筑物为主的旅游。而休闲旅游是以放松身心、缓解心理压力为主要目的，以休闲娱乐为主题的旅游。

（三）休闲旅游的特征

休闲旅游具有五大特征：①旅游主题休闲性。休闲旅游与传统旅游相比，休闲旅游最大的特点在于它主题的休闲性。让身心得到放松是它的基本要求，它更加注重旅游者的精神享受。旅游者不仅通过身体放松、竞技活动、艺术欣赏等多种方式接触大自然，而且休闲者还通过自身的体验，享受来自自身、自然活动所带来的喜悦和幸福感，使自己的意志和感觉得到充分的展露和表达，是人性自我实现需要的满足。②人与自然和谐性。与传统旅游相比，休闲旅游强调人与自然的和谐统一，人文景观与自然景观的和谐统一。休闲旅游是一个高级别、高质量的旅游，是一种积极参与、主动休息的行为，是一种高层次的精神活动。③旅游目的地重复性。与其他旅游方式相比，休闲旅游是周而复始的，旅游目的地具有重复性。休闲旅游对旅游者的吸引力较高，旅客的重游率较高。④旅游需求多层次性。旅游活动属于经济行为，收入水平的差异使休闲旅游消费呈现出多层次性。不同收入水平的休闲旅游消费群体对应不同层次的旅游需求和消费。另外根据游客的个人偏好，不同的游客具有不同休闲旅游的需求，而休闲旅游类型多样，有山地休闲旅游、滨海休闲旅游、体育休闲旅游、乡村休闲旅游等，在体验需求上能满足不同游客的要求。⑤旅游活动体验性。休闲旅游是在强调游客积极参与的前提下，注重个体生命对旅游产品独特的体验性，从而体会到自然之美、生活之美、生命之美。因此，休闲旅游更加注重旅游主体的参与性，在旅游活动体验中享受其中的乐趣。

（四）发展休闲旅游的意义

休闲旅游逐渐成为人们旅游消费的新时尚和新潮流，大力提倡和发展休闲旅游，无论对人本身，还是对社会、对国家都有着深远的意义。第一，发展休闲旅游有利于人们修身养性，促进自身的全面发展。休闲旅游一方面可以消除疲劳，使人们身心放松，缓解工作、生活压力，回归自然状态；另一方面，人们通过不同地方自然、人文景观的接触和体验，传播先进文化，提升人们的文化素养以及道德情操，完善自身的世界观、人生观和价值观体系，实现自我完善和发展。第二，发展休闲旅游，有利于实现人与自然、人与社会的和谐和可持续发展。休闲旅游是对“适度劳动，积极休闲”的践行，这意味减少人们对自然的物质交换，减轻人们对自然环境和资源的破坏和压力。[3]休闲旅游追求的是“自然和谐”的状态，注重对自然环境的保护，有利于人与自然的可持续、和谐发展。[4]第三，发展休闲旅游有利于拉动内需，培育新的消费热点，刺激经济的增长。休闲旅游是人们为了追求回归自然、修身养性而培育的新的旅游方式，是人们积极主动旅游的表现，旅客重返率高，可以实现经济效益的持续性。同时休闲旅游拓宽了旅游的范围和方式，使得各种自然和人文景观成为现代经济发展的资源，促进当地经济的发展。

二、我国休闲旅游发展的现状

（一）休闲旅游以国内旅游为主

近年，来华旅游人数逐年增加，但是来华度假休闲旅游人数的比例在下降。随着我国经济和社会的发展、人民生活水平的提高，国内旅游发展迅速，国内旅游人数以大于10倍于来华人数的比例在增长，国内旅游的发展将带动国内休闲旅游的发展，使休闲旅游逐渐成为大众消费形式。随着我国法定节假日、双休日、带薪假制度的实行，旅游被列为许多家庭的消费计划，国内旅游将成为我国休闲旅游的主流。[5]

（二）客源市场多元化趋向

由于休闲旅游产品的大众化，甚至有的属于公益性，所以对于大多数普通百姓都能够消费，同时休闲旅游不是一个孤立的形态，它是由一系列产品集群组成，与观光旅游、度假旅游、文化旅游互相辉映，相得益彰。当前，随着人民生活水平的日益提高、带薪假期的增多、离退休人群的扩大，尤其是双休日制度的推行，休闲旅游已被中国一般的中等收入阶层和一部分工薪阶层所接受，不仅青年人接受，中老年人也接受，其客源市场呈现出多元化发展的趋势。

（三）多选择近距离景区

目前我国休闲旅游主要有两种类型：一是以经济发展、消费水平高、工作节奏快的大中城市为依托，凭借环境优良、风景优美、资源丰富、交通便捷建设起来，一般在路程两个小时内，如城郊的农家乐旅游、乡村旅游，这种主要适合于周末休闲旅游；二是旅游者坐车花费几个小时到周边景区旅游，由于受到假期和消费等方面的限制，所以游客主要选择休闲产品丰富、文化生活丰富、服务设施齐全的周边景区，他们不可能花太多时间在路途中，一般选择火车、汽车或自驾车在几个小时就能到达的地方。

（四）多选择节假日出行

我国休闲旅游以家庭和商务人士为主，对旅游时间的选择多在双休日、节假日，比如春节前后、国庆前后以及学校寒暑假期间。对国外游客来说，旅游地点多选择为海滨、湖滨、高山滑雪、田园乡村，这些旅游地点具有很强的季节性。

（五）景区重游率高

由于我国大部分人对休闲旅游缺乏正确的理解与指导，旅游还是以传统的观光旅游为主，传统的自然风光对我国游客仍然具有一定的吸引力，所以自然景观的重游率较高。

三、我国休闲旅游发展存在的问题

目前，我国已有法定假日114天，这一国家行为表明我国已融入整个国际休闲社会的背景中。我们从政府正在出台的政策以及新的产业布局调整中，可以看到休闲、休闲产业、旅游经济的社会条件支持系统正在建立。然而，不容乐观的是，中国是一个地域辽阔、人口众多的国家，地区发展的不平衡性以及较大的差异性，仍是我们面临的问题。

（一）国民对休闲概念理解模糊，旅游休闲消费观念陈旧

由于我国休闲旅游产业正处于摸索、借鉴经验的初级阶段，各地区、各阶层对“休闲”、“休闲产业”认识不清，对休闲只是简单地理解为“吃喝玩乐”，如打牌、整天看电视、泡网吧等畸形“休闲”，对休闲的理解未上升到一定的层次。同时，我国旅游还是以观光旅游为主，休闲旅游的观念对国民还比较陌生，国民休闲旅游的消费观念陈旧，重视物质消费，对服务体验性消费还不够，在国民旅游中对休闲旅游感兴趣的还不到20%。因此，国民对休闲旅游的认识还不足，未形成休闲旅游的社会风气。

（二）休闲旅游发展缺乏整体和系统的战略发展规划，休闲产品缺乏特色

我国是一个地域辽阔的国家，地区发展存在不平衡和较大的差异性。近年来，我国休闲旅游虽有了一定的发展，但城郊旅游缺乏总体的发展规划，发展过程中目标不明确，主题不突出，布局不合理，休闲旅游产品形式不多，各地区、各景点各自为政，盲目竞争，难以发挥集聚效应和规模效益，产品缺乏个性特色和品牌竞争力。

（三）休闲旅游产业体系和与休闲相关的基础配套设施不完善

我国休闲旅游产业发展基础薄弱，在大中城市，休闲旅游发展初具规模，但在中小城市、农村和偏远地区，发展较慢，休闲旅游的发展缺乏完善的产业体系作支撑。同时，与休闲相关的基础配套设施不健全，如饭店、餐饮、交通、接待、安全等基础设施的发展未形成一条龙服务，如“五一黄金周”的旅游出现“井喷”现象，正是基础设施供不应求的反映。

（四）休闲产业缺乏专业性人才，休闲服务和经营缺乏创新

目前，制约我国休闲旅游产业发展的另一个因素就是缺乏休闲方面的专业人才和系统的专业教育。休闲教育在我国还是一个盲点，在国内也只有寥寥几个高等院校开设了相关方面的专业课程。从事休闲行业的人员没有接受过系统的专业培训，服务水平还不高。一些休闲经营者和管理者也基于现状，未对相关的休闲服务进行

改革和创新。

四、我国休闲旅游发展的机遇

（一）国家政策的支持

2009年国务院颁布实施了《国务院关于加快发展旅游业的意见》，指出要以优化旅游消费环境、倡导文明健康的旅游方式、推动旅游产品多样化发展、培育新的旅游消费热点、丰富旅游文化内涵等为主要任务，而这些主要任务正是休闲旅游所具有的功能。[1]该意见中《国民旅游休闲纲要》的制定，使我国休闲旅游的发展得到了强有力的政策支持和立法保障，这将使我国休闲旅游的发展进入新的发展时期。

（二）居民生活水平提高与闲暇时间增多

随着我国经济的快速发展，人民的收入逐渐增加，人们对生活质量的要求上升，在外出旅游上想改变以往传统单一的观光旅游方式，想体验不同形式的休闲度假旅游，旅游范围逐渐扩大，加上黄金周、法定节假日、双休制度的实行，以及2008年我国带薪休假制度在全社会的推广实施，使得人们所拥有的闲暇时间大大增多，这些为外出休闲度假提供了经济条件和时间保障。

（三）人类心灵回归自然的需要

随着我国城市化进程的加快，社会竞争日益激烈，人们生活和工作的压力增加，渴望得到身心放松，回归自然状态，以缓解压力，达到修身养性目的，而休闲旅游正满足了人们对心灵回归自然的需求。

五、加快我国休闲旅游发展的对策

（一）科学规划，培育休闲度假意识

休闲旅游的发展单靠某一方面的努力还远远不够，需要依靠整个社会系统的支持。政府应牵头引导，在政策、立法、制度、观念更新等方面尽快制定和完善相应制度和政策，为休闲旅游的发展创造良好的环境和氛围，如完善带薪假、双休日、节假日制度，同时，引导广大居民更新观念，改变以往传统单一的观光旅游的意识，逐渐向休闲度假转变。

（二）突出特色，开发系列旅游产品

休闲旅游产品应靠特色和个性来吸引不同的消费者，满足不同群体和不同层次的休闲度假需求。针对我国休闲旅游市场的实际，应抓好产品的系列开发。第一，抓好如周末、“黄金周”、寒暑假等不同消费时段的休闲度假产品的开发；第二，做好不同消费层次的系列产品的开发，既有能满足基本旅游市场的标准产品，也有适合中低收入消费需求的经济旅游产品以及高档消费的休闲旅游产品；第三，不同消费内容的系列产品开发，如发展与休闲相关的家庭度假游、保健旅游、科技教育文化旅游、工业旅游、农业旅游、体育旅游、都市旅游及“环城市旅游度假带”等旅游新产品，把“休闲度假旅游套餐”做大、做细。[6]不断推陈出新，以新、奇、异、特的旅游项目来吸引旅游者，使休闲旅游产品在市场上保持长久的竞争力。

（三）凸显主题，加大休闲营销力度

利用各种媒介如报纸、电视、网络等传统和现代的新闻媒体，或者结合事件、

策划特色节庆、举办主题活动等，开展一些宣传性、开放性活动来提高知名度和影响力。在宣传过程中，营销主题要鲜明突出，要新颖、有深度、有广度；注意多种媒体的搭配使用，全方位宣传休闲旅游产品；同时，提高服务水平和标准，扩大产品的知名度，增强产品的影响力。

（四）完善功能，加强基础设施建设

政府应进一步加强硬件与软件基础设施的建设，制定评估标准，在数量与质量上推动旅游基础设施的发展，重点应放在交通、水、电、通信等公共基础设施的建设与完善方面，尤其是要改善交通、旅行社、饭店等条件，以便于旅游者进出休闲旅游目的地。同时，根据假期人们休闲的普遍需求，适当开发大众化娱乐、健身设施，各旅游城市开放更多的纪念馆、博物馆、科技馆、文化馆，积极发展城市、郊区和重点景区周围形式多样的休闲度假旅游。

（五）发挥优势，加强旅游区域联合

对于休闲旅游的发展，需要转变观念，积极发挥主导作用，充分利用区域旅游经济联盟的功能，推进大区域旅游业的构建，促进区域旅游经济的发展。[7]各地区不应各自为政、盲目效仿、相互竞争、缺乏特色，而应以一定区域为依托，发挥该区域休闲旅游的集群优势，整合区域资源，实现大范围点、线、面的结合，把分散的旅游区、点联系起来，形成休闲旅游景观带，使游客既能享受风格各异、特色鲜明的自然人文景观，节约时间，提高质量，同时，依靠不同产品之间的竞争和合作促进各个产品的精致化和个性化发展，进而促进我国休闲旅游产业健康持续发展。

参考文献：

[1] 李丰松．阳朔县休闲旅游发展问题分析及对策研究［D］．桂林：桂林理工大学，2010.

[2] 刘群红．发展我国休闲旅游产业问题的若干思考［J］．求实，2000（8）.

[3] 屠高平．郑州市居民休闲旅游的现状调查及对策研究［D］．开封：河南大学，2007.

[4] 王景全．休闲：人与自然的和谐之道［J］．中州学刊，2007（8）.

[5] 张铖．休闲旅游现状和发展趋势分析［J］．时代经贸，2009（8）.

[6] 冉斌．我国休闲旅游发展趋势及制度创新思考［J］．经济纵横，2004（2）.

[7] 张华．我国区域旅游经济联盟存在的问题及对策探讨［J］．四川经济管理学院学报，2010（1）.

【第四篇】

旅游管理

LÜYOU GUANLI

试析旅游业不诚信经营现象的成因和危害性[①]

伍刚[②]

【西华大学经济与贸易学院 四川成都 610039】

摘 要：旅游业存在的种种不诚信经营现象，大大降低了旅客的满意度，严重影响到旅游业的持续发展。本文对我国旅游业经营中的种种不诚信现象进行了归纳，比较深入地分析了这些不诚信现象背后的成因和危害性；认为切实提高全民认识，处理好短期与长期的矛盾，处理好自利和贪婪的矛盾，健全法制，可以更好遏制旅游业不诚信经营行为，使旅游业获得更好的发展。

关键词：旅游业；诚信；旅客满意度；易粪相食；旅游业发展

在经济活动中要讲诚信，这似乎已经是人们的共识。旅游经济的发展也不例外。大多数人都知道，从理论上讲，不讲诚信的后果就是失去别人的信任，毁掉自己的信誉，影响自己的事业、生意，使自己的生产经营活动不能持续、健康发展。因此，诚信经营对于旅游业发展的重要性在理论上似乎已没有必要再反复强调、反复论证，因为诚信经营这个道理几乎是人尽皆知。但是，从旅游业中暴露出的不诚信的种种表现却清楚地表明，要将诚信经营的理念真正落实在旅游业经营的实际行动中还任重道远。那么，为什么道理大家都懂，行动却背道而驰呢？本文将对此作一些初步的探讨和分析。

一、旅游业经营中不诚信的种种乱象

（一）低价揽客，请君入瓮

旅游业经营中的低价揽客，是指以低于旅游成本价的旅游报价招揽游客的行为，其极端的表现是“零负团费”，即旅行社在接外地组团社的游客团队时分文不赚，只收成本价，甚至低于成本价收客。“零负团费”的本质是欺诈游客，非法牟利。如“精品华东五市汽车七日游”的报价是 138 ~ 188 元，这个报价就连七天汽车的油钱都不够。又如德国 9 日自由行，5 500 元；德、法、意、瑞、梵 5 国 11 日团队

---

① 资助项目：西华大学校级重点学科建设项目“区域经济学”（XZD0901 -09 -1）。

② 作者简介：伍刚（1959 - ），男，经济学硕士，教授，研究方向为区域经济。

游，9 599 元；“德、法、荷、比、卢 5 国 8 日游”线路，报价仅为 7 700 元，远远低于其他旅行社同类线路万元以上的价格。一家大型出境游旅行社相关负责人表示：“7 700 元的团费，不可能支付得起这个团队的成本费用，这也意味着增加自费行程、带客进店购物等违规方式将成为旅行社赚取利润的主要方式。”据该旅行网客服介绍，整个行程果然有 9 项自费，将莱茵河游船、凡尔赛宫门票等应有项目都包括其中，自费价格高达 580 欧元（约合人民币 5 200 元）。另外，行程中提及的参观“荷兰传统的木鞋制作过程”、“钻石工厂”、“巴黎著名百货公司”、“免税店”等，也被业内人士认为是带客“扎店”的主要场所。[1] 实际上，内地团队游客的不愉快体验已不新鲜。[2][3] “导游欺骗内地游客到尖沙咀星光大道参观收费 200 元，游客到了才发现星光大道根本无须收费”；“导游哄逼游客购物不果，把游客遗弃街头不顾而去”……一宗宗令人沮丧、忧心、震惊甚至愤怒的新闻不断[4]——从 2010 年 7 月的女导游阿珍骂“内地游客是穷鬼”，到早前 2006 年青海牧民为到香港旅游卖掉全家十多只羊，却被香港导游遗弃街头。2011 年 2 月 5 日，来自安徽的张姓游客因不满旅行团强制消费与来港导游发生激烈争执，后经香港九龙城裁判法院提讯，判三人（导游方）签保 1 000 港元及守行为 12 个月。类似事件的不断发生，不但影响旅客对香港的印象，更严重的是对香港的整体旅游形象会造成沉重打击。香港旅游发展局主席田北俊曾表示：“此事不但影响有关旅客及同团团友对香港的印象和在港的体验，更严重的是，事件已经在内地引起广泛报道和讨论，对香港的整体旅游形象会造成沉重打击。”

（二）表里有别，败人胃口

这种不诚信的行为的表现是：表面上很诚恳，很热情，请游客品尝的样品也货真价实，但在取得游客的信任后却表里不一，或以次充好，或销售时很热情而销售后就不耐烦答疑，或样品与销售的商品差别太大。笔者对此就有亲身体验。2012 年 7 月下旬，本人与单位同仁随一旅行团到西北某省旅游，到某一旅游度假村时，该旅游度假村的接待极为盛情，进门时又是献哈达，又是敬献三杯青稞酒，着实让人感动。而最让同仁中几位酒友难以忘怀的是敬献的三杯进门美酒的好滋味。入席后，大家纷纷要求多来几杯，但主人表示力不从心，成本所限。于是我们自己掏钱买酒。88 元一斤（1 斤 =500 克，下同），先来一斤。结果大家后悔不已，其滋味之糟，叫人胃口败尽。糟到什么程度？其味道远远不如四川本地 5 元 1 斤的散酒（四川人叫“跟斗酒”）。大家对该酒的评价是这根本就是参了酒的水。事后大家庆幸的是只买了一斤，如果没有现场喝，每人买点带回家，那损失就更大了。

（三）旅游专购，藏污纳垢

大家都知道，现在的跟团旅游，都有专门的购物项目，这就是旅游专购。但说起它的名声，相信大家是点头的很少，摇头的很多。游客对其之所以评价不高主要是因为以次充好，价格太高，甚至畸高。早些年还有假货掺杂其间，坑人害人。最近几年有所改变，完全的假货很少了，但次货却多起来了。次货与假货的最大区别在于次货不是假货，而是“真货”，店家还主动叫你上网查询，有假包赔。但次货品质差，甚至很差，却卖你高价，也害人不浅。笔者一次随团旅游，到一珠宝玉器购物点，团友 A 买了一件首饰，1 000元左右。团友 B 也看上了这款首饰，也很想买，但不知其是否货真价实，没敢买。当天回到旅店后，在该省城一个正规的大珠宝行看到同样的首饰，标价才 500 多元。还有一次，旅游购物点里的所谓特色卤牛肉，88 元一斤，品尝之后觉得味道很平常。据了解，当地最好的卤牛肉也才 40 多元一斤，贵了一倍，这不是坑人吗？笔者的亲身经历，相信也是很多人的切身感受。

（四）门票虚高，自毁形象

据不完全统计，全国 130 家 5A 级景区中近一半的门票价格过 100 元，其中超过一成门票价格在 200 元以上。专家指出，目前中国景区门票价格普遍过高，而高价门票实质上是把中低收入者的权利用价格的杠杆转让给高收入者，显然是一种不合理的现象。[5]

2008 年，华山旺季价格是 100 元，庐山是 180 元，黄山是 200 元，九寨沟则达到 310 元，其他一些著名景区的门票价格也大都在 100 元以上，相比之前的淡季价格提高了 45 ~150 元。针对目前的景区旺季报价，西安光大国际旅行社国内部梁姓负责人也认为偏贵。景区门票价格偏贵现象，不只在陕西，在国内几乎普遍如此，已成为业内共识。现在很多景区的门票都在 100 元以上，但老百姓的每月收入才有多少，一家人出去旅游一次，光花在门票上的就要数百上千元，这对普通家庭来说是不小的负担。

陕西省社科院副院长石英说，2007 年，陕西城镇居民月均可支配收入为 896. 9 元，一张 100 元的门票相当于月均可支配收入的 11%，相当于农村居民月均纯收入 220 元的 45%，而发达国家景区门票价格一般只占人均月收入的 0. 5% ~1%，而且有很多的减价、免票等优惠措施。[6] 据了解，日本东京迪士尼乐园的门票是日本所有旅游景点中最高的，每张成人通票需要 5 500 日元，与日本职工人均 600 万日元年收入相比，依然处于职工人均月均收入的 1% 以下。意大利著名的古罗马斗兽场门票只有 6 欧元，即便最贵的门票价格也不足意大利人均月收入的 1%。

门票虚高本身就意味着名不符实，也是一种不诚信的行为。

二、旅游业经营乱象背后的原因及危害

（一）极度贪婪，急功近利

对上述种种乱象背后的原因进行梳理，我们很容易发现，有关的经营主体目光短浅、急功近利是原因之一。有这种想法或行为的经营主体，包括与此相关的地方政府，根本就没有长期经营、荫及子孙后代的想法。他们眼中只有自己的眼前利益。在他们看来，只要眼前能得利，就是王道，哪管以后“洪水滔天”。这种只顾自己不顾别人、只顾眼前不顾长远的行为和想法，很大程度上是由于极度贪婪所造成的。因为此时这些经营主体并不是不知道其行为的危害性和影响，但是他们缺乏约束和自制。这种贪婪是任何一种文明社会所不能容忍的。这种贪婪就像吸血鬼一样，占有不属于自己的财富。而更大的危害在于如果对其不加以制止，势必造成贪婪的连锁反应，而这种连锁反应的后果是既败坏社会风气，又造成物价的过度上涨。因此，必须坚决制止这种行为。

（二）素质不高，认识糊涂

造成目光短浅的原因除了自私和贪婪，也有可能是由于某些经营主体素质不高，认识不到其行为的远期危害性，甚至有很多的糊涂认识。这种糊涂认识的典型表现之一就是侥幸心理。这些不诚信经营的经营主体通常有一种侥幸心理，或者说是一种一厢情愿的心态，即：①我不诚信，别人未必识破，我就比别人聪明一些；②我不诚信，就算被别人识破，我也可以以我的聪明才智规避受害人的报复。我们在这里简单分析一下这两种糊涂认识是否合理。就第一种糊涂认识而言，局部的、个案的应验是可能的。但就大多数而言、就全局而言，是不可能应验的。特别是在有互联网的现代社会，能瞒一时，还能瞒一世？能瞒一个或几个人，还能瞒住所有的人？至于第二种糊涂认识，表面上看还很有道理，特别是在短期、局部范围内对个别人还有效，但从全局、长期的角度而言，实际上是糊涂透顶，危害深远。如果每个人都这样认为，那我们离“易粪相食”就不远了（“易粪相食”是指每种食品的生产者都清楚自己制作的食品是垃圾，因此从来不吃，长此以往，每个人吃的都可能是垃圾）。

（三）地方保护主义

据了解，按照目前的现行体制，很多风景区都由地方政府相关职能部门管辖，特别是有些世界级、国家级风景区，往往由市、县地方政府直接管辖，其风景区管委会是市、县地方政府的派出机构。“这样一来，门票和其他旅游经营收入甚至直接归地方政府所得，成为它的预算外收入，门票涨价成为保证政府收入逐年增长最简便的方式。在这种诱惑下，地方政府随意涨价、大幅涨价的冲动就会大大增强，也就顾不得自己的做法违规不违规了。”一位资深经济学家这样剖析内中成因。

地方保护主义还表现为对本辖区的不诚信经营现象睁一只眼闭一只眼，对游客的投诉大事化小，小事化了，甚至不作为。这让游客对部分地方政府管理部门丧失信心，甚至不到万不得已不去举报，这极大地削弱了政府的公信力。

（四）社会风气有待改善

由于很多不诚信的旅游经营行为没有得到及时纠正，加之其他领域的腐败现象滋生蔓延，长期下来，逐渐形成了一些不良的社会风气。比如，对不诚信的旅游经营行为，不以为耻，反而认为是正常的；部分游客也见怪不怪，视而不见，处于麻木状态。这种不良的社会风气如果不及时、尽早加以纠正改善，一旦大范围、长时期地蔓延开，形成不诚信的连锁反应，我们今天担忧的易粪相食的局面就可能成为现实。

（五）法制不健全

法制下的法治是一个文明社会最基本的行为准则和要求，是一个文明社会的行为底线。目前看来，不诚信的旅游经营现象长期存在，没有得到有效遏止，与有关的法规、法制不健全有很大的关系。比如，对于一些不诚信的旅游经营行为没有明确地加以界定，或虽有界定但不够细化，操作性不强，而相关的法律法规也不配套。比如，如何认定违法违规行为，认定之后又如何投诉，投诉后如何处理，如何告知公示。又比如，如何防止地方保护主义，防止执法犯法，防止“内部人现象”，如何加强舆论监督，等等，都没有具体可行的规定。一个较健全的法制体系是一个法制链，特别是任何一环都不能掉链子，否则前功尽弃，劳而无功。而这个链条中的社会舆论监督环节，又被有识之士称为“社会的良心”，其作用不可小觑。

三、遏制旅游业不诚信经营行为的几点建议

（一）切实提高全民认识

提高全民素质似乎已经是老生常谈了，而素质的提高也不是一朝一夕、单方面的事情。但提高全民的认识即形成全民的共识的意义却非同小可，因为有了共识，就有了共同行动的前提条件。那么，我们要形成什么样的全民共识呢？这个共识就是：旅游经营中的不诚信行为，以及各行各业的不诚信的经营行为，不能任其蔓延滋生、养虎为患，不能任其形成不诚信的链条。因为这种不诚信的链条一旦形成，就会造成世风日下、人心不古、易粪相食的局面，也会过快地推高物价。如果大多数民众能够形成这样的共识，特别是政府部门有这样的共识，那我们至少具备了采取正确行动的前提条件，这是一个必不可少的前提条件。

（二）处理好短期与长期的关系

解决不诚信的实际问题，很多时候实际上就是如何处理短期与长期的矛盾问题。对于不诚信的危害性大家不是不知道，甚至也痛恨这种行为，特别是一些政府管理部门。但为什么不能有效制止，甚至还参与其中呢？其中一个主要原因就是只顾及短期利益，不顾长远的发展。究其原因主要有两种：一是有关人员的私心；二是有关人员的无奈。这种无奈在很大程度上是由于有关的政策法规不支持甚至不鼓励长期行为；或者虽然表面上提倡长期行为但却没有具体措施，没有可操作性；或者对短期行为没有有效的惩罚措施，实际上是间接地鼓励短期行为。要处理好短期与长期的矛盾，主要责任在上级部门，因为层级越低，考虑的面和时间相对就越窄，就越容易只顾眼前利益，而层级越高，眼界就越开阔，考虑问题就越全面、越长远，更有利于做出长期决策。因此，上级部门负有更大的责任和义务来解决好这个问题。

（三）处理好自利和贪婪的矛盾

不诚信的行为背后常常有私心作祟。但一说到私心，我们切记不能唱高调、一味地加以批评。笔者认为应该把私心分解为自利和贪婪。自利是人性的正常表现，是人的正常需求。而贪婪则是人性中恶的部分，是人的不正常需求。自利得到的是合理的利益和利润，而贪婪攫取的是暴利，是非法的利益，不道德的利益，是不义之财。因此，我们应该严格区分自利和贪婪，即要区别对待。要大张旗鼓地、旗帜鲜明地批评、制止、惩罚贪婪的行为。[7]

（四）健全法制

要提高全民的素质，制止短期行为，制止贪婪的行为，必须有法律法规方面的制度保证。否则，就会流于形式，徒劳无功。法律法规的健全最重要的是要形成法律法规的链条，环环相扣，不给不法分子以可乘之机。而这个链条中的重要一环是社会舆论监督。目前有很多腐败行为被社会舆论监督、揭发的事实，已经雄辩地证明了这一点。社会舆论监督是法治社会中不可或缺的一环，是法律的兜底者。没有

社会舆论监督，再好的法规也可能被一些人玩于股掌之间，翻云覆雨，随心所欲。有了社会舆论监督，谁敢以身试法，谁就会身败名裂，心惊胆战，如履薄冰，世界各国的实践已经证明了这一点。

（五）不遗余力地构建良好社会风气

如果我们能够做到上述四点，我们就基本或者说初步构建起了良好的社会风气。我们应该清楚地认识到，上述四个方面都是文明社会所必需的，也是旅游业又好又快发展的最基本的保证。因此，我们应该不遗余力地加速实现上述四个方面的目标。只有构建良好的社会风气，才能有效遏制旅游业不诚信经营现象，才能有力促进旅游业的发展，才能有序加快经济结构调整的步伐。

参考文献：

[1] 杨汛．部分旅行社依然超低价揽客［N］．江苏经济报，2009－05－07.

[2] 内地客与港澳导游争执频发 零负团费难根治［EB/OL］．http：//www. qingdaonews. com/gb/content/2011－02/17/content_ 8668499_ 4. htm.

[3] 姜艳秋．“零负团费”为何屡禁不止？［N］．今晚报，2011－02－19.

[4] 王丹阳．内地游客赴港澳游数量暴增 根治零负团费成难题［N］．广州日报，2011－02－17.

[5] 如何让景区门票虚高价格“降温”？［N］．时代商报，2012－03－29. http：//hb. qq. com/a/20120405/001137. htm.

[6] 李兰．旅游景区门票“虚高”的背后［EB/OL］．各界新闻网，http：//www. gejiedb. com/html/52/2011－11－26/content－209. html.

[7] 伍刚．信用：一个新的视角［J］．西南金融，2007（9）.

旅游购物欺诈及其成因分析①

何秋洁②

【西华大学经济与贸易学院　四川成都　610039】

摘　要：本文对旅游购物欺诈进行了界定，对由于受利益的驱使，旅游购物欺诈成为旅行社、旅游购物商店、导游人员生财之道，致使缺乏监管的旅游市场发展严重受损，其中对旅游时间被购物挤占引起游客的不满进行了分析，并以蜀南竹海为例总结了由于旅行社之间无序竞争，购物回扣弥补低薪，游客购物缺乏理性等造成旅游欺诈的原因。

关键词：旅游购物；购物欺诈；信息不对称

旅游业发展可以优化产业结构，提供灵活的就业岗位，有效提高民众的生活水平，丰富人们的精神生活，促进国家之间、地区之间的经济和文化交流。在旅游的吃、住、行、游、购、娱六大环节中，购的弹性最大，边际成本较低，收益较大，就导致旅行社、导游、购物商店把利益放在了游客的购物环节上，让游客购物也就成为他们最关注的事情。目前我国的旅游购物市场不规范和旅游购物陷阱多，购物欺诈问题已为人诟病，并成为影响旅游业健康发展的硬伤，应该给予足够的重视和研究。本文在研究旅游购物现状和成因过程中实地调研了蜀南竹海，深入分析了旅游购物欺诈带来的社会弊端和经济危害。

一、旅游购物欺诈的定义

旅游购物是指游客在旅游目的地或在旅游过程中购买商品的活动以及在此过程中附带产生的参观、游览、品尝等一切行为。旅游购物不仅包括专门的购物行为，还包括旅游中一切与购物相关的行为，但不包括任何一类游客出于商业目的而进行的购买，即为了转卖而进行的购买。[1] 最高人民法院在《关于贯彻执行〈中华人民共和国民法通则〉若干问题的意见（试行）》第六十八条中明确规定："一方当事人故意告知对方虚假情况，或故意隐瞒真实情况，诱使对方当事人作出错误意思表示的，可以认定为欺诈行为。"因此，购物欺诈可以表述为：旅行社、导游、购物商

---

①　资助项目：西华大学校级重点学科建设项目"区域经济学"（XZD0901－09－1）。

②　作者简介：何秋洁（1978－），女，博士，副教授，硕士生导师，研究方向为旅游管理、公司金融。

店为了自己的利益，在游客旅游购物时故意告之游客虚假情况，或者故意隐瞒商品的真实情况，使得游客作出错误意思表示行为。

二、旅游购物欺诈中存在的主要问题

常见的旅游购物欺诈有低价诱使游客购买商品不开具发票或地接社导游与商家诱导或变相强迫游客购物，旅行社与购物商店串通欺诈旅游者等。总结近年来我国旅游购物欺诈存在的问题，具体如下：

（一）旅游购物进入门槛低，市场缺乏监管

旅游品技术含量低，购物市场的进入门槛低，企业和个人可以自由进出，从而导致了旅游商品的进货渠道和销售方式多而杂，价格信息不透明，景区购物地点不规范，旅游购物市场混乱。无序的市场竞争，当然也就难以形成具有核心竞争力的商品品牌，服务质量也很难得到提升。同时，旅游局和工商管理部门对旅游购物市场的监管也不到位，这无形之中也就给旅游商品的供给者以可乘之机，他们普遍抱有“三天不开张，开张吃三年”的心理，尾随游客兜售和强卖强买。

（二）旅游纪念品质量差，购物商店诚信水平低

在旅游景区，提供购物服务的经营者大多为个体企业、临街零售店或流动小摊贩。绝大多数人认为把商品销售出去获得利润是首要目标，商品质量保证和售后服务不在他们的考虑范围。这些商家认为旅游景区的人员流动量很大、很频繁，和游客的交易是“一锤子”买卖，因而为了牟取暴利，他们会大肆进行虚假宣传甚至会为争夺客源而相互压价，形成无序竞争，以假充真、以次充好，这就使得游客在购物商店购买旅游纪念品时，购物商店提供的无论是商品的质量还是服务水平都达不到应有的标准和要求。[2]

（三）购物次数过多过长，挤占旅游时间

旅行社安排游客购物，是旅行社补充团费不足和获利的主要手段。导游为了自己的利益，也不断把游客带往购物商店“参观”。在旅游行程中，很多旅行社每天都为游客安排购物，并且让游客在购物商店停留很长时间，而在旅游景点欣赏美景的时间却比较短，造成游客不满，这种走马观花式的购物游已使得整个旅游业的发展严重异化。

（四）旅行社、导游、购物商店联手，共享购物暴利

受利益的驱使，旅行社、导游、购物商店常常联合起来，旅行社安排导游把游客带到指定的购物商店，然后购物商店的工作人员就会以“老乡”的名义，拉近和游客的距离。在导游和购物商店工作人员的不断游说之下，他们很快就攻破游客最后的心理防线，然后借机大肆向游客推销假冒伪劣产品，或者高价销售一些产品来牟取暴利。最后他们再一起重新分配从游客身上诈取的利益。

三、旅游购物欺诈产生的原因

（一）旅行社之间无序竞争，购物回扣抵减亏损

旅行社业的进入门槛较低，行业的市场机制不健全，导致旅行社如雨后春笋般

涌现。各旅行社在行业竞争中面临的压力很大。为了生存，他们想尽办法，尝试了很多种竞争方式，最后各旅行社不得不把降价当作最有力的竞争手段，打起价格战，旅行团费一降再降。

如旅行社给出的蜀南竹海2日游参团价格为320元，包括了用车、门票、住宿、导游、用餐。现在蜀南竹海的门票价格是110元/人，住宿按标间80元/间。从成都到蜀南竹海空调大巴往返需200元/人。一早两正餐餐费算100元/人。通过简单计算知道如果不跟团，每人的最低开销至少是490元（110+80+200+100），然而如果跟团的话，就只需320元，并且省去了途中找车找食宿的麻烦。实惠价格和贴心的安排，游客怎会不动心呢。但旅行社这样的安排，它们的利益是多少呢？为此笔者进行了专门的调查：空调大巴由旅游公司向客运公司租用的，租金1 000元/次；司机薪酬，200元/天，包吃住；汽车燃油费，1 400元；过路过桥费，600元。因此安排一个20人的团，总开销为13 200元，而旅行社所收取的团费总共才6 400元，单从这点来说，每接一个团就得亏损6 800元，这还不包括它们的宣传费用、员工工资以及公司正常营运的其他开销。然而就是在这样的情况下它们还能继续维持旅行社的正常运转，它们是从什么地方开源节流增加利润的呢？那就是向导游收取所谓的“人头费”，依赖游客购物获得额外补助，甚至要求导游收受回扣以从中提成分享利益。各方（旅行社、导游、司机等）都需要依靠游客的旅游购物来满足利益需求。

（二）游客受团费诱惑，签订合同时缺乏理性

为了吸引更多的旅客前来报团旅游，各旅行社都在宣传方面做足了手脚。而游客在选择旅行社时，更多的是从和自己利益直接相关的团费方面考虑的，所以在签订合同时，就不会太在意其中的其他条款（如行程安排、购物次数等）。因此当他们到达旅游景区游览时，导游为了自己的利益，尽量缩短景点的游览观光和讲解时间，不断带领他们去购物商店参观，游览成了走马观花，旅游成了购物游，原本的散心计划成了闹心计划。[3]想去找旅行社理论却发现由于自己在签订合同时疏忽大意，以致自己无法理直气壮去争取自己的利益，最后也就只能在抱怨声中结束这段原本认为会很美好的旅程。

（三）薪资低下需回扣，导游身份鱼龙混杂

国内导游的正当收入主要由基本工资、带团津贴和少量小费构成，在福利方面基本没有。导游的基本工资在全国一般标准为200~800元/月，部分旅行社不给导游开工资，甚至要求导游出团前先行交纳“人头费”。带团津贴少，小费收入也极不稳定，旅行社的培训、福利保障机制也不健全，这就让导游有了后顾之忧。他们认为当导游就是吃青春饭，能做几年是几年，所以要多多地捞钱，好为自己的将来打算。如四川蜀南竹海导游的基本工资为800元，其他就是绩效和提成。蜀南竹海分旅游淡旺季，导游在淡季只有基本工资，收入较少，为了挣更多钱，他们就和购物商店联手，对游客消费进行分成。在蜀南竹海，他们的分配比例是3∶7，也就是说在游客消费之后，有三成的钱是属于导游的回扣。此外，在蜀南竹海，有大批游走在各大景点的“野导游”，他们的身份绝大多数是当地居民且是农家乐或者购物

商店的老板，目的只有一个，就是游说游客去他们那里消费，获得更多的利益。“野导游”实际为农家乐或购物店老板亲自拉客，免去了给导游的高额回扣，在价格上当然更加实惠，游客也更愿意直接去他们那里消费。同时他们绝大多数是在那里土生土长，对蜀南竹海比较了解，因此他们也可以充当游客的临时导游，收费比专业导游低。这样的情况使得导游的生存受到更大冲击，所以他们会更积极主动地让游客购物，以保证他们每月有足够的收入来满足自己的需求，这最终就使得游客走入“购物—高回扣”陷阱。

（四）旅游购物市场缺乏统一管理，商品价格混乱

在旅游景区，由于旅游购物市场没有统一规范的管理机制，旅游纪念品常采用不定价的方式销售，价格浮动空间大。如果是有导游带队前来购买，还需付其回扣。因此游客购买商品的价格里包含了导游的回扣费用，这必然使他们买到昂贵的商品。比如蜀南竹海的旅游纪念品主要是以竹工艺为主，并且基本属于自产自销。在竹海，基本上每家都有会雕刻竹工艺的人，因此，在蜀南竹海的各大景点你会见到这样的场景：商店的老板现场雕刻，然后另外一位家人就在旁边招呼游客，给游客介绍一些相关的商品或者向他们推荐一些手工艺品，很多游客也喜欢这种纯手工的东西，觉得独特。但是，由于每个人的效率不一样，同样的根雕价格就有了差异。另外，游客并不知道真正雕刻完成一个竹工艺品需要多少时间（现场雕刻成的只是半成品，之后还需要打磨、抛光、刷漆、晾晒等），所以也不好对它进行估价。蜀南竹海的工艺品便宜的仅需 2 元，比较普遍的也就 50 元左右，贵者也有上千元万元的。但是，游客最后是以多少价格买的，那就得看情况了，游客往往在两家店铺买了同样一件东西，会发现价格相差很大。

（五）价格信息不对称，游客消费缺乏理性

在旅游景区消费，游客常受信息不对称的影响常遭遇消费欺诈。游客到了旅游地都想买一些当地的土特产，或者买一些能代表旅游地的纪念品馈赠亲朋好友或留作纪念。比如蜀南竹海的竹笋、竹荪、竹根雕就是具有浓郁地方特色的旅游纪念品，无论是馈赠亲友或留作纪念，都是上等的选择。如果是当地居民购买，竹笋（干笋）一般是 70 元/斤、竹荪为 260 元/斤，游客在买这些东西的时候一般就得花上 1.5 ~2 倍的价格，并且老板会根据对游客的第一印象以及通过与他们的交流沟通来叫价，最终的交易价格也会因人而异。再加上旅游者对商品本身的不了解，因此他们也只能听其老板、服务员、导游的讲解，或者是看包装说明来产生对所要购买商品的认知。虽然买与不买的主动权在他们，但接收的信息是无法掌控的，信息也是极不对称的，容易受到来自外界的蛊惑，买了自己不应该买并且是很昂贵的商品，或者是买到了假冒伪劣产品。

（六）购物结账无单据，游客维权路漫漫

在景点购买旅游纪念品基本是没有单据的，更不会有专门的购物发票，很多游客也不会主动向老板索要，就算是要他也没有，在店里你能看到的就是一个营业执照和卫生许可证。不对物品进行扫描后付钱，也不支持刷卡。商品都是口头商议讲价购买，然后直接付费给老板拿东西走人。这样的情况就会产生这样的问题：即使

回去以后发现买的东西有问题也没法去换，因为各商店的物品都差不多，并且你也无凭无据。

（七）高额的铺面租金，店主依赖“宰客”谋取利润

各地的旅游纪念商品购物店，是由旅游局统一规划管理的，要想开店，就必须向旅游局申请，然后签订租用合同，缴纳租金。[4]随着旅游业迅速发展，前来旅游的游客不断增加，开店生意越来越火爆，因此想开店的人就越来越多，可是店铺供给有限，这种供需结构的矛盾就使得铺面租金不断高涨。在蜀南竹海，商铺搭建由建筑工人就地取材，用楠竹搭建乡土特色的购物商店，但这样的店面租金并不便宜，每月 2 000 元。前来租用铺面销售商品的 90% 是当地居民，高额的租金使得他们必须通过高价销售商品才能保证其收益，这必然使得一些游客产生被敲诈的感觉，产生不满情绪。

结束语

旅游产业的兴起和成长，是社会生产方式发生变革，生产力进步，人们物质与文化生活水平普遍大幅提高以后的结果。当人们满足基本生活需求后，将会主动追求更高水平的生活方式和更高的生活质量。在这一背景中，旅游作为一种消费方式则愈来愈为人们所接受，人们闲暇时间的利用就多出了一个较为理想的载体，许多人甚至可以将旅游作为自己的一种消费偏好，在其生活方式中占据重要的地位。就目前旅游业的发展情况来看，以各种形式出现的旅游购物欺诈问题，已经严重扰乱了正常的旅游购物秩序，使得旅游购物市场发生严重扭曲，并逐渐导致整个旅游行业价值观的泯灭，这极大地阻碍了我国旅游业的持续稳定健康发展。必须尽快改变当前这种不规范、不正当的经济效益链，改善当前旅游业发展的环境，加强对旅游购物市场的整治，规范旅游购物市场，确保旅游业的持续稳定健康发展。

参考文献：

[1] 田里．旅游经济学［M］．北京：高等教育出版社，2002.

[2] 刘尊礼．旅游购物顾客伤害及旅行社顾客流失［D］．成都：四川大学，2007.

[3] 曹国新．我国旅游商品市场存在的问题及症结［J］．商业时代理论，2005(26).

[4] 严梅．旅游业中回扣存在的经济原因及其对策研究［J］．商业研究，2003(2).

游客满意度提升途径探讨[①]

郑兴渝[②]

【西华大学经济与贸易学院 四川成都 610039】

摘 要：随着收入水平的提高、价值观念的改变和旅游基础条件的改善，越来越多的人将外出旅游作为休闲的一种方式，甚至把旅行看成是一种生命的体验、优质生活的重要内容。其间，有的人是乘兴而去，满意而归，还没到家就开始规划下次旅行了；也有的人却乘兴而去，败兴而归，怨声载道，赌咒发誓再也不花钱买罪受了。为什么有如此大的差别呢？怎样才能提高游客的满意度呢？本文从游客满意度的形成、不满意的原因以及改进途径三方面进行了论述，以期促进我国旅游业成为国民经济的战略性支柱产业和人民群众更加满意的现代服务业。

关键词：旅游；游客满意度；理性预期；智慧旅游；品质提升

改革开放以来，我国旅游业快速崛起。1993—2008 年的 15 年间，旅游总收入从 1 133 亿元迅速增长到 1.16 万亿元，平均增幅达到 17.6%，高于同期按现价计算的 GDP 增速 2.8 个百分点。2008 年，我国年接待境外游客 1.3 亿人次，旅游外汇收入 408 亿美元，占到我国服务贸易出口总额的 1/3。国内旅游达到 17.1 亿人次，国内旅游收入达到 8 749 亿元。旅游总收入与我国 GDP 的比值已经达到 3.9%。国内旅游消费已经占到居民消费的 10.7%。从总体上看，旅游业已经成为我国国民经济的重要产业。[1] 2009 年 12 月，我国政府提出“把旅游业培育成国民经济的战略性支柱产业和人民群众更加满意的现代服务业”。全国有超过 2/3 的省、自治区、直辖市及很多地市县，已经将旅游业作为支柱产业或先导产业来定位和培育。

据中国旅游研究院统计，2011 年国内旅游人数约 26 亿人次，同比增长 12%；国内旅游收入约 1.9 万亿，同比增长 21%。入境旅游人数 1.34 亿人次，同比增长 1%；旅游外汇收入 465 亿美元，同比增长 1.5%。出境旅游人数 7 000 万人次，同比增长 22%；出境旅游花费 690 亿美元，同比增长 25%。旅游服务贸易逆差进一步扩大，达到 225 亿美元。旅游产业运行总体上处于令人满意的“较为景气”区间。[2] 数据显示，中国旅游市场呈现“两高一平”格局，国内旅游和出境旅游保持

---

① 资助项目：西华大学校级重点学科建设项目“区域经济学”（XZD0901－09－1）。

② 作者简介：郑兴渝（1963－），女，副教授，研究方向为宏微观经济分析、企业管理。

快速增长态势，入境旅游轻微增长。我国旅游已进入国民大众为消费主体的发展阶段，旅游作为日常生活的组成部分已经进入了寻常百姓家，散客、自主、自助式旅游已占到95%。[3]因此，游客在目的地除了看风景以外，必然要融入当地百姓的生活中。游客不仅要评价传统的旅游资源，还要评价包括公安、城管、交通等权力部门的执法态度和执法水平以及居民的好客友善态度。这就要求除了行政力量之外，更需要动员全社会的力量，让老百姓参与进来，让以散客为主体的广大游客有更高的品质享受，切实提高游客的满意度水平。

一、游客满意度及其意义

游客满意度，是指游客对旅游产品满足其需要的效能与期望进行比较所形成的感觉状态。它通常有以下三种表现：感受到的产品效能小于期望，游客表现为不满意；感受到的产品效能与期望一致，游客表现为基本满意；感受到的产品效能大于期望，游客表现为非常满意。[4]

显然，满意度是个相对评价值，是预期值与实际感受值之差。满意度的高低跟游客去之前的预期有很大关系。游客的期望来自于以往的旅游经验、亲朋好友（网友）与报刊书籍网络的描述、旅行社以及竞争对手的信息和承诺等。通常，随着人们出游次数的增加和旅游经历的不断丰富，对旅游产品和服务的期望会越来越高。这就要求我们要切实提升旅游服务质量，以满足人民群众旅游消费转型升级的需要。

让游客满意，是让旅游业可持续发展、成为国民经济的战略性支柱产业的必要手段，是我国旅游发展的战略目标。其意义是多方面的。对于游客来说，游客会较长期地忠诚于公司或目的地，如果再次出行，可能继续选择该旅行社或目的地；为公司或目的地说好话，介绍亲朋好友前去；忽视竞争品牌和广告，对价格不敏感；向公司提出产品或服务建议。对于公司而言，客户会增加；由于是老顾客，交易可能惯例化，比用于争取新顾客的服务成本更低，收益增加。旅游竞争直观表现为客源竞争，谁的产品性能质量好，适应旅游消费需要，各种服务也很好，谁就能在竞争中取得优势地位并最终取胜。

游客满意度已经成为旅游行业所关注的问题之一。受国家旅游局委托，中国旅游研究院于2009年7月首次发布了在全国31个省、自治区、直辖市选择的40个样本城市开展的第二季度全国游客满意度调查结果。该课题组是参照美国行业满意度ASCI指数和三项中国国家及行业标准，以传统的游客满意度结构模型为基础，结合中国旅游业发展特点，创造性地构建了包含市场问卷调研、网络评论调研、旅游投诉与质量监督三个层面的游客满意度指标体系。现在该课题组每个季度都会发布调查报告，对样本城市（2012年已达60个）游客满意度从高到低进行排序。组织开展全国游客满意度调查，目的在于从平民视角建立公正、客观、权威的旅游服务质量评价体系，为提升我国旅游及旅游服务质量、增强我国旅游产品的吸引力和竞争力、加强政府旅游公共服务、更好地满足广大游客的旅游消费需求等及时提供科学依据。

二、我国游客满意度情况及影响的主要因素

2011 年，全国游客满意度调查课题组共回收有效问卷 30 390 份，游客评论 57 741条，游客投诉3 201 条。全国游客满意度指数处于 78.61 的“基本满意”水平（满分100），与2010 年的78.95 基本持平。具体情况如下[5]：

1. 现场问卷调查情况

2011 年全国游客满意度指数处于 82.36 的“满意”水平，略低于 2010 年的 83.75。国内游客满意度为82.06 的“满意”水平，略低于2010 年的83.55。景点、娱乐、旅行社服务、住宿、交通的满意度相对较高，购物、餐饮、价格、旅游公共服务的满意度相对较低。国内团队游客和散客满意度分别为84.30、80.85，团队游客对旅游公共服务、景点、住宿等各项服务的整体满意度都高于国内散客，国内散客与团队游客的满意度差距呈减小趋势。

入境游客满意度总体超过国内游客的满意度。2011 年处于 85.09 的“比较满意”水平，略低于2010 年的86.77。娱乐、景点、住宿、旅行社服务、交通的满意度相对较高，购物、餐饮、价格、旅游公共服务的满意度相对较低，与国内游客的评价基本一致。

出境游客满意度呈波动式下降趋势。2011 年满意度为81.54，处于“满意”水平，低于2010 年的84.67。出境游客对大多数服务的满意度都高于境内游客，但对旅行社和公共服务的评价相对较低且呈下降趋势，同时，对境外目的地形象和服务水平的预期高于境内，使得出境游客满意度略低于中国境内。

2. 网络评论调查情况

2011 年全国游客满意度指数达到80.06 的“满意”水平，低于2010 年的平均水平82.49。网络预订、购物、旅游性价比、住宿、休闲娱乐、景点、交通的网络评价较2010 年有所提升，网络评论满意度下降的主要原因是旅游行业管理、目的地旅游形象、旅行社、当地居民态度等有所下降。与历史监测结果一致的是，各季度旅游行业管理、旅行社、交通、旅游价格、当地居民态度等旅游特征服务的网络评论满意度指数持续保持较低。

3. 旅游投诉调查情况

2011 年旅游投诉满意度处于 54.92 的“不满意”水平，高于 2010 年的平均水平45.01。第四季度旅游质监满意度达到调查以来的最高值，主要原因是游客对旅游投诉处理的满意程度有较大提升。与2010 年相比，投诉结果公示程度的满意度有大幅提升，投诉制度完善程度、投诉处理满意程度等指数的长期较低是制约旅游投诉与质监满意度指数上升的主要原因。

2012 年第一、第二季度全国游客满意度指数都略有上升，达到 79.80 和 79.93 的“基本满意”水平。入境游客满意度有大幅提升（第二季度达到92.39 的“非常满意”水平）。全国游客满意度调查三年来最大的发现是，制约和影响游客对城市目的地服务质量感知和城市旅游形象评价的主要因素是整个城市的管理水平。旅游公共服务品质不高是制约全国游客满意度的短板。游客不满意主要表现在以下几个

方面[6]：

第一，环境设施方面。2012 年第一季度得分为75.90，第二季度为75.96。从历史监测数据来看，散客对气候与生态、卫生状况与公共厕所、改革开放程度的评价始终较低。

第二，公共服务方面。2012 年第一季度得分为74.41，第二季度为74.48。游客对突发事件应急系统、散客旅游市场秩序和投诉系统的满意度相对较低。投诉程序便捷程度、投诉制度完善程度有所提升，但二季度旅游投诉满意度仍为58.91，处于“不满意”水平。游客更愿意选择网上发帖曝光而不愿意到相关部门投诉维权，投诉受理渠道不畅和投诉处理机制低效是主要原因。

第三，行业服务方面。2012 年第一季度得分为75.52，第二季度为74.93。游客特别是散客对餐饮、购物、交通行业的满意度在历史监测时期始终较低，主要是食品卫生和餐饮价格、商品价格和推销方式、公共交通（公交车与出租车）和道路设施的满意度较低。具体看，团队游客最不满意的方面是各要素价格、推销方式、现代化程度和投诉系统等；散客最不满意的方面是各要素价格、文化含量、推销方式和投诉系统等；入境游客最不满意的方面是生态气候、公共卫生、无障碍服务、交通标识、餐饮卫生、推销方式和投诉处理等；出境游客最不满意的方面是购物质量和投诉处理等。

三、提高游客满意度的途径

人们对旅游业是否满意和在基本、总体满意的基础上是否能够不断地更加满意，取决于游客的理性预期和品质服务的提高双重条件。提高游客的满意度也可从这两个角度入手，当然，首要和最为关键的因素是提高旅游服务质量。具体措施如下：

（一）理性预期，智慧旅游

常言道：希望越大，失望也越大；知足者常乐。出门旅游的目的是为了观光、休闲，体验不一样的风土人情、文化。如果目的都达到了，我们肯定会感到非常满意。但旅游又是讲究天时、地利、人和的事，事事如意几乎是不可能的。因此，游客对旅行的预期一定要理性。有时，没有达到预期是非人为原因，是不可抗力导致的，我们要学会接受；如果只是其中一个或几个目的实现了，也会让游客留下难忘的回忆，感到比较满意。例如，因暴雨塌方，火车晚点，令人郁闷，但游客们在火车上玩游戏，搞笑不断，甚至出现一次美丽的邂逅，也会令人回味；因雾大，没有看到富士山的山顶，肯定会感到遗憾，但也为下次再去找到了一个很好的理由；在潮湿阴冷的冬天，成都人到了云南，那里的蓝天白云、温暖的气候和明亮的月亮、满天的繁星一定会让他们感到惬意；自驾出行前上网了解到某高速会在下午 6 点通车，不惜在当地等候三个小时，去见证这个历史时刻，然后去体验优良路况、车辆少、不收费、一路飞奔的感觉，让自驾客们若干年后都还津津乐道；周末，巴黎的大商店都不开门营业，你一定不会否定你的巴黎之行，反而会感叹法国人太会生活，中国人太勤劳；对于来自于城市的旅游者，可能更愿意看到那些在乡村空间里延续的所谓原生态的景观和文化，但我们就得包容一下在吃、住、行等方面的不如意。

懂得随遇而安，尊重目的地内在的、自然的发展规律，应是旅途中必不可少的良好心态。还有，一定要相信一分价钱一分货，赔钱的买卖没人做。商家宣传小心听，价格太低要留意。

古人云：在家千日好，出门一日难。因此，在准备旅行之前，一定要做好功课：通过书籍、报刊、网络、电视、旅行社或熟人等了解目的地的情况，选择好最佳的出行时间（条件允许的话，最好不要在黄金周去热点线路；否则，饱受拥挤之苦，游览质量大打折扣，费用上涨就难以避免了）、出行的方式（是否参团、交通工具的选择）、要看的景点、要吃的美食、要体验的民俗和要购买的特产等，特别要准备好行李装备（例如每次登山看到穿高跟鞋的女人，都会替她着急、难受），最好提前在网上预定好房间、机票、门票等。这样，你的旅途会更顺利，遗憾更少，快乐更多。

如果想轻松、省事，选择跟团旅行不失为一种好方法，但你就得牺牲一些自由。因为选择总会有成本的。例如，有的景点可能就没有在行程安排里；在景点待的时间长短不是你可以决定的；拍照的时间有限；当地的小吃和大餐可能就不在计划之列（豪华团或自费时可能有）；遇上一些可能不喜欢的人；集合等待和购物环节；等等。

而自由行或自驾游则可弥补这些不足，却又需要出行者花费更多的时间、精力去规划、寻找。有时，同行者如能分工协作，做出好的安排，会让大家感到非常满意。例如，选择了最佳的出游时间（看额吉纳旗的胡杨林一定得在金秋十月才最美；春节的怒江就会比夏天的怒江更清澈碧绿，还可欣赏到难得的一年一次的澡塘会；只有在清晨才会看到丙中洛雾里村那似梦似幻、像水墨画般的田园村落）、性价比很高的宾馆、地道的传统美食、人迹罕至的美景……

总之，智慧旅游可能是我们需要不断学习和总结的。

（二）完善环境设施，搞好公共服务

随着旅游的大众化、日常生活化，特别是个性化和自主、自助旅游的迅速增多，政府公共服务的重要性也日渐突出。市容市貌美观和卫生程度、居民的友好程度、文明程度与文化内涵会给游客带来深刻印象，影响满意度。这需要地方政府引导社会力量增加投入，完善设施建设，建立起政府旅游信息系统（例如在公共场所为游客提供免费 WIFI 服务、电子地图查询，在机场、车站、码头、进城的路口等城市窗口向游客免费发放旅游宣传册，提供免费咨询服务，提前或实时发布旺季客流信息等）、突发事件应急系统（如山洪暴发，如何尽快解救被围困的游客）、旅游投诉系统，确立标准，加强监管和宣传，维护好旅游市场秩序；提高市民的文明程度，养成良好的行为习惯。

为什么出境游特别是到欧洲、日本的游客满意度较高？我认为这与他们有着深厚历史传统、文化积淀与保护完好给我们造成强烈的对比和冲击、环境优美宜居、安全文明、产品质量好、明码实价等密不可分。教堂、雕塑、油画、寺庙保护完好；自来水可直接饮用；驾驶员有序前行，不人为制造拥堵，从岔路口出来时肯定会停下来仔细观察；停车场和路边的车摆放整齐；有铺设得像跑道一样的自行车道；人们自觉在厕所门口外排队上厕所；路边设有免费的为遛狗人准备捡屎的塑料袋；宾馆居然敢把房门也是宾馆大门的钥匙交给房客，告诉你他们下班了，明早再见；机场换登机牌处的服务员见到手臂缠绕着绷带的旅客热情关怀，询问需不需要看医生……这是差距，也是我们需要改进的地方。

（三）加强行业建设和自律，促进旅游业又好又快发展

旅游活动主要包括吃、住、行、游、购、娱。要让游客满意，需要相关行业各部门更多地从游客的视角出发，把游客的利益放在第一位，从游客感知的点滴和细节入手，扮演好自己的角色并密切配合好，由过去强调数量规模的粗放式经营，转向把质量作为首要目标，走集约化的可持续发展道路。

外出旅游，人们希望吃饱、吃好，健康卫生，菜品最好有变化，能吃到当地有特色的小吃、大餐。但随团的游客常常感到难以达成愿望，自由行的游客选择余地会大很多。因此旅行社和导游应多花些精力，认真挑选就餐的地点和合理安排菜谱；政府部门也应加强对餐饮行业的监管，从而让游客满意度提高。

安全、安静、卫生、基本设施具备的住宿，有利于游客体力和精力的恢复。旅行社应在旅行合同中明确酒店的规格，不应含糊其辞，误导游客。当然，自由行游客可以丰俭由人。为了避免游客到了目的地却找不到住宿，旅游地应重视酒店建设，特别是适合大众旅游市场需求的经济型酒店的建设。在旅游旺季可充分动员其他社会组织、家庭的力量，让床位供给数能够增加，满足需求。能留住旅客过夜，将大大增加目的地的旅游收入。当前，世界排名前十位的国际酒店集团，都在中国管理或投资酒店，并已经把市场由一线城市拓展到了二、三线城市。国际竞争国内化、国内竞争国际化的局面已经形成，要想在国际国内旅游竞争中制胜，最可靠的手段还是提高质量。

中国的火车、飞机常常不准时，晚点了无说明（或归咎于天气）、无（或少）赔付；有些高速公路不高速，路况差，收费高，都是让游客出行难、不满意的原因。因此，希望政府相关部门能对高速公路收费进行清理，不要让设卡收费变成人为造堵，减轻公众的出行成本（2012 年 8 月 2 日，媒体发布了国务院《重大节假日免收小型客车通行费实施方案》，这无疑会鼓励自驾游，促进旅游业的发展）。现在很多自驾游的都会准备导航仪，但有些新路却没有显示。因此，完善路牌标示，将避免游客走弯路，提高游客对当地管理的满意度。另外，为了避免旅游大巴事故频发，对于客运车辆驾驶员应严禁疲劳驾驶、超速驾驶。欧盟国家的相关规定值得我国仿效，司机连续工作两小时后必须休息十五分钟（也便于游客上卫生间和活动活动），每天不超过八小时，司机连续工作 6 天后，必须休息一天，汽车上安装了汽车行驶记录仪（对车辆行驶速度、时间、里程以及有关车辆运行的其他状态信息进行记录）以备检查（路上警察也抽查）。这对保障车辆行驶安全发挥了重要的作用。

游览景点应是旅游最主要的目的之一。发现、打造、宣传景点才能吸引更多的游客前往。目前，旅行社在景点线路的设计上让游客满意的愈来愈多。但有的旅行社以低价吸引消费者，然后让本应是当地最主要的一些景点变成了自费项目，这在出境游中很普遍。如意大利的比萨斜塔；梵蒂冈的圣彼得大教堂；法国的凡尔赛宫、

卢浮宫、巴黎圣母院、塞纳河游船；日本的富士山、迪斯尼乐园、银座等。虽然在合同中有注明，但许多消费者冲着低价去报名参团，当仔细看了合同后，却有一种被欺骗的感觉，不满之情油然而生。成熟的市场，明码标价也许更容易得到消费者的认可。

另外，不少景区趁旅游旺季提高门票价格，一些名山大川成了“看不起的风景”。据不完全统计[7]，全国130家5A级景区中，近一半景区的门票价格过百元，少数景区的门票价格在200元以上。这肯定会影响游客的满意度，在一定程度上抑制了游客国内旅游的意愿，转而选择出境游。因此，对于纯粹企业类景区的价格，应该按照市场供求的规律来调节；国有企事业景区，具有一定公共性质的景点，应适度控制甚至降低门票价格。2006年得到云南省、贵州省政府支持的云南省一家文化传播公司的做法值得推荐，它与两省518家旅游企业建立了战略伙伴关系，245家景点加盟，出版发行了以邮票格式设计的云贵两省景点通票（总票面价值7 737元，成都当年的促销价为600多元），册子图文并茂（中英文），并有旅游地图以及自然风光、民俗和文化的介绍。因为有了这两本通票，不知有多少人沿着通票上的线路一次次走进多彩贵州、七彩云南去吃、住、行、游、购、娱，通过乘数效应，拉动了两省的旅游及相关产业的发展，就业和收入的增加，促使人们观念和行为的改变。据世界旅游组织研制的旅游卫星账户方法测算，旅游收入每增加1元，可带动相关行业增收4.3元。

拍照本身可能就是一些人旅游的主要内容之一。因为照片会将记忆定格，在以后看到照片时，能让人追忆起当年同家人、好友在一起的快乐瞬间；在旅途中拍摄的照片还可以与他人分享，让他们也有身临其境的感觉；当然照片也是历史变迁的很好见证。然而，通常导游留给客人拍照的时间很有限，或者时间不适合拍到最佳的镜头（如中午）。这也是摄影爱好者不愿跟团游的主要理由之一。希望导游不要仅仅是完成行程，应多为客人着想，尽可能在好的景点多留一些时间让大家欣赏、拍照。

我国很多旅游地都有相应的娱乐项目，如大型的游乐场、文艺表演、与游客互动的风俗演绎等。许多游客觉得只要节目有特色、有创意，玩得开心、舒心，多付出点钞票也值得，当然如果收费低些或是免费，那就更令人满意了。

旅游结束了，能够购买一些有特色的或价格更低的商品回家送给亲朋好友或留给自己作为纪念，是一件非常有意义的事情。但有些景点的商品没有特色，质量不好，价格太高，也难以唤起人们的购物欲望。这需要我们地方政府和企业共同努力研发和生产，并加强宣传与监督。另外，如果中国的退、换货制度更完善，投诉解决机制更健全，导游和司机的报酬也和国际惯例一样，每天按标准统一收取小费（客人认为很满意，自愿再给小费）的话，他们可能就不会强迫或忽悠客人购物了，反而会带客人到更适合的购物点去购物。

旅游最美妙的部分就是回家。如果满意，游客也许很快又会怀揣对异乡生活的向往，开始下一次新的旅行。中国力争到2020年实现由旅游大国到旅游强国转变的梦想也许就会实现。

参考文献:

[1] 李仲广．旅游业——拉动内需的重要引擎［EB/OL］．中国旅游研究院网，2009-05-04.

[2] 中国旅游研究院．2012 中国旅游经济蓝皮书（No.4）［EB/OL］．中国旅游研究院网，2012-01-16.

[3] 戴斌．把提升游客满意度作为转变工作方式的重要抓手——在江苏省城市旅游品质提升研讨会上的谈话．中国旅游研究院网，2012-06-12.

[4] 菲利普·科特勒．市场营销教程［M］.6 版．北京：华夏出版社，2004.

[5] 中国旅游研究院．2011 年第四季度及全年全国游客满意度调查报告［EB/OL］．中国旅游研究院网，2012-01-06.

[6] 中国旅游研究院．2012 年第一季全国游客满意度调查报告［EB/OL］．中国旅游研究院网，2012-04-14.

[7] 中国旅游研究院．2012 年第二季全国游客满意度调查报告［EB/OL］．中国旅游研究院网，2012-07-12.

[8] 中国网．门票上涨影响游客满意度 为何景区门票还要涨价？［EB/OL］．http://www.china.com.cn/travel/txt/2012-07/30/content_26065131.htm.

电子商务环境下的旅游供应链管理探析①

徐雷②

【西华大学经济与贸易学院　四川成都　610039】

摘　要： 旅游供应链管理是对旅游业供应链中的信息流、资金流和服务流进行规划、组织协调与控制，从而寻求价值增长或提升的有效途径。电子商务及相关信息技术的应用是旅游业发展升级的新商业模式与必然选择，促进了传统旅游产业生产要素的变革，从而能够解决旅游市场中信息不对称、不完备的情状，深度开发旅游资源并优化旅游产品结构。本文介绍了旅游电子商务对产业升级的促进，探析了电子商务环境下的旅游供应链结构，并提出电子商务对旅游供应链管理的优化策略。

关键词： 旅游供应链；电子商务；产业结构升级；运作机制；管理对策

一、旅游供应链管理的提出

供应链管理的概念最早源自制造业，它是指围绕核心企业，对从原材料的采购起始，到中间产品与最终产品的制成，再经由营销网络将产品送达消费者手中全过程的信息流、物流及资金流进行控制，将供应、制造、分销、零售直至最终用户等价值链上各环节的个体连接成为一个功能网链结构的整体模式。[1]对于旅游业而言，整个产业属于满足旅游消费者各种产品需求的行业集合体，涵盖了餐饮、住宿、交通、通信、观光、购物、娱乐等多行业成分，因而一条完善的旅游产品链不是由单个企业所打造，而是需要跨行业的多种涉旅企业支撑形成。伴随当前旅游产品个性定制化需求的提高，旅游业市场一体化整合的需求也更为显著，同时促进了旅游供应链管理概念的提出。

联合国世界旅游组织（UNWTO）在1975年发布的关于旅游业分销渠道的报告中最早提出了旅游供应链管理的问题。Page于2003年首次介绍了多级的旅游供应商网络结构。[2]Tapper等人在文献[3]中明确了旅游供应链是由向旅游消费者提供旅游产品和服务的所有供应商组成，包括旅游产品供应体系中所有用来满足消费者需求的商品和服务的供应商，以及在旅游过程中直接提供商品购买或服务的旅游目的

① 资助项目：西华大学校级重点学科建设项目“区域经济学”（XZD0901-09-1）。

② 作者简介：徐雷（1982-），男，讲师，博士，研究方向为网络经济及信息系统。

地其他供应商。这些供应商所提供的商品或服务包括“食、住、行、游、购、娱”和手工艺品、食品生产、垃圾处理系统，以及对旅游业发展起支持作用的旅游基础设施等。因而旅游供应链是一个由提供了不同旅游产品与服务的参与者所构成的网状组织，涵盖了企业与政府部门、产品的直接供应者及间接供应者。旅游供应链管理则是指以旅游消费者的需求为中心、以旅游贸易伙伴间的合作为基础，对旅游业供应链中的信息流、资金流和服务流进行规划、组织协调与控制，从而寻求价值增长提升的有效途径。[4]从国内外旅游业发展来看，旅游供应链主要分为以旅游供应商（旅行社）为核心的适于观光旅游产品的“点线式”旅游供应链模式和以旅游景区（目的地）为核心的适于度假旅游产品的“板块式”旅游供应链模式两大类。[5]以旅行社为核心、各相关涉旅企业为节点的“点线式”供应链模式是传统意义上的主要旅游供应链模式。而以旅游目的地为核心的“板块式”旅游供应链模式，其以旅游目的地的分销商与散客服务机构为运作核心，协调目的地各相关涉旅企业为以散客群体为主的旅游消费者提供具备时空优势的旅游服务。

目前国内对旅游供应链管理的研究尚处于初始阶段，对旅游供应链大多是从旅游产品供应链、旅游产业供应链的角度来认识的。[6]而纵观国内外研究现状，对旅游供应链管理的研究基本处于静态的、以基本结构为主的浅表研究阶段，尚未出现针对旅游供应链生成演化过程、动力机制等的深入研究分析。旅游供应链管理作为旅游供应链相关研究的核心内容，当前研究多偏重微观视角，从宏观角度研究旅游供应链管理的成果偏少，而将信息技术应用于旅游供应链管理的研究在国内相较更为缺乏。旅游供应链管理的研究总体而言滞后于其他领域供应链管理的研究。[7]本文简要介绍了旅游电子商务对产业升级的促进，描述了电子商务环境下旅游供应链的建构，并探析了电子商务对旅游供应链的优化与管理策略。

二、电子商务对旅游产业的提升

（一）旅游电子商务基本现状

伴随国内外网络经济的迅猛发展，近年来电子商务以其低成本、广传播等优势渗入到旅游业中。旅游电子商务异军突起，成为电子商务的一大应用领域，同时也成为旅游业发展升级的一种新的商务模式。旅游电子商务是以互联网为平台，通过先进的信息技术手段实现旅游商务活动各环节的电子化，例如利用网络交流和发布旅游信息及商务信息，以电子手段进行旅游营销推广、开展旅游售前售后服务；消费者通过网络查询、预订旅游产品并进行电子支付；同时也包含涉旅企业内部流程的电子化与管理信息系统的应用等。在旅游商务电子化进程中，电子数据交换系统（EDI）、管理信息系统（MIS）、客户关系管理系统（CRM）、地理信息系统（GIS）、物联网系统（IOT）等相互联合，构建旅游供应链的一个电子商务系统平台。我国正进入散客旅游时代，这就要求旅游供应链中各节点涉旅企业进行相应的角色转变，实现从旅游消费需求的创造者和引导者演变为辅助者和服务提供者。因而自旅游电子商务发展伊始，旅游业界便广泛认可了其广阔的发展前景，旅游业电子商务化成为旅游业发展的必然选择。[8]

（二）旅游产业生产要素升级

电子商务与信息技术在旅游业中不断增加的发展和应用，为旅游信息资源的开发利用及共享提供了条件，进一步促进了传统旅游产业生产要素的变革，从而能够解决旅游市场中信息不对称、不完备的情状，能够深度开发旅游资源并优化旅游产品结构。[9]

首先，旅游经济体系中信息不对称、不完备的情状得以解决。在电子商务环境下，旅游信息资源趋于对称和透明。对于旅游消费者而言，通过互联网能够便捷地、低成本地查询各类旅游相关信息，例如旅游目的地信息、旅游产品信息、市场价格信息等，为其旅游消费决策提供依据。对于涉旅企业而言，电子商务促使旅游市场的供求信息、旅游价格信息等迅速地进行传播，直接影响旅游市场主体的消费决策，从而形成旅游市场经济的反馈与自调节机制。而消费者对于旅游的需求随时间具有不确定性，是动态变化的过程，当旅游目的地的服务能力哪里出现过剩或哪里出现不足的信息得到传播后，旅游消费者便能由此调整其旅游消费计划，从而实现旅游市场的经营者进行灵活的协调安排与资源的优化配置。在一定时期内，涉旅企业能够通过针对旅游消费者的信息挖掘，对旅游市场的供求情况与价格信息作出迅速的反应，及时对旅游产品的类别、构成及价格进行调控，提高涉旅企业的信息化决策水平与市场竞争力。

其次，信息可以成为旅游产业生产要素中的知识与智力资源，引领旅游产品的开发、设计，以及经营活动中的改进与创新，以达成旅游资源的深度开发与旅游产品的结构优化。随着国内旅游消费者消费行为的不断成熟，其对旅游产品的无形价值期望在不断提高，对个性化、定制化、灵活化的服务需求在加大，对产品内涵和文化品位的旅游产品需求也在增加，亦即对旅游产品的价值判定与内在需求产生了改变。这些改变使得涉旅企业再简单粗糙地提供标准化的、相对死板、缺乏内涵的旅游产品将不能满足新的市场需求，而必须作出应变，依据旅游消费者的偏好和意愿提供更具个性、更为多元和灵活化的旅游产品。此外，旅游产品中知识与技术的含量将不断提升，在硬性的、有形的旅游产品中，具有高科技含量的旅游产品快速增长；在软性的、无形的旅游产品中，提供个性化服务与文化植入的旅游产品更受当前旅游消费者的推崇。

当前旅游产品已经从简单的标准化产品发展为复杂的组合产品，从商务观光发展到度假休闲产品，从团体旅游发展到散客自助游产品等。同时，电子商务也给旅游产品的研发带来了特殊的机遇，使涉旅企业能够更好地针对细分市场提供精细化的专门产品。通过将旅游产品拆分和重组，电子商务便能针对不同旅游消费者的需求提供个性化的定制产品，使得涉旅企业将市场细分到一对一的客户服务，其旅游产品的供应结构并不改变，而这种精细的差异化定制服务只能通过电子商务的手段来实现。

三、电子商务环境下的旅游供应链结构

按传统的垂直分工体系进行划分，旅游供应链由旅游供应商、旅游中间商及旅

游消费者构成。其中旅游供应商主要包含餐厅、饭店、交通服务机构、旅游景点、购物商场、娱乐场所和目的地接待旅行社等，旅游中间商主要指旅游批发商和分销零售商。由于旅游供应商的组成较为复杂，且旅游消费者常跨地域活动，因而旅游中间商往往负责与旅游消费者就其需求进行沟通。而伴随网络经济与电子商务的发展，传统旅游供应链中的旅游中间商这一角色受到了巨大的挑战，由此引发了旅游市场结构的改变。而电子商务环境下的旅游供应链结构，伴随旅游市场结构的改变而产生了变化。

变化首先来自旅游供应商的网络直销模式。电子商务平台及其工具使得旅游供应商能够越过旅游中间商，全天候便捷地与各地旅游消费者进行通信。这种沟通成本低廉，并且能够无时空限制地推介该涉旅企业及其旅游产品信息，减少了中间环节，具备更高的供需交互灵活度、销售可控性与市场反应速度，因而旅游供应商将围绕其旅游产品更多地开展更为高效的网络直销模式。

其次，旅游中间商也在电子商务的影响下产生了信息化的变革及业务转型。在传统的旅游供应链中，旅游中间商由于其产品的多样性，具备产品组合、采购和分销方面的较强优势，进而通过信息化手段加以改进，将传统业务在线上进行合理移植和拓展，打造出电子商务化的强化优势，同样使得传统的旅游中间商降低了成本，改善了服务，其市场竞争力得以增强。

电子商务及其信息技术的发展还催生了新型的旅游中间商。这类新型的电子旅游中间商，不同于传统旅游中间商由线下行业资源进行电子商务运作，而是基于互联网平台，提供旅游信息的中介服务。这类新型的电子旅游中间商，更加不受供应链上游的限制，而是作为兼容性的交互平台为旅游消费者提供丰富齐全的旅游信息，进行旅游产品的在线预订和电子支付。相较传统旅游中间商，他们具有更为强大的采购与分销网络与更低的成本优势。

上述三种旅游供应链结构的变化，将促进旅游市场与旅游业的优化，同时表明了电子商务环境下旅游市场将向着更低成本、更高效率的趋势发展。

电子商务环境下旅游供应链结构的改变，也使得国内旅游业的经营方式产生了显著的变化，对传统的旅游供应商及以旅行社为核心的旅游供应链体系产生了巨大冲击。当前国内旅游供应链的问题主要是旅游供应链委托关系过长，致使旅游信息在传递过程中失真，并导致旅游消费者的预期与其实际体验的落差。同时，在以旅行社为核心的旅游供应链体系下，每逢旅游旺季，旅行社对饭店和景区等供应商控制力薄弱，类似于无组织状态的旅游供应链会增加行业的市场风险。国内旅游市场正处于从以商务观光旅游为主向以休闲度假旅游为主转型的时期，在此期间散客旅游逐渐增多而团体旅游则逐渐减少，旅游景区（目的地）因而不断提升其自身宣传营销力度，更为直接地与旅游消费者进行接触和交互，而旅游消费者的需求更为复杂多样，相应的旅游产品也在不断推陈出新。[5] 旅游电子商务的发展和成熟，势必提高未来旅游供应链的管理模式以适应新的市场需求，使其由传统的纵向一体化转化为横向一体化。电子商务环境下的旅游供应链应确立以旅游景区（目的地）为核心的旅游供应链模式。[10]

四、电子商务环境下旅游供应链管理的优化

在电子商务环境下，涉旅企业更具一体化、分工化、网络互联化的发展支持。同时也使得广大中小涉旅企业通过其自身的特色旅游产品与服务，获得发展机遇并有效参与旅游市场竞争。电子商务及其信息技术应用能够优化旅游供应链运作机制，在各个环节创新供应链管理的对策，有助于形成规模适度、竞争有序且优势互补的旅游产业结构，并积极促成“大型旅游企业集团化、中型旅游企业专业化、小型旅游企业网络化”的理想旅游产业组织结构的形成。

（一）建立旅游供应链的合作机制

以景区为核心的旅游供应链中，旅游目的地与旅行社均发挥着重要作用以确保供应链各节点的顺利运转。旅行社对于供应链上下游行业的依赖性极强，但旅游供应链中各节点关系目前还较为松散，因而旅游目的地与旅行社必须加强沟通，建立旅游供应链中各节点的精密合作机制，做到信息流、服务流及资金流的平滑对接，提升整个旅游供应链的稳定性控制力与市场竞争力。

（二）推行旅游供应链的激励机制

通过建立电子商务环境下的旅游供应链合作机制，确保旅游供应链中各节点间信息、服务传递的质量与速度。此外，还必须建立、健全业绩评价和激励机制，促使供应链中的企业不断改进。可设立由政府、旅游科研单位、企业共同参与的产业合作协会，在协会内建立绩效评估标准，推行景区治理的激励机制、景区与旅行社间的激励机制、景区与饭店等主要服务提供商之间的激励机制，从而在宏观上调控旅游供应链的整体运行，进一步提高旅游供应链的整合度。

（三）构建旅游供应链管理信息系统与决策机制

为求供应链中的信息能被即时分享与处理，有效解决传统旅游供应链中管理信息延滞等问题，需要建立旅游供应链管理信息系统——包括内部网络与外部网络两个层级并且是无缝连接的开放架构，协助旅游供应链中各节点企业内部信息管理并整合支持企业间的信息传递，实现核心涉旅企业合作伙伴间以及旅游消费者之间的信息交互与共享。同时通过管理信息系统，制定和推行旅游产品定价等重要决策机制，平衡旅游供应链的利益分配管理，维护供应链的稳定运行。

（四）增强人性化及个性化的客户关系管理机制

以景区为核心的旅游供应链模式，需要针对散客旅游市场提高旅游供应链中各节点企业的整体服务质量，发挥各自优势，因而必须增强人性化及个性化的客户关系管理机制，满足旅游消费者的差异化需求。其服务过程主要包括：首先，根据不同旅游消费者的产品需求或消费习惯，建立客户数据库，实行精准化的一对一的网络互动旅游营销；其次，进行旅游产品的个性化设计与定制，提供个性化的旅游方案，使旅游消费者充分参与旅游产品的设计过程，提高产品的认同感与附加值，扩大盈利空间；最后，将旅游消费者售前与售后的偏好录入客户数据库，根据其个人偏好和习惯提供服务，使旅游消费者获得最佳的用户体验感。

参考文献：

［1］杨晓燕．供应链管理［M］．上海：复旦大学出版社，2005.

［2］Page S. J. Tourism Management Managing for Change［M］. Oxford：Butterworth－Heinemann，2003.

［3］Tapper R.，Font X. Tourism Supply Chains：Report of a Desk Research Project for the Travel Foundation［EB/OL］. http：//www. lmu. ac. uk/lsif/the/tourism-supply-chains，2004.

［4］Zhang Xinyan，Song Haiyan，Huang G. Q. Tourism Supply Chain Management：A New Research Agenda［J］. Tourism Management，2009（3）：345－358.

［5］刘人怀，袁国宏．我国旅游价值链管理探讨［J］．生态经济，2007（12）：102－104.

［6］徐虹，周晓丽．旅游目的地供应链概念模型的构建［J］．旅游科学，2009（23）：15－20.

［7］舒波．国内外旅游服务供应链及复杂网络相关研究综述与启示［J］．旅游科学，2010（24）：72－81.

［8］冯晓梅，王建喜．电子商务环境下旅游供应链优化探讨［J］．商业现代化，2010（22）：106－107.

［9］杨路明，陈媛．电子商务提升我国旅游产业竞争力的作用分析［J］．经济问题探索，2010（10）：187－190.

［10］路科．旅游业供应链新模式初探［J］．旅游学刊，2006（3）：30－33.

浅谈低碳旅游供应链的构建[①]

徐雷[②]

【西华大学经济与贸易学院 四川成都 610039】

摘 要：低碳旅游供应链是对未来旅游业发展与时俱进的构想，以保护自然为基础，资源和环境的承载能力相关联，同时以改善和提高生活质量、建设生态文明与精神文明相承接。低碳旅游供应链是一个多主体的系统结构，其利益主体主要涉及政府、旅游企业和游客。三者之间相互影响、相互促进，共同作用于低碳旅游供应链的前端、中端和后端，构成了一个多元化的统一管理体系。本文介绍了低碳旅游供应链的内涵，从政府引导、旅游产品开发、旅游企业协作和游客消费引导等方面阐述了低碳旅游供应链的构建。

关键词：旅游供应链；低碳旅游；构建措施；绿色增长

近年兴起的低碳旅游的概念，最早出现在2009年世界经济论坛“迈向低碳的旅行及旅游业”的报告当中。低碳旅游是指在全球气候变化以及旅游发展公益化价值取向日益明显的生态文明背景下，为获得更大的旅游经济、社会和生态效益，寻求可持续旅游发展方式的一次全新突破，是旅游业在发展低碳经济方面的具体行动。随着生态旅游的开发层次和规模不断上升与扩大，加强在低碳旅游供应链管理背景下的生态旅游发展模式研究已成为旅游管理研究领域的迫切要求。

一、低碳旅游供应链的内涵

低碳供应链及绿色供应链的概念是在1996年美国密歇根州立大学进行的一项环境负责制造（ERM）研究中首次提出的。它是一种以低碳制造理论和供应链管理技术为基础，涵盖供应商、生产厂、销售商和用户，以使产品在从原材料获取、加工、包装、仓储、运输、使用到报废处理的整个过程中，影响环境最小、资源利用效率最高为目的的管理模式。[1]

对于旅游业而言，整个产业属于满足旅游消费者各种产品需求的行业集合体，涵盖了餐饮、住宿、交通、通信、观光、购物、娱乐等多行业成分，因此一条完善

---

① 资助项目：西华大学校级重点学科建设项目“区域经济学”（XZD0901－09－1）。

② 作者简介：徐雷（1982－），男，讲师，博士，研究方向为网络经济及信息系统。

的旅游产品链不是由单个企业所打造，而需要跨行业的多种涉旅企业支撑形成。Tapper 等人[2]明确了旅游供应链是由向旅游消费者提供旅游产品和服务的所有供应商组成，包括旅游产品供应体系中所有用来满足消费者需求的商品和服务的供应商，以及在旅游过程中直接提供商品购买或服务的旅游目的地其他供应商。这些供应商所提供的商品或服务包括“食、住、行、游、购、娱”和手工艺品、食品生产、垃圾处理系统，以及对旅游业发展起支持作用的旅游基础设施等。所以旅游供应链是一个由提供了不同旅游产品与服务的参与者所构成的网状组织，涵盖了企业与政府部门、产品的直接供应者及间接供应者。旅游供应链管理则是指以旅游消费者的需求为中心、以旅游贸易伙伴间的合作为基础，对旅游业供应链中的信息流、资金流和服务流进行规划、组织协调与控制，从而寻求价值增长和提升的有效途径。[3]从国内外旅游业发展来看，旅游供应链主要分为以旅游供应商（旅行社）为核心的适于观光旅游产品的“点线式”旅游供应链模式和以旅游景区（目的地）为核心的适于度假旅游产品的“板块式”旅游供应链模式两大类。[4]

同其他行业相比，旅游业很早就有了“无烟工业”的美称，其本身亦属于服务行业，占用资源少，环境和文化又是其卖点，而这恰恰与节能减排的目标相吻合。[5]在低碳减排的大背景下，我国国务院在 2009 年发布的《国务院关于加快发展旅游业的意见》，就是国家为配合低碳经济发展而进行产业结构调整的一个重要信号，而旅游业势必成为受益最大的行业之一。低碳旅游供应链是对未来旅游业发展与时俱进的构想，以保护自然为基础，资源和环境的承载能力相关联，同时以改善和提高生活质量、建设生态文明与精神文明相承接。低碳旅游供应链以多方面要素为基础，通过相互独立而又紧密联系的分工与合作关系形成网链组织，利用供应链核心企业内外部的丰富资源快速响应市场需求，提高供应链各节点企业的核心竞争力，从而使经济共同体整体绩效在竞争中获取优势。其目标是实现旅游资源的生态、经济和社会的综合效益最优化。[6]

国内外关于低碳旅游及低碳旅游供应链的研究尚处于探索阶段，研究成果较少，系统的理论研究还有待加强。目前国内外对于低碳旅游的研究各有侧重点：国外在对低碳旅游的分析过程中偏重于定量研究方法的利用，同时注重定量与定性方法的结合，主要根据对旅游业碳排放量的定量化研究，提出旅游业碳减排的对策，但对低碳旅游相关概念尚未进行系统的讨论；而国内则偏重定性的讨论，侧重于低碳旅游的概念和低碳旅游实现途径的说明。从整体上看，国外领先于国内研究，其研究成果也更具有科学性和实际可操作性。[7]而当前旅游供应链方面的研究主要侧重于以旅行社为核心的供应链构建和管理上，就低碳旅游供应链进行的研究还比较少。因此，开展以旅游目的地为核心的低碳旅游供应链的理论研究以确保低碳旅游的高效、持续发展显得十分必要。

二、低碳旅游供应链的构建

国内旅游市场正处于以商务观光旅游为主向以休闲度假旅游为主转型的时期，在此期间散客旅游逐渐增多而团体旅游则逐渐减少，旅游景区（目的地）因而不断提升其自身宣传营销力度，更为直接地与旅游消费者进行接触和交互，而旅游消费者的需求更为复杂多样，相应的旅游产品也在不断推陈出新。[8]随着旅游业的进一步发展，势必提高未来旅游供应链的管理模式以适应新的市场需求，使其由传统的纵向一体化转化为横向一体化。构建低碳旅游供应链应确立以旅游景区（目的地）为核心的旅游供应链模式。

低碳旅游供应链是一个多主体的系统结构，其利益主体主要涉及政府、旅游企业和游客。三者之间相互影响、相互促进，共同作用于低碳旅游供应链的前端、中端和后端，构成了一个多元化的统一管理体系。其中，低碳旅游产品的开发和交易构成了低碳旅游供应链的前端和后端，低碳旅游产品生产则构成供应链的中端。低排放、低耗能、低污染的绿色能源和低碳技术循环利用则融入供应链的整个流程。

（一）政府牵头构建低碳旅游供应链

构建低碳旅游供应链，实现低碳旅游，必须依靠政府部门。通过制定规划和实施法规、政策等措施，为构建低碳旅游供应链并发展低碳旅游建立有利的环境和运行机制。在全世界、全行业大力推行低碳经济的大背景下，旅游管理部门需要针对企业活动，在节能环保方面制定的约束性惩罚措施，对不采用低碳发展模式的旅游企业征费，促使其改变成为低碳的经营发展模式。政府需采取行政手段保护旅游生态环境，制定一套完整的低碳旅游节能减排的政策体系，在旅游业推行节能减排技术，减少碳排放。

在构建和优化低碳旅游供应链方面，政府还需起到政策引导、氛围营造和制度监管的作用。对低碳旅游供应链的前端主要发挥强化引导作用，通过明确低碳发展方向，制定低碳发展规划和技术标准，确保正确引入低碳理念并落实各项低碳政策措施。在低碳旅游供应链中端的低碳产品生产过程中，政府主要发挥监督考核职能，出台限制旅游企业“高碳”行为的政策，建立动态化的旅游企业能耗统计监测体系，建立完善旅游企业节能目标的考核和激励机制。在低碳旅游供应链后端低碳产品的交易过程中，政府则需充分营造公开、公平、公正的市场交易环境，为低碳营销和消费提供扶持鼓励政策与社会舆论支持。

（二）多方合作共同开发低碳旅游产品

低碳旅游产品的开发，需要旅游供应链上所有供应商合力而促成。例如酒店供应商可通过提供绿色生态产品，交通运输部门通过高科技应用改进交通工具的废气排放量，开展节能减排活动。旅游目的地是旅游产品构成的核心部分，在低碳旅游活动中发挥着最重要的作用，因而旅游目的地提供的产品和服务是低碳旅游产品的重要组成部分。目的地景区可以通过一系列的措施，利用先进的智能化技术和节能减排技术来打造低碳旅游产品。

低碳旅游供应链的终端是游客，游客是旅游产品和服务的最终消费群体，因此，收集掌握游客的需求信息十分重要。游客的需求信息分为消费前的需求信息和消费后的反馈信息。游客消费前，经常会到旅行社或在网上提交对旅游产品和服务的要求，将这些信息收集起来并进行分类，并将信息整理结果告知供应链上的旅游企业，使其根据需求设计和生产自己的产品。游客在进行旅游消费后的反馈信息也极具价值，可以通过建立游客信息反馈机制来衡量供应链提供的旅游产品服务质量的好坏。通过明确旅游者对低碳旅游供应链所提供的服务和产品的满意度来了解旅游供应链的质量水平。旅游目的地将旅游者的反馈信息进行整理之后，再反馈给供应链上的其他节点企业，这样就有利于各个旅游企业发现自己存在的不足，实施有效的具有针对性的改进措施，从而更好地满足游客的需求，提高低碳旅游供应链提供产品和服务的水平。[9]

（三）增强供应链节点企业内部管理与外部协作

各节点旅游企业是低碳旅游供应链的核心要素，旅游企业直接作用于供应链中端的低碳产品生产，为供应链提供丰富的低碳旅游产品，确保供应链的正常运行。同时积极接受供应链前端和后端的辐射，积极转化吸收低碳旅游产品开发成果，根据产品交易情况调整生产结构，加速企业自身的低碳转型与升级，优化旅游产品质量，树立企业的低碳形象和品牌，提高市场竞争力。低碳旅游供应链不仅要减少交通运输、餐饮娱乐等活动过程中产生的废气、废水与垃圾，还要降低旅游企业在其运转过程中的如办公、电力等各种消耗和排放物。旅游目的地作为核心企业，首先要制定节能环保的具体措施。旅游企业内部所有成员需加强培训和学习，转变观念，提高成员的环保节能意识，将企业的经济效益与社会效益、生态效益结合在一起，并建立制度，促进成员养成良好习惯，加强节能减排管理，把企业整体目标与供应链管理有机联系。此外，旅游目的地要强调与供应商在经营理念上对节能减耗与环境保护的认同，并制定相应标准对供应商进行选择和考核。[10]

为确保低碳旅游供应链的顺利运行，旅游目的地景区必须加强同旅行社的合作沟通，保障实施低碳旅游的附加收益。旅行社实施低碳营销时，所需的低碳营销信息均来自于旅游目的地的景区。在旅游旺季，旅行社应将游客人数、旅游消费行为的变化特点及时告知目的地，便于目的地景区根据环境阀值进行运作安排。对游客的环境教育，例如旅游目的地的自然资源的稀缺性、低碳旅游的行为规范、垃圾处理要求等，以及及时制止游客一些影响环境和景区资源的恶劣行为也需要旅行社的配合协作。[11]而旅游目的地发挥核心带动作用，关键是要做强“外部带动”。旅游目的地应与低碳旅游供应链节点企业良性互动，建立资金、技术和市场的共享机制，培育出一批低碳旅游节点企业，最终实现整个供应链低碳化转型升级。

（四）引导游客的低碳消费和行为

游客作为低碳旅游产品的最终消费者，是低碳旅游供应链获得经济效益的关键，也是低碳旅游消费模式形成的关键。游客通过购买行为直面低碳旅游产品，接收旅游企业的低碳营销和消费辐射。同时，借助终端市场的反射效应，对整个低碳旅游供应链实施反馈作用。游客在旅游活动过程中的碳排放主要体现在交通、住宿、饮食、购物等环节。倡导低碳旅游消费方式主要是提倡尽量选用公共交通工具、自行车、徒步等低碳交通方式，不使用一次性餐具，选择环保酒店、商店等。

旅游目的地可以实施低碳营销并加强低碳消费引导，提高游客对低碳旅游产品的认知和认同，接受游客反馈意见，不断优化低碳旅游产品，自觉地进行低碳转型升级，树立低碳形象和低碳品牌。[12]旅游企业在向游客介绍旅游产品的时候，就要同时向游客宣传低碳消费可以提高消费质量与保护身心健康的理念，通过从业人员的讲解与督促，在旅游产品的使用过程中促进游客改变观念和行为，提高对环保的认识。游客低碳旅游行为在旅游目的地的活动中更能体现，因此旅游目的地景区对于游客行为要进行更多的引导。在旅游景区内建立具有环境教育功能的基础设施进行低碳宣传，通过形象化的标志引导游客提高对生态环保和资源持续利用的认识。对景区导游人员和工作人员等从业人员进行培训，增强其服务过程中环保行为的贯彻意识。倡导游客进行精神消费，在景区内消费时提倡节约，提醒游客在景区旅游时注意保护环境，为改善环境尽自己一份力量。

参考文献：

[1] 张曙红. 绿色供应链管理研究综述与展望［J］. 物流技术，2010（21）：187－191.

[2] Tapper R.，Font X. Tourism Supply Chains：Report of a Desk Research Project for the Travel Foundation［EB/OL］. http：//www. lmu. ac. uk/lsif/the/tourism-supply-chains，2004.

[3] Zhang Xinyan，Song Haiyan，Huang G. Q. Tourism Supply Chain Management：A New Research Agenda［J］. Tourism Management，2009（3）：345－358.

[4] 徐虹，周晓丽. 旅游目的地供应链概念模型的构建［J］. 旅游科学，2009（23）：15－20.

[5] 叶敏. 我国低碳旅游的发展现状与价值提升策略研究［J］. 科技信息，2012（21）：270－271.

[6] 徐志朋，等. 基于SWOT分析的低碳经济背景下生态旅游产业链研究［J］. 老区建设，2011（10）：7－9.

[7] 曾琪洁. 国内外低碳旅游研究进展与启示［J］. 经济研究导刊，2012（147）：170－171.

[8] 刘人怀，袁国宏. 我国旅游价值链管理探讨［J］. 生态经济，2007（12）：102－104.

[9] 黄丹霞，张俐俐. 构建以旅行社为核心的绿色旅游供应链初探［J］. 安徽农业科学，2009（37）：2232－2233，2237.

[10] 吴丹. 低碳旅游背景下旅游供应链构建研究［J］. 旅游经济，2011（11）：178－180.

[11] 王芬. 以景区为核心的绿色旅游供应链运作研究［J］. 浙江海洋学院学报，2010（27）：52－55.

[12] 李晓琴，银元. 低碳旅游产业集群供应链管理研究［J］. 西南民族大学学报，2012（1）：135－138.

浅析我国旅游业电子商务发展①

刘俊②

【西华大学经济与贸易学院 四川成都 610039】

摘 要：我国旅游电子商务发展势头十分强劲，这对我国旅游业固有市场带来了革命性的冲击。本文从旅游业电子商务的发展现状、遇到的问题、解决对策及未来走向等方面对这一新兴事物进行了简单的剖析，让我们看到一个完整的旅游电子商务的利与弊，为我国旅游企业实现一次重要变革、迈向国际市场提供一点参考意见。

关键词：旅游业；电子商务；网络；信息

随着现代科技和信息产业的发展，互联网的兴起给旅游业带来了新的契机，网络的交互性、便捷性、丰富性和实时性等优势促使传统旅游业迅速融入网络旅游的浪潮。通过网络查询信息，进行酒店、机票预订和购买支付旅游产品在国外早已成为一种时尚。随着经济的发展和人民生活水平的提高，国民出外旅游也不再是奢望。随着我国加入世界贸易组织，旅游电子商务也在这个高速信息化的时代腾飞起来。但是我国在发展旅游电子商务的过程中还问题重重，如电子商务网站特色程度不够、网站建设水平较低、消费者网上消费意识薄弱及对旅游企业信任度低等问题一直阻挠着中国旅游电子商务的发展。但是，我们应该看到，旅游业同电子商务的结合将是一件互补和顺应时代要求的变革。

一、我国旅游业电子商务的内涵及发展现状

（一）我国旅游业电子商务的内涵

旅游业电子商务是通过先进的网络信息技术手段实现旅游商务活动各个环节的电子化。它包括网络发布、交流旅游基本信息和旅游商务信息。以电子手段进行旅游宣传促销，开展旅游信息售前售后服务等[1]；通过网络查询可以进行网上预订和支付等以及实现旅游企业内部的管理信息系统的应用。同时它具有聚合性、有型性、服务性、便捷性、优惠性等特性。旅游电子商务在市场上也发挥出自已特有的作用，

---

① 资助项目：西华大学校级重点学科建设项目“区域经济学”（XZD0901－09－1）。

② 作者简介：刘俊（1979－），男，四川成都人，经济学博士，讲师，研究方向为区域经济、旅游管理。

比如：开拓新的网上市场流通渠道；创造新的产品销售平台与方法；降低旅游企业的各种经营成本；扩大规模经济性与范围经济性。[2]

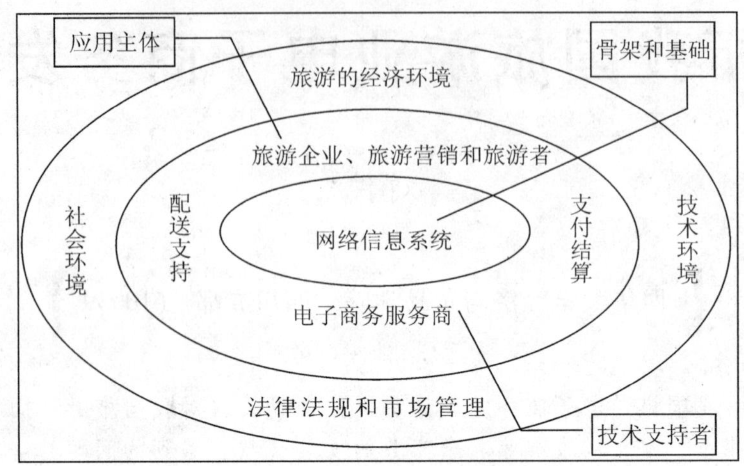

图1　旅游业电子商务体系图

可见，旅游电子商务体系是一个以网络信息系统为骨架和基础、通过技术支持者电子商务服务商的支付结算和配送支持等技术手段进行商务活动的庞大体系，它的应用主体是旅游目的地的营销机构、旅游企业和旅游者。旅游业相关的应用主体是旅游电子商务的推进者和规范者，旅游业的运行涉及旅游目的地营销机构、旅行社、航空公司等多种旅游、文化、信息传播机构。[3]旅游的经济环境、社会环境和技术环境共同构成了旅游电子商务的多元素混合环境。在这些环境下，旅游电子商务体系在法律法规和市场管理下才能良好运行。总之旅游电子商务体系是一个依靠网络信息系统这个信息交易大平台进行的网上旅游订购服务的庞大体系，正被越来越多的人所熟悉和运用。

（二）我国旅游业电子商务发展的现状

我国旅游电子商务发展起步较晚，虽然在这些年取得了飞速发展，但是由于电子商务的基础薄弱，各项配套设施和相关法律制度还不健全，导致旅游电子商务的应用领域不广泛，对旅游电子商务的认识始终没有上升到一种管理模式的高度。[4]还存在以下问题：

1. 我国旅游电子商务业基础设施仍较落后，国家投资额度不足

由于财政困难，我国对旅游电子商务的资金投入少，基本是贯彻以“旅游养旅游”的方针，而对电子商务在旅游方面的投入相对其他行业差距较大，重视程度不够，以致设施不全。我国网络的基础设施建设还比较缓慢和滞后，已建成的网络其质量离电子商务的要求相距甚远。位于我国中西部的一些旅游景点，交通不便捷，有的地方民航不能直接到达，客运能力差，铁路也经常处于超载状态。还有很多景点地理位置因素严重制约了游客的数量。由于基础设施配套不健全，安全性也极大地限制了当地旅游业的发展。加上邮电传递、通信欠佳，这些都严重制约着正在初步发展的旅游电子商务。

2. 旅游电子商务服务范围有限

旅游服务网站业务覆盖面还比较狭窄，目前仅限于各种票据（如机票、车票、船票等）的订购、住宿酒店的预订、旅游线路的预订和电子邮件发送等，基本处于网上查询和预订、网上进行交易和结算阶段，处于旅游电子商务初级阶段，和国外旅游电子商务发展的程度相比差距仍然很大。

3. 旅游电子商务法制层级低、效力差、贯彻难

各省旅游部门颁布的各种有关旅游电子商务的规定、制度还不是法律，只是规范性文件。当法律规范不一致或发生冲突时，要确定其正确性，首先应当确定的不是规范之间的效力等级。在各级法院对旅游案件的审理过程中，旅游法制规范经常处于苍白无力的地位。特别是旅游开发与管理、旅游交通管理、旅游电子商务管理等处于多部门交叉管理的问题上，时常出现法律真空，有关方面无相关法律可依，或者有关各方都要管，或者都不管，导致管理无序，资源流失，国家与游客利益受损，旅游电子商务业可持续发展战略受挫。

4. 第三方旅游服务整合力度有限

第三方服务机构在旅游电子商务发展中起着重要的组织作用，是衡量一个行业电子化水平的重要标志。目前我国第三方旅游电子商务服务行业对整个旅游行业的整合力度有限，综合门户类网站重点在于营销推广，不涉及旅游业务运营。支持服务类网站仅从事一些外围业务，如酒店、机票的预订等，离真正意义上的旅游服务还有较大差距。

5. 我国旅游电子商务市场发展潜力巨大

我国是旅游资源大国，地大物博，文化源远流长。在过去的20年，中国已经从旅游资源大国发展成为亚洲旅游大国，今后20年，中国将成为世界旅游强国。我国拥有的国内旅游市场潜力十分巨大，12亿普通老百姓的旅游意识现在才刚刚兴起，国内旅游收入在国民生产总值中所占比重很小。随着经济的增长，国民旅游意识将有一个加速成长的过程。目前“假日经济”的蓬勃兴起正是人们旅游意识和国家政策扶植相结合的结果。

二、我国旅游业电子商务发展遇到的问题及发展趋势

（一）我国旅游业电子商务发展遇到的问题

1. 网站重复建设，行业网络化发展缓慢

很多旅游网站在建设过程中缺乏准确、全面的认识，往往是国外旅游网站的翻版，结果是模式雷同、内容缺乏特色、重复建设问题严重。从行业角度来说，旅行社、酒店还都没有形成真正的网络化，国内50%的旅行社还停留在手工操作的小作坊阶段。而旅游车船企业尚未形成全国性的网络企业，只以本地市场以及旅行社、团体为主要服务对象，没有直接向社会消费者销售服务的环境。

2. 旅游网站定位不准，市场细分不明确

现在国内大多数旅游网站的设计理念都是以网站为中心，使网站之间可以链接但无法沟通，不能提供个性化服务，只能提供自助型服务。这造成旅游业的网上市

场空间运营的无效性，在很大程度上阻碍了旅游业网络化的进程。

3. 服务项目单一，消费不足，顾客忠诚度低

目前国内多数旅游网站信息虽然很丰富，但服务项目单一，大多是信息的发布和介绍，即使那些开通了酒店、机票、旅游线路预订及网上拼团等服务的网站，电子商务也多处在“在线预订、离线确认、离线付款”的状态。虽然“网络旅游”频频见于媒体，但真正通过旅游网站来吃“旅游套餐”的人并不多。旅游消费者购买观念和方式陈旧等原因造成了旅游网站商业信用不足，消费者认同率低。[5]

4. 运营环境不完善

旅游业中各个部门都处于网络发展的初级阶段。旅游网站缺乏复合型人才；旅游网站使用者结构不成熟，使用者的构成与社会居民的构成不相吻合；旅游网站地域发展不平衡，网站本身良莠不齐；中国旅游业的发展还没有达到追求高效、追求舒适的层次。

（二）我国旅游业电子商务发展的趋势

全球旅游电子商务发展的前景广阔。世界旅游组织商务理事会的一份报告显示：未来 5 年世界 1/4 的旅游产品将通过网上实现交易，而通过网站了解旅游资源的人数也将上升到全球旅游者的 1/3。[6] 可见旅游电子商务在未来有着巨大的市场空间和发展空间。世界旅游组织预测中国将成为全世界最大的旅游市场，所以旅游电子商务在我国今后的发展过程中将扮演着非比寻常的角色。它今后的发展将呈现这五大趋势，并且逐步演变：

1. 网上旅行预订市场规模逐步扩大

网上旅行预订市场指在线旅游服务提供商在网络旅游资源分销过程中所获得的分销佣金提成及其他旅游服务收入份额。和传统旅游相比，旅游电子商务具有便捷性等特点。在新世纪信息化时代，人们对网络的了解逐步加深，这就让越来越多的人了解到了旅游电子商务的实用性。调查显示，网上旅游预订的影响力的提升以及预订的便捷性和价格的透明化让越来越多的用户选择通过网络预订旅游产品。

2. 凸显个性化服务和个性化定制

与传统旅游比较，旅游电子商务的最大区别就是通过双向交流互动方式提供各种个性化的定制服务，这是旅游电子商务适应现代旅游需要的关键所在。在个性化服务的带动下，一些专门面向特定群体的自助式旅游服务网站数量会骤增，目前一些旅游网站专区已经具备了这样的雏形。

3. 规模化经营是制胜之本，合作双赢成为经营目标

旅游电子商务网站的增加掀起了各网站之间的直接竞争，除品牌竞争以外，经营的规模化效益成为制胜之本。在这种形式下，大型旅游服务企业将会更加注重对电子商务的利用，增大业务服务面，在追求双赢的局面下化竞争为合作。这也给众多小型旅行社联盟式的发展提供更多的发展空间。

4. 与资本市场紧密结合

旅游电子商务的发展和壮大需要借助资本市场的力量。在今后一个阶段，旅游服务机构应当注重资本运作的重要性，利用资本市场的筹资平台迅速做大，上市公

司参加旅游电子商务的资产重组活动也将大量增加，国际资本把中国旅游市场作为今后投资的热点领域，并将以多种形式进入中国旅游市场。因此，行业主管部门、各级规模的旅游企业、名胜景点应顺势接盘，实现与国际资本的互惠合作，引入国外资本及先进的经营管理理念，实现我国旅游产业的快速、健康发展。

5. 3G时代对于旅游信息化的深刻影响必须有足够的准备

3G时代连接你我他，让我们可以用手机快捷上网。通过手机我们可以查找旅游信息、订购旅游产品。有眼光的旅游企业已经着手打造互联网与手机的交互平台，这是一种着眼未来的盈利模式。[7]

三、我国旅游业电子商务发展的策略

（一）开展特色营销服务

旅游电子商务以信息服务为基本手段，其最终目的是通过满足用户需求，保持和扩大企业的消费群体。因此，从事旅游电子商务的企业要在网络环境中吸引更多的消费者，必须采用区别于传统方式的信息服务策略，强化网上增值服务，强化个性化定制服务，强化客户关系管理（CRM），强化网络社区服务。[8]要加强旅游相关企业的信息化建设，现代的旅游网站只有以传统资源为依托才能稳固。旅游企业只有转变传统的营销观念，积极上网，建立自己内部的业务处理和管理信息系统，并和互联网高度融合，建设面向代理商的电子分销系统和面向旅游者的在线销售系统，创建、巩固和发展自己的品牌，才能实现规模化、网络化经营，设计旅游精品线路，突出特色。

（二）进一步加强电子商务立法工作，为旅游电子商务良好运行创造有利的环境

我国电子商务的立法和相关法律问题一直是困扰电子商务行业包括旅游业电子商务发展的重要问题，相关部门要即时调查了解电子商务在运营过程中出现的问题和法律纠纷，如安全问题、诚信问题、交易纠纷、税收问题、物流问题等。进一步强化立法工作，能使消费者有稳定的心理状态接受旅游电子商务，能为他们的权益提供法律保障。也为服务商的经营带来保障。在技术层面上，数字签名和身份认证是法律切入电子商务的突破口[9]，必须重视。

（三）增加旅游信息数量，加强交易的安全性

丰富的旅游资源能引起消费者的好奇心，从而为旅游服务商带来效益。旅游资源信息的准确性和时效性的保证，能促使受欢迎程度的递增。互联网的便捷性体现在旅游电子商务能更有效地收集整理丰富的旅游资源，能提供更好更细致的服务。要提高客户群体的信任度，就必须保障网上交易的安全性。数据加密技术是最常用的安全交易手段，是采用密码对数据进行加密，保障客户的资料和账号安全。数字签名是发送方以电子形式签名一个文件或消息，签名后就能在计算机网络中发送，签名人对该文件或消息的内容负责。[10]认证中心就是承担网上交易安全认证，能签发数字证书并能确认用户身份的服务机构，它向个人、商家、银行颁发数字证书。只有制定网上交易的安全措施，才能逐渐提高用户的网上交易信任度，为旅游电子

商务的良好运行创造条件。

(四) 尽快完成国内旅游电子商务服务企业的平台建设

国内大型旅游服务企业应当尽快完善电子商务平台建设，学习欧美知名旅游电子商务网站的运作方式和营销风格，加强网络营销推广力度，扩展交易服务内容，构架网上支付和客户支持平台。同时进行外语类版面的建设，努力开拓海外市场，为即将到来的旅游市场全面开放打好基础。在内部企业管理信息系统建设上，应强调与电子商务系统的结合，实施供应链管理，利用电子商务系统实现旅游景点和销售代理的业务集成，打造协作运营、统一联动的高级联营模式。

(五) 努力提高员工的素质，培养复合型人才

旅游网站的建设、运营和管理涉及多方面的知识，其从业人员不但要具备较高的网络技术、电子商务知识，同时还应具备较熟练的旅游专业知识以及市场营销、管理等方面的知识。对旅游主管部门和旅游企业的工作人员要搞好电子商务知识的培训，特别要加强各级领导的培训，在互联网这个虚拟世界中，如果没有较高的综合专业水平与计算机水平，难以适应高科技发展的要求。同时，旅游企业的电子商务离不开旅游核心业务的支持，离不开旅游企业管理模式的再造。随着我国旅游企业走向国际化、标准化、市场化、开放化的发展道路[11]，旅游企业员工必须学习电子商务知识，掌握电子商务运作方法，增强运用电子商务处理旅游业务和管理企业的能力。旅游公司应下大力气在年轻一代中培养既懂电子商务技术，又懂旅游业务知识的跨领域专门人才。

结语

旅游电子商务是一种新兴的商务形式，是顺应时代要求应运而生的产物，它符合我国当代的国情。利用旅游网站能将旅游和电子商务的价值向更高层次升华，使旅游业在网络中得以实现它的全面价值，推动社会经济健康稳定发展，达到双赢互惠的目的。充分权衡它的利弊，在合理有序的情况下积极推动旅游电子商务的良好运作。在发展中发现问题、解决问题，不断提高服务水平，满足消费群体的最大需求，促进国民经济持续、快速、健康地发展。

参考文献：

[1] 巫宁，杨路明．旅游电子商务［M］．北京：旅游教育出版社，2004：42.

[2] 魏小安，刘赵平，张树民．中国旅游业新世纪发展大趋势［M］．广州：广东旅游出版社，1999：128.

[3] 张凌云．我国旅游互联网的现状和发展趋势［Z］．中国旅游年鉴，2000：76.

[4] 李云鹏．我国旅游预订网站发展态势分析［J］．商业时代，2006（17）：28－32.

[5] 刘庆广，刘宁，刘永．我国旅游电子商务发展与对策研究［J］．情报杂志，2004（9）：84－86.

[6] 王兆良. 我国旅游经济与电子商务相结合问题探讨 [J]. 中国民族大学学报, 2002 (3): 90 -96.

[7] 罗桂霞. 我国旅游电子商务发展中的问题初探 [J]. 旅游科学, 2001 (2): 140 -143.

[8] 罗霞, 李卫宁. 我国旅游电子商务浅论 [J]. 民族论坛, 2008 (1): 86 -88.

[9] 张莉, 茆晨娟. 我国旅游电子商务存在的问题及对策分析 [J]. 华东经济管理. 2007 (5): 90 -94.

[10] 巴佳慧, 王少峰, 周春林. 南京旅游电子商务的现状分析及战略选择 [J]. 商场现代化, 2007 (7): 64 -66.

[11] 陈丹红. 中国旅游电子商务发展现状及对策 [J]. 经济研究导刊, 2006 (1): 80 -83.

物联网、云计算在“智慧旅游”中的应用[①]

王璟，李雪玫[②]

【西华大学经济与贸易学院 四川成都 610039】

摘 要：随着物联网、云计算等技术的发展，旅游信息化的发展趋势是构建智慧、协同的旅游信息系统。本文首先介绍了智慧旅游的概念及其主要功能，分析物联网和云计算等关键技术，进而提出智慧旅游的基本构架和技术的应用，最后讨论了智慧旅游技术发展和环境等方面的问题。

关键词：智慧旅游；物联网；云计算

近些年来，以旅游电子商务为代表的多种现代服务方式已为人们普遍接受。随着宽带互联、移动通信、物联网等技术的日趋成熟，信息化对旅游体验的渗透日趋深入。

智慧旅游来源于“智慧地球”和“智慧城市”。2008 年 IBM 公司首先推出了“智慧地球”的商业计划，将“数字地球”的概念具体化和商业化。其核心就是以一种更智慧的方法通过利用新一代信息技术来改变政府、公司和人们相互交互的方式，以便提高交互的明确性、效率、灵活性和响应速度。

一、“智慧旅游”的概念和主要功能

（一）概念

“智慧旅游”是一种以物联网、云计算、下一代通信网络、高性能信息处理、智能数据挖掘等技术在旅游体验、产业发展、行政管理等方面的应用，使旅游物理资源和信息资源得到高度系统化整合和深度开发激活，并服务于公众、企业、政府等的面向未来的全新的旅游形态。它以融合的通信与信息技术为基础，以游客互动体验为中心，以一体化的行业信息管理为保障，以激励产业创新、促进产业结构升级为特色。

---

① 资助项目：西华大学校级重点学科建设项目“区域经济学”（XZD0901－09－1）。

② 作者简介：王璟（1980－），女，硕士，讲师，研究方向为计算机应用、电子商务；李雪玫（1963－），女，副教授，研究方向为电子商务。

智慧旅游的“智慧”体现在“旅游服务的智慧”、“旅游管理的智慧”和“旅游营销的智慧”三个方面。

(二) 主要功能

智慧旅游，就是利用移动云计算、互联网等新技术，借助便携的终端上网设备，主动感知旅游相关信息，并及时安排和调整旅游计划。简单地说，就是游客与网络实时互动，让游程安排进入触摸时代。

从使用者的角度出发，智慧旅游主要包括导航、导游、导览和导购四个主要功能。

1. 智慧导航

将位置服务加入旅游信息中，让旅游者随时知道自己的位置。确定位置有许多种方法，如GPS导航、基站定位、WiFi定位、RFID定位、地标定位等，未来还有图像识别定位。

2. 智慧导游

在确定了位置的同时，在网页上和地图上会主动显示周边的旅游信息，包括景点、酒店、餐馆、娱乐、车站、活动（地点）、朋友/旅游团友等的位置和大概信息，如景点的级别、主要描述等，酒店的星级、价格范围、剩余房间数等，活动（演唱会、体育运动、电影）的地点、时间、价格范围等，餐馆的口味、人均消费水平、优惠情况……

3. 智慧导览

点击（触摸）感兴趣的对象（景点、酒店、餐馆、娱乐、车站、活动等），可以获得关于兴趣点的位置、文字、图片、视频、使用者的评价等信息，深入了解兴趣点的详细情况，供旅游者决定是否需要它。

4. 智慧导购

经过全面而深入的在线了解和分析，已经知道自己需要什么了，那么可以直接在线预订（客房/票务）。只需在网页上自己感兴趣的对象旁点击“预订”按钮，即可进入预订模块，预订不同档次和数量的该对象。

除此之外，智慧旅游还可以实现旅游交易结算、统一服务热线、智慧景区管理、智慧行业管理等功能。

二、物联网技术和云计算技术

高等生物的神经末梢感受体内、体外环境的信息，通过周围神经传递到中枢神经进行整合加工，再经周围神经控制、协调生物体内部各系统的功能以及生物体和外部环境的平衡。物联网感知和控制终端是智慧旅游的神经末梢，宽带通信基础网络构成周围神经系统，而云计算数据中心作为旅游智慧的大脑，三者共同构成智慧旅游信息系统，以协调各系统的运转。旅游将愈发依赖于这种高度互联、高度协同的智慧的信息系统。

(一) 物联网技术在智慧旅游中的应用

物联网是通信网和互联网的拓展应用和网络衍生，它利用感知技术与智能装置对物理世界进行感知、识别，通过网络传输互联，进行计算、处理和知识挖掘，实现人与物、物与物信息交互和无缝链接，达到对物理世界实时控制、精确管理和科学决策的目的。

物联网的网络架构可以分为三层：感知层、网络层和应用层，如图1所示。感知层对物理世界感知、识别并控制。网络层实现信息的传递。应用层在对信息计算和处理的基础上实现在各行业的应用。

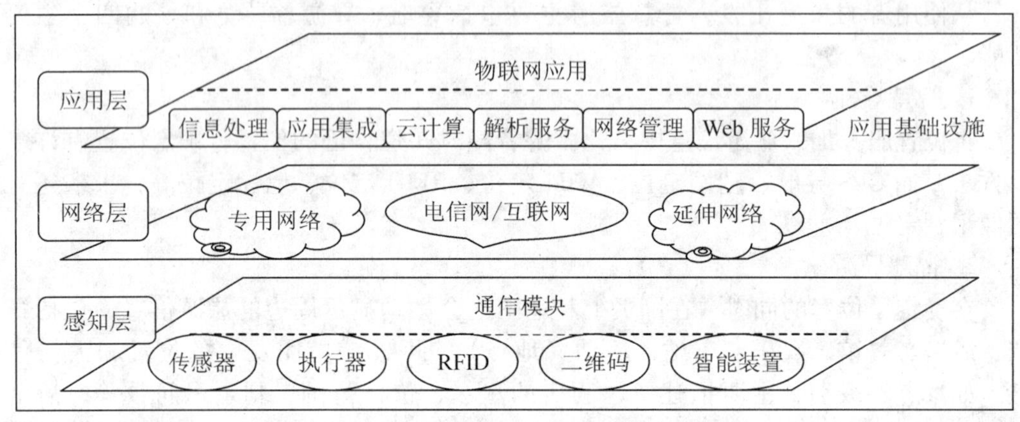

图1　物联网的网络架构

物联网的关键技术包括传感与RFID融合技术、识别与环境感知技术、物联网节点及网关技术、物联网通信与频管技术、物联网接入与组网技术、物联网软件与算法、物联网交互与控制、物联网计算与服务等。

物联网的应用渗透智慧旅游的方方面面，可以为智慧旅游信息系统的感知和控制提供全面支持。所谓全面感知，即采用各种传感技术，结合不同旅游景点的具体应用需求，部署各种传感器节点，以毛细血管微循环网络建设智慧旅游信息系统的立体化感知体系。从旅游目的地的选择到出行，以及由住宿、饮食、购物乃至娱乐等环节，基于地理信息，通过物联网技术，以互联网为依托，利用传感器、RFID、Zigbee、蓝牙以及传感器网络[1]，实现全面的感知。

（二）云计算技术在智慧旅游中的应用

云计算是一种新的计算方法和商业模式，即通过虚拟化、分布式存储和并行计算以及宽带网络等技术，按照“即插即用”的方式，自助管理计算、存储等资源能力，形成高效、弹性的公共信息处理资源，使用者通过公众通信网络，以按需分配的服务形式，获得动态可扩展信息处理能力和应用服务。

构建智慧旅游信息系统，需要处理对旅游各方面的感知数据，运用统计学、机器学习、专家系统和自动规划等多种方法，从原始数据中挖掘相关信息，提炼出信息中蕴涵的知识，发现规律，提供智慧的旅游管理、控制和服务。对海量信息的快速处理和智能挖掘需要巨大的存储能力和计算能力，云计算的海量数据分布式存储和并行处理能力为实现智慧旅游提供了重要的途径。

三、智慧旅游的基本架构

智慧旅游的基本架构主要涉及全面感知层、云平台构建层、应用服务层三个部分[2]，如图2所示。通过在各旅游景点敷设多种类型的传感设备，采用无线传感自组网络技术，与互联网结合，借助云平台，传递各类感知或控制信息，最终为旅游景点提供基础应用服务、增值类应用服务以及开放性业务。

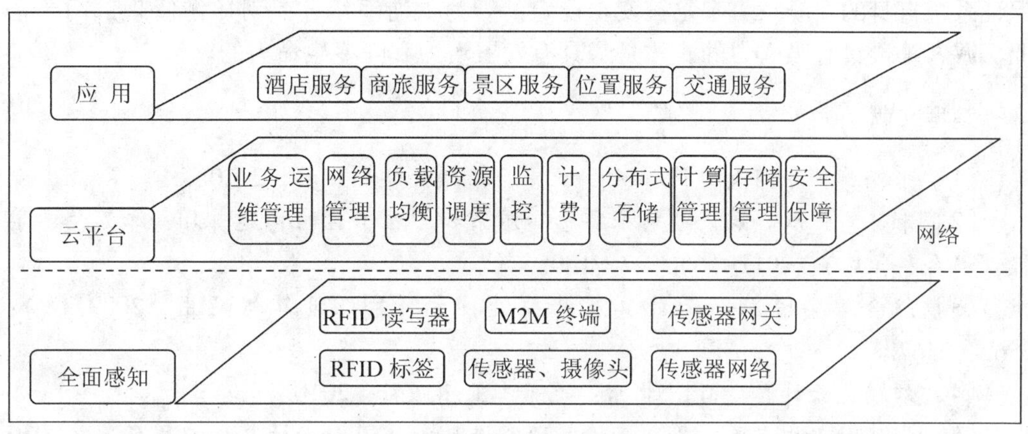

图2　智慧旅游的基本架构模型

智慧旅游信息系统的基础支撑——云平台模型，底层连接各种传感信息，上层支撑各种应用服务，能够以简便的途径和以按需使用的方式通过网络访问可配置的网络、服务器、存储、应用、服务资源。该平台包括四层：物理资源层、虚拟化资源层、管理中间件层、应用服务层。物理资源层由服务器、存储器、网络设施、数据库和其他软件等构成，提供智慧旅游管理平台所需的计算能力、存储和信息服务。[3]虚拟化资源层是将大量相同类型的资源构成同构或接近同构的资源池。资源的虚拟化（包括服务器、存储器和网络）将更多的物理资源进行集成，并使这些资源处于一个共享的平台中，用户不需要了解资源的组成，只需要发送请求就可以随时随地动态地获取自己所要的资源。管理中间件层负责计算资源管理、网络资源管理、存储资源管理、业务运维管理等，并对众多应用任务进行调度，使资源能够高效、安全地为应用提供服务。[4]各类资源管理的目的是负载均衡地使用云资源节点，检测节点的故障并试图恢复或屏蔽，并对资源的使用情况进行监视统计。应用服务层由基础应用服务、增值应用服务、开放性应用服务构成。基础应用服务包括与目的地智慧营销、智慧导游、智慧导购、旅游交易结算、统一服务热线、智慧景区管理、智慧行业管理等与旅游紧密关联的基础应用，与酒店服务、饮食服务、特色旅游购物服务、娱乐设施服务等关联的基础应用服务；增值应用服务包括通过对传感数据进行加工、挖掘有效的数据信息，为旅游管理部门提供管理决策，为商家提供营销方案，为游客提供更人性化的服务等智慧的行业管理类应用服务；开放性应用服务包括智慧旅游的应用拓展，能够为同类应用或者第三方应用提供平台支持。

结语

智慧旅游信息系统涉及一些保密性数据的流向以及用户个人信息的安全等方面的安全问题。[5]大量数据涉及个体隐私问题（如个人出行路线、消费习惯、个体位置信息、健康状况、企业产品信息等），系统设计中必须充分重视安全问题，尽可能减少安全漏洞，保障系统的整体安全，保证用户的安全服务，同时也最大限度地保证系统自身的安全。一个足够安全稳定的智慧旅游系统才是对旅游管理部门、企业、游客等最具有吸引力的，才是最具有发展潜力和旺盛生命力的。

参考文献：

[1] 张铎．物联网大趋势［M］．北京：清华大学出版社，2010.

[2] 朱珠，张欣．浅谈智慧旅游感知体系和管理平台的构建［J］．江苏大学学报（社会科学版），2011（6）：97－100.

[3] 陈全，邓倩妮．云计算及其关键技术［J］．计算机应用，2009（9）：2562－2567.

[4] 刘鹏．云计算［M］．北京：电子工业出版社，2010.

[5] 张建勋，古志民，等．云计算研究进展综述［J］．计算机应用研究，2010（2）：429－433.

面向旅游决策支持的信息服务环境构建研究①

熊于宁②

【西华大学经济与贸易学院 四川成都 610039】

摘 要：信息业和旅游业在更深层次上的融合是未来旅游发展的趋势。信息技术可辅助旅游决策。本文以面向旅游决策的信息服务支持环境为研究对象，通过对影响旅游决策的旅游景区承载力、旅行社、酒店、餐饮、出行路线和行业市场信息等旅游信息的收集与处理，分析归纳各类旅游资源的特征，构建基于决策支持系统的旅游信息服务模型与平台，实现科学旅游决策和景区管理的统计分析，为科学的旅游决策提供有力的支持与保障。

关键词：信息服务环境；旅游决策支持；决策支持系统；信息服务模型

一、引言

旅游业信息化应用的最终动力来源于游客源的快速增长[1]，信息化背景下的旅游资源，日益成为国家的重要基础条件。旅游信息资源基础条件的优化、重整与共享，成为提升旅游软实力以及扩大旅游影响力，为旅游产业转型升级，实现生态旅游的可持续式发展都有着十分重要的意义。目前，我国的旅游资源数目众多，分布广泛，而制定旅游政策、旅游决策需要统一的旅游资源的配置。如何提供综合信息服务以有效支持旅游决策，成为一个重要的话题，本文正是基于此目的，探讨建立旅游决策信息服务环境，为旅游企业管理项目决策和消费者动态掌握旅游信息和决策提供有力的支撑。

二、旅游信息服务环境构建的目标

旅游信息服务环境构建的目标是通过搭建公益性、基础性、战略性的旅游基础资源服务平台，有效改善旅游品质，为旅游产业转型升级提供强有力的支撑。其目的是要加快构建旅游基础数据库，推动旅游资讯网建设，探索基于景区承载量的旅

① 资助项目：教育部高等学校特色专业建设项目（TS2380）；西华大学校级重点学科建设项目“区域经济学”（XZD0901-09-1）。

② 作者简介：熊于宁（1979-），女，讲师，硕士研究生，研究方向为电子商务、信息服务。

游信息化模式，支持旅游电子商务企业发展，促进旅游信息化服务水平不断提高。信息化的最大效益来自对信息最广泛的共享、深层次的挖掘和信息最快捷的流通，信息资源是信息化的源头。[2]旅游信息资源需要在旅游目的地信息化的过程中遵循标准化，对目的地旅游资源信息进行更新、维护和全面管理，才能实现旅游信息资源的真正共享。建立健全旅游目的地信息化建设规范体系，对旅游目的地信息化建设的实施和监管、企业和消费者的市场行为、信息内容和流程、技术产品和服务等提供指导与约束，预先对那些对旅游目的地信息化建设可能产生不利影响的潜在因素进行防范，优先制定出符合我国旅游信息化需求的基础数据元词典、信息分类与编码标准，提高对信息资源的开发利用水平。

三、旅游资源信息环境存在的问题

（一）网络平台建设形成的“信息孤岛”

网络平台提供旅游信息资源共享应用所需的网络环境，包括硬件设施和软件设施等，是构建旅游信息服务环境的基础。从目前旅游信息网络平台来说，已建设了一批拥有文献信息和综合性旅游信息的政府旅游电子网站，发布旅游景区、酒店、旅行社等目的地地址和联系方式信息，为旅游信息资源环境的构建和利用提供了安全、稳定、可靠的基础网络平台。但是在新技术、新知识层出不穷的时代，信息的快速递增与传输通道、信息加工能力、信息服务能力等信息资源建设的有限和不足，更加凸显了旅游信息在业务内容深化和信息资源组织过程中的信息资源配置和核心业务拓展的滞后性，使相对独立的网络个体成为“信息孤岛”，用户面对信息海洋提取用于帮助采取有效行动和做有益决策的知识越来越困难。[3]

（二）信息获取和整合的能力欠缺

信息资源是信息通过获取、积累、加工、处理、存储等过程使其价值和服务能力提升的前提，是在网络平台上运行的信息资源交换的主体。由于信息资源建设涉及技术标准和体系规范问题，欠缺的技术标准必然使信息服务环境构建面临技术性障碍而不足以整合起来，导致网络信息资源建设与服务远不能达到集成为综合信息资源的高度，难以为发展需求提供支撑。

（三）现存信息服务运行机制的问题

旅游信息服务体制的条块分割，使信息资源缺少统一规划、整理、收藏和利用的组织结构，只能通过信息资源拥有者之间搭建起信息资源共享的渠道，通过服务机制和协议，保障共享链上利益相关者的知识产权和利益所有，实现信息资源利用。目前，以服务机制和通过协议方式利用旅游信息资源仍存在很大障碍，信息资源分散、利用率低等问题难以得到根本解决。

通过构建面向决策支持的信息服务环境，有效解决上述存在的问题，改善旅游信息服务的内容和机制，构建信息服务模型，提供决策信息支持。

四、旅游信息服务方式及内容

通过对影响旅游决策的旅游企业及资源信息、旅游产品信息、公共设施信息、城市（城镇）/地区信息、公共信息及统计信息、客户信息、旅游人才基本信息、政策及法律法规信息、规范及标准信息、图片及视频多媒体信息、旅游景区动态承载量监测、景区服务评价、系统管理与维护信息等旅游信息的收集与处理，分别建设资源数据库。

（一）旅游景区基础资源数据库建设

该数据库建设主要包括A级旅游景区的基本信息，设置了名称、地址、地理位置（经纬度、海拔）、邮编、电话、传真、类型、级别、网址、电子邮箱、简介、历史文化、主要特色、周边环境、企业工商注册号、组织机构代码、法人代表、景区内交通、门票、停车场、导游情况、美食、土特产、活动节庆、旅游线路、周边六要素信息、注意事项、地图[4]等，统计A级旅游景区的经营数据包含收入、利润、客源结构、管理人员情况、员工情况[4]等，并将数据库内容转换、综合后利用数据仓库进行存储，通过分析归纳各类旅游资源的特征，在此基础上建立决策模型库、决策知识库、决策专家库，探究政府旅游决策的影响因素，为服务平台提供决策支持，提高旅游决策工作的质量、效率和水平，为科学的旅游决策提供有力的支持与保障。

（二）景区承载力余量动态监测数据库

“生态旅游”的概念由世界自然保护联盟于1983年提出，指具有保护自然环境和维护当地人民生活双重责任的旅游活动。资源承载力是旅游环境承载力的基础条件，是开展旅游活动的前提和保证。我国以自然资源为主的风景旅游区较多，此类景区的生态承载能力通常较弱。近年来随着国内生态旅游的兴起，不合理开发和利用引起了一系列环境问题，如水体污染、森林植被覆盖率下降、固体垃圾堆积等，这些问题迫切要求旅游业寻找一条可持续发展之路。对于许多景区而言，景区承载有限，而增加景区旅游资源供给又面临巨大的成本。[5]景区承载力余量监测主要监测三大体系[6]：服务管理承载力、空间环境承载力和生态环境承载力。服务管理承载力数据库主要监测客观和主观服务能力，建立服务人员和服务设施的测量字段，包含环卫工人、其他服务人员、景区内餐厅、观光车、购物场所、卫生间、垃圾桶、景区内住宿、供电设施、供水设施、垃圾处理、粪便处理等监测条目。主观服务能力监测从环境卫生满意度、对服务人员的满意度、餐厅用餐的拥挤感、乘坐观光车的拥挤度、购物场所和卫生间的拥挤度等方面进行。空间环境承载力主要监测景区内拥挤度排名前三的景点和非景点区横纵向人员密度值。生态环境承载力主要监测客观承载力的年均负荷和总负荷。这一系列关键数据的采集和存放，以及通过网络实时发布景区承载力数据，将量化景区投建项目和服务能力，便于景区统计分析其用户反馈。

（三）目的地旅游资源要素测算信息数据库

旅游目的地资源要素数据库建设的本质在于虚拟现实。资源要素包含旅游目的地食、住、行、游、购、娱等基础信息，主要以旅游线路信息、旅游景区（景点）信息、旅游住宿信息、旅游交通信息、餐饮场所信息、休闲娱乐信息、旅游商品信息、购物场所信息、旅行社信息、旅游应急信息、其他相关信息采用多媒体数据库技术进行搜集、整理、统一字段、建立数据库。可根据用户需求测算旅游费用、旅游时间、旅游攻略，便于目的地旅游资源要素信息的交换和共享。要素数据库的建设便于各类旅游者、旅游企业之间，旅游企业内部信息系统与旅游电子商务平台之间，旅游业与银行、海关、公安的信息系统之间实现互联互通，以自动处理频繁的信息数据交换。

五、旅游信息服务模型设计与机制

为实现旅游资源运行服务的长期性，必须建立整合服务管理体系和运行机制。制度、机制要通过试点、实验逐步完善。应充分认识到，现存的旅游资源大多数都是国家财产，是民族公产。中国的旅游资源需要投入大量的资金保护、开发。因此，旅游信息服务环境构建是有基础的、是可行的，关键是提高认识，增强旅游决策支持的意识。当然，具体实施时也应考虑利益因素，探索可实施的模式和方式。因为旅游资源在开发、保护和运行过程中，是有成本的，是有单位利益和部门利益的。所以要协调好，进行制度探索、管理模式和运行机制创新，在整体目标下，达到双赢、多赢，如图 1 所示：

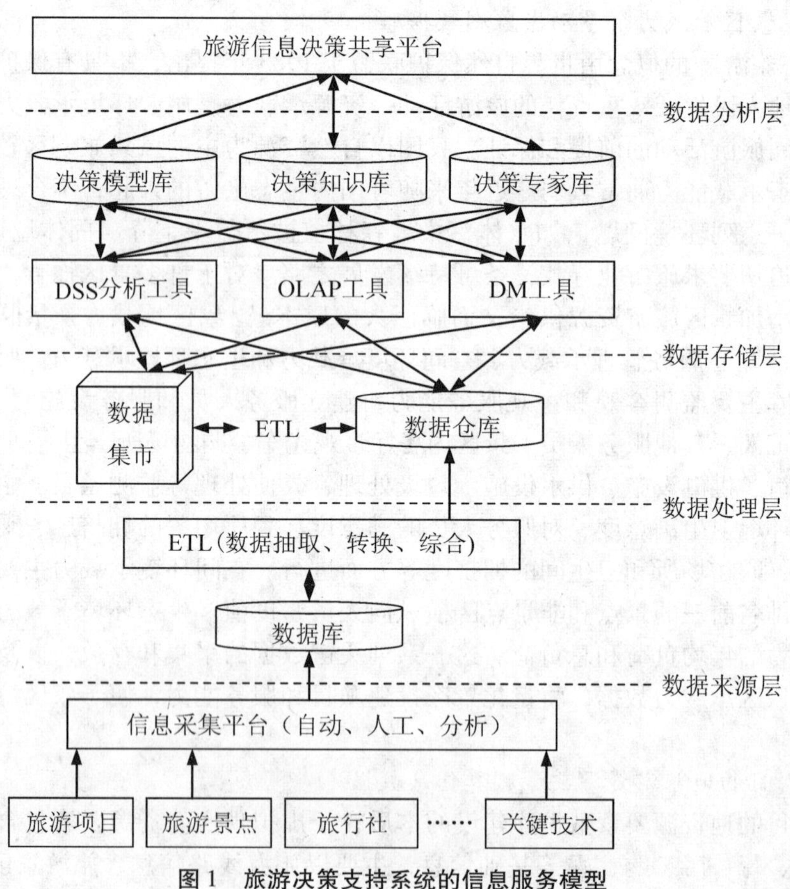

图 1　旅游决策支持系统的信息服务模型

（一）旅游信息服务环境构建层次

旅游信息服务环境构建层次可以分为五个层次，即数据交互层、数据分析层、数据存储层、数据处理层和数据采集层。

1. 数据交互层

数据交互层是整体服务环境的外化表现，包括：多媒体数据库技术的引入，实现多种媒体信息的管理；为政府、企业及个人提供交流沟通平台。

2. 资源分析层

资源分析层负责领导和协调数据整合和发布工作，包括：审核和确定数据资源支持基本政策；促进和监督数据资源整合的执行；协调解决数据资源发布中各单位出现的重大问题；协调解决数据资源共享面向社会服务的重大问题；依据有关规定对信息服务平台中各项目内各单位进行工作评估和执行激励等措施。

3. 数据存储层

数据存储层是整个信息服务平台中的数据支撑和服务保障，应在资源整合专家组的指导下规范化工作，包括：接收数据处理层的资源数据，及时公布数据最新情况；为汇聚的资源数据提供存储、备份、管理和共享服务的基础环境（包括网络环境、海量存储环境、数据服务环境），做好数据的异地备份和灾难恢复工作；研究和开发数据集成、管理、共享服务的系统平台；研究和制定数据库建设和共享服务的标准规范。

4. 数据处理层

数据处理层对基础数据进行整理，包括：对集中管理的数据资源进行审查和必要的质量控制，按照学科特点需求进行整理和分类，按照提交单位以及资源整合专家组的要求及时发布集中管理的数据资源；为节点单位数据库建设、管理的信息服务提供技术支撑和培训；组织或协助研制数据管理、信息服务等相关标准和规范。

5. 数据采集层

数据采集层提供基础的数据资源，包括：进行数据的采集、加工、数据库的建设和更新维护工作；对数据生产过程进行必要的质量控制和评估，保证数据质量；面向社会公众领域分级分类发布数据，提供共享服务；根据需要向数据中心汇聚数据。

（二）旅游信息资源创新机制

建立旅游信息资源创新机制能够巩固合作单位间的共享机制、优化共享组织间的合作方式，从而促进旅游信息产业和服务的发展。旅游信息资源创新机制的内核为知识的创造、传播与应用；创新载体为政府、旅行社、旅游景区以及酒店；创新机制是在信息环境下，由政府和法律法规起到支撑和约束的作用，通过标准格式的统一和市场环境的推动，在区域旅游领域达到共享。旅游信息资源创新还受到全球创新体系、区域基础设施、创新观念与文化、区域旅游创新能力等外部因素的影响。

结语

决策支持系统的服务对象主要面向政府、旅游景区管理者和旅游者，根据政府决策需求，整合搜集到的政府报告、统计数据、国外信息等内容，经过 DSS、OLAP、DM 分析工具分析、加工后为政府决策提供信息支撑。要构建旅游信息服务环境，集中展示经过科学规范和整合的各类旅游资源，实现全方位、多层次的信息服务，统一平台用户入口和身份认证功能，采用基于“角色”的数据库访问控制，提供单一行业和跨行业全网资源的旅游服务信息检索和业务应用服务，为政府以及旅游工作者提供丰富的一站式、综合的旅游资源信息及应用服务，为管理部门提供一个全局性的资源整合和应用服务的稳定、安全运行平台。该系统可促进有关研究的进一步深入，不论是在制定旅游资源开发保护方针政策还是协调人口、资源、环境的关系，以及制定综合性、区域性、专题性的旅游发展规划等，都可在系统中找到科学依据，为经济和社会的可持续发展、国土资源综合开发、整治、规划提供必要的信息参考和决策支持服务，也有利于满足省内各旅游企事业单位对旅游资源的采集、加工、交换和共享的需要，营造旅游创新的支撑环境，为旅游创新服务。

参考文献：

[1] 陈蔚珊，赵慧娴，周志刚．国内旅游业信息化应用的研究发展［J］．科技资讯，2007（6）．

[2] 任军，姬有印．浅析科技信息资源的整合与共享［J］．网络与信息，2009（5）．

[3] 四川省旅游局，四川省信息产业厅．四川旅游基本信息资源规范［Z］．2006－07－31．

[4] 胡景荣．科技情报的创新服务体系建设与思考［J］．科技管理研究．2010（12）．

[5] 祝亚．外部性视角下的景区定价研究［J］．首都师范大学学报：社会科学版，2010（5）．

[6] 王文斌．旅游景区环境承载力研究［D］．成都：西南交通大学，2007．

基于4P+4C理论框架看旅游保险营销策略创新[①]

毛茜，张佩[②]

【西华大学经济与贸易学院 四川成都 610039】

摘 要：目前旅游保险市场产品认同度较低。本文基于4P、4C理论，以4P理论为营销策略指导，以4C理论为衡量标准，把二者有机组合起来，探索旅游保险营销的新策略。

关键词：4P理论；4C理论；旅游保险；营销策略

俗话说，在家千日好，出门时时难，今天从风险的视角看确实如此。旅行过程中面临着包括人身意外事故、疾病、旅程延误或取消、财物丢失等风险。随着旅游业规模日渐扩大，旅游线路从境内到境外逐步扩大，旅游中面临的风险事故也不断提升。"十二五"规划纲要明确提出，要全面发展国内旅游，完善旅游服务体系，提高旅游服务质量。高质量的旅游不可忽视对旅游风险的管理和保障。

1996年，国务院颁布《旅行社管理条例》，首次把旅游保险列入旅行社管理范畴。1997年，美亚保险公司在上海推出了"商务旅行保险计划"。国内第一份旅游保险产品诞生以来，旅游保险市场经历了产品不断丰富、规模日趋扩大、市场结构不断优化的过程。

一、旅游保险市场及产品现状

我国保险市场从新中国成立以来直到目前，覆盖面依然有待扩大，从2011年的指标来看，衡量国民保障度的指标保险密度为1 062元/人，衡量国民经济中保险业占比及国民保险意识的指标保险深度为3%，远低于西方发达国家水平。

与保障程度低的现状相伴的是保险消费者对保险产品种类认识的差异，以意外保障为主的短险业务比以寿险为主的长险业务更加为消费者所接受。从微观角度来

---

① 资助项目：四川省教育厅青年基金项目（11sb002）；西华大学校级重点学科建设项目"区域经济学"（XZD0901-09-1）。

② 作者简介：毛茜（1982-），女，经济学硕士，研究方向为保险经济与保险金融；张佩（1981-），女，讲师，博士，研究方向为保险与社会保障。

看，2010 年某保险公司销售的保单件数，短险为长险的近 6 倍，而 2011 年更增加为 12 倍。短期保险产品因其费率低、期限短、投保便捷更易受保险消费者认同。从风险认知看，保险消费者对意外风险、财产损失风险的认知度高于一般的寿险产品，因此对承保人身意外风险、财产损失风险的保险产品接受程度往往也高于承保大病风险、养老风险的保险产品。

梳理旅游保险产品市场。旅游保险产品主要以承保人身意外风险、财产损失风险和责任风险的短期保险产品为主。赵圆圆（2011）将旅游保险产品进行梳理和整合，提出旅游保险产品体系，将纷繁复杂的旅游保险产品较完善地囊括其中，并划分为三板块：板块一，由旅游企业购买的责任险，包括旅行社责任保险、旅游交通保险、旅游餐饮保险、旅游饭店保险、景点景区旅游保险、购物场所责任保险、娱乐场所责任保险、会展旅游保险等；板块二，旅游者投保的意外保险、意外医疗保险及财产保险，包括旅游产品保险、自助旅游保险、自驾旅游保险等；板块三，旅游从业者投保的人身意外保险，除承保旅行社责任的旅行社责任保险和主要承保乘车坐船过程中的意外伤害的游客意外伤害保险是强制性险种外，其余的保险都是依赖于营销的自愿性险种，且同质性较强。旅游保险产品主要以短险形式呈现，且保费率较低，因此，销售过程中向潜在购买者进行保险意识的沟通环节相对其他保险产品短。然而目前旅游保险市场规模仍然有限，潜在消费者投保积极性有待提高。探究旅游保险产品易于接受的特点与承保规模低的矛盾，我们可以判定，旅游保险市场处于营销开拓的时期，对消费者的传达不光是风险意识，更需要从渠道、产品、宣传等一系列营销策略出发，进一步开发市场。

二、4P、4C 理论及在旅游保险营销策略中的适应性

保险营销就是保险公司通过挖掘人们对保险商品的需求，设计和开发满足投保人需求的保险商品，并且通过各种渠道、各种宣传手段、沟通方式使投保人选择购买或接受这种商品，实现保险公司长远经营目标的一系列活动。

美国营销学学者麦卡锡教授在 20 世纪 60 年代提出包括产品（Product）、价格（Price）、渠道（Place）、促销（Promotion）的营销组合策略，也称 4P 理论。4P 理论以其简洁的操作框架，能够恰当地应用于旅游保险营销机构或部门的营销策略制定。

在市场进入由买方决定的消费主义时代，消费者个性化、产品人文化、多样化特征日益突出，营销学适时地作了调整，1990 年美国学者罗伯特·劳特朋（Robert Lauterborn）教授提出包含顾客（Customer）、成本（Cost）、便利（Convenience）、沟通（Communication）的 4C 理论。4C 理论重新设定市场营销组合的四个基本要素，瞄准了消费者的需求和期望，帮助我们站在消费者的视角审视营销策略，为我们提供了判断消费者需求满足程度的指标组合。

结合目前旅游保险市场顾客需求多样化特征和产品人性化诉求日益提高的现状，我们将旅游保险市场的营销情况在 4P－4C 理论框架中进行对比，以期寻找旅游保险市场营销策略的创新趋势。

三、旅游保险营销的4P－4C组合策略

（一）从注重顾客（Customer）角度审视旅游保险产品（Product）

消费者是企业一切经营活动的核心，企业重视顾客应当甚于重视产品。在竞争日趋激烈的市场中，创造顾客比开发产品更重要，消费者需求和欲望的满足比产品功能更重要。

在计划经济条件下，由于求大于供，在经营中形成了以产定销的经营理念。改革开放以来，保险业经历了从独家经营逐渐开放到供给主体林立的阶段，在以保险代理营销模式为市场发展推动力的过程中，长期以来保险市场处于“粗犷式”开发的状态。保险公司在旅游保险营销过程中普遍存在着重产品轻顾客的观念，即以险种的销售为中心，以提高现有险种的服务和功能组合为重点的观念。这种观念的普遍存在，使得目前旅游保险产品同一性强，保险产品的创新性也受到制约，无法满足旅行者多样化的风险管理需求。

保险业已进入了多家竞争的阶段，现在已经形成以被保险人为导向的买方市场。我国的保险公司在旅游保险营销过程中应做到：

第一，以旅行者或旅游企业对保险的功能需求为基本点，结合需求的差异性进行保险产品构思。在保险产品开发设计上，要打破传统的保险产品格局，针对不同类型旅游资源的风险特征设计相关产品，注重市场细分，按旅游线路细分旅游者保险方案。契合不同旅游线路的风险需求，为旅游者及旅游企业及从业者提供更具针对性的保障方案，使保险产品风格发生质的变化，从而被更多的消费者所认可、接受。

第二，关注旅游保险消费者的需求，而不是简单地提供保障。从旅游保险自身的保险责任角度来看，保险公司主要承担人身意外、意外医疗、财产损失及民事责任风险。而这些风险，往往都被一般的保险产品的保险责任覆盖。比如普通的寿险产品本身就包括了旅游意外在内的一系列人身意外风险，普通的机动车辆损失险本身就包含了旅游过程在内的一系列车辆损失风险。因此，旅游者在选择旅游保险时，注定要基于自身的风险保障考虑；同时，在旅游保险营销过程中，销售人员也必然要基于旅游保险消费者自身情况，“量身定制”相关旅游风险保障。如当发现旅行者在其购买的普通人身意外险中，旅游过程中发生的风险损失会降低保险金给付金额时，用相应的旅游产品保险补足保障；当发现自驾旅游者出省旅游，而其为车辆购买的机动车辆损失险中缺乏省外出险责任时，用相应的自驾旅游保险补足责任。

（二）从剖析成本（Cost）角度审视旅游保险价格（Price）问题

4C理论将营销价格因素延伸为生产经营全过程的成本，价格是企业营销中值得重视的，但价格归根结底由生产成本决定，再低的价格也不可能低于成本。保险企业中，成本主要包括两方面：一是生产成本，主要包括风险成本和管理费用；二是消费者购物成本。它不单是指购物的货币支出，还包括购物的时间、体力和精神耗费以及风险承担（指消费者可能承担的购买到质价不符或假冒伪劣产品而带来的损失）。保户购买保险花费的成本除了所交保费外，还包括选择投保险种的时间、精力及风险。

所以保险公司应当在考虑保险产品设计的经济性、技术性及成本核算上的合理性时，应兼顾消费者的心理定价预期，即一方面控制保险公司的成本，另一方面为保户着想，降低投保成本。具体有：

1. 降低旅游保险产品管理成本

一是按保费规模和发展潜力标准设置营业机构；二是注重销售代理人员的培养，提高人均保费及人均保单件数；三是节约管理费开支。

2. 构建严格核保和规范理赔的良性运营流程

严格核保有利于保险公司的稳定经营，并形成保单价格下降趋势，还可有效减少客户与保险公司在理赔给付等方面的纠纷和客户不满意，从而降低保户所承担的购买保险的成本，减小社会不良影响，增进保险公司的社会声誉。因此，严格监控那些重视保单销售保费收入，不重视业务质量，或为追求保费收入指标完成而放松核保的倾向十分重要。建立严格的核保体系和制度也显得十分迫切，同时，也为准确及时理赔打下基础，从而更好向保户兑现承诺。而且，严格规范的核保制度，也是保险公司防止骗赔、多赔的前提。赔付率得以控制，从根本上维护了客户的利益和权益平等，树立了保险公司自身的信誉。

3. 降低投保成本，尽可能提高消费者的让渡价值

所谓保户让渡价值是指保户在购买保险产品时所得到的产品价值、服务价值、人员价值和形象价值之总和与所付出的货币成本、时间成本、精力成本和体力成本的总成本之间的差额。就旅游保险市场而言，保险公司的竞争应更多地集中在潜在消费者的期望产品上。降低购买保险商品的总成本，使保户让渡价值最大化，从而提高保户的满意度和忠诚度，为企业带来长期利益。

（三）从便利（Convenience）角度审视旅游保险营销渠道（Place）发展

4C 理论强调企业提供给消费者的便利胜过营销渠道，便利原则应贯穿于营销的全过程。如果说 4P 理论所重视的渠道战略是强化营销前和营销中，那么 4C 理论更强调营销后，即服务环节，强调企业既出售产品，也出售服务；消费者既购买到商品，又购买到便利。

目前旅游保险市场保险服务主要存在三方面的问题：一是服务理念弱化，在保险业发展中，经营者往往注重有形的保费收入，以抢占更大的市场份额，而对无形的服务没有引起足够的重视，旅游保险市场也不例外；二是服务手段老化，功能单一，缺乏新意，难以引起社会共鸣；三是保险服务宣传不深入，以往保险人注重宣传保险产品的内容，如保险责任、费率等，而自身服务特色宣传甚少。因此，保险业强化服务功能、提高社会形象，已经是当务之急。

1. 搞好保险中介服务

中介机构和人员既包括保险代理人或保险代理机构等专业的保险中介机构，又包括旅行社等兼业中介机构和人员。而通过旅行社等兼业中介机构代理销售是目前旅游保险销售的主要渠道。保险中介是保险公司和广大消费者之间的桥梁和纽带，高行业自律水平的保险中介市场的形成有利于提高客户服务质量。虽然目前旅游保险市场已经出现旅游公司以外的兼业代理中介，然而，面对一个潜在需求巨大的市

场，旅游保险中介素质的提升、规模的扩大、中介形式的多样化有待提高。

2. 增加旅游保险的附加服务

从全球范围来看、保险附加服务已有了很大发展，医疗保险与其提供的护理、康复服务，机动车辆损失险与其提供的车辆救援服务，寿险公司及其提供的客户定期免费体检、健康咨询、贵宾卡及其特享服务等都体现着保险消费者对保险附加服务日趋强烈的需求。就旅游保险产品而言，附加服务主要包括旅游安全评估、旅游安全预警、旅游救援、旅游安全教育等与旅游安全相关的一系列风险管理措施。如何将旅游保险的事后补偿功能与事前预警及旅游救援风险管理功能有机结合，实现无缝隙或无断层旅游风险保障服务是旅游保险提供者不得不探索和开发的课题。

(四) 从旅游保险营销过程中的沟通 (Communication) 角度审视促销 (Promotion) 趋势

4C 理论用沟通取代促销，强调企业应重视与顾客的双向沟通，以积极的方式适应顾客的情感，建立基于共同利益之上的新型的企业、顾客关系。企业营销不仅仅是企业提出承诺，单向劝导顾客，更重要的是追求企业与顾客的共同利益，互利的交换与承诺的实现是同等重要的。同时，强调双向沟通，有利于协调矛盾，融合感情，培养忠诚的顾客，而忠诚的顾客既是企业稳固的消费者，也是企业最理想的推销者。

1. 旅游保险提供者与客户沟通现状

保险公司将产品传达给客户通过两种方式：直接传递和间接传递。直接传递是指保险公司未经过中介，直接通过宣传册、网页、新闻媒体等方式将产品信息传达给客户。其优点在于传播范围广；其缺点在于针对性不强，传播受众不一定是旅游者。间接传播是通过销售代理中介机构或人员进行的传播；其优点在于市场针对性，不足之处在于中介机构和人员传播能力及培育问题。因此，旅行社的兼业代理性质，决定了其产品介绍和保险观念传播的主动性和完整性受到限制。另外，现代化的沟通手段为旅游保险提供了信息沟通平台。当前旅游保险相关网站，如旅游保险网，集旅游保险产品介绍、风险管理观念、旅游文化等与旅游相关的一系列信息于一体，为旅游者提供更广泛的信息获取平台。

2. 促销方式的可行性

一般保险产品的促销方式不难见到，而旅游保险的促销方式却难有耳闻。基于旅游保险产品保险期限短、相对便于理解的特点，进行必要的促销活动有利于提升旅游者对旅游保险产品的购买动力。旅游保险相对于其他保险而言，观念沟通的销售环节比其他保险产品更短，旅游者对过程中风险的预期更大，这使得游客能够较快速地让客户理解和接受旅游保险产品。加之旅游保险承保期限短，费率相对较低，与旅游费用相比，更能满足旅行者的心理预期。因此，一般的实体商品的促销方式可以用于旅游保险，如购买保险与派送礼品相结合，旅行前举办产品说明会等，都将有助于避免和改善在以旅行社的兼业代理销售模式下，旅游产品沟通不到位的状况。

3. 重视销售中的双向沟通

在保险销售中，售后服务是不可或缺的环节之一。售后服务不仅仅发生在出险理赔时，其实，一旦签订保险合同，即意味着保险产品销售结束，售后服务开始。注重售后服务环节对消费者在购买旅游保险过程中的满意度和旅游保险产品责任知晓程度的调查与售前的沟通和售中的产品介绍同样重要。目前，某些旅游保险，尤其是旅游意外险，为了投保的快捷，往往采取激活保单的方式，其过程无需通过旅游者和保险销售人员直接沟通及签订合同的环节，使得投保客户对该保险产品相关责任的知晓程度、销售满意度等都无法直接获知。唯有通过投保成功后适时收集投保客户的反馈，才更有助于达到客户满意与树立保险公司形象的双赢局面。

结语

以4C理论框架评价目前旅游保险市场营销策略现状，并以4P理论框架对提供旅游保险的保险公司营销策略提供建议，是对旅游保险经营“以人为本”发展趋势的再审视。唯有以客户需求为评价尺度，并针对客户需求开发产品、提供服务，才能使营销、服务实现有机结合。以客户需求为导向的产品创新、营销模式创新，是目前旅游保险市场迫切需要的发展推动力。实质上，营销模式的背后是保险公司经营理念、企业文化、公司治理和资源配置的映射和体现。

参考文献：

[1] 郭国庆. 市场营销学通论 [M]. 北京：中国人民大学出版社，1999.

[2] 陈洁. 从4P到4C组合谈我国保险营销模式的转变 [J]. 江西农业大学学报（社会科学版），2003（4）：48-51.

[3] 丁学斌. 论客户投保信心的经营 [J]. 保险研究，2001（3）：13-15.

[4] 罗海平. 论我国保险营销的发展战略 [J]. 保险研究，2001（1）：27-30.

[5] 张林. 论保险经营策略的转变 [J]. 保险研究，2001（12）：23-25.

[6] 柴寿升. 中国旅游保险市场协调发展策略 [J]. 社会科学家，2012（1）：74-90.

[7] 赵圆圆. 中国旅游保险商品体系初探 [J]. 科学理论，2011（9）：181-182.

[8] 周沛. 中国大陆旅游保险研究现状及发展趋势 [J]. 北京第二外国语学院学报，2011（5）：20-31.

[9] 蒋莉琴. 我国旅游保险及其发展对策研究 [J]. 中国市场，2011（19）：142-143.

[10] 赵圆圆. 中国旅游保险散客市场营销系统研究 [D]. 青岛：中国海洋大学，2009.

[11] 石凤玲. 旅游保险产品体系的构建 [D]. 北京：北京第二外国语学院，2007.

[12] 方有恒. 保险需求特征与保险营销模式演变 [J]. 经济与管理，2007（11）：64-65.

旅行社规避导游“道德风险”探析[①]

高庆成[②]

【西华大学经济与贸易学院　四川成都　610039】

摘　要：在旅游活动过程中，导游是旅游的灵魂，导游素质的高低直接关系到旅游的服务质量。现行旅行社对导游的管理机制不够完善，这给旅行社对导游管理带来较大的困难。由于旅行社与导游之间信息的不对称和激励约束机制的缺失，导游会存在“道德风险”问题。因此，旅行社必须致力于管理制度的完善和创新，规避导游的“道德风险”。

关键词：旅行社；导游；道德风险；风险规避

随着我国经济的不断发展和人民生活水平的大幅度提高，我国的旅游业得到了很大的发展，成为国民经济新的增长点，并开始呈现出一系列新的特点。同时，我国知识经济时代和体验经济时代已经开始临近，这些变化对我国的导游人员提出了新的要求。旅游活动包含食、住、行、游、购、娱等几个方面，旅行社为旅游消费者提供无形的服务，业务涉及范围广。[1]旅行社对导游人员的考核主要通过游客对导游人员服务的感受进行。旅行社的导游人员经常奔波于外地，这使得旅行社很难掌握到他们的工作情况，旅行社与导游之间存在信息的不对称，导游人员会存在“道德风险”问题，并由此制约着旅游质量的提升。因此，旅行社必须致力于管理制度的完善和创新，设计一套有效的激励约束机制，以防范和减少导游人员的“道德风险”。

一、导游与旅行社的隶属关系分析

导游的隶属关系对导游的收入有很大的影响。从欧美发达国家导游行业的发展过程来看，其发展经历了三个阶段：第一个阶段是导游和旅行社紧密结合阶段，也就是说，是以旅行社为主的依赖阶段；第二个阶段是导游和旅行社的松散型结合阶段，即导游逐渐独立阶段；第三个阶段是导游和旅行社完全脱离阶段，也是导游完全独立阶段，导游完全实现社会化而作为一种独立职业而存在。目前我国导游职业

---

① 资助项目：西华大学校级重点学科建设项目“区域经济学”（XZD0901－09－1）。

② 作者简介：高庆成（1964－），男，博士研究生，研究方向为电子商务。

队伍的发展尚处于第二阶段，即专职导游与兼职导游并存的松散型结合阶段。在当前，根据导游的隶属关系可以将导游再细分为四类：第一类，导游是旅行社的正式固定员工，他们既带团又从事旅行社的经营业务和管理工作；第二类，导游是旅行社的正式员工，只负责带团；第三类，导游仅在旅行社注册，不算作旅行社的正式员工，这种关系一般被称为“挂靠”；第四类，导游在导游服务公司注册，由导游服务公司联系工作和进行日常管理。第一类和第二类导游是旅行社的专职导游，三、四类导游是兼职导游。对导游的管理模式也有两种：旅行社管理模式和导游服务中心模式。旅行社管理模式下，导游和旅行社之间关系较紧密，和其他类型企业的激励相似。而导游服务中心模式下，导游和导游服务中心之间关系较松散，现有的激励措施有限，而且对导游的激励和服务功能还没有显示出其价值。

二、导游的“道德风险”及成因

旅行社聘用大量导游，对于兼职导游还不用解决导游的住房、医疗以及各种保险费用，只支付底薪与佣金，这大大减少了旅行社经费成本；同时，大量外聘导游的存在也使得旅行社能更加灵活地适应市场，根据市场的需要变化随时聘请导游，而不必担心导游的培训问题。然而，由于旅行社对导游的重视不够，约束不强，监督不力，导致导游工作不认真、追求闲暇的偷懒行为经常发生。经济学上称这种行为为“道德风险”（moral hazard）。

“道德风险”一词最早起源于保险业，主要是指投保后投保人对投保财产的爱护和保护的实际努力程度只有他本人知道，而保险公司无从监督，这时，投保人必然会以财产已投保损坏可获赔偿为由，放松对财产的爱护，因此产生道德风险问题。后来被制度经济学家和产权经济学家用来概括人们的偷懒和搭便车等动机。其基本含义是在经济活动中，代理人在追求自身效用最大化的同时，损害委托人的行动，其产生的两个原因就是风险的不确定性和信息的不对称性。[2] 在现实生活中，由于风险的不确定性，代理人不用对他行为的全部结果负责，他就有可能为自己谋求利益；由于信息的不对称性，代理人的行为很难被委托人完全观察到，尤其是有关代理努力程度方面的信息，而且委托人也往往难以对他观察到的代理人行为提供足够的证据并进行完全的监督。代理人所具有的这些性质被称作不可观察性和不可证实性，因此代理人会利用这两个特性追求自身效用最大化而忽略或损害委托人的利益。

旅行社与导游之间的契约关系，也是一种“委托—代理”关系。旅行社是作为委托人，把完成旅游活动任务委托给带团导游；接受旅行社委托的带团导游是代理人。旅行社与导游之间是一种委托代理关系，因而，导游作为代理人在其带团活动中也必然会存在“道德风险”问题，如缺乏敬业精神，工作责任心不强，敷衍了事，任意缩短行程，强制消费者购物等。导游在其带团活动中出现这种“道德风险”行为，主要有以下几方面原因：

（一）信息不对称

所谓信息不对称，是指合作或交易的双方中，当一方在合作或交易的内容上比另一方拥有更多的信息时，就会利用信息的优势采取不利于另一方的行为。[3] 导游的道德风险之所以存在，主要是由于旅行社与导游之间的信息不对称，带团导游是拥有信息优势的一方，努力水平的选择在导游自己的控制之中。旅行社对导游在其所从事的工作任务范围内所拥有的知识和信息并不能清楚地知晓，导游的工作方式和其努力程度也很难完全观察到，即使能被观察到，也往往因为搜集信息所需成本太高而不可行。由于旅行社不可能对导游的情况完全了解，因此，导游的道德风险就不可能避免。

（二）利益不相关

由于导游（特别是兼职导游）不是旅行社的股东，旅行社给高管及核心职工的津贴、奖金、晋升机会以及福利等，均与导游（特别是兼职导游）无关，他们得到的只是固定的佣金。因此，导游的努力所带来的收益也不会与其有关，并且很多导游（特别是兼职导游）与旅行社之间属于一次性博弈，二者之间没有长期的利益关系，导游根本不会主动关心旅行社的生存与长期发展。

（三）旅行社监督激励制度的缺失

产生道德风险的第三个原因是旅行社监督激励制度的缺失。事实上，导游的道德风险只是一种潜在的可能，其追求自身效用最大化的行为究竟采取正当还是非正当的手段，主要取决于其所处的环境，真正使得道德风险的这种潜在可能成为实际行动的条件还是来自于旅行社内部制度的不健全。首先，对外聘导游的重视不够，缺乏相应的激励机制。旅行社在与外聘导游的博弈过程中往往选择了对外聘导游不激励。旅行社给外聘导游的只是固定的佣金而没有任何的激励措施，当收入固定时，外聘导游会尽可能地选择付出较少的努力来获取固定的报酬。其次，监督不力。外聘导游的道德风险程度与监督程度呈负相关关系，对外聘导游的监督程度越高，其道德风险行为就越容易被发现，这种情况下，他们偷懒等行为发生的可能性就越低。然而，旅行社在与被聘导游签订合约后，只是规定了提供道路、景区以及安排的消费场所的引导、导游讲解、安排游客的食宿等服务。至于旅游服务结果，旅行社则很少过问，这就可能造成导游工作不认真、不努力，并且每次出团也没有旅行社管理人员进行检查，这就会导致缩短旅游行程、强制消费等行为经常发生。

三、规避导游“道德风险”需要管理制度的完善和创新

（一）建立和完善导游综合评价考核制度

建立和完善导游综合评价考核制度的目的在于：一方面，通过评价考核，尽可能多地获取导游各方面的信息，增强旅行社的信息优势，保证旅行社和导游双方的信息地位大致均等，维持信息结构的相对平衡；另一方面，通过信息的公开披露，利用信息动力，建立激励机制，防范和减少导游的“道德风险”。

首先，建立和完善旅行社对导游的评价考核制度。对导游工作评价与考核主要应从两方面着手：一是旅行社对导游的带团工作进行全方位、全过程的评价考核，从导游的基本职责、工作态度、工作能力、方法和效果等方面，着重评价考核导游的职业道德、业务水平和工作实绩，促进导游工作的规范化、制度化；二是建立和完善消费者对导游的测评制度。旅行社单方面的评价考核，难免有失偏颇。旅行社

还应组织顾客，利用网络测评、座谈会、电话回访等形式，对导游出团前准备情况、带团中行程情况（包括工作态度、方法、内容、效果）、对消费者的关心度等方面进行综合评价与检测，更多地了解信息。其次，实行信息公开披露制度。旅行社应委托专业的导游评价机构对导游工作的信息进行汇总和整理，编写出评价结果报告，并将有关导游的相关个人信息资料公开，供大家查阅。通过信息公开披露制度，利用信息公开制度督促导游认真履行职责，保证旅游质量。

（二）建立有效的激励与约束机制

委托代理理论认为，要对代理人道德风险行为进行有效治理，就必须让委托人事先设计一套合理的激励与约束兼容机制。[4]其原则是：首先，代理人参与工作所得的净收益不低于不工作也能得到的收益，这是参与约束；其次，代理人让委托人最满意的努力水平也是给自己带来最大收益的努力水平。然而，固定的报酬是无法同时满足这两个约束条件的。因此，对于导游的道德风险行为的防范与治理，旅行社一方面要运用激励机制，对导游实行多劳多得、优劳优酬。对于带团旅行效果好、受到旅游者广泛称赞的导游，旅行社应给予充分的肯定，同时给予一定的物质奖励，并根据需要长期聘任，建立长期的、相对稳定的导游队伍。另一方面，旅行社还应在激励机制形成的基础上加强约束机制。对于带团旅行效果差、经考核不能保质保量完成旅游工作、不能胜任的导游，旅行社可按规定扣发佣金，甚至给予解聘。

（三）建立竞争机制

没有导游的竞争市场，不能形成优胜劣汰的机制，不能保证对导游的潜在压力。按照委托代理理论，减少信息不对称的重要办法就是引入竞争机制。因此，要完善聘任制度，把竞争、更新、淘汰的机制引入导游聘任这个领域来，让市场来选择优秀的导游，达到导游人才的最优配置。引入竞争机制势必会导致一部分导游在竞争中被淘汰，而淘汰导游的存在又会对被聘导游构成一种潜在威胁，使被聘导游必须尽力工作，不敢出现“偷懒”行为。因此，旅行社在对导游管理上，也应按照公平、平等、竞争、择优的原则，建立起“能进能出”的竞争用人机制，实行优胜劣汰，以有效地防范导游的“道德风险”。

综上所述，旅行社可以通过建立和健全信息披露制度、激励约束机制和竞争机制来改善与导游之间的信息不对称状况，规避导游在工作中的“道德风险”问题，实现对导游工作的有效监督，旅行社可以从健全制度方面规避导游的“道德风险”。

参考文献：

[1] 戴斌，杜江．旅行社管理［M］．北京：高等教育出版社，2005：8.

[2] 张维迎．博弈论与信息经济学［M］．上海：上海人民出版社，1996：78－82.

[3] 张春霖．存在道德风险的委托代理关系：理论分析及其应用中的问题［J］．经济研究，1995（8）：3－8.

[4] 卢阳春．如何避免市场经济中的道德风险［J］．经济论坛，2002（13）：14－16.

浅谈崇州街子古镇旅游电子商务的发展[①]

罗丹，李雪玫，曾建民[②]

【西华大学经济与贸易学院　四川成都　610039】

摘　要： 旅游电子商务在现代旅游业发展中具有越来越重要的作用。崇州街子古镇的旅游电子商务网站有许多优点，但也存在不足。解决方案首先是完善街子古镇网站，包括优化网站设计，充实网站内容，增强宣传、查询、预定与支付、交流等功能；其次是网络营销与推广，包括选择新的网络营销方式，采用“4PS”营销、事件营销和视频营销策略。

关键词： 街子古镇；旅游；电子商务；网络营销

发展旅游经济是政府调整经济结构、转变发展方式、创建和谐社会的重要举措。打造街子古镇，发展古镇旅游经济是崇州市政府工作的重中之重。旅游经济要得到发展，电子商务是手段，营销是关键。[1] 近年来，特别是2008年汶川地震以来，街子古镇在营销上做了很多工作，取得了一定的成效，但是街子古镇的营销方式还存在很多不足，特别是在电子商务方面的投入与产出不成比例，致使街子古镇无法追赶国际旅游发展潮流，在旅游竞争中处于劣势地位。因此，街子古镇发展旅游电子商务迫在眉睫。本文认为，街子古镇推行旅游电子商务，进行网络营销推广，是崇州街子古镇旅游发展的关键。

一、崇州街子古镇旅游资源概貌

街子古镇位于崇州市境西北，地处山坝交接地带，东北与都江堰市接壤，面积22.3平方公里，距崇州市区23公里。街子古称“西川第一天”，为蜀中千年古镇。街子古镇环境优美，历史文化浓厚，被誉为环境秀美的川西水乡、崇文尚雅的文荟之地、玲珑精巧的袖珍小镇。

---

① 资助项目：西华大学校级重点学科建设项目“区域经济学”（XZD0901－09－1）。

② 作者简介：罗丹（1988－），女，四川崇州人，2012级旅游管理专业硕士研究生；李雪玫（1963－），女，四川彭山人，副教授，研究方向为电子商务；曾建民（1957－），男，四川成都人，教授，硕士生导师，研究方向为宏观经济、旅游经济。

自然景观多样：有位于古镇西北山区 2 公里的凤栖山，同青城后山邻近，与九龙沟合称“龙飞凤舞”；古镇北面火烧坡上是笔架山；古镇西侧是流经天国山与古街之间的味江河；从街子场逆流而上过御龙桥便是洗脚河（又称龙潭）。

人文景观丰富：有藏于凤栖山中的常乐寺、全省最大的字库以及架于北味江河上的御龙桥，其历史悠久；有坐落于龙潭湖畔的唐公祠，此为纪念唐代著名的“一瓢诗人”唐求而建，有着深厚的文化底蕴；还有崇州人的乡风民俗传统，如兰草节、童子会、城隍会、婚丧习俗以及地方特产（永康茶、街子兰、汤麻饼、传统手工艺）。

国内知名度高：街子古镇在 2006 年被评为“国家 AAAA 级旅游景区”，省级历史文化名镇；在 2010 年第三届中国（四川）名城古镇文化旅游节上，被评为“2010 年度四川最美古镇”；在 2011 年四川最美村落评选公益活动中，又获评“十大四川最具旅游价值村落”称号。因此，2011 年中共崇州市第十二次代表大会提出，以街子古镇景区为核心，打造高端旅游度假村，将街子古镇打造成为国际知名的成都名片，争创 5A 级景区。

二、街子古镇旅游电子商务的发展现状及存在的问题

目前，街子古镇的旅游电子商务网站是在清华同方、爱迪旅游的技术支持下创办的。旅游电子商务网站的启用方便了自助旅游服务查询，提高了街子古镇的知名度，促进了街子古镇旅游业的发展，但也存在一些不足。

（一）街子古镇旅游电子商务的发展现状

（1）网页设计美观。网页整体布局干净、整洁，以苍黄色为主打色彩，苍黄的色彩不仅体现人们对街子古镇古老的记忆，而且还给街子增添浓浓的古韵。

（2）网站内容丰富。不仅有简单的搜索引擎，方便的自助旅游服务查询，还有图文并茂的景观描述和商品推荐，满足游客对食、住、行、游、娱、购的需求。

（3）多媒体的优化组合。首页悦耳的古筝音乐，表达中国浓厚的文化底蕴；三维的景区全景展示，为游客提供旅行前的有效规划。

（4）人性化设置。温馨的天气预报，尤其是通知公告，如道路改建等提示，帮助自驾游客乘车方面，体现崇州人对游客的关心。

（5）国际化。街子古镇网站除了中文版本，还有英语、日本语、韩语版本，为国际游客提供方便的服务和帮助。

（6）多角度的友情链接。友情链接主要包括成都游、行业链接和依托网站。成都游，主要链接成都管辖范围的“九区六县四市”的政府旅游网；行业链接，包括四川省内主要的旅游网站，如洛带古镇，成都旅游门户网等；依托网站，是对大型旅游网站的链接，比如四川旅游信息网，四川古镇旅游网等，方便游客多角度、多方面地查询和对比。

（二）街子古镇旅游电子商务发展中存在的问题

（1）进入网速慢。在使用的宽带网络较快的情况下，打开街子古镇网站通常要花 4 分钟左右。可能是由于网站带宽小，虽然优美的古筝音乐和直观的图片有良好

的视听效果，但是音乐太长以及图片太多会影响网速，这对于追求高速的现代游客而言，是浪费时间和精力。

（2）网站查询不便捷。网站域名只有一个“http：//www. cdjzgz. com”，若是在搜索引擎中输入“街子古镇”、“成都街子古镇”等关键词就会找到这样的字样“街子古镇：JIEZI ANCIENT TOWN”，若是输入“崇州街子古镇”字样，则完全找不到网站。

（3）存在空置的功能区。在视听体验中，《街子——永久的等候》视频是没有内容的；在触摸屏中，也是没有任何内容的。空置功能区的存在给游客留下不好的印象。

（4）在线服务不完善。街子古镇在线预订只支持在线提交订单，不支持在线支付。网站上介绍的都是知名的大旅游酒店，如惠丰酒店，而一些小型旅店或客栈（如街子场旅店、天然居客栈）等70多家没有呈现出来。对于餐馆更没有介绍，据笔者实地调查，在街子古镇的餐馆不少于100家。

（5）友情链接交互性差。友情链接应该是双方互动的，需要链接双方合作协商。但是街子古镇网站上所有的链接都可以链接对方网站，然而在对方网站上没有友情链接上街子古镇网站，如在四川古镇旅游网等著名网站中就没有街子古镇的一席之地。

（6）网络营销几乎为空白。只有个别的关于街子古镇的信息出现在百度和搜狗搜索引擎上，至于网络营销中常用推广手段，如新闻论坛、博客、微博、竞价排名、广告合作等，街子古镇几乎没有有效使用。所以说，街子古镇的网站仅仅停留在网站发布信息的发展初期阶段。在信息化的今天，网站没有营销就是在浪费网站资源。[2]

对比省内外古镇，在电子商务旅游网站中，网站做得比较优秀、网络营销做得比较成功的网站也不胜枚举。例如山西平遥，进入网站中的各网页速度快，在网站中点击各功能区进入网页，2秒钟就可以顺利地进入其中；网站及时性交流强；网站链接交互性，即链接的网站也能链接到平遥古城网站上；网站支付功能完善。再如四川洛带古镇，其网站的优点主要表现在引导页是动静结合的flash制作的，增添网站的趣味性和色彩性，吸引游客眼球，增强用户体验；网速快，因为引导页的内容少且精致，可以在10秒内打开主页，网速快于直接打开街子古镇网站的网速；洛带古镇网络营销的主要特点是在与各大旅游网站合作中对洛带的宣传；洛带古镇还注重新闻发布，充分利用各新闻网站宣传洛带古镇，如果在搜索引擎上输入“洛带古镇”就会出现各新闻媒体的报道。

三、街子古镇旅游电子商务的发展方案

（一）完善街子古镇网站

要想充分发挥街子古镇网站的重要作用，必须在以下方面做出努力：①网站设计方面。借鉴平遥、洛带古镇的网站模式，建立引导页，提升网速；网页下方设立网站点击量统计，分析游客的点击情况。②充实网站内容，充分利用网站资源。增

加带宽，把在街子古镇作的新闻宣传报道和古镇的宣传片传入视听体验中，同时完善触摸屏这个功能模块的内容。③宣传功能。宣传功能是网站的基础功能[3]，应对街子旅游资源、产品、环境、旅游企业、特色文化、民俗风情等信息按照不同的版块给予宣传和推广。④信息查询功能，包括旅行社、旅游线路、旅游热门、旅游超市、价格信息、旅游向导、交通信息、出国旅游资讯、旅游论坛、旅游教育等。⑤网上预订和支付功能。借鉴平遥古城的网站商业发展模式，推广网上购物、在线支付与线下支付相结合的安全支付模式。通过与支付宝和网银合作，保证在线支付的安全性。⑥及时交流功能。在网站上应该有如 QQ、旺旺等在线客服的及时通信方式，便于游客了解街子古镇的酒店、景区情况。

（二）进行网络营销与推广

1. 街子古镇旅游网络营销方式选择

（1）以推广街子古镇网站为主，优化搜索引擎。俗话说："得搜索引擎者得天下。"在网络营销过程中，网站 90% 的流量，70% 的订单均来自搜索引擎。[4] 如果将街子古镇网站的关键字出现在各大搜索引擎上，网站的点击率必定很高。只有将网站推广才能达到预期效果，街子古镇虽已构建起自己独立的网络平台，但搜索引擎才是游客寻找网站和进入网站的主要方式，所以街子古镇需要利用百度、搜狗或者谷歌网站推广，通过使排名靠前来获取网站的较高点击率。由于谷歌比百度更新和收录更快，更重视文字描述，建议街子古镇网站选择在谷歌搜索引擎上的优化，充分利用 Google 展示广告网络覆盖 88% 的全球互联网用户和 96% 的中国网民资源。怎样做到优化搜索引擎？在街子古镇网站确保网页能 24 小时正常访问，并且不断更新网站内容的基础上，参加谷歌关键字广告。如果街子古镇的电子商务人员能保证每天都在更新街子资讯，那么街子古镇网站不用付费参加关键字广告也能使网站在谷歌上排名靠前。

（2）友情链接和在线广告。比如在四川古镇旅游网、中国古镇旅游网上做链接。由于四川古镇旅游网知名度、级别都比较高，做互惠链接是得不到这些知名网站的互动支持的，但是可以通过专业的友情链接交易平台购买链接，比如在站长基地友情链接平台上购买链接的价格是 100 元/月，至于街子古镇网站向四川古镇旅游网购买链接的价格是可以通过双方协商的。同时，街子古镇网站需要在知名网站上打广告，做好网络营销。比如，街子古镇要在四川古镇旅游网上更新信息，并得到该网站提供的服务。需要街子古镇的一些商店，如惠丰酒店在该网站上店家加盟中免费注册会员，填写相关资料就可以将酒店信息呈现在网站上。酒店管理员通过登录后，进入控制面板对酒店的订单等所有的信息进行管理。在后台可以免费发布公告、收发短消息，可见商家管理后台是非常简单和方便的。如需要在四川古镇旅游网首页做广告，只有通过网站的联系方式，在付费后才接受广告服务，商家的图片、文字描述、联系方式等内容才会被放在首页。

（3）博客营销。博客营销是利用博客这种网络应用形式开展网络营销的工具，能通过较强的博客平台帮助街子古镇零成本获得搜索引擎的较前排位，以达到宣传目的的营销手段。街子古镇网站可以选择免费的博客托管，免费注册成为用户，拥有自己的博客，降低网络推广费用。博客文章内容为用户通过搜索引擎获取信息提供了机会，可以方便增加景点或其他古镇的网站链接。街子古镇可聘用专业人才在新浪博客、百度空间、网易博客、腾讯空间、雅虎博客、博客之家等众多国内较好博客网站注册，及时发布街子古镇相关介绍及咨询，以达到宣传目的。

（4）微博营销。随着微博的火热，微博营销成为新兴的营销方式。街子古镇在新浪、腾讯、网易、搜狐平台上注册一个免费的微博账户，然后用140个字以内的简短内容更新自己的博客，利用每天更新的内容交流街子古镇的话题。同时，借鉴平遥古镇的营销特色，在网页下方做一个微博，发布活动消息，还可以分享到著名的腾讯、新浪微博上。当然，街子古镇需要聘用专业的电子商务营销人员专门维护微博，从而达到被转载、与游客互动的效果。

（5）网络社区营销。在网站“互动交流”中的“社区”就是论坛，论坛更需要相关电子商务人才长期稳定的管理，才能充分发挥论坛的宣传和交流作用，提升景区形象。所以，街子古镇网站需要聘用电子商务营销人员专门负责网络社区营销，才能充分利用网站的社区，达到互动交流的效果。

（6）其他网络营销方式。在网络营销的方式中，街子古镇还可选择电子邮件营销、口碑营销、病毒式营销等营销方式，通过多种网络营销集合，以达到真正营销街子古镇的目的。[5]

2. “4PS”营销策略

（1）产品策略。街子古镇网站可以以“美食天堂，避暑胜地”定位，推出美味食品，竹排漂流，河边品茶和棋牌等，同时将街子最吸引人的避暑之地推向市场。

（2）价格策略。据调查，游客对价格的敏感度高，一般都有事前预算，所以街子古镇的各种消费定价不能太高。在网站上发布一些商品的价格，方便游客在旅游前就对产品价格有一定的了解。这样才能有效地吸引大量顾客，提升市场占有率。

（3）促销策略。街子古镇的促销滞后，可在网站、电视台、报刊等媒体上进行广告营销，将网络营销与传统营销结合起来，才能发展更多的“头回客”、留住更多的“回头客”。

（4）网络渠道策略。根据市场细分，游客主要是城市的工薪阶层、学生、家庭、离退休职工和入境游客。学生、工薪阶层和入境游客，使用网络的频率相当高，这为街子古镇发展旅游电子商务奠定了基础。只有加大宣传和营销力度，通过电子商务才能吸引更多消费人群，才能解决客流量瓶颈。

3. 事件营销

策划与街子古镇相关的具有新闻价值、社会影响以及名人效应的人物或事件，唤起媒体、社会团体和消费者的兴趣与关注，提高知名度、美誉度，树立街子古镇的品牌形象，让网站快速红遍网络，增加网站的点击率，吸引潜在的游客。同时特别关注明星游客，充分利用名人效应宣传街子古镇。

4. 视频营销

网络视频营销，是将电视广告与互联网营销集于一身。[6]所以，街子古镇必须充分利用电视短片的作用，增强感染力、丰富内容、发挥创意等，利用互联网营销的优势，如互动性、主动传播性、传播速度快、成本低廉等。如在优酷视频网站上发布街子古镇的宣传片《街子——永久的等候》等。

参考文献：

[1] 康珺，吴晓东，饶行艳．我国旅游电子商务发展现状及趋势研究［J］．江苏商论，2010（5）．

[2] 罗桂霞．我国旅游电子商务发展中的问题初探［J］．旅游科学，2001（2）．

[3] 田英伟．中国旅游电子商务市场需求分析及网络营销解决方案［J］．商业研究，2006（1）．

[4] 金立韫．桂林旅游电子商务网络营销分析及解决方案［J］．时代经贸，2008（7）．

[5] 王建梅．国内旅游电子商务网站分类及盈利模式分析［J］．现代交际，2011（3）．

[6] 马洁．浅析传统旅游业在旅游电子商务下的变革及发展对策［J］．电子商务，2010（4）．

强化我国旅游企业社会责任的策略分析[①]

高巍，义旭东[②]

【西华大学经济与贸易学院　四川成都　610039】

摘　要：经济危机后我国经济出现下行趋势，国家出台了扩内需促消费政策，旅游业发展正进入一个新的黄金发展期。目前，我国旅游企业短视的经营管理模式阻碍了旅游业的可持续发展。旅游企业要在公众心中树立良好的企业形象、增强企业产品的竞争力必须注重企业社会责任的建设。提高旅游企业社会责任意识，对于提升旅游企业的自身形象至关重要。企业社会责任的认真履行会为旅游企业的可持续发展打通要道。

关键词：旅游企业；社会责任；竞争力；社会营销

近年来，我国旅游业在提倡发展服务业的大潮中取得了前所未有的发展。旅游企业在赚取应得利润的同时，也应该承担起社会责任。保护环境、积极参加公益活动、为消费者提供高质量的服务和产品等，都需要旅游企业作出更多的努力。作为现代企业，只有承担起法律方面的责任才有立足社会的根本；只有承担起道德方面的责任才有可持续发展的根基。旅游企业作为企业的一种类型，在履行社会责任，推动社会和谐、持续发展上责无旁贷。

一、旅游企业履行社会责任现状

2009年的《企业社会责任蓝皮书》显示我国企业社会责任的整体水平比较低，仍处于起步阶段。2012年《财富》杂志评价企业社会责任100强，中国企业有48家榜上有名，但旅游企业无一上榜。旅游企业社会责任的履行情况让人堪忧。

（一）旅游资源的粗放开发和盲目利用

旅游业发展至今，旅游资源的开发缺乏深入的调查研究和全面的科学论证、评估与规划，在缺少必要论证与总体规划的条件下，盲目地进行探索式、粗放式的开

① 资助项目：西华大学校级重点学科建设项目“区域经济学”（XZD0901－09－1）。

② 作者简介：高巍（1988－），女，四川达州人，2012级旅游管理专业硕士研究生；义旭东（1971－），男，副教授，博士，硕士生导师，研究方向为区域经济发展、旅游规划。

发。重开发、轻保护的开发模式，造成许多不可再生的贵重旅游资源的损害与浪费。景区的人工化、商业化、城市化使我国风景名胜区，包括已列入“世界遗产名录”的一些文化和自然遗产，遭受到建设性的严重破坏；开山炸石，砍树毁林，导致水土严重流失；盲目进行旅店、餐馆的建设和扩大旅游区及修建旅游设施，导致原生态的严重破坏。[1]就以索道为例，在旅游名山上修建现代索道，不仅破坏了自然风景区的原貌，而且索道的修建与运行，是高能耗和污染的过程。在美国和日本，索道在旅游景区的修建都有明确的规划可依，像日本富士山禁止建索道，公路只修到半山腰，想要到山顶，游人得自己一步步登上去。

（二）消费者投诉率高

《2010 年第三季度全国消协组织受理投诉情况分析》的数据显示，2010 年第三季度，消协共接到旅游投诉 657 件，而 2011 年第三季度的旅游投诉量为 1 081 件，同比增长 64.5%，增幅在所有商品和服务投诉中位居第四位。问题主要集中在：旅行社不按照合同约定组织参观景点，随意变更路线，购物安排太多；旅途中及景点内出现的涉及消费者健康、安全的问题处理不及时、欠主动；出境旅游服务中，接待衔接等问题，严重影响旅游质量；酒店提供的服务质量令人担忧，此前曝出如家用毛巾擦口杯和马桶的消息让人恶心不已。此外，游客在旅游的过程中食品安全也得不到保障，游客往往投诉无门，任由摆布。

（三）漠视公益事业

据统计，旅游企业参与公益活动并不多见。这主要是由于旅游企业多是规模较小的企业，实力雄厚、集团化的大企业较少。其实，承担社会责任、推动社区发展并不只是大型企业的义务，小企业也应该主动承担社会责任。至于在多大程度上参与公益事业，可以“量力而行”、“能者多劳”，但决不能因为实力弱、规模小就逃避社会责任。[2]只有所有的旅游企业都有承担社会责任的意识，才能使我们的社会得到更快、更好的发展。

（四）缺乏环境责任意识

良好的环境是旅游企业吸引游客的重要资源。旅游企业为求获得最大的利润，不惜破坏生态平衡，对环境造成严重的影响。旅游企业在履行环境责任方面存在严重的缺陷，导致水、光、声音等污染频频发生，危害人们的身体健康，影响游客的满意度。旅游企业在开发过程中带动了餐饮、住宿、娱乐、文物、通信、零售等产业的发展，这些企业在生产经营过程中，为求利益最大化，使用非环保产品，如一次性牙刷、牙膏、筷子、拖鞋等日用品，质量差、使用率低、浪费严重，而且生产过程中和使用后景区内废渣、废物剧增，既不经济，又污染环境。据统计，我国宾馆一次性牙刷的日用量已达万支，其生产中消耗的直接和间接物料进入环境形成的污染远大于牙刷本身使用后的污染量。此外，厂商为吸引顾客眼球，在土特产、纪念品的包装上使用难降解的材料，在浪费资源的同时污染了环境。[2]

二、旅游企业社会责任缺失的原因

在我国，引起企业社会责任缺乏的原因是多方面的。为追逐利润而粗放地开发资源，企业对社会责任的承担漠不关心。按照利益相关者理论，可从政府、企业、社会三方面入手探讨旅游企业社会责任的缺失。

（一）自身经营理念有偏颇

旅游企业对社会责任认识不足，缺乏履行的主动性，在以短期利润最大化为目标的粗放模式下，忽视企业的可持续发展，对群体责任和社会责任不闻不问，损害了消费者、员工、社会等相关利益者的利益。这表现在旅游企业依法经营意识不强，为了抢占客源市场出现“零负团费”等不正当竞争现象，诱导消费者作出错误决定，侵犯了消费者的合法权益；旅游从业人员素质普遍不高，法纪观念淡漠，降低了旅游业整体服务质量。旅游企业看似短期降低了成本获取了利润，但从长期来讲，无疑加大了企业的社会负面效应，影响企业的寿命。据统计，中国企业的寿命普遍不长，民营企业平均2.9年，互联网企业3~5年，家族企业不超过9年，旅游企业也难走出此怪圈。

（二）法制不健全，政府监管不力

有关旅游业的法制不健全，涵盖范围窄，法规效力低，执法难度大。截至目前，只有国务院的《旅行社管理条例》、《导游人员管理条例》和《中国公民出国旅游管理办法》三个行政法规，及一些部门规章和规范性文件涉及旅游业。同时，我国还没有企业社会责任相关的法律条文。部分旅游企业正是利用这样的法律体系漏洞来规避企业社会责任。旅游企业的违法成本小，企业往往为了短期利润而故意为之。对于我国旅游企业社会责任的缺失现状，撇开企业自身，政府相关部门要承担很大的责任。有的地方政府为了短期经济指标，只注重旅游企业的税收，对旅游企业的行为是否污染环境、破坏生态、侵犯消费者的权益往往熟视无睹。此外，监管部门的缺位导致颁布的相关法律制度缺乏执行力。

（三）消费者维权难度大

在我国，一方面法制建设还有待完善，消费者保护法的普及程度还有待提升，消费者的维权渠道单一。除消费者协会以及大型旅游企业内部投诉中心，消费者鲜有其他投诉渠道。不少消费者发现自己的合法权益受到侵害时，往往选择忍受或不及时向有关部门进行投诉和举报，为部分企业逃避其应该承担的责任提供了可乘之机。另一方面，由于相关利益集团与有关部门的利益关系，出现大事化小、小事化了甚至睁一只眼闭一只眼，使得我国消费者维权成本高、难度大。

三、提升我国旅游企业社会责任的对策

2009年，国务院颁布了《关于加快旅游业发展的意见》，明确提出把旅游业培育为“国民经济的战略性支柱产业和人民群众更加满意的现代服务业”。旅游企业的持续发展必须关注社会、环境、道德等社会责任。鉴于目前发展旅游业的诸多问题，想要提升旅游企业的社会责任必须从以下三方面入手：

（一）政府强化旅游企业社会责任的措施

政府应该履行好本职工作，制定公开公平公正的市场规则，保护好市场各方的利益，通过出台相应的法律法规，增加企业违约成本，约束企业对社会的不利行为。

政府对法律法规的执行力必须强化，才能使法律法规的制定发挥作用。

1. 合理规划，推进社会责任法制化

政府要合理分配资源，科学规划，在保护生态的前提下，协助开发商适度开发旅游资源。同时，推进社会责任法制化，借助法律法规的强制力监督旅游企业履行社会责任，通过法律法规来规范违法的、反社会的或反竞争的行为，以维护公平的竞争环境，定期对企业、社会公众进行普法宣传，对企业社会责任履行好的企业给予税收减免、招标和采购方面等的优惠政策，并进行宣传。

2. 加强监管，构筑多条维权渠道

在我国目前的执法环境中，要保障各利益主体，尤其是弱势群体的经济利益，需要各级政府的强力监督与管理。国家要尽快出台“旅游法”，加大卫生部门、质检部门和公安部门的联合行动，对提供劣质物品的宾馆、有害食物的餐馆及欺骗性质的旅行社等旅游企业依法取缔并处以重罚；构筑多条维权渠道，建立高效举报投诉机制，鼓励消费者对违法、劣质产品的举报，公平、公正、积极地处理投诉事件；对企业履行社会责任的状况进行及时、充分的了解，加强监督、激励和惩罚，为消费者和旅游企业营造一个良好的共赢环境。

3. 适时引导，促进旅游业良性竞争

旅游市场中，旅游企业在业内为了争取更广阔的市场，一味地以低价吸引消费者。这样的竞争模式往往破坏了生态的平衡，影响消费者的身心健康，牺牲了旅游企业的持久生命力。市场的良性竞争有利于行业的发展，国家旅游局应出台相应的法规，规范旅游企业的行为，合理规划旅游资源的开发，破除现有市场的低效、低质现象，促进企业之间良性竞争。

（二）旅游企业自身加强社会责任的措施

成都农商银行副行长周兴云认为，企业的社会责任要如同“修身齐家治国平天下”的古话一般。修身即企业本身的行为符合现行社会文化道德的基本规范，做好产品与服务；齐家即企业自身发展的同时必然与社会环境产生交流和影响，要关注自己的员工和社区；治国即企业通过自己的行为去影响、反馈、支持社会的发展。旅游企业持续发展最重要的是始终坚持三重底线原则，即做到企业盈利、社会责任、环境责任三者的统一。旅游企业作为“经济人”应把追求利润最大化的自利行为与实现社会福利最大化自觉联系起来。

1. 树立以和为重的经营理念

旅游企业要获得强大的持久生命力，必须转变经营理念，树立以和为重的经营理念，即人和谐、环境和谐、社会和谐。人和谐即企业诚信赢得消费者的信赖，关注员工的利益；环境和谐即爱护环境，合理开发旅游资源，保护生态平衡；社会和谐即有大爱、有公德心，关注周围的社区，为需要帮助的人奉献绵薄之力。在世界经济整体低迷的大环境中，旅游企业必须认识到，只有承担起社会责任才会为旅游企业树立良好的企业形象，增强公众对企业的信任，从而增强企业的竞争力，提高企业的经济效益，促进企业的可持续发展。

2. 强化旅游企业产品责任意识

旅游企业要坚持三重底线，首要“修身”，切实保证提供高质量旅游产品和服务，才能从根本上夯实旅游企业的社会根基。旅游企业要以提升大众游客满意度为目标，遵循规律，打造全新的旅游服务价值链，全面、持续提升旅游服务质量，改善服务品质。无论是饭店、宾馆还是旅行社都应履行自身对顾客的承诺，提供等值、超值的服务与商品，让游客吃得放心、住得舒心、玩得开心。

3. 构筑以社会为本的营销模式

20 世纪 60 年代出现的社会营销观念，主张企业生存与发展必须与周围的环境协调与平衡；必须关注大众整体的长期利益和社会的长期福利。我国旅游企业于 20 世纪 80 年代中后期开始创新理念，以“顾客是上帝”为服务营销宗旨，而对于营销道德问题的探讨才刚刚开始。客观市场营销观念在旅游界依然是主流，但也出现了一些问题，如为了满足客户的个性化需求，过分强调差异化，导致旅游资源的巨大浪费。因此，转变旅游企业长期以来秉承的顾客观念，培植社会营销理念，崇尚“伦理优先”，如今显得尤其重要。企业要立足于现实经济形势，转变经营理念，构筑以社会为本的营销模式，增强企业的竞争力和持久生命力。

（三）社会监督提升旅游企业社会责任的措施

旅游企业社会责任的建设光靠政府的作用和企业自身的努力是不够的，从利益相关者理论出发，社会各界对旅游企业履行社会责任的监督作用不容忽视。

1. 加强社会对企业社会责任履行的监督

加强大众媒体对企业社会责任的关注，对社会责任履行良好的旅游企业予以宣传，对违反社会道德规范的予以曝光谴责。社会公众可以利用微博、论坛等互联网工具实时揭发旅游企业的不法行为，吸引社会的广泛关注，打击黑心企业的嚣张气焰。其次要大力发挥社会群体组织（行业协会、消费者协会、环保协会、工会等）的监督作用，对旅游企业承担社会责任的情况予以监督。

2. 建立社会对企业社会责任的评价体系

对任何一种企业的评价都应该从多个角度进行。国际上的很多跨国公司都将企业社会责任作为一个制度化的管理体系，有计划、有步骤地进行管理。消费者协会通过消费者满意指数和购买频次评价产品的优劣；环保人士可利用环保资金投入比、资源消耗产出率、可再生资源利用率来考评旅游企业对资源利用、环境保护责任的承担情况。鉴于目前我国旅游企业的情况，有必要建立包含经济、社会、环境三方面的旅游企业社会责任评价指标体系。

结语

我国旅游企业正处于改革转型期，经营模式受到现代管理方式的挑战。旅游企业承担社会责任成为企业立足于市场经济并取得一席之地的决定因素。在节能减排、绿色环保的大趋势下，旅游企业的诚信问题、对待消费者利益的方式、保护环境的行为等都将受到广泛关注。总之，旅游企业社会责任的实现需要企业、政府和社会各相关主体的共同努力。同时，旅游企业还要结合我国的国情和所处的经济发展阶段，把握好自身规模和实力，把社会责任与自身良性发展有机结合起来。

参考文献：

[1] 马驰. 基于低碳经济的旅游业发展对策研究 [J]. 现代经济（现代物业中旬刊），2009（5）.

[2] 冯守宇. 关于中国旅游企业社会责任的思考 [J]. 内蒙古科技与经济，2009（6）.

“三方合作交叉补贴”定价模式及其在旅游营销中的应用[①]

冉波，于代松[②]

【西华大学经济与贸易学院　四川成都　610039】

摘　要：旅游业有“无烟产业”和“永远的朝阳产业”的美称，同石油业、汽车业并列世界三大产业。中国旅游业经过高速发展，已成为国民经济的一个重要产业。全国各地旅游投资出现了生机勃勃的繁荣景象，为旅游业的发展注入了新的活力。本文主要通过分析“三方合作交叉补贴”定价模式的条件、风险以及应对策略，探讨该定价模式在旅游业中的应用，以期进一步推动旅游业的发展。

关键词：旅游业；三方合作；交叉补贴

一、“三方合作交叉补贴”定价的含义及意义

（一）“三方合作交叉补贴”定价的含义

价格通常是影响交易成败的重要因素，同时又是市场营销组合中最难以确定的因素。企业定价的目标是促进销售，获取利润。传统的定价模式要求企业既要考虑成本的补偿，又要考虑消费者对价格的接受能力，从而使定价具有买卖双方双向决策的特征。本文所探讨的“三方合作交叉补贴”定价模式是一种新型定价模式，该模式以供货方、第三方（如广告服务公司）以及消费者三方价值关系为基础，通过合作，供货方免费为消费者提供各种产品或服务，直接从第三方获得补偿；消费者在免费获得产品或服务的同时，成为广告的接收者或传递者，间接促进第三方有价产品的销售。

（二）免费与消费者心理

从经济学角度来看，一分钱并不算什么，但免费给商家带来的商业价值往往是一分钱所不能匹敌的。收费会让消费者想到选择的成本，从而抑制其购买欲望。每当碰到要收费的问题，人们马上就会联想到“掏这钱值不值”。如果要收费的话，不管收费多少，消费者都会自问是否真的想要掏腰包。但如果某件商品完全免费的

① 资助项目：西华大学校级重点学科建设项目“区域经济学”（XZD0901－09－1）。

② 作者简介：冉波（1988－），男，重庆人，2012级旅游管理专业硕士研究生；于代松（1967－），男，经济学硕士，教授，硕士生导师，研究方向为区域经济。

话，消费者在做决定时就轻松多了。[1]

(三)“三方合作交叉补贴”定价的意义

与传统定价模式相比，交叉补贴定价不仅能够满足供货方和消费者双方需求，对整个行业还存在更为突出的影响：

1. 改变供求关系

顾客是上帝，谁拥有广泛的顾客群，谁就能在竞争中立于不败之地。就定价而言，免费的力量无可比拟。免费不仅能扩大现有的消费者群体，更能够刺激广大潜在消费者。因此，供需平衡可能被打破，这正是交叉补贴定价模式最突出的特点。

2. 改变传统定价模式

免费是一种新型营销方式，引入了第三方，改变了传统的B2C盈利模式，即商家销售产品或服务给消费者，从消费者直接获取产品或服务的收益，以弥补其成本。随着越来越多的企业采用交叉补贴定价模式，“免费文化”正在人们的生活中崛起，有很多东西人们觉得不付钱就享受是理所当然。迫于生存压力，很多传统企业，将不得不应对“免费文化”的挑战，转变自身的定价模式，向免费转型。

3. 为广告媒体行业增添新渠道

每一个企业都有成为“媒体”的潜力，这正是采用“三方合作交叉补贴”定价的基础。企业与企业之间通过合作可以达到双赢，一方弥补另一方的产品成本，自己的产品也能够得到宣传。

4. 提升消费者购买欲望

免费而又有价值的产品或服务终将受到消费者的青睐。每个人都有“怕吃亏”的本性，免费正消除了消费者的这种担忧，因而能够直接影响消费者的购买决策，减少消费者的心理障碍，提升消费者购买欲望。

二、“三方合作交叉补贴”定价条件

(一) 明确产品或服务的特点

1. 消费者角度

(1) 产品或服务对消费者有价值。没有价值的产品或服务自然不会受到消费者的青睐，甚至会让消费者产生反感的心理。因此，供货方在设计自己的产品时，要考虑产品对受众的价值。

(2) 获得产品或服务的成本为零。消费者在此类交易中没有付出金钱上的成本，对消费者来说是真正的免费，即所谓“天上掉馅饼”。

2. 第三方角度

选择合适供货方进行合作，可以让自己的有价产品或服务从供货方与消费者的交易中得到宣传，提高自身产品或服务的知名度，进而促进自身有价产品的销售。

3. 供货方角度

(1) 变动成本相对固定成本较低。像各大旅游景点或酒店为消费者所提供的纪念品，固定成本较高，变动成本很低。能否实现批量生产是变动成本能否下降的重要因素。一般而言，规模化生产、标准化流程能够大大降低企业的变动成本，这是

"三方合作交叉补贴"定价的条件之一。

（2）为消费者提供价值。产品或服务只有存在价值，才能为消费者所接受。因此，与传统产品销售一样，商家在设计产品时，依然要坚守顾客至上的原则，要创造出公众认可的产品或服务。

（3）为第三方创造价值。第三方与市场同样存在着紧密的联系，供货方只有让自身的产品或服务为消费者所接受，免费供消费者使用，才能促进第三方有价产品的宣传。

（4）产品有较广的受众。第三方在选择供货方进行合作时，会考虑该商家产品的受众面。受众面广，才能为第三方的产品或服务起到很好的宣传效果，受众面的宽广直接影响着广告效果。

（5）收益成本分析。对于营利性供货方而言，盈利依然是其存在的基础。因此，实现"三方合作交叉补贴"定价模式的企业要考虑自身产品的成本以及能从第三方获取的收益。无论供货方短期是否盈利，从长远角度看，供货方从第三方获取的收益必须大于免费产品的成本，才能实现可持续发展。

（二）摸清第三方与消费者存在的联系

在"三方合作交叉补贴"定价模式中，第三方希望借助供货方免费提供的产品让消费者了解自身的产品，促进自身有价产品的销售。因此，该类消费者群体必须与自身产品受众一致。如果某游乐园的主要受众是年轻人，却和中老年奶粉的供货方合作，在奶粉包装上面为自己打广告，那么这种合作关系显然不能构成三方合作关系，达不到游乐园自身营销的目的。因此，第三方与供货方目标受众的一致性，也是贸易伙伴选择的重要因素。

三、"三方合作交叉补贴"定价的风险及应对策略

（一）"三方合作交叉补贴"定价的风险

消费者都喜欢免费的产品或服务，免费能使产品迅速传播出去，这正是"三方合作交叉补贴"定价模式强大生命力所在。免费是手段而非目的，供货方最终目标依然是获得利益，这是该定价模式成功的关键。然而，使用该定价模式也有可能让供货方付出巨大代价，该定价模式具有一定的风险。

1. 消费者的风险

虽然消费者自己所获得的产品是免费的，但也希望所获得的产品对自己有价值，而不是浪费自己宝贵的时间或精力去处理与自身无关的信息。免费会让人联想到"价值低"，会让消费者产生排斥心理。

2. 第三方的风险

第三方是最终的出资方。一方面，消费者虽然广泛使用供货方免费提供的产品，但也可能不会带来自身付费产品销量和利润的显著增长，以覆盖其在免费产品上营销的成本；另一方面，由于是免费产品，供货方可能为了不断控制成本，降低消费者感知的产品价值，从而使消费者降低对第三方的满意度。最后，第三方的付费产品与免费产品的顾客群有可能出现较大偏差。

3. 供货方的风险

采用传统定价模式的企业只需生产出适合消费者消费的产品，制定合理的价格然后销售给产品受众，基本上就能够获取成功。而采用该交叉补贴定价模式的企业则需要从消费者、第三方以及自身三者角度出发，不断寻求更优的合作关系，不断探寻更高的合作价值，因此比传统企业所承担的风险更高。

（二）风险的应对策略

在制定“三方合作交叉补贴”定价模式过程中，为了降低企业的经营风险，有几点需要企业给予高度重视：

1. 深入了解需求

“三方合作交叉补贴”定价要善于洞察消费者的现实需求和潜在需求。现实需求是已经体现出来的需求，潜在需求则是指尚未表现出来的需求，这种需求可以通过免费营销刺激和市场行为引导进而转化为现实需求。

2. 创造新的价值

免费只是营销手段，盈利才是目的。《免费经济学》的作者特劳斯认为，企业免费提供产品或服务的本质在于如何免费并同时盈利。只有当免费的过程本身能够创造新价值，免费过程中的所有参与者都能分享到这份新创造的价值时，免费才可行。因此，“三方合作交叉补贴”定价要创造出新的价值。

3. 三方共享利益

企业对消费者要真正实现免费。如果企业承诺了免费，就不应再向消费者额外收钱。如果这种承诺有条件限制，商家应该提前向消费者进行告知，否则消费者就会产生一种被欺骗的感觉。[2]

目前，很多酒店都免费为顾客提供打火机。打火机供货方利用价值关联，整合资源，将其产品卖给比方说汉庭连锁酒店，再由汉庭连锁酒店免费送给消费者。结果，消费者免费得到打火机，打火机供货方赚到了利润，同时汉庭酒店通过在打火机上做广告也为其降低了营销费用。这里的三方合作是因为资源整合创造了新价值，再由参与的三方共同分享新增价值。因为价值关联的内在联系使得越免费新创价值越大，所以打火机的使用者也可以分享到免费的利益。[3]

四、“三方合作交叉补贴”定价模型在旅游业中的应用

（一）免费休息室

目前，很多旅游景点存在的一个大问题就是为游客提供的休息场所太少，部分茶座收费又高。游客要么选择在周边草地休息，要么提前回家，这实际上会大大降低游客的游玩兴致。试想一下，游客如果游玩累了，周边有一个免费休息室供游客休息，那么绝大部分会选择休息室休息，而非高价茶座，这就为“三方合作交叉补贴”定价模式的应用创造了条件。景区免费为游客提供休息场所，对游客有价值，同时通过为第三方做广告宣传以弥补其成本，第三方也因此可以减少营销费用的支出。

（二）免费交通专线

随着我国城镇化速度的加快，城镇人口的消费水平也越来越高，越来越多的人

喜欢选择外出旅游休闲，但很多景区都远在郊外，交通不便已成为旅游业发展的重大障碍。如果道路不通畅，或者交通工具不便利，那么景区便会失去很大一批游客，尤其对于曾经感受过交通拥堵的游客来说，提高其对该景区的忠诚度显然不现实。试想，开通一条免费专用公交观光路线，每天定时、定量（可以降低成本）往返于市中心与旅游景区之间，则可以吸引更多人前往景点旅游，在车上可以有偿为其他企业做广告，达到双赢的目的。

（三）免费提供茶水

景区可以免费为游客提供茶水。这样就可以吸引大量的游客来此饮水（尤其相对于景区所卖的高价矿泉水），获取大量的客流量。然后在一次性茶杯，或周边茶水设施上为其他相关企业做广告，这样既能够让游客免费饮用茶水，让游客了解第三方企业及其产品（比如景区周边的酒店或当地土特产），同时还能从第三方获得补偿以弥补其成本。

（四）免费放映景区4D文化电影

首先，之所以会选择4D电影，是因为随着3D的普及，4D对于消费者来说吸引力更强，4D电影会获得更大客流量。其次，电影的内容之所以选择文化，一方面是加深游客对旅游景区的印象，加大景区文化宣传力度；另一方面，景区只有与自身文化相结合才会更有吸引力，才会更有游玩的价值。最后，通过免费为游客放映4D电影，可以针对当地特产、特色农产品应用交叉补贴定价模型。在电影的中间插播一些与旅游景区文化相关的特产等。这样广告既具有针对性，同时也会起到不错的效果。

（五）免费门票

我国当前只有少部分管理成本低且受到政府扶持的景区，才有能力选择免费对外开放，而绝大部分景区都实行门票收费制度。然而对于收费不高的景区来说，收费实际上是很不明智的。一方面因为票价低廉，并不会带来巨大的门票收入；另一方面会让游客产生抵触情绪，实际结果是拒很多游客于千里之外。实际上，很多景区的门票本身并没有纪念或者收藏价值，因此，如果和其他行业合作（如周边的酒店或者餐饮行业等），在门票上面嵌入这些企业的广告，让这些企业为游客门票买单同样也可以达到双赢的目的。

综上，在旅游业中，能采用“三方合作交叉补贴”定价的地方很多，需要深度挖掘，需要人们有长远的观念。“三方合作交叉补贴”定价模式作为一个具有极强包容力与扩张力的市场营销工具，需要奇特的思路、新颖的构思，以免费作为杠杆，开启旅游业市场的黄金之门。

参考文献：

[1] 克里斯·安德森．免费——商业的未来［M］．北京：中信出版社，2009.
[2] 苏华．四种免费营销 四个实施要诀［J］．中国中小企业，2010（9）.
[3] 王建国．1P理论［M］．北京：北京大学出版社，2007.

统计学在旅游管理专业中的地位及教学方法探讨①

袁春梅②

【西华大学经济与贸易学院　四川成都　610039】

摘　要：统计学是旅游管理专业的一门学科基础课，目的是为培养和提高学生的统计思维能力和统计基本技能。在教学方法上，应深刻揭示各种统计理论与方法中蕴含的统计思想，以案例教学法突出统计学在旅游管理实践中的应用。

关键词：旅游管理；统计思想；教学方法

旅游管理专业是随着我国旅游经济的发展而建立的一个新型学科。在我国，这门学科的产生只有二十多年的时间，自产生以来，一直是隶属于工商管理一级学科体系的二级学科。根据2009年《国务院关于进一步加快发展旅游业的意见》，我国将把旅游业培育成国民经济的战略性支柱产业，到2020年，我国旅游总收入将占我国GDP的8%左右。旅游管理专业目前的学科性质与其所承接的任务显然不匹配，要求提升旅游管理专业地位的呼声越来越强烈。为此，在2012年5月18日举办的"2012《旅游学刊》中国旅游研究年会"上，教育部高教司财经政法与管理教育处处长吴燕在会上透露，教育部正在修订的本科专业目录，将在管理学的学科门类下单独设立旅游管理的专业类，该专业类下设旅游管理、酒店管理、会展经济管理等专业，旅游管理的专业类今后将和工商管理类平级，成为管理学学科门类下的一级学科。[1]旅游管理学科级别的提升，意味着旅游管理将肩负起更加重要的责任，为旅游业的快速健康发展培养更多更好的专业人才。这就要求旅游管理专业进一步深化教学改革，优化课程设置，制订更加科学合理的专业教学计划和人才培养方案。本文针对实践中旅游管理专业统计学课程地位不清及教学中存在的一些问题，强调统计学在旅游管理专业中的重要地位，并探讨具体的教学方法。

一、统计学在旅游管理专业中的地位

教育部规定统计学课程是高等院校经济类、管理类各专业的基础核心课程，开

---

① 资助项目：四川省教育厅精品课教改项目"统计学原理"。

② 作者简介：袁春梅（1973－），女，硕士，副教授，研究方向为国际经济与贸易。

设此课程的主要目的是为培养和提高学生的统计思维能力和统计基本技能，为学生运用统计学的理论和方法，分析研究本专业的理论和实务提供方法论。旅游管理专业作为管理学学科门类下的一级学科，开设统计学课程是必然的，但事实上，很多学校旅游管理专业并不开设统计学这门课程。究其原因：一方面，由于旅游管理是属于文理兼收的专业，很多学校往往文科生比例偏高，而统计学自身的特点，涉及很多公式、证明、计算，很容易被认为是纯理科的课程，让很多学生望而生畏，产生抵触和厌学情绪，学习积极性不高，学习效果不好；另一方面，很多旅游管理专业的老师没有认识到统计学在旅游管理专业课程体系和人才培养方面的作用，认为旅游管理是一个文科性质的专业，强调定性分析，不重视定量分析，统计学可有可无。

在信息革命的今天，无论是国民经济管理，还是公司企业及至个人的经营、投资决策，为了解社会经济活动中的不确定性，都越来越依赖于收集和处理信息，从而使决策风险最小化。通过统计学的学习，学生不仅要掌握一定的统计理论基础和统计专业知识，更重要的是形成统计思想。统计思想属于一种思维方法，是认识事物的一种思维方法。统计学相关理论知识和思维方法对培养学生综合分析旅游经济现象和解决实际问题的能力具有不可替代的作用。统计学作为一门学科基础课，为其他很多专业课的学习奠定了必要的基础，统计学为旅游市场调查研究、旅游资源开发管理、景点规划管理、旅游市场预测和决策等提供了科学的方法，是旅游管理专业课程体系中的基础和核心课程，在建立学生完整知识体系和能力体系两方面都具有十分重要的作用。如果没有统计学，其他很多专业课将无法深入进行，将直接或间接地影响学生理论分析能力和解决实际问题的能力的培养，同时也制约学生进一步进行旅游管理深造学习的能力。事实上，统计学已被广泛应用于很多实质性科学。统计学是一门研究收集数据、整理数据、分析推断数据和解释数据的方法论的科学，它为实质性科学进行定量研究和认识不确定性现象的规律性提供了方法论指导。正如美国著名统计学家萨维奇所说："统计学基本上是寄生的，靠研究其他领域内的工作而生存，这不是对统计学表示轻视，这是因为对很多寄主来说，如果没有寄生虫就会死，对有的动物来说，如果没有寄生虫就不能消化它们的食物。因此，人类奋斗的很多领域，如果没有统计学，虽然不会死亡，但一定会变得很弱。"[2]

二、目前旅游管理专业统计学教学中存在的问题

在开设统计学课程的旅游管理专业中，统计学教学效果也不理想，没能真正发挥统计学应有的学科基础作用。在统计学的教学过程中，主要存在以下问题：

（一）教学理念上注重知识的传授，忽略统计思想和统计思维能力的培养

在统计学教学过程中，绝大多数老师强调让学生系统掌握统计学的理论和方法，注重概念、原理、公式推导以及数据计算等方面，致使学生把统计学视同数学，产生畏难情绪。对于非统计学专业开设统计学课程的主要目的是为培养和提高学生的统计思维能力和统计基本技能。统计思维能力的培养远比具体统计理论和方法的介绍重要，统计教学的任务不在于教会了学生多少个公式、多少种方法，而在于培养

学生自觉进行统计思维的意识和能力。统计思想主要包括平均思想、变异思想、相关思想、估计思想、拟合思想、检验思想等。[3] 这些统计思想使我们形成相应的统计思维，如：数量性，即用量的描述来认识事物的质；综合性，即以联系的眼光，从整体的角度，将事物各个要素、各个部分、各个方面有机结合在一起加以考察研究，从而得出对事物整体认识的综合性结论；归纳推断性，这是认识和揭示充满随机性和不确定性的客观世界的规律性的一种方法。统计思维是一种复杂的高层次的思维方式，用这种思维方式认识和评价事物是客观的、科学的。因此，统计思维能力的培养，不仅是对受教育者分析问题、解决问题的能力的培养，也是一种创造性素质的培养。

（二）教学内容偏重理论知识讲授而忽略统计方法的应用性

旅游管理专业开设的统计学属于应用统计学，开设此课程是为了让学生运用统计学的理论和方法，去解决本专业的实际问题。仅仅掌握统计理论知识，统计方法的作用并不能得到充分发挥。旅游管理专业的统计学，应把统计理论与方法与旅游经济与管理活动联系起来，让学生感受到统计方法能够解决旅游经济与管理中的实际问题，激发学生的学习兴趣，并让学生学会运用各种统计方法去解决旅游经济与管理中实际问题的能力与技巧。但在旅游管理专业实际教学中却存在统计分析理论和方法与现实旅游行业经济管理实践脱节的问题，主要是从概念、公式、定理等方面出发对统计理论和方法的介绍，而不是针对旅游管理专业的特点，从现实旅游行业经济管理工作需要研究的大量实际问题出发，说明统计理论和方法产生的背景、应用的条件、如何应用等。由此学生只会按照公式计算，既难懂又枯燥，感觉统计学没什么用处，继而产生厌学情绪，使统计学在旅游管理课程体系中的基础和核心地位没能体现出来，影响到学生技能的培养，学生毕业后适应工作的能力较差，不能用所学理论知识解决旅游市场经济和旅游景区或饭店运行管理中出现的相关实际问题。

三、提高旅游管理专业统计学教学效果的建议

如前所述，在旅游管理专业的统计学教学过程中不能仅注重理论知识的学习，更重要的是重视统计思维的培养和统计方法的应用。要实现这个目标，必须改革传统的教学理念和教学方法。

（一）深刻揭示各种统计理论与方法中蕴含的统计思想

统计不仅仅是一种专业知识或工具，而且也是受教育者应该具备的文化素养。正如韦尔斯所强调的，统计思维总有一天会像读与写一样成为效率公民必备的能力。现代社会媒体传播的大量信息，如果没有起码的统计素质，是无法正确理解和善加利用的。宏观、微观经济管理决策更离不开统计思想和方法。在旅游管理专业统计学教学中，培养学生的统计思维是最基本和首要的目标，那么，就要求老师在教学过程中做到深入浅出，把各种复杂的统计理论方法中蕴含的统计思想深刻揭示出来，从而使各种高深的统计理论与方法变得易学易懂。例如，推断统计部分一直被老师和学生认为是难教难学的内容，参数估计和假设检验这两种方法都以样本统计量的

抽样分布（或概率分布）作为理论基础，而学生对抽样分布都觉得晦涩难懂，自然对参数估计和假设检验更加含混糊涂。但如果把这些理论产生的背景和其中蕴含的认识世界的思想观揭示出来，问题就变得不再抽象难懂了。对于概率分布而言，它揭示了自然界中普遍存在的随机性或不确定性现象的规律性，它是19世纪末由统计学家卡尔·皮尔逊提出的，它的产生是统计学史上的一场深刻革命，从那以后，人们不再以神秘的甚至迷信的眼光来看待自然界的随机性和不确定性。科学已经认识到，随机事件并不是杂乱的、不可预知的和不可预测的，而是可以通过概率分布来揭示其规律性。[4]所以，概率分布理论包涵了随机性和规律性、变异性和平均性的辩证统一思想。通过这样的讲解，学生既知道了概率分布理论在统计学中的重要性，对概率分布产生了兴趣，又理解了概率分布的理论方法，而且还懂得了平均思想、变异思想、拟合思想等统计思想。在此基础上，参数估计和假设检验就是认识随机现象规律性的两种具体方法，由于是由随机样本的数量特征去推断总体的一般规律，因此从认识世界方法论角度讲，是属于归纳法。众所周知，归纳法得出的结论是不精确的，所以参数估计给出的区间是缺乏精确性的，称为“置信区间”，假设检验所作出的判断也是缺乏精确性的，称为“假设检验的两类错误”。又由于概率分布理论使这种“缺乏精确性”的风险是可以度量的，即用“置信度”和“显著性水平”来度量。于是，通过这样层层递进的逻辑推理，学生不仅很容易理解上述一些看起来晦涩难懂的名词，而且也领悟了估计思想、检验思想，对参数估计和假设检验的理论和方法自然也容易学会了。

（二）*以案例教学法突出统计学在旅游管理实践中的应用*

案例教学就是通过对一个包含问题在内的具体情境的描述，来引导学生对这些特殊情境讨论的一种教学方法；是一种教师和学生直接参与共同对案例或疑难问题进行讨论的教学方法；是一种具有启发性、实践性，有利于提高学生决策能力和综合素质的新型的教学方法。[5]案例教学是搭建理论与实践之间联系的桥梁，通过在课堂上介绍与实际情况紧密相关的案例，可以很好地将枯燥的统计理论变得生动有趣，让学生更容易理解和掌握统计学的思维方式、基本理论、基本方法。案例选择要结合学生所学专业，案例内容既要简单，又要便于阐述；案例数量既可是一个，也可多个；选取的案例必须具有代表性，又不耗费课堂时间。[6]比如在学习几何平均数时，可以先给出某旅游公司若干年的营业收入增长率，问学生这若干年的平均营业收入增长率是多少，很多学生都会用算术平均数方法来计算，然后老师再讲几何平均数方法的意义和应用，这时学生自然就会发现自己原来的方法不正确，从而在纠错中掌握了几何平均数的统计方法。又比如在学习假设检验方法时，设计如下案例：某假日饭店有500张客床，正常时间每床位日租金为200元，平均订位率为75%，现在经理进行一项实验，采取优惠措施把房价降低10%，经过49天，平均每天出租床位380张，其标准差为70张，试问以0.05的显著性水平评估优惠措施是否有明显的效果？再如，在学习季节变动预测方法时，让学生去选择收集一个旅游景区连续五年各月的门票收入，要求按照季节变动预测的各种方法去处理，学生通过比较哪种方法计算的预测值与真实值最接近来决定最合适的预测方法，然后进行课堂讨论，通过每个学生不同数据类型采用的不同预测方法的对比，学生就全面地掌握了季节预测的各种方法。这种案例教学法不仅使学生容易掌握统计学的各种理论与方法，而且使各种统计方法真正与现实的旅游经济管理问题结合起来，使学生体会到统计学不再是一门没有用处的课程，而是能够解决实际问题的课程。

参考文献：

[1] 吴燕．旅游管理专业类今后将和工商管理类平级成为一级学科［EB/OL］．http：//travel. people. com. cn/BIG5/17923483. html.

[2]［美］C. R. 劳．统计与真理［M］．北京：科学出版社，2004：105.

[3] 柏玉竹．论统计学中的统计思想［J］．大众商务，2009（1）：8.

[4]［美］D. 萨尔斯伯格．女士品茶：20 世纪统计怎样变革了科学［M］．北京：中国统计出版社，2004：7.

[5] 朱新河．经管类专业应用统计学的案例教学［J］．数学学习与研究，2012（9）：4.

[6] 张华．案例引导教学法在《经济应用文》教学中的应用研究［J］．教育教学论坛，2012（6）：108.